邓嗣禹文集

邓嗣禹/著

第二卷 历史论文选

彭靖 李世愉/主编

华中师范大学出版社

新出图证（鄂）字 10 号

图书在版编目（CIP）数据

邓嗣禹文集. 第 2 卷/（美）邓嗣禹著；彭靖，李世愉主编. —武汉：华中师范大学出版社，2021.12

ISBN 978-7-5622-9590-7

Ⅰ. ①邓… Ⅱ. ①邓… ②彭… ③李… Ⅲ. ①邓嗣禹—文集 ②考试制度—历史—中国—古代 Ⅳ. ①K207-53 ②D691.46

中国版本图书馆 CIP 数据核字（2022）第 004121 号

邓嗣禹文集 第二卷

责任编辑： 陈良军 **责任校对：** 肖 阳 **封面设计：** 罗明波

编辑室： 学术出版中心 **电话：** 027-67863220

出版发行： 华中师范大学出版社有限责任公司 **邮编：** 430079

社址： 湖北省武汉市洪山区珞喻路 152 号

销售电话： 027-67861367（发行部） **传真：** 027-67863291

网址： http://press.ccnu.edu.cn **电子信箱：** press@mail.ccnu.edu.cn

印刷： 湖北恒泰印务有限公司 **督印：** 刘 敏

开本： 710mm×1000mm 1/16 **印张：** 24.5 **字数：** 390 千字

版次： 2023 年 3 月第 1 版 **印次：** 2023 年 3 月第 1 次印刷

定价： 120.00 元

欢迎上网查询、购书

文集作者与主编简介

作者简介：

邓嗣禹（1905—1988），当代著名历史学家、文献目录学家和汉学家，中国科举制度研究的奠基人。1935年燕京大学硕士毕业后，留校任教。1938年留学哈佛大学，师从著名汉学家费正清，1942年获博士学位。历任芝加哥大学东方研究院院长、印第安纳大学历史系主任、东亚研究中心主任等职，著有《中国考试制度史》《张喜与南京条约》等30余部历史学著作，并将《中国近百年政治史》《颜氏家训》等中国学术名著译成英文版。他的论著曾被翻译成10多种语言。2020年，俄文版《中国考试制度史》获批为“中华学术外译”资助项目，将由俄罗斯圣彼得堡大学出版社出版。

主编简介：

彭靖（1962— ），《邓嗣禹文集》主编，“中华学术外译”项目入选者。21岁发表译作，38岁获得教授职称。早年曾师从中国社会科学院近代史研究所所长步平，在《中国考试》《学术界》《教育与考试》等期刊上发表科举与历史学研究论文100余篇，译著有《重访中国》《张喜与南京条约》。历任北京大学、香港国际商学院EMBA总裁班特聘（客座）教授，在美国与中国出版《尘封的历史》等十余部著作。曾获得“鲁迅文学杯”全国文化精英大赛金奖、第十届“丁玲文学奖”提名奖等多种奖项。

李世愉（1949— ），著名清史专家，《清史论丛》主编，1982年北京大学历史系毕业，获明清史专业硕士学位。曾任中国社会科学院历史研究所研究员、博士生导师，中华炎黄文化研究会土司文化专业委员会执行主席，北京大学明清研究中心兼职研究员，吉林大学兼职教授。独著有《清代土司制度论考》《清代科举制度考辩》（续），合著有《中国历代官制大辞典》《状元大典》《中国古代社会生活辞典》等。主持编纂的《中国历史大辞典》获国家图书奖。

邓嗣禹与他的中国历史研究
（代序言）

彭　靖

邓嗣禹先生（1905—1988）是世界近代著名中国史学家、图书文献学家、语言学家，对美国的汉学研究有重要贡献。在美国早期从事汉学研究的多位著名汉学家，如费正清、博晨光、毕乃德、顾立雅等，先后都曾与他有过合作研究的经历，并合作出版过多部有影响的著作。

美国汉学泰斗费正清曾在多种公开场合，称邓嗣禹是“对我有帮助的老师，要永远感念这位典范的中国学者”。历史学者毛志辉 2014 年在《中华读书报》中说：“他也是 20 世纪中国赴美最有学术成就的学者之一，与胡适、杨联陞、周一良等赴美学人有着深厚友谊。他对科举制度、朝贡制度、太平天国运动的研究，多有开创之功，引领了此后国际、国内学术界的研究方向；他与美国学者合作所编的大量文献作品，屡开学界先例，为美国汉学的发展奠定了良好基础。”因此，相信对于许多历史研究学者以及对文史感兴趣的读者而言，阅读邓嗣禹先生的随笔文章以及学术论文也是十分期待的事。

1980 年，邓嗣禹先生的两位博士生黄培、陶晋生教授曾合编过一本《邓嗣禹先生学术论文选集》，在台北食货出版社出版。其中收录了邓嗣禹的 22 篇中文论文，分为五类。这本书中的许多文章都曾被海内外文史学者广泛引用。但遗憾的是，40 年过去，该书至今还没有再版过，许多学者目前未必还能购买得到。

2016 年，北京师范大学出版社出版的《万里国家：中国历史的海外观察》一书，则是以邓嗣禹的随笔文章为主。此次，借助国家出版基金的资助，华中师范大学出版社出版的邓嗣禹文集中的这一卷共收录 20 多篇中文论文和文章，分为五大类：中国文化与世界、古代史研究、晚清与近代史研究、现代中国问题、美日与世界问题，研究涉及的历史时段与文章大体均衡。

纵观邓嗣禹六十年的学术人生，他在出国前对历史学研究的兴趣完全是在中国古代史领域（包括目录与引得），尤其是在中国考试制度史研究方面有重要建树。留学哈佛大学后，他与费正清等美国汉学家密切接触，学术方向与研究旨趣发生了很大变化。

这方面的转变，不仅体现在与费正清合撰的有关清代行政管理的论文，如在《清代名人传略》中个人编撰的全部是晚清重要人物；而且在费正清的指导下，他把博士论文的选题确定为《张喜与1842年〈南京条约〉》，研究鸦片战争的历史内幕。由此扩大了自己的学术研究领域。有学者评价："邓嗣禹的中国近代史研究一发不可收拾，逐渐成为美国中国近代史研究的权威。"

此次文集收录的文章内容，将力图反映出邓嗣禹学术研究转变的轨迹。

2016年，北京外国语大学海外汉学研究中心主任，《国际汉学》主编张西平教授在《汉学研究》第二十集上发表文章《民国期间中国学者在哈佛燕京学社发展中的贡献》。他在这篇文章中指出，邓嗣禹"写过一篇短文，学界很少注意，题目是《中国学术世界化》，他在文中提到了西方汉学界对中国典籍的翻译，提醒中国学术界要注意在世界范围内展开中国学问的研究，注意汉学家的成果，这些意见十分重要"。

所谓中国学术世界化，有两种可能的解释：第一，是将中国学术传播于世界，使世人对于中国文化发生景仰：第二，是用世界的科学知识、学术潮流来研究中国文化，使中国人对于本国文化的研究不致于落在外国人对我们文化的研究之后。这两方面的内容，本文都可以包括，但重点是在后一种。张西平教授在文章的结尾总结道："这里可以看出邓先生长期在美国汉学界工作，熟悉西方汉学界历史，因而提出的建议十分中肯。他的这段话（这篇文章）告诫我们：一是要重视西方汉学界，不要认为中国的学问只能中国人能做，只有中国人做得好；二是要知道，中国的古代文化典籍大部分已经有了翻译文本，外国人可以用这些翻译本做学问了；三是要做好西方汉学名著的翻译工作。这三点建议至今仍很有价值。"

张西平教授提到的1947年3月邓嗣禹写于北大任教时的文章《中国学术世界化》，此次被列为该卷第一篇。

有关城隍神信仰的研究，此次收录了邓嗣禹的两篇文章，分别是《城隍考》和《城隍爷的历史》。其中后一篇文章原名《城隍史略》曾被1937年《广播周报》第134期《古今谈荟》栏目转载，更为现名。2013年，张影舒在《黑河学刊》第2期上发表文章论述道："邓嗣禹《城隍考》一文可谓近代学人在此方面系统研究的开山之作。作者从城隍神信仰的起源、变迁以及和释道二教间的关系、崇祀城隍的用意等四个方面，论述了城隍神信仰的发展过程。自此以后，城隍信仰一直为中外学者关注。"

在太平天国史研究方面，邓嗣禹的研究时间长达五十年。他先后出版过《太平天国史的新观点》《太平天国史学》《太平天国与西方列强》《捻军及其游击战争》四部专著，系统研究了从太平天国到捻军运动的全部历史。这些专著大多由哈佛、牛津等著名大学出版社出版。他的论著曾入选被称誉为世界著名的三大百科全书的两种：《大不列颠百科全书》和《柯立尔百科全书》中有关太平天国部分的论述，属于海外太平天国史研究的领军人物。在该卷中收录了四篇关于这方面的研究文章。其中，《太平天国史研究之过去、现在与前瞻》一文，是对于国内外太平天国史研究的系统总结。美国杨斯敦州立大学教授黄培指出："《〈劝世良言〉与太平天国革命之关系》除了介绍中国第一位基督教牧师——梁阿发所编《劝世良言》内容外，又阐发了这部书对于洪秀全的研究，这是研究太平天国运动不可少的一篇论著。"同时，黄培还说明："《海内外会党对于辛亥革命的贡献》一文，指出中国会党在辛亥革命中所占的地位，也使读者体味到孙中山先生超人的眼光和魄力，运用会党的力量，成就革命非常成功。"

王夫之是湖南衡阳人，明末清初著名思想家，他与其同时代思想家顾炎武、黄宗羲并称为明末清初三大儒。他在中国文学、史学、哲学等领域有非常广泛而深刻的研究。清代中期，王夫之的学问对湖湘地区的很多学者都产生了深远的影响。同是湘贤前辈，邓嗣禹对于王夫之的研究情有独钟。1968年，他在美国《亚州研究期刊》上发表了长篇研究论文《王夫之的历史观及其历史著述》。本文论述了王夫之作品的特殊性，迄今为止，他的历史学理论和独特的历史观外界了解得不多。作者认为，王夫之对于历史的评论是受他的哲学思想影响的，还与他的社会与民族性密切相关的。而王夫之的中国历史观也明显是他的原创思想。他严谨的学术成就与灵感相关的非凡综合能力，再结合他那个时代所经受的苦难经历，综合在一起所创造出对于“历史评论”的价值，对任何中国学者都是有益处的。这篇论文对于韩国的王夫之研究曾经产生过重要影响。1985 年，首先由韩国的翻译家金衡钟翻译成韩文，刊载于闵斗基编的《中国的历史认识》下册。2013 年，由彭丽、杨雨婷翻译成中文，刊发于《社会科学论坛》2013 年第 8 期。2015 年，复旦大学出版的《中国学研究》（第十七期）对此译文进行了转载。

1949 年，邓嗣禹在哈佛大学任教期间，曾经在《远东评论》上发表长篇论文《近五十年中国历史编纂学》，该论文后被收录在多种论文集中。邓嗣禹在这篇论文的开篇中指出：“中国历史编纂学有一个辉煌的过去。不论就质量还是数量而言，只有现代欧洲历史编纂学堪相媲美。而在其他古老的国度，如印度就远为逊色了。其他民族或许可以为他们的哲学、科学和艺术成就自豪，但就历史编纂学而言，没有一个国家能够具有中国这样悠久而值得称道的传统。”2004 年在《山东社会科学》第 4 期上发表这篇论文译文时（李扬眉、周国栋译），特别增加了长篇编者按语：“邓嗣禹的《近五十年中国历史编纂学》一文是五十年前的旧作，在半个世纪的时间内，此文与周予同先生的《五十年来中国之新史学》（1941 年）及齐思和先生的《近百年来中国史学的发展》（1949 年）一起被归列为研治 20 世纪史学史、学术史的基本文献，素为海内外学人所敬重。但是此文在大陆并不广为人知。在此文中，作者全面而细致地总览和分析了 20 世纪前半期中国历史编纂学的图景；他重视史料派，但未忽略史观派，还比较分析了两派的长短，提出了建立史实与思想于一体的理想学形态的设想。时间证明了作者的远见卓识。”2008 年 ，华东师范大学历史系研究生刘艳艳重译了这篇论文，发表在朱政惠主编的《海外中国学研究》（第 3 册）上，由上海辞书出版社出版；2010 年，王学典、陈峰编的《二十世纪中国史学史》，由北京大学出版社出版，也将这篇论文再次收录。

1947 年，结合为美国陆军特训班培训的丰富经验，邓嗣禹在《东方杂志》上发表《美国陆军特训班给予吾人学习西语的教训》。这是一篇十分珍贵的文史资料。作为当年芝加哥大学东方研究院院长、美国陆军特训班课程的负责人，邓嗣禹在文中详细介绍了芝大美国陆军特训班培训的全部过程，包括培训班的起止时间、课程设置的具体细节与要求，还有曾邀请胡适首次讲授《中国思想史》的细节，这在《胡适全集》《胡适年谱》中均属于遗漏的内容。他还总结出此次培训班的经验与教训，以及对于当今汉语教学而言值得借鉴的方法，内容可谓丰富之极。2020年9月，南开大学历史学院博士生导师元青教授在他发表的《汉语言与中国文化的海外传道授业——以20世纪上半期中国海外学人为中心》中，曾在多处引用邓嗣禹的这篇论文。相信关注海外汉学研究，特别是聚焦于胡适、赵元任和邓嗣禹研究的学者都会重视这篇文章。

目前，国内对华侨、华人史的研究，已经成为热门方向，但是对于早年留美学者的生活状态，反映他们之间学术、生活交往的内容尚有许多空白点。在本书中收录的《美国房东太太的面孔》一文中，邓嗣禹以纪实手法十分详细地记述了他到美国国会图书馆编写《清代名人传略》的过程中，在美国生活中遇到的各种艰辛历程，可以说是留美学者创业史的缩影。

目　录

中国文化与世界

中国学术世界化 …… 3
城隍考 …… 6
城隍爷的历史 …… 44
杜甫诗中之宗教 …… 54
跋学海“君道部” …… 58

古代史研究

周公史说演变考 …… 67
河间献王生卒年代考及其与中国文化之关系 …… 97
司马迁与希罗多德（Herodotus）之比较 …… 130
唐代矿物产地表 …… 150
明大诰与明初之政治社会 …… 169

晚清与近代史研究

鸦片战争期间英国人的军纪问题 …… 195
订立《南京条约》时之要价还价 …… 199
海内外会党对于辛亥革命的贡献 …… 201
蔡元培先生的革命思想与活动 …… 218
血盟义儿与结拜兄弟杂考 …… 233
太平天国史研究之过去、现在与前瞻 …… 239
《劝世良言》与太平天国革命之关系 …… 251
太平天国之兴亡与美国之关系 …… 271
关于《捻军及其游击战，1851—1868》一书的新观点 …… 281

现代中国问题

家庭在中国法制中的作用 …………………………………………… 303
近五十年中国历史编纂学 …………………………………………… 319
馆藏类书目录叙录 …………………………………………………… 338
谁说中国人没有自由？……………………………………………… 342
什么是中国社会真正的病根
——不在政治制度与主义的问题，而在贪污自私的劣根性 …… 345

美日与世界问题

美国研究汉学之现状 ………………………………………………… 351
美国陆军特训班给予吾人学习西语的教训 ………………………… 354
美国房东太太的面孔 ………………………………………………… 360
日本的将来 …………………………………………………………… 369
日本教育一瞥 ………………………………………………………… 375

中国文化与世界

中国学术世界化[①]

中国重要的问题，同时也是世界的问题，中国学术，同时也是世界学术的一部分。这是尽人皆知的。要想解决中国重要的问题，首先或同时要将世界的问题得到合理的解决。要想中国学术世界化，首先要了解世界学术的趋势，然后我们知道努力的目标，与世界学术并驾齐驱，方能将中国学术发扬光大。

所谓中国学术世界化者，有两种可能的解释。第一，是将中国学术传播于世界，使世人对于中国文化产生景仰。第二，是用世界的科学知识，学术潮流，研究中国文化，使中国人于本国文化的研究，不致落在外国人对我们文化的研究之后。这两种解题，本文都可以包括，但着重点是在后一种。

谁都知道，“闭门造车”是很困难的。中国人研究中国学问，若全不懂外国文字，在现在与将来的时代，也是“闭门造车”一样的困难与危险。中国在 18 世纪以前出版的书籍，据说比全世界出版的还要多。18 世纪以后，中国渐渐的穷了，而穷到现在，学术界尤其贫乏。世界大图书馆的藏书以六七百万册计，英法文书籍亦以几百万册计，而我国的中文书籍，新旧古今合计，倒是有多少呢？恐怕不到一二百万册吧？再具体一点说，现在大学的课程，不管是物理化学、政治经济、历史地理、文学美术……有哪一门功课能找出几本好的中文课本呢？反过来说，中国的文学艺术、历史哲学、考古学、人类学，以至金石甲骨等，在西文书中，反可以找出几本像样的作品。从前我们中国学者所自负的，是博闻强记，而此又赶不上去年（1945 年）去世的法国的伯希和，有些中国学者会在巴黎对他执弟子之礼。我们中国人所自豪的，是能够很彻底的了解中文，而辜鸿铭翻译的四书，反赶不上 James Legge 及 Soothill 等人的译品；中国人翻译的唐诗，反而比不上从未到过中国的 Arthur Waley 的译品。然伯希和与 Arthur Waley 等人，还可以说是精通中西文字，其作

① 本文原载于《天津大公报》1947 年 3 月 17 日第 3 版。

品之优胜，使我们望尘莫及，在我们看来，还可聊以自慰。即不懂中文的Kenneth Scott Latourette，他所作的《中国史》（The Chinese，their History and Culture）似乎比一般的中国历史课本还要好。现在中国重要的经史文哲等典籍已多半译成西文了，所以不懂中文的洋人也可以利用翻译作品写文章，研究中国学问；仿佛不懂梵文的人，可以利用佛藏研究佛理一样。至于近代中国的历史外交、政治经济，恐怕西方文字的记载，比中国文字还要多，甚至还要可靠一点，因为他们有言论及出版的自由。

所以现在研究中国学术，国学固须有根底，而英法德俄日意等国的文字，亦须精通一二种，当然是多多益善，凡是研究哪一个时代的东西，如史前史、秦汉史等，或研究某一部门的学问，如音韵学、外交史、舆服、音乐等，西洋人的著作，也须加以涉猎，然后能截长补短，发扬光大。

因此，简单地说，中国学术世界化，第一，是要虚心，多学外国语言，多利用外人对我国学术的研究，我们更进一步，考核原著，发挥心得，使国人对本国文化的研究，不致瞠乎外人之后，而外人方能引用中国人的著述，尊重中国的学者，发扬中国的学术，因而提高国际地位。否则我们虽自夸为四千余年的文明古国，为礼义廉耻之邦，而外国人到中国来，并看不出多少文明，多少礼义廉耻的观念。第二，我们要多翻译外国人有价值的著作，使不懂西文的人们，也能够知道外国人研究的结果。

第三，外国人对于中国哪一门学问，都可以找出几个专家，对于中国某一种文物，都有相当丰富的收藏。如美国国会图书馆，大英博物院，对于中国各种文物，都收藏不少。有的图书馆为经费与地方所限，着重某一时期或某一部门书籍的庋藏。如美国斯坦福大学胡佛图书馆专门收罗中华民国时代的文献，芝加哥大学图书馆注重购买中国经史的书籍；密尔斯大学图书馆打算专门搜集高丽的书籍。中国四万万五千万人，对于外国的学问，每门也应当有几个专家，不要只念人家的教科书，或拾人家的牙慧。国立北平图书馆与中央图书馆，对于东西洋各国的书籍，当有比较丰富的收藏，为数至少要在一百万册以上。其他图书馆，除基本参考书外，可以偏重某一国或某一时期的书籍。等到国家统一，交通便利的时候。国人不远涉重洋，也可以在国内作专门学问的研究。

一国的政治经济与文化的发展，皆要有整个的计划与未雨绸缪的布置，不能是“头痛医头”的办法。目前虽然是政治经济还没上轨道，可是中国学术世界化的计划，是要及早进行的，不能等待十年或二十年后再说。从前在二十比一的外汇率下，好些公子少爷们在外国阔得了不得，那时如果有人提出几百万元去购买图书仪器，中国各大学的图书设备，决不致如现在的简陋。有些著名的大学竟找不出一幅西洋历史的挂图呢。

1947 年 3 月写于北大

城隍考[①]

民国二十年之秋，余从许地山先生学中国礼俗史，以忙于毕业论文，未及撰述课艺。迄论文甫就，家父促归，仓卒之间，难以觅题为文。正徘徊沉思之际，友人破扉而入，探知其故，乃欣然曰："是又何难！中国城隍庙，通都大邑，所在皆有，其传说之来源颇古，而人民崇信甚笃。关系社会风俗，至深且巨。际今破除迷信之风，甚嚣尘上；然徒托之于空言，罕有见诸彻底之研究。子若考其来源，究其变迁，使人知其所以然，岂不愈于放言高论者乎？而此种责任，亦治史之人略当负荷者也；但不知君意如何耳?"余曰，唯唯，姑试考之。乃以数日之功，撰为考略，以竟学业，然后归家。翌春返校研究，凡涉猎所及，见有关于城隍者必摘录之。历时数年，积纸盈寸，苦无暇晷，为之整理。会今夏六月，友人教史地于中学，其校址由城隍庙改充。学生每询城隍之历史，愧无以详释。问道于愚，已略答之。终嫌草率，未罄所怀。而兴趣由是触发，欲成一文；附于《史学年报》之后。故复以月余之工，识检各省方志，《全唐诗文》，释道藏以及说部等书。所见城隍传说，不问邪正，兼收并录，戢㕘日众，清厘为难。虽知挂漏尚多，而此后暇时难得，不便迁延。姑纂成篇，以就正高明焉。

一　起源考

（一）城隍神起源之时代

城隍之起源，先儒纷纷其说，有谓始于尧者，有谓宗古礼者，有谓始于汉者，有谓始于魏晋南北朝，亦有谓始于唐者。王崇简《冬夜笺记》曰："城隍之名见于易，若庙祀则莫究其始。记以天子大蜡八，伊耆[②]氏始为蜡；盖蜡祭八神，水庸居七。水则城也。庸则隍也，此正祭

① 编者志：原载于《史学年报》1935 年第 2 卷第 2 期，第 249—276 页。

② 原注：伊耆，尧也。

城隍之始。”[①] 孙承泽亦曰：“‘春秋传，郑灾祈于四鄘，宋灾用马于四鄘’，皆其证也。庸字不同，古通用耳。由是观之，城隍之祭，盖始于尧矣。”[②]

案王孙二氏以城隍之祭始于尧，未免附会。《说文》，“墉，城垣也；城，以盛民也。隍，城池，有水曰池，无水曰隍，《易》曰‘城复于隍’”。观墉城二字之古文，似为象形之状，可以想见古代城墙，由于掘土版筑而成。故有筑土之城，即有掘土之隍。城字墉字，金文有之，不见甲骨文；隍字二者皆不见，盖其起源不甚古。《吕氏春秋·君守篇》，谓“夏鲧作城”，其不足凭乎？若“城复于隍”，即本《周易·上经·泰》，“上六，城复于隍，勿用师”，意为城土颓圮，复反于隍，不可用师；此“城隍”二字见经传之始。“城隍”二字联用，始见班固《西都赋》序：“京都修宫室，浚城隍。”其后《梁书·陆襄传》，“帅民吏修城隍为备御”[③]，以至唐《寒山诗》“农家暂下山，入到城隍里”[④]。皆为城池或城市之意，而无神之意义也。《礼记·郊特牲》篇，“天子大蜡八”，谓所祭有八神。唐吕述以水庸为城隍之祭[⑤]，王孙诸氏承袭之。今案郑注，“水庸，沟也”，意即泄水之沟渠。是水庸之祭，方之城隍，义殊不类，不能附会。孙氏所考，宋灾出于左传襄公九年，郑灾出于昭公十八年。四鄘之义，据郑注孔疏，意即四城；而惠栋《左传补注》，谓“鄘，水鄘也”[⑥]。传所言郑宋皆火灾，为火灾而祀水沟，较孔疏所谓“祀四面之城”，于理为近。故方承观曰：“城隍之神，不见于经。”[⑦] 伊耆二字，原注“古天子号”，有谓为神农，有谓为帝尧，说殊未定[⑧]，然则王孙二氏附会经传，以为城隍始于尧，不足为据矣。

始于尧之说不足据，又有谓出于古礼国门之祭焉。宋罗濬等《宝祐四明志》“城隍”条云：“古者诸侯既立社稷，又为国立五祀：曰‘司命，

---

① 王崇简：《冬夜笺记》说铃本，第 25 页。

② 《春明梦余录》卷二二，古香斋本，第 4 页。

③ 《梁书》图书集成本，第 4 页。

④ 《全唐诗》石印本，第 57 页。

⑤ 参宋赵与时：《宾退录》古书丛刊本，第 51 页。

⑥ 《左传补注》守山阁本，第 17 页。

⑦ 《五礼通考》乾隆间刊本，第 45 页。

⑧ 详参《注疏》。

曰中霤，曰国门，曰国行，曰公厉’；郑氏谓‘国门为城门’，则今之城隍是也。”[①] 又或言“天子七祀有禜门，隋祭禜京诸门，郡县亦各祭其城门”[②]，皆溯源于古礼，似非无因。然顾炎武谓“郑氏以国门为城门，则始有祭城之说，而非以为一国之主”[③]，即不以此说为然。今案城隍与城门，意义不同；且唐既祭城隍矣，而又有禜门之祭，则溯源古礼之说，又不足据矣。

溯源古礼之说不足据，又有始于汉代之说焉。元王恽《汴梁路城隍庙记》：“汴梁之庙祀城隍，其来尚矣。……世说秦功臣冯尚，见梦于汉高帝曰：‘奉天帝梦与王知，领城隍阴事’，虽党悦不可致诘，然自汉至今，遂为天下通祀。”[④] 朱前诏重修城隍庙记：“《长乐图经》云：‘汉周苛为项羽所杀，命州县皆附郭立庙’，则城隍之祀，殆始于汉欤？”[⑤] 是尚游移之词也。道光《永州府志》乃下断语曰：“考城隍之文著于大易，而祀始于汉”[⑥]；同治《赣州府志》亦曰：“城隍之祀肇自汉，盛于唐宋。”[⑦] 然夷考其实，元王恽称世说所谓秦功臣冯尚之事，《史记》《汉书》中无考，《世说新语》亦不载，故自言不可致诘。可置勿论。朱前诏所引《长乐图经》，只见庙祀，未名其神曰城隍，又可勿论。且指定人名为城隍神之说，如春申君、纪信、灌婴等，皆为唐宋人传说（详后），不能为城隍始于汉之证。唯《通典・州郡典》引“鲍至《南雍州记》云：‘城内见有萧相国庙，相传谓为城隍神’”[⑧]。今此书久佚，鲍至生卒时代不可考，观隋唐志排此之序，及《太平御览》所引，有“高齐之后”句[⑨]，则鲍至盖为隋初时人。隋初时人记汉代传说，犹之清人谓相传宋元某事如何，其不足为城隍始于汉之证，又灼灼然明矣。

始于汉代之说不足据，又有始于魏晋六朝之说焉。宋赵与时谓“城

① 《宝祐四明志》烟屿楼本，第 2 页。
② 光绪《零陵县志》中的《庙碑记》，第 3 页。
③ 《求古录》行素草堂金石丛书本，第 35 页。
④ 《秋涧文集》四部丛刊本，第 40 页。
⑤ 同治《长沙县志》，第 12 页。
⑥ 道光《永州府志》，第 6 页。
⑦ 同治《赣州府志》，第 13 页。
⑧ 《南雍州记》，九通全书本，第 177 页。
⑨ 《太平御览》日本刊本，第 178 页。

隍庙莫详事始。……唐李阳冰谓‘城隍神祀典无之，吴越有尔’。然成都城隍祠，太和中李德裕所建；李白作韦鄂州碑，谓‘大水灭郭……言于城隍’，……杜牧为黄州刺史，有祭城隍神文，……则不独吴越为然。又芜湖城隍，建于吴赤乌二年（239 年），高齐慕容俨梁武陵王祀城隍神，皆书于史，又不独唐而已”①。此即回溯城隍之起原，由唐而至六朝三国也。其后《大明实录》载洪武二年命礼官考古制，张鼎思《琅琊代醉篇》②，与孙承泽等，皆辗转钞袭，忘其所本。故《图书集成·礼仪典》二三九，谓芜湖城隍庙建于吴赤乌二年（239 年），所据为《太平府志》。今光绪间重印康熙本，虽有此说，而《芜湖县志》及黄桂《重修城隍庙记》，皆未言及，殆亦以为不足凭矣。若以此为凭，则方志言城隍之建筑，尚有早于赤乌二年者（239 年），如光绪《上虞县志》③，谓“虞有城隍庙，建自后汉”，光绪《浙江通志》④，谓始宁城隍庙，“创于东汉”，他如民国《庐陵县志》⑤，谓“创于东晋”，乾隆《福州府志》⑥，谓建于晋太康中迁城之后。此皆沿讹附会，无以征信。故《上虞志备考》云：“上虞县治，系唐时移置，今城隍庙云创自后汉，疑误。”以此例彼，其他数处所纪者，皆可不言而喻。然则城隍始于吴之说，又不足据矣。

但慕容俨祀城隍，见于正史。《北齐书·俨传》：“天保三年（552年），……俨镇郢城，……梁大都督……任约，率水陆军奄至城下……又于上流鹦鹉洲上，造荻蓰，竟数里，以塞船路。人信阻绝，城守孤悬，众情危惧。城中先有神祠一所，俗号城隍神，……乃相率祈请，冀获冥佑，须臾，冲风欻起，惊涛涌激，漂断荻蓰。约复以铁锁连缉，防御弥切，俨还共祈请，风浪夜惊，复以断绝，如此者再三，城人大喜，以为神助。”⑦《北史》⑧ 所载，与此相同。《南史·邵陵王伦传》，又云“大宝

---

① 《宾退录》，第 8 页。
② 《琅琊代醉篇》明刊本，第 29 页。
③ 光绪《上虞县志》，第 31 页。
④ 光绪《浙江通志》，第 221 页。
⑤ 民国《庐陵县志》，第 13 页。
⑥ 乾隆《福州府志》，第 14 页。
⑦ 《北齐书》，第 20 页。
⑧ 《北史》，第 53 页。

元年（550 年），沧至郢州，……祭城隍神，将烹牛，有赤蛇绕牛口出”[①]。《隋书·五行志》[②]，并记载之。考此两事，同在郢州，年代亦近，盖同出一源也。先是《魏书·孝明纪》[③] 云：“熙平二年（517 年），诏州镇城隍，各令严固，齐会聚集，纠执妖谊”，此所谓严固城隍，不必为祀城隍之义。而鲍至《南雍州记》所云，可作旁证；故顾炎武曰：“予考其云赤乌年者，固不足凭，而大约起于南北朝之世。”[④] 余按此种传说，既一见于《北齐书》，二见于《南史》，三见于《北史》，四见于《隋书》，而又有《南雍州记》作旁证；其传说之价值，虽不必高于稗官小说或方志所载，而皆唐以前书，则谓城隍神之起源，始于六世纪中叶，或始于齐梁之世，当可无疑也。

至若宋陆游《德宁县重修城隍庙记》[⑤]，元余阙《安庆城隍显忠碑》[⑥]，清刘一麟《城隍庙记》[⑦]，皆谓城隍肇于唐，盖又不免囿于李阳冰之碑文所述矣。

（二）城隍传说所祀之人氏

城隍之传说，虽起源于齐梁；然世传城隍神如纪信、灌婴等，皆秦汉时之人，不加考证，则起源时代之断定，仍易于动摇。今按《南雍州记》，谓相传萧相国为城隍神，相国即萧何，从现存史料观之，此指定人名为城隍神之最早者。至唐宋之间，则有言祀春申君、纪信、庞玉、苏缄等人者，时代愈后，所祀之人愈多矣。

唐吴郡太守赵居贞《春申君庙碑记》，谓“春申君正阳而坐，朱英配飨其侧，……宜正名于黄相，削讹议于城隍”[⑧]。按记中谓‘宜削讹议于城隍’，是居贞不以讹议为然也。故欧阳棐《集古录目》谓“吴郡有春申

① 《北史》，第 53 页。
② 《隋书》，第 22 页。
③ 《魏书》，第 9 页。
④ 《求古录》，第 34 页。
⑤ 《渭南文集》四部丛刊本。
⑥ 《青阳先生文集》（二）四部丛刊续编本。
⑦ 乾隆《顺天府志》三二。
⑧ 《全唐文》广雅书局重刊本，第 296 页。

君故宫，后人因以为庙，俗讹谓之城隍神”[①]。至宋范成大《吴郡志》[②]，王象之《舆地纪胜》[③]，则径谓春申君庙为城隍庙，毫无疑惑之意。龚明之《中吴纪闻》，又略加考证，谓“姑苏城城隍庙神，乃春申君也。按《史记》，春申君初相楚，后请封于江东，考烈王许之，因城故吴墟，以为都邑”。《吴郡志》亦云，“春申君尝造蛇门，以御越军，其庙食于此也固宜”[④]。经此考证颂扬，前此所谓讹传，淘汰无存，而后《琅琊代醉篇》及今《吴县志》[⑤]，俱录其词，奉若天经，由是春申君为城隍神之传说，蔓延不灭矣。

春申君之外，有祀纪信者。唐庐藏用《纪信碑》，略言“有汉忠烈，姓纪名信，官族代载，史失其书。……历载数百，莫能表之。……纪公之墓，芜而不显”[⑥]。于是立碑以纪之云云，是不过欲彰其忠烈，而未云祀为城隍也。纪信为汉高帝将，汉楚争衡时，项羽围荥阳甚急，信饰为沛公衣冠，冒充沛公诈降，沛公脱围，楚人往观识其非，纵火焚之，事见《汉书·高帝纪》，而史迁班固皆未为立传。至唐长安二年（702 年），卢藏用立碑于河南荥阳[⑦]，仅欲显其忠而已。而宋人《舆地纪胜》，谓英德府“城隍庙，其神汉纪信也”[⑧]。陆游《宁德县……庙记》，谓“故时祀纪侯为城隍神，莫知其所以始”，《宝祐四明志》，谓“俗传神姓纪名信”[⑨]，元袁桷等纂《四明志》，谓“旧志云祀汉纪信，漫不可考”[⑩]，是自唐至元，尚疑惑不定也。后世《皋兰县志》《汉中续修府志》《鄞县志》《潼川府志》等，则皆信之不疑矣。

春申君与纪信之外，又有祀灌婴之说。唐刘禳《袁州城隍庙记》云，“袁古之城壁，……大将军灌婴所筑，……古今得以灌将军称祀焉，……

---

① 《集古录目》行素草堂金石丛书本，第 3 页。
② 范成大：《吴郡志》乌程张氏景宋本，第 12 页。
③ 王象之：《舆地纪胜》清道光重刊本，第 5 页。
④ 《吴郡志》诵芬室丛刊初编本，第 1 页。
⑤ 《吴县志》，第 78 页。
⑥ 《唐文粹》四部丛刊本，第 53 页。
⑦ 参《金石萃编》扫叶山房本，第 65 页。
⑧ 《舆地纪胜》，第 905 页。
⑨ 《宝祐四明志》，第 2 页。
⑩ 《宝祐四明志》，第 15 页。

所以报其固护城池，而福及生人也”[①]。此说则全定于唐，非前此二人唐代有讹传，而唐宋间人实成之。顾唐人之言虽如此，宋人亦有致疑者，如《宾退录》云，“考纪及传，灌婴踪迹，未尝到江南[②]，凿空著书，可付一笑。洪驹父《豫章职方乘》，亦谓汉灌婴在汉初定江南，故祀以为城隍神。今江西郡县城隍，多指为婴，其实非也”。案赵氏之言虽如此，而一人怀疑之力，终属微薄，故后《南昌府志》《吉水县志》《建昌府志》《庐陵县志》《新建县志》等，皆谓城隍神为纪信。惟同治《赣州府志》云“其说甚幻，然从来久矣”[③]。《山西通志》所载，多有灌婴庙，然并未祀为城隍神也。

灌婴之外，又有祀庞玉之说。梁开平二年（908 年）吴越王钱镠《重修墙隍庙记兼奏进封崇福侯庙记》云：“故唐右卫将军总管庞公讳玉，顷握圭符，首临戎政，披榛建府，吐哺绥民，……属墙爰戴，黔庶歌谣，寻而罢市兴嗟，余芳不泯，众情追仰，共立严祠”[④]，王昶谓立祠之时，“即在庞玉身后，其事当在唐初”。庞玉行谊，详见《唐书·忠义庞坚传》，顾炎武、朱彝尊、钱大昕、洪颐煊、陆增祥等，并有所考证。以玉尝守越州，且有善政，死后州人德之，祀为城隍神，此始于五代之说也。

亦有宋人而祀宋人者，如《宋史·忠义传》，载苏缄知邕州，蛮人入寇，缄坚守城，迄城陷，杀其家三十六人，纵火自焚。“缄没后，交人谋寇桂州，行数舍，其众见大兵从北来，呼曰，‘苏城隍领兵来报怨’，惧而引归，邕人为缄立祠。”[⑤] 又《范旺传》，“旺守城死，邑人为设像城隍以祭”。又“淳熙间，李异守龙舒，有德于民，去郡而卒，邦人遂相传为城隍神矣，尤浅妄不经也”[⑥]。综观以上所述，指定某人为城隍神，除《南雍州记》外，多渊源于唐，发生传说；而唐宋间人以讹传讹，信之不疑。其人虽有生于汉代以前者，而为城隍神之传说，则见于唐宋以后，故前谓不足为汉有城隍之证也。唐宋以降，指定人名为神之说，日益纷

---

① 《全唐文》，第 802 页。
② 宋李圣撰《章贡志》。
③ 《赣州府志》，第 14 页。
④ 《金石粹编》，第 119 页。
⑤ 《宋史·忠义传》，第 446 页。
⑥ 《宾退录》，第 8 页。

杂，为省繁文，共列表 1 于后：

表 1　附城隍庙崇祀之人考略

人名	崇祀理由	地域	备考
萧　何	不详	河南南阳、襄阳谷城	鲍至《南雍州记》，《宾退录》八页五四
春申君	初城吴郡，并尝至蛇门，以御越军	江苏吴县	见前，并参《宾退录》所载之地域
纪　信	以死脱汉高祖之围，唐人嘉其忠烈，故庙祀之	镇江、太平、华亭、芜湖、汉中、鄞县、潼川……	同上
灌　婴	筑袁州城壁，故祀之	江西各县多祀之	同上
庞　玉	尝守越州，惠泽在民，邦人追怀，故祠祀之	浙江山阴	同上，又见《会稽志》六页四下
范　增	不详	安徽和县	《宾退录》八页五四，“和州为范增”
英　布	不详	江苏仪征、六合	同上，“真州六合，以为英布”
姚弋仲	不详	湖北阳新	同上，“兴国军为姚弋仲”
苏　缄	殉难邕州，邑人祀之	广西邕宁	见前
范　旺	守城死		同上
冯　尚	不详	河南开封	元王恽《汴梁城隍庙记》，见前
周　苛	不详	永嘉	《宾退录》及《求古录》三五页并谓永嘉赐周苛
龙　且	不详	四川潼川	《潼川府志》五页三七
桓　彝	不详	安徽宣城	《太平广记》三〇三页一下，宣州司户条
白季康	不详	江苏溧水	《宾退录》：“溧水白季康，唐县令也。”

续表

人名	崇祀理由	地域	备考
赵汝澜	生为太守，死作城隍	湖南澧县	宋洪迈《夷坚续志·后集》二第一五五条（适园丛书本）
李　异	有德于民，去郡而卒，相传为城隍神	安徽舒城	《宾退录》同上
屈　垣	生有神变，能生云雨，后以故居为州治，祀为城隍	浙江临海	《舆地纪胜》十二页二十下，《宾退录》，《浙江通志》二一七页三八一一（商务影印本）
聂　炳	以守城死贼，祀为荆门城隍	湖北荆门	《湖北通志》三一页九八（同上）
秦裕伯	不详	上海	嘉庆《松江府志》十八页八下，《上海县志》三一页十九，《庸闲斋笔记》二页十下，（笔记小说大观本），并参本文神话传说节
周　新	永乐中为御史，以刚直不阿丧身，谓上帝命为城隍	浙江杭州、嘉兴、绍兴，广东南海	《琅琊代醉》篇，《七修续稿》一页三，《嘉兴府志》十页八，《康熙钱塘县志》十三页二下，《吴山城隍庙志》（共四卷）
茹　侯	英烈忠毅	浙江定海	《大德昌国州图志》一页五，《宾退录》同上
应知项	屯兵置栅，保障一方，生为刺史，殁为城隍	江西高安应城	《宾退录》同上，乾隆《南昌府志》二二页十六
张松汉	明太祖鄱阳之役助战，自云鄱阳城隍	湖北黄陂	同治《黄陂县志》二页三四上

续表

人名	崇祀理由	地域	备考
沈　恩	为官忠直，崇祯六年敕命为城隍	江苏青浦	号仁甫，明弘治丙辰进士，官四川左布政使，见《松江府志》十八页二六。光绪《青浦县志》三页十二，《庸闲斋笔记》三页七
刘　疆	创县治，卒后邑人思之为立庙	福建古田	乾隆《福州府志》一五页一下
杨　公	宰是令，寻卒，邑人梦为邢台城隍	河北邢台	《顺德府志》十五页四五
游茂洪	功德在民，民祀以为城隍神	江西建昌	《宾退录》“南丰游茂洪，开元间尝知县镇”。又见《建昌府志》九页三三下
陈正中	为人刻意廉苦，甫死即见入城隍庙	福建上杭	黎士弘《仁恕堂笔记》页十：“谓死之日，有市民晓起出户，见公乘舆入城隍庙，并谓此事上杭人多能言之。”（道光东武刘氏刊本）
胡鹏南	不详	福建连江	李调元《淡墨录》十三页一（函海本）
朱亮祖	不详	安徽宁国	明吴肃公《广祀典议》页三下，“宁国为朱亮祖”，今查嘉庆《宁国府志》，无此一说
毛国鉴	不详	江西省城隍	敦灵等编《照心宝鉴》二页十

（三）城隍神传说起源之地域

城隍起源之时代与崇祀之人氏，既略考于前，则其起源之地域，易于核定。就起源时代观之，六世纪中叶两种传说，即慕容俨与梁武陵王祀城隍之说，皆在郢城，今湖北武昌附近。就最初崇祀之人观之，《南雍州记》所述之南阳，在今河南。春申君、纪信、灌婴等人之祀，在今江西、安徽及江浙一带。从各省方志观之，唐宋以前之古城隍庙，多在江浙、两湖、江西、安徽、福建及河南各省。其他则多修于明代。若取数省通志，见其纪城隍修筑年代者统计之，则《浙江通志》中之城隍庙，建于后汉者一，建于唐五代者各五，建于宋者二十，元代五，明代三十二，清一，不详建置年代者八。从《湖北通志》统计之，则建于唐者三，宋代无，元代者三，明代四十三，清十七，不详者十。从《畿辅通志》统计之，仅有建于金者一，元代三，明代百有五，清十五，不详者十七。从《广东通志》统计之，建于宋五代者仅二县，元三县，其他七十余处之城隍，则皆建于明清二代也。从《广西通志》统计之，仅有元代者二，明二七，清二四。不详者三五。虽《太平广记》有羊城使者为城隍之传说，而《广东通志》不载。虽李商隐辈祭城隍文，有四篇在广西桂林一带；而《广西通志》所载城隍庙，皆以后另建，新旧不接，无法统计。再观甘肃、新疆、西藏数省，虽《甘肃新通志》① 载宁夏城隍庙建于唐，而《卫藏通志》与《回疆通志》两通志，多载关帝庙，仅哈密有一城隍庙。《承德府志》载乾隆三十七年，始建一庙。从东北之部观之，东三省之城隍庙，多建于清朝，亦有建自民国，更有无城隍庙者。如民四纂修之《宽城县志》，载有关帝庙十三处而无一城隍庙是也。故城隍地域之起源，非始于黄河流域，非始于珠江流域，乃始于长江流域也。盖由中国中部，而后东南而北方，而西北东北；其最早之省区，则湖北、湖南、江浙、江西、安徽、福建等省是也。此中原因，殆因会稽俗多淫祀②，故“吴俗畏鬼，每州县必有城隍神”③。两湖多为古楚地，楚俗信巫尚鬼，《离骚》已详纪之。江西为道教发源地，城隍与道教，关系较切，故此数

---

① 《甘肃新通志》，第 29 页。

② 见《后汉书·第五伦传》。

③ 《太平广记》二〇三第一条。

省，淫祀寖盛，传说亦较早也。

今乘考地域之便，可订先儒之失者，略附说之。李阳冰《城隍庙记》，谓城隍神纪典无之，吴越有尔。赵与时举芜湖城隍庙，及张说李商隐辈祭文，以证其失，实则《元和郡县志》《开元礼》《通典》等书，皆不言城隍。伯希和跋《沙州图经》，谓其中分有“市观城隍”，今检敦煌石室遗书本，其中未见有城隍。《敦曲三种》，有“神力不经弹指问，须臾即至城隍阙”①，又非指城隍神，是知阳冰所言，未为大失。兼知城隍庙之祀，唐代尚未甚普遍也。欧阳修《集古录》跋李阳冰碑，谓宋非止吴越有城隍，天下皆有，而县则少，语颇谨严。陆游《宁德县庙碑》，谓唐以来郡县皆有城隍；秦蕙田谓“京国郡邑，无乎不遍”②，斯则不确矣。盖今世城隍庙，尚有多县未建者，如河北之朝阳、赤峰、丰宁、滦平、平泉州等处，光绪《畿辅通志》，则言未建，他若东三省新疆西藏等处，更无论矣。反之有一城数庙者，如怀来城隍庙，在县城内东南，而新保安及沙城东堡皆有庙③。一城之中，有府城隍庙有县城隍庙者，有新城隍庙又有旧城隍庙者，有西安府大村落亦有城隍庙者④，有城隍行宫亦有城隍别庙者，如《敦煌县志》所载之行宫，及《松江府志》之别庙是也。凡此种种，均附述之。

总上三节所考，城隍神传说之起源，始于六世纪中叶之齐梁，指名某人为城隍神之起源，多始于唐定于宋，而有传说之地域，则以武昌附近为最先，江浙江西安徽等省次之。从大体言之，以长江流域为最先，黄河流域次之，珠江流域又次之，东三省最后，此本章姑定之结论也。

二　变迁考

（一）祀典之变迁

慕容俨与梁武陵王祀城隍，正史书之，翁注《困学纪闻》⑤，谓为城

---

①《敦曲三种》敦煌拾零本，第 2 页。

②《五礼通考》，第 45 页。

③《具志》，第 5 页。

④ 见《石墨镌窿》知不足斋本，第 4 页。

⑤《困学纪闻》中华书局本，第 20 页。

隍神见祀典之始。然《大唐开元礼》《通典》《通考》及《资治通鉴》等书，皆略而不载，盖以史臣采稗官小说而为之，无足轻重，不能谓为入祀典之始也。齐梁以后，寂然无闻，降至于唐，乃渐普遍。开元五年（717 年）张说《祭城隍文》[①]，此为祀城隍有祭文之始。十五年张九龄《祭城隍文》[②]，许远《祭城隍文》[③]，而韩愈、杜牧并有之。李商隐祭城隍文，竟有九篇之多（781 年），羊士谔又有《城隍赛雨诗》二首[④]。总观各家诗文词，大抵为求晴求雨，或求民康物阜、风调雨顺；或求御盗禳灾，阴阳表里，共负守土之责。而晴雨之祈，占大多数。主祭祀者，则为荆、洪、潮、黄、衮、怀、桂数州之刺史，或其他守土之官吏，然祀之固惟谨，而言之则不恭。如李白撰《鄂州刺史韦公德政碑》中言鄂州大水灭郭，“韦公抗词正色言于城隍曰：‘若一日不雨，吾将伐乔木焚清祠’。精心感动，其应如响。……骤欲致祭，公又盱衡而称曰：‘……此淫昏之鬼，不载典祀，若烦国礼，是荒巫风’”。当时对于城隍不若后世之尊崇，可以想见。先是乾元二年（759 年），李阳冰《缙云城隍庙记》有“五日不雨，将焚其庙”之句，其措词之严厉，又可想见。幸而巧遇，及期大雨，于是自西谷迁庙于山巅，以答神休。是庙祀城隍，自唐已然；但不知塑像始于何时耳。

尝观方志所载庙碑记，有谓城隍塑像始于宋，亦有谓始于元者；就浅见所及，实始于唐。唐赵居贞《春申君庙记》，谓“大葺堂庭，广修偶像……更修如在之仪；家属穆穆，展哀荣也！仪卫肃肃，振威名也”。欧阳棐《集古录·跋》曰：“居贞广其制，更易塑像，以天宝十载立。”刘骧《袁州城隍庙记》，有“构斯堂宇，环廊厨院，厅无寝殿，互雄虹之”数句，段全纬《城隍庙记》[⑤]，复有“庙貌如生，像容有睟”之句，则城隍之有塑像始于唐，甚显明也。且不惟有塑像矣，而且有厨院，有家属，有寝殿，有仪卫；则城隍夫人，虽无明文，似亦有之，此皆考祀典变迁

---

① 《全唐文》，第 233 页。

② 《全唐文》，第 293 页。

③ 张九龄：《祭城隍文》，第 345 页。仅余“智井鸠翔，老堞龙攖”数字，《宾退录》第 8 页，引作“智井鹓翔危堞神护”。

④ 《全唐诗》，第 12 页。

⑤ 《全唐文》，第 72 页。

之当留意者也。唐昭宗光化元年（898 年），已封华州城隍神为济安侯①，是封赐之事，亦肇于唐矣。

降至五代，封赐较多。梁开平二年（908 年）吴越王钱镠，尝于镇东军（今绍兴）卧龙山上，重建墙隍庙，奏请以故唐右卫总管庞玉为墙隍神，封崇福侯。撰文并勒石庙中，文见《金石粹编》及《绍兴府志》。其所以称“城隍”为“墙隍”者，因朱温之父名“城”，故避讳改为“墙”，详参顾炎武《金石文字记》② 及赵绍祖《金石续钞》③。考此碑立于五代首基第一年，文中已谓“殿堂降邃仪卫精严，式修如在之仪”，复修曰“重增仪像”，又可为唐朝有塑像之旁证。至镠表论降崇封，在梁开平二年，《五代会要》④，谓在元年，似相抵牾。然细察之，殆敕封在元年，而立碑在二年也。至后唐废帝清泰元年（934 年），“诏杭州城隍神改封顺义保宁王，……湖州城隍神封阜俗安成王，越州城隍神封兴德保闽王，从两浙节度使钱元瓘奏请也”⑤。隐帝乾祐三年（950 年）八月，以蒙州城隍神为威灵王，从湖南节度使马希范奏请也⑥。“时海贼寇州，州人祷于神，城得不破，故有是请。”⑦ 当时封爵之赐，所可知者，如是而已。

宋朝封祀，更形烦杂。《宋史·礼志》所载，“建隆元年（960 年）。太祖平泽潞，仍祭……城隍，征扬州河东，并用此礼。……四年……十一月，诏以郊祀前一日，遣官奏告……城隍如仪”，城隍告祭，至此始入祀典。从此知赵绍祖谓“城隍各邑有庙，而载在祀典，实始于明”⑧，为不确矣。是后封赐孔多，或锡庙额，或封王侯，未命者或袭邻郡之称，或承流俗所传，郡异而县不同，《宾退录》所载，将近百数，故《宋史·礼志》亦谓“岳渎城隍，……封祀之多，不能尽录云”⑨。惟有一事至要

---

① 据张瑀《华州城隍神新庙记》，见《金石萃编》，第 156 页。

② 顾炎武：《金石文字记》亭林先生遗书本，第 5 页。

③ 赵绍祖：《金石续钞》，第 2 页。

④ 《五代会要》墨海金壶本，第 11 页。

⑤ 《册府元龟》藤花榭氏本，第 21 页。

⑥ 《会要》，第 11 页。

⑦ 《册府元龟》，第 214 页。

⑧ 《金石文钞》嘉庆刊本，第 6 页。

⑨ 《宋史·礼志》，第 105 页。

者，即《水东日记》载范文甫尝问程伊川到官三日，例须谒庙[①]，是地方官谒城隍庙之说，见于宋朝矣。

元世祖至元五年（1268 年）正月，上都建城隍庙，此见《元史·世祖本纪》者；文宗天历二年（1329 年）八月，加封上都城隍神为护国保宁王，夫人为护国保宁王妃，此见《文宗本纪》者[②]。而《虞集·大都城隍庙记》，言之较详，与纪微异。词云："世祖至元四年，……始城大都。……七年，大保臣刘秉忠（等）言，大都城既成，宜有明神主之，请立城隍庙，上然之，……兆于城西南隅，……城隍之庙，设像而祠之。封曰祐圣王。……天历二年二月，……皇后遣内侍传旨，……九月，……赵世安等奉敕封神，曰'护国保宁祐圣王'，其配曰'护国保宁祐圣王妃'"[③]。此即今北平都城隍庙之始建，亦即都城隍庙之所由昉也。城隍夫人之封，明见正史，亦始于此。而发轫于皇后之传旨，岂非女权运动乎。当唐之时，城隍庙有寝殿家属，吾人不敢断言有城隍夫人。宋洪迈《夷坚志》城隍庙探雀条，有'乃踏神像夫人之肩'句，则城隍之有夫人，宋已有之，元更有封赐。此后习以为常，苟无夫人塑像，必加补塑，故有乾隆间知州《劝捐建祭城隍夫人寝室引》[④]。文中言及"谅内治之宜然，……幸神庥之克御，……无烦少女之占"等语，是以人事而推及鬼神，吐词良堪发噱。至《元史》此处列始建庙于至元五年，《虞集》之记作七年，《新元史》与旧史同，《元典章》《元史类编》不载，未审孰是。《虞集》为当时人之记载，想较元史为碻也。

其时封祀之外，尚有赛神之举。余阙《安庆城隍庙碑》，谓"五月之望，里俗相传，以神生之日也。民无贫富空巷间出乐神，吹箫伐鼓，百戏游像，与于国中，如是者尽三日而后止"[⑤]。明清之时，赛神之风实甚，后当述之。

明太祖定鼎中原，即诏"天下有城池者，咸建庙宇"[⑥]。洪武二年正月

---

① 《水东日记》，第 30 页。

② 《文宗本纪》，第 33 页。

③ 《道园学古录》四部丛刊本，第 23 页。

④ 《郁林州志》，第 7 页。

⑤ 《青鹤先生文集》四部丛刊续编本，第 2 页。

⑥ 明彭宪《庙碑记》，见《交城县志》第 9 页。

丙申，封京都及天下城隍神。“上谓礼官曰：‘明有礼乐，幽有鬼神，若城隍者，历代所祀，宜新封爵’，遂封京都城隍神为承天鉴国司民升福明灵王，其在北京开封府者，封为承天鉴国司民显圣王，临濠府为承天鉴国司民显佑王，太平府为承天鉴国司民灵佑王。”① 其余各府封公，各州封侯，县封伯。又从礼官之请，以城隍及太岁等神合为一坛，春秋祀之②。三年定制，京都祭大厉，岁以清明及十月朔日，以都城隍主祭③。《醴陵县志》，不知城隍主厉坛祭祀，始于何时，盖失检也。是年又正城隍神号，命从祀于山川坛④。旋诏革封号，止称某州某府某县城隍之神。未几复降仪注，“凡府州县新官到任，必先斋宿城隍庙，谒神与誓，在阴阳表里，以安下民”⑤。六月二十一日，又令各处城隍庙，屏去闲杂神道，府州县庙宇，“俱如其公廨，设公座笔砚，如其守令，毁其塑像，舁置水中，取其泥涂壁，绘以云山，其在两庑亦如之”⑥，此明太祖对于城隍之政令也。

综合观之，太祖初令建庙，继仍元制加封号，寻去之，继命守令到任，先谒城隍；继又令毁偶像，是洪武之于城隍，改革不为不多矣。自其令官谒庙而言之，可谓尊崇；自其令毁偶像而言之，可谓抑压。自时厥后，城隍之祀，盛耶衰耶？不无疑问。观方志载各处城隍庙，多建于明初，此为盛状。因前此君主之于城隍，从未见有号令全国普遍建庙也。城隍偶像，今皆有之，何时恢复，史文不详，又成疑问，而其考证，则非数语所能决矣。

顾炎武论城隍，谓“惜乎今之有司多不达者，往往妄为衣冠之像，甚者又误为夫人以配之”⑦。炎武明末清初时人，所谓“今之有司”，当指其时而言也。然明宣德九年（1434 年）有“指挥使西贵塑神像”之事⑧，正统十年（1445 年）有“陆奇装塑神像”之事⑨，景泰二年（1451 年）

---

① 《大明太祖高皇帝实录》北平图藏钞本，第 38 页。

② 《春明梦余录》，第 22 页。

③ 见《明史》第 50 页《礼志》。

④ 弘治《大明会典》，第 82 页。

⑤ 《春明梦余录》，第 22 页。

⑥ 邱濬：《大学衍仪补》琼州刊本，第 61 页。

⑦ 《日知录之余》宣统重刊本，第 3 页。

⑧ 《松江府志》，第 18 页。

⑨ 《宁波府志》，第 10 页。

有涿州城隍祠神像，焕然一新之文[①]，天顺二年（1458 年）有高唐州城隍庙“增置两司，……添塑神属兵像”之举[②]，又有“神像铸金为之，文曰都城隍庙，正德五年造”之文[③]，是知城隍塑像之恢复，必非在顾炎武之时。炎武之言误矣。然此非本人之误，乃因其录《菽园杂记》[④] 之词也。《春明梦余录》载“都城隍庙，在都城之西刑部街，明永乐中建，中为大威灵祠，塑都城隍神像，后为寝祠，左右为掌善恶二司”。其后宣德五年，正统十年，嘉靖二十七年，雍正四年，乾隆二十九年，皆屡加修葺[⑤]。同治十年毁于火，仅存正殿[⑥]，现已改作公安局区署，不能入内参观。询之门警，正殿塑像皂隶，俨然犹存，永乐间重修，已塑城隍神像，是永乐以后，即渐复塑像矣。

洪武二十一年（1388 年），定城隍之祀，“春附祭于郊，秋祭仍旧，后又罢。惟每岁八月祭帝王后一日，遣南京太常寺官致祭”[⑦]。祭祀之礼乐仪节，详见《大明集礼王国祭城隍仪》，兹不赘述。“世宗嘉靖九年（1530 年），罢都城隍郊坛从祀，岁以仲秋祭于庙”[⑧]。是明代祀城隍，皆每年二祭或一祭也。乃《日知录》载东莞城隍，又有一异闻焉。

“洪武二年，上在朝阳殿梦东莞城隍及钵盂山土地云：‘岁中致祭无祀，一次不敷，乞敕有司一年祭三次，庶幽魂得以均沾。’上觉而异之，召礼部议，诏天下无祀者，岁中清明日七月望日十月朔日致祭，着为令。”近修《东莞县志》[⑨]，言之更详。并载洪武三月十五日封赐。检《大明实录》，实无此事。而邑令沈曾同《重修城隍庙记》，至谓“迄今无祀鬼神，岁得三祀自神始，而城隍之神锡伯爵，号显佑，亦自东莞始”[⑩]。此诚无稽之谈，不经甚矣。

---

① 《河北涿州志》，第 3 页。

② 光绪《高唐州志》，第 4 页。

③ 《湖南通志》，第 1694 页。

④ 《菽园杂记》守山阁本，第 3 页。

⑤ 详见《日下旧闻考》五十。

⑥ 见《天咫偶闻》，第 5 页。

⑦ 《大明会典》，第 19 页。

⑧ 《会典》，第 19 页。

⑨ 《东莞县志》，第 18 页。

⑩ 沈曾同：《重修城隍庙记》，第 3 页。

然本文所记不经之言，尚不止此也。《陔余丛考》[①] 引《夷坚志》有鄱阳城隍诞辰，城隍有诞辰，始见于此。其后各处传闻不同，日期亦异。有以五月十五为神诞者，安徽安庆浙江东阳是也[②]。有以五月十七者，浙江新城县是也。有以五月二十八者，河南归德是也[③]。有以八月初二者，陕西阳县是也[④]。有以九月初九者，湖北荆门是也[⑤]，有以九月十二者，浙江会稽是也[⑥]。其他异说，不及备录。当明朝初年，以国家功令，定每岁以五月十一日为都城隍诞辰[⑦]，其后弘治八年（1495 年），倪岳等议复张九功请正祀典疏，以为“城隍之神，非人非鬼，安得诞辰，可谓谬妄”[⑧]。遂罢之。然观明清神诞日期，有如上述之多，可见遵行未久，施行未广也。

清顺治二年（1645 年）八月二十七日，祭城隍之神，遣太常寺堂官行礼，是后岁以为常。八年题准，凡遇万寿圣节，遣官致祭[⑨]。雍正四年（1726 年）议准，“嗣后祭都城隍，前期太常寺开列部院尚书左都御史题请，钦派一人致祭”。同治七年（1868 年），礼部饬知，城隍祀列地祇，并非人鬼，嗣后不得称公侯伯爵等字样[⑩]。光绪五年（1879 年），以祷雨有灵，永济府城隍庙，加“广泽”二字封号，御书“百福来绥”匾额；县城隍庙，加“绥靖”二字封号，御书“留甘余庆”匾额，俱悬于庙中[⑪]。盖至清朝，匾额之封多有之，公侯之封，则不经见也。光绪十年，定每年十月十日，慈禧太后万寿圣诞，遣官致祭于都城隍庙，其祝文与岁祀祭文均甚简单，仅言“惟神正直，实赞灵化，捍御之功，都邑所赖。祗严岁祀，用答神庥，尚其歆兹，永福黎庶，尚飨”。而地方祭文，则名

---

① 《陔余丛考》瓯北全集本，第 27、32 页。

② 见元《余阙碑》，《历阳典录》，第 9 页，《浙江通志》，第 2824 页。

③ 乾隆《归德府志》，第 28 页。

④ 《汉南续修府志》，第 14 页。

⑤ 《湖北通志》，第 31 页。

⑥ 《会稽志》，第 6 页。

⑦ 王圻：《续通考》，第 108 页。

⑧ 《皇明疏钞》明刊本，第 48 页。

⑨ 《图书集成·礼仪典》。

⑩ 光绪《大清会典事例》，第 444 页。

⑪ 《永济县志》，第 12 页。

目繁多，如光绪《庐江县志》，有《靳捕旱蝗告城隍文》[①]，有《疫厉告城隍文》，甚至有《修邑乘誓城隍文》。《增修登州府志》[②] 中的《牒神隍文》，则洋洋数百言，多抄自《大明会典》，略加点窜。因《会典》及《通礼》，止载京师都城隍遣官致祭之礼，省城隍合祀神祇坛，惟每月朔望守土官诣庙行礼，遇雨旸愆期，则祷于庙，他无定例。故地方祀城隍，依归流俗，多有令典所未载者。如《天咫偶闻》所记，清明日南城城隍庙厉坛[③]，五月初一至初十日，都城隍庙庙市[④]，七月十五城隍庙赦孤（十二下），十月初一又有城隍主厉坛（十三）[⑤]，《都门汇纂杂咏》言“十月城隍又出巡，旌旗蔽日少风尘，可怜多少如花女，扮作披枷带锁人”，此则天威咫尺之地，流俗行之，而会典所不能纪也。考都城隍庙市，明朝已盛行，《五杂俎》《野获编》《日下旧闻》均详言之。今北平已衰，而上海城隍庙市仍盛，古董玩器，不亚明代之风。至于出巡，京师以十月，宛平县以四月二十二，大兴县以五月初一[⑥]，蓟县以清明日，清高宗有诗纪之[⑦]，《清嘉录》卷三，记《山塘看会》，述吴中风俗，亦以清明日出巡，描述极详。安徽历阳，则以五月十五日为神诞期，“奉以出巡，仪卫烜赫，好事者陈各戏以随，争奇斗巧，万众聚观。鼎沸者近十日”[⑧]。此皆不见祀典，而民间行之者也。其他崇祀之俗，顾禄已归纳之，略谓“府城隍香火之盛，什伯于他神祠，……五节八坛，则舁二堂之像，俗呼‘出会’，……人病，其戚若友联名具疏于庙，以祈神佑，谓之‘保福’……告痊谓之‘拔状’。或许愿于神，病既愈，富室召优伶演剧供献冠袍，铧履。贫窭之子亦必倩祝史献牲，谓之还愿，无日无之。女子为后宫侍从，男子为廊下隶卒，署名腰牌上，注服月日年纪，其人死即肖像于庙，或病人暗充罪人，有毕生为神犯者。有历五年三年为满者谓之‘暗犯’。遇

---

① 《庐江县志》，第 15 页。

② 《登州府志》，第 11 页。

③ 《天咫偶闻》，第 10 页。

④ 《天咫偶闻》，第 7 页。

⑤ 《都门汇纂杂咏》，第 9 页。

⑥ 《燕京岁时记》光绪间刊本，第 6 页。

⑦ 道光《蓟州志》，第 1 页。

⑧ 同治《历阳典录》，第 9 页。

清明节，殿前香火，焚化批文，名之曰‘犯人香’，七月半十月朔节亦如之”①。是民间祈祀之繁，较之会典所定，相差天渊矣。

总上祀典之变迁，唐朝则有祭文，有庙祀，有塑像，有家属仪卫，有封赐；五代及宋，封祀更多。元并封及夫人且有赛神之俗。明初仍加封，继去封号，毁偶像，永乐以后，又恢复偶像。而主祭坛，开庙市，皆始于明。清仍明旧，惟民间祭祀之俗，日益繁多，此时代愈后积习日深使然也。

（二）神话传说之变迁

关于城隍之神话传说，说部志乘，言之甚多，不能悉录。今将各朝，摭拾数事，以明演变。其说之不经，固无俟言述，聊当姑妄言之，姑妄听之可也。

唐代以前，慕容俨与梁武陵王祀城隍之神话，已屡述于前；李阳冰祷雨之词，亦无庸赘述。前所未及者，如“唐洪州司马王简易，尝得暴疾，……梦见一鬼，……手执符牒云：‘奉城隍神命来追王简易’”②。又“开元末，宣州司户卒，引见城隍神……”云云，是唐时城隍已主冥籍矣。唐裴铏《传奇》，载崔炜之入赵佗墓，遇羊城使者，因得归，后谒城隍庙，见其神类使者，乃具酒肴以祭，因广其庙，是唐时城隍司土地之职也。唐尉迟枢《南楚新闻》云：“咸通中，有姓尒朱者，……家于巫峡，祷于白马神祠，忽闻神语曰：愧子频年相知，吾将为湖南城隍神，上帝以吾有薄德于三峡之民，遂此升擢，故明言与君别耳。”③是唐时城隍有升迁之事也。《广异记》又称开元中，黄河之神，欲毁渭州城以为河道。城隍欲与之战，恐不克，乃“紫衣朱冠，通名参谒”刺史韦秀庄，求以二千人助战，果得胜，河水乃渐退（896年）。案城隍衣紫衣之说，始见于此。昭宗乾宁三年（896年），藩臣李茂贞犯京师，韩建请昭宗幸华州。夜袖剑诣行宫，欲刺杀之。将及御屋，有神人厉声曰：“汝陈许间

---

① 《清嘉录》，第3页。

② 《太平广记》一二四第一条。

③ 《南楚新闻》三一二第七条。案此节引《广记》多条，不引原书者，因原书亡佚，或今本从《广记》辑出数条，遗漏未载。

一卒尔，蒙天子厚恩至此，辄敢为弑逆事乎?”建仓皇出，明日访之，乃华之城隍神云①，是城隍为地方保护之神也。但此事本纪书于乾宁四年，自不能言城隍事，《五代史·韩建传》，载其父谓建语，与城隍叱退之语略同，或作碑文者因其父之语而加以附会也。

宋徐铉《稽神录》曰：“伪吴玉山主簿朱拯赴选，至扬都，梦入官署，堂上紫衣正坐，……起揖拯曰：‘君当以十千钱见与’，拯拜许诺，遂寤。顷补安福令，谒城隍，庙宇神像，皆如梦中。其神座后房漏梁坏，即以私财葺之，费如其数。”② 是县令谒庙，城隍托梦，及衣紫衣之说，又见于十国矣。

陆游《镇江府城隍庙记》，谓：“城隍神实有灵德……祷祈禬禳，昭答如响。昭兴隆兴之间，虏比入塞，金鼓之声，震于江壖。……而居处弗惊，疾厉以息，则神实阴相之。”③ 王象之《舆地纪胜》④ 谓：“靖康初，有道士设醮伏坛上，……唯二人欣然有喜色，道士问此何人，阍者曰天下城隍神也，……湖海德安二郡之神也。其后干戈俶优，惟二郡无恙。”是城隍为一方之保护神，宋人又有此观念；城隍传说与道士有关，宋时已见其端倪，此则尤当注意者也。赵与时《宾退录》载：“绍兴辛未，潼川守……将新城隍祠，梦人斋文书来，称新差土地”，此又城隍与土地有关。洪迈《夷坚志》，载滑世昌以“行医救人为生，……淳熙十四年，……梦有客来访，车骑甚都，通为城隍神，……云‘此邦明晨有非常大灾，……以君平时用心仁慈，……上帝敕我救尔一家’。……夜未半，火作于市。……滑居烈焰中，……忽有壮夫数十辈，着紫衣突入，邀上轿，……径舁至将台下，相去六七里，……黎明人轿皆不见”⑤。此则勉人为善之说，神乎其神。并又言其着紫衣。又有建康士人陈尧道，……死后三年，有人梦“为城隍作门客，掌笺记甚劳”⑥。赣州石城城隍庙，元塑两马，重修庙宇时，竟忘设置。逾月后，知县梦紫衣吏立

① 详见《金石粹编》，第156页。
② 《稽神录》一第一条学津讨源本。
③ 《渭南文集》，第17页。
④ 《舆地纪胜》，第77页。
⑤ 洪迈：《夷坚志》笔记小说大观本，第46页。
⑥ 《夷坚乙志》十万卷楼本，第20页。

城下，“声言曰：‘出入乏骑乘’，……乃自捐俸钱，……塑饰，……至七月兼旬不雨，致祷祠下，……随得膏泽”①。是城隍有属吏皂隶舆马之说，宋时已然。同书九页二，言朱琮有侍妾，与其妻不相容，凌虐至于自刎，终日为祟，招阁山道士牒城隍拘縻，终未见效。又同书四八页七言饶州城隍庙有雀巢，孩童欲探乳雀，而高不可升，乃踏神像夫人之肩，攀援而上。像泥遭践蹂落地，三孩旋即病死，其父亦然，是城隍管理鬼祟与神圣不可侵犯之说，宋时又具之。《陔余丛考》（三五）引《夷坚志》，尚有传说数条，此书今已不全，适园丛书本，十万卷楼本，小说大观本，均未寻获，不录。“三教搜神记义勇武安王”条，“祥符七年，解州刺史表奏云：‘……自去岁以来，……盐池减水，……’帝遣使持诏至解州城隍庙祈祷焉。使夜梦神告曰，‘吾城隍也，盐之患，乃蚩尤也’”，此亦城隍管一邑之厉鬼。由上以观，城隍之神话传说，宋时已甚发达矣。

元于钦《齐乘》云：“龙兴寺东，耆旧相传，金大定间，益都有潘府尹者，梦见城隍来谒曰：‘公昔典曹，枉杀二人，今以相付。’即有二鬼相随，驱之不去，逾年尹死。”此元人记金代有城隍司因果报应之说也。

元至正十四年，“营妇潘阿龚，夜被偷儿负其资去，黎明告主将，……谕意于神，主将曰：‘千里之境，官职其著，神职其幽，……今城境宵有盗寇，且距神宇不远，……神必潜知之。当三日，倘有以发其伏，使此寇就吾擒，则将再新祠堂，……居三日，偷兄王六果被执获，一郡惊叹神之灵验”②。二十八年，有盗杀银千户及奴二人，右司系邻佑于狱，久加考讯，不能得正凶。乃斋戒沐浴，祷于都城隍庙，同宿庑下，夜闻城隍审判声，翌日再审，主犯自行招说，从此冤狱得伸，远近闻之，莫不惊叹③。“至正中，……盗起江淮，郡县陷没者十七八，……大小格斗，前后百余。民率咨神而后行，朝卜以战。则朝而捷……”（《余阙庙碑》）陶宗仪《辍耕录》“梦”条，载应才之婢，为其妻妒逐，赴水而死，嘉兴路城隍司，准海宁城隍司牒，为婢告官，羁狎一干人犯云④。是城隍审理

① 《夷坚志》小说大观本，第 17 页。

② 《广西通志》，第 141 页引元赵鹤《重修城隍庙碑》。

③ 参《日下旧闻考》，第 50 页引元韩从政《佑圣王灵应庙碑》。

④ 陶宗仪：《辍耕录》日本刊本，第 11 页。

阴间词讼，且有层次阶级。其阴阳表里之观念，与夫愚民之功用，元代已略具矣。

明太祖鄱阳之役，战舰失舵，以足代之，洪武间河神助战，对曰："臣乃黄陂城隍汉蜀某也。"① 永乐北征，仿佛步武中有美髯者，乘大马持大刀拥兵而前，势如破竹，凯师犒赏，叩之军中，若有附者云，"臣荆门城隍也"②。正德七年（1512 年），"妖贼李通宝倡乱肆扰，而郁林城赖神获存，万历间以事闻于朝，加封为灵佑侯"③。同年黄州"强盗压境，民刳于兵，邑之幼耋及宰，相率许于神，曾未浃旬，即电扫风驰，阴加窜逐"④，此城隍保境，或效忠助战也。而萧士熙《修庙记》谓："明将军胡大海攻越，越城隍于空中现巨履，长丈余以怖胡，明日战遂败。"⑤ 此自明太祖观之，城隍助越为不顺矣。城隍之威灵如此，故长吏武夫，多敬畏之。如武安侯治大同，不谒神祠，惟骑马过城隍庙，则举手曰，"大哥好照顾"，此明叶盛《水东日记》⑥ 所言也。或互相礼敬，如"成化中永州知府杨诚赴任，途有永州太守来拜，问之，云是新除，及相见，言各行其事，无相妨也。杨心知为城隍神，及抵郡，彼此相拜如前，每行香，则神迓于中门，僚属皆不见也，人号打鬼杨"⑦。又有"撰庆郡守者，途遇一官，仪仗相同，会询其故，曰'公主明，某主幽，相贤不相妨也'。斋宿会神，举动如两宾相见礼，众讶之，别无所见"⑧。皆互相尊敬之例也。

除阴阳分治，效忠保境之神话外，尚有城隍司科场之事者，则明以前未见也。《前明科场异闻录》，载正统六年乡试，太原忻州城外，有文昌行宫，诸生王用予等，先期赴宫宿坛，忽有人促之曰"起！帝君升殿

---

① 同治《黄陂县志》，第 2 页。
② 《湖北通志》，第 31 页。
③ 《郁林州志》，第 7 页。
④ 《黄州府志》，第 39 页。
⑤ 《衡山县志》，第 19 页。
⑥ 叶盛：《水东日记》，第 16 页。
⑦ 《永州府志》，第 6 页。
⑧ 《粤西丛载》，第 14 页。

矣。……见天下城隍，汇送乡试榜册子”。《野获编》[①]，载嘉靖五年，进士陆邢携子杏源赴官，此邻有笄女绝艳，杏源屡欲挑之未果，乃诣城隍庙祈祷，许事成酬谢。及归，夜寝正酣，忽大呼号，云梦为城隍神摄去，大怒……检其禄，则注定甲戌状元，乃沉吟曰：“是不可杀，当奏之上帝，……须臾，天符下，陆某革去鼎元。”[②] 又记吴门王某奸母姨，夺其籍。其他异闻甚多，不及备录。大抵城隍司汇送乡试榜册子于文昌帝君，或某人本当中试，而命城隍察其行谊，是否身家清白，行为良善，以定去留。盖皆由明清科场习惯，揣摹臆造也。

至于清朝，则神话传说，与时俱进，凡前代所有者，皆保存之而集其大成；所无者又创造之，由是日积月累，无奇不有：有城隍为民伸冤而止巡抚之屠戮者：

> 顺治十年秋，海寇……犯县治，……总兵官王燝督战辱师，民聚而诟之。王怒，诉之周巡抚，诬民通贼，周惑其说，将俟鸡鸣屠之。是夕神降官廨，俨立阶下，周心动而止，是夜半，仍欲屠之，又见神直视摇首者数四，惧而辍其事。[③]

按此条题为上海县城隍之灵异，多录曹一士颂序略[④]，据言秦景容，讳裕伯，大名人。元至正进士，官至奉议大夫行台侍御史，延平府总管内劝农事。会世乱，避居上海，题桥见志，世目为“裕伯题桥”。张士诚据姑苏招之，拒不往，明太祖即位，命中书省檄起之，固辞不起，居邑之东乡长寿寺里，殁即葬于其地。太祖敕封为城隍神云。

有城隍救火者：

> 繁昌县保大圩潘姓者，族众数百户，大清康熙九年二月间，妖火为祟，现男女二形，沿烧不止。里民……请于邑令转牒城隍神，……火自是立止。[⑤]

亦有城隍庙被焚而自顾不暇者：

> 乾隆四十四年九月二十八日夜间，……庙中有声如雷……道士

---

① 《野获编》，第 28 页。

② 《直省科场异闻录》，第 1 页。

③ 陈其元：《庸闲斋笔记》，第 2 页。

④ 《松江府志》，第 18 页。

⑤ 《太平府志》，第 40 页。

惊觉，……瞥见神像斜坐于地下，……遂唤集庙祝，仍请神像归位。……翌日为十月朔，神驾出巡，祀孤回庙时，神色改常，似有愁惨之像。是夜二更时分，左长生房失火，左主守六房，延烧无一存者。①

有城隍罚人示众者：

康熙二十二年，山西祁县刘姓，平素无恶不作，通邑切齿。忽一日自诣县治，两手自然反接，曰称奉县城隍命投到，求本县解至府城隍问罪。令以为心疾，逐去复来。两手俱无绳，而数人擘不可开。如此数日，令不得已，为具文遣差牒送府城隍，……刘即伏阶下，号呼痛苦，……顷刻，受刑处俱青黑破烂。刑毕起，自言城隍仍发回本县游各门示众，……游毕，七窍流血而死。②

有城隍为忠于职务之人驱鬼者：

杭州……项有清，……患常山引地私盐充斥，……每获私枭，必禀宪尽法惩治，……往往由此死。至乾隆间，有清患病，……见无数阴鬼魂纠缠不散，其家为祷于城隍庙，是夜……恍见神灯直接寝室，鬼皆散去。③

有城隍召人作证者：

浙江有士人夜梦至一官府，云都城隍也。……牵君为证，……旋闻都城隍升坐，……举案示士人，士人以实对……④

有城隍皂隶持票拘人而被人驳斥者：

膳夫杨义，粗知文字，忽梦二鬼持拘票来拘，标名曰杨乂。义争曰：我名“杨义”，不名“杨乂”，……二鬼不能强而去。⑤

有城隍审理案件一如阳间官府者：

乐钧《耳食录》“秦少府”条：有美女数人，殁后芳魂无依，为强鬼所劫，乞浦郡秦秀，投牒吴县城隍，城隍非他，秀之父也。……乃如所请，……并与朋辈数人，共宿庙中。“是夜闻城隍升厅事，锒

① 《吴山城隍庙志》，第 12 页。

② 《信征录》说铃本，第 12 页。

③ 《吴山庙志》，第 3 页。

④ 《阅微草堂笔记》笔记小说大观本，第 4 页。

⑤ 《阅微草堂笔记》笔记小说大观本，第 59 页。

铛钮镣诸具掷地声，次闻胥役吆喝声，唱到声。……城隍问曰，诱良善，侵孤弱，淫横不逞者谁为首?”秀察其声音，宛然父也。……已闻考掠声，众鬼呼痛楚声，女鬼感谢声，毕谳声，久之遂寂。①

有城隍拘人以孝姑不肯行，而须取决于东岳大帝者：

竹汀言：有夜宿城隍庙廊者，闻殿中鬼语曰：“奉牒拘某归，某妇恋病姑，不肯死，念念固结，不能摄取奈何?”城隍曰：“愚忠愚孝，多不计成败，……此宜申岳帝，取进止。”②

有城隍知人寿命者：

农夫陈四，夏夜……守瓜田，……见有数人影，……假寐听之。中一人曰，“不知陈四已睡未”? 又一人曰，“陈四不过数日即来从我辈游，何畏之有? 昨上土地祠，见城隍牒矣”。又一人曰，“君不知耶，陈四延寿矣”。③

有城隍注拟子嗣者：

嘉兴吴老人，……梦城隍神诏之曰，“子积德半生，吾特免子于厄，且命福生来为汝孙矣”。次日媳果产一男，遂名曰福生。④

有城隍冥诛唆弄事非之人者：

平湖进士张虎侯之子，……贪狡无赖。……窥邻人某殷富可啖，造“一淫三妇”一词，唆其怨家各讼之，官数月不结，张从中为之料理，获利百金，得意之极。七月初一日赴城隍庙拈香，拜不能起，似有人击其背者。即刻吐血数升，舁归自述前事，且为城隍所诛谴，不日死矣。⑤

有城隍冥诛因奸致死人命之徒者：

乾隆三十四年五月十五日，……李廷章至城隍庙演剧，方进大门，恍惚若有所见，惊扑在地，曰“吾命休矣”。有知其隐慝者，言李曾奸室女有妊，恐人知觉，市药堕胎，致女死于非命，冤魂诉之于神，故立时诛谴云。⑥

---

① 《阅微草堂笔记》笔记小说大观本，第 2 页。

② 《阅微草堂笔记》，第 17 页。

③ 《阅微草堂笔记》，第 4 页。

④ 《吴山庙志》，第 3 页。

⑤ 《果报类编》，第 26 页。

⑥ 《吴山庙志》，第 3 页。

有城隍皂隶渔色被诛者：

有卖丝者妇，……甚有姿首，忽得奇疾，……自云魂为城隍判官所摄，逼为妾媵，……迨城隍庭讯，……以判官鬼役付狱。……后判官塑像，无故自碎。①

有城隍奖励孝道替人训妻者：

杭州望仙桥周生，业儒，妇凶悍，数忤其姑。……周孝而懦，不能制妻，惟日具疏祷城隍神。……命蓝面鬼持大锁往擒其妻，须臾鬼牵妇至，……城隍厉声数其罪状，……命夜叉拉下剥皮，放油锅中。妇哀号伏罪，请后不敢，……城隍曰，“念汝夫孝，姑宥汝”，……乃各放归。次日夫妇证此梦皆同，妇自此善视其姑。②

有城隍深知人情世故者：

李……病笃，……厌其困苦，……乃密自为一疏，遣人赴城隍庙焚之。大旨谓上念老母，不忍遽谢人世。……若寿数未绝，请即令痊愈，若寿限已到，亦即早令溘逝，……焚疏未及半时，……忽梦城隍遣人……来招曰，“人之寿数，非我所能主持，我已将大疏转奏上帝矣。……我料上帝必有延寿之命，……拱手而别”。……不料是日遽卒。……以延寿慰之者，盖城隍神知世故也。③

有城隍治虎者：

陈勳《修庙记》：“城乡虎患，予请于神，旬日间三虎就缚。”④

张延寿《修庙记》：“郊野有虎，延寿祝曰，愿无噬人，是夜虎东渡河。”⑤

有城隍作诗者：

江西有城隍毛公韩国鉴诗：“转眼年光又一新，世上曾无百岁人，寄语群生多积善，会看福禄自天申。”⑥

案此出于扶乩之词。而《儒学正宗宣化集》一页十七下，有

---

① 《阅微草堂笔记》，第 16 页。

② 袁枚：《子不语》随园全集本，第 5 页。

③ 《庸盦笔记》小说大观本，第 6 页。

④ 《甘肃新通志》，第 29 页。

⑤ 《德安府志》，第 5 页。

⑥ 《照心宝鉴》，第 10 页。

《江夏城隍戒刀笔诗》，二页九下，有江夏城隍七古并训，诗无足取，其训略云："……吾忝一县稽查人民之职，有功当录，有恶当记，汇以上达府城隍庙前，以定人之报施也。……且功名之始基，亦由吾辈核实转府而至于桂宫……"有武昌、咸宁、嘉鱼等十二县城隍唱和诗，每句皆包括一"武"字，然无可观者。又《救生船》四页八二，有"巴县城隍杨公教子孙古"，至有希望子孙扬名显亲成家立业主意。此皆出于扶乩之语，矫揉杜撰，更亚于道听途说者矣。

有神话传说直令人莫名其妙者：

同治《续修成都县志》："刘万鹏，年七十时，齿尽脱，一夕宿城隍庙中，感异梦，重生黑齿十，圆泽光润，排如瓜子，现年七十有八，有子五孙八曾孙二。"①

亦有城隍纳贿被革职拿问而以美少年瓜代者：

康熙间，陇西城隍塑黑面而髯者，貌颇威严。忽于乾隆间改塑为美少年，……问庵僧云："雍正七年有谢某者，年甫二十，从其师在庙读书，……夜间见一人来祷于神，乃隐于神后伺之。闻其祝云：'今夜若偷物有获，必三具牲来献。'……次日贼竟来还愿，生……作文责之。将文稿焚烧，被行路神上奏东岳，登时革职拿问，一面将此城隍之位，奏明上帝，即以……补缺。……未三日，少年卒，庙中人闻呼驺声云，是新城隍到任，嗣后塑像者易黑须之貌为美少年。"②

右录神话传说，可见唐代以前，多为晴雨之祈祷，地方之保护；唐以后则祈晴祈雨之说，逐渐消逝；保境效忠之举，至清亦希微；盖从地方保护神之中心观念，渐次倾向于阴阳表里之说也。其说肇于唐宋，盛于明清，好事者又力事铺张，举凡地方官吏应行之事，如盗贼之捕禁，顽民之惩治，忠孝之砥砺，科举之提倡，官府之文移，胥吏之管辖，以及刑狱之审讯，皆以阳间所行，比拟阴事。或由方志沿讹附会，或由文人托诸讽刺寓言，或由小说采取街谈巷议，或由僧道出诸幻想妄造，历时日久，故传说纷纷，渺茫无稽，复杂万状矣。

---

① 《续修成都县志》，第 7 页。

② 《子不语》，第 22 页。

三　城隍神与释道二家之关系

（一）城隍神与释家之关系

夫城隍传说之起源，既如上述之简单，而其传说之变迁，又如上述之复杂，然则城隍神属于佛教，抑属于道教，抑或释道等教，均无关系，此本节所欲论述者。

余于佛学，未窥门径，本不敢致一词；但闻诸前辈云：中国城隍神，与佛经中之毗沙门天王，似不无关系。初阅《毗沙门天王经》，实难以证明。继观《重修诸天传》，似又有之。此书宋释行霆作，其中《北方天王传》云："梵语毗沙门，此翻多闻，福德之名闻四方。……唐天宝中，西蕃……兵围西凉府，不空三藏诵《仁王密语》，玄宗乃见神兵五百员在乎殿庭，帝问不空，不空曰，'毗沙天王子领兵救西安，请急设食发遣'。四月二十日，果奏二月十二日，城东北三十里云雾间，见神兵伟鼓角喧鸣，山地崩震，番部惊溃。彼营垒中有鼠，金色，咬弓，弩弦皆绝。北门楼有光明，天王怒视，番师大奔。帝览表，敕诸道城楼置天王像，此其始也。……又唐懿宗咸通三年，西川及四州（川）现僧相天王，皆有记录，……其余感通，难以尽纪。然多闻天王，帅鬼神而统八部，护世界而保国民，可谓显矣。而国朝（宋）因唐制，凡立城寨，必先立像。"①

唐玄奘《西域记》卷十二，宋赞宁《僧史略》下"城阁天王"条，宋庞元英《谈薮》②，并略记之。记中所谓"护世界而保国民，凡立城寨，必先立像"，则以为与城隍有关系，不无蛛丝马迹之可寻。若观元和七年（812年），柳澈《保唐寺毗沙门天王灯幢赞》③，僧皎然《韵周长史昉画毗沙门天王歌》④，其中所谓"左扼吴钩，右持宝塔"，"降魔大戟缩在手，倚天长剑横诸身"，又观日本《佛教大辞典》第三卷所绘之图像，疑为《封神榜》中之托塔李天王，而非城隍神也。

---

① 《续藏经》第二编乙第二十二套，第131页。

② 《谈薮》学津讨源本，第14页。

③ 《关中金石记》四，第14页。

④ 《全唐诗》，第30页。

毗沙门天王与中国城隍无关系，则《华严纲要》中，有“佛世界微尘，数主城神，所谓宝峰光峰主城神，妙严宫殿主城神，清净喜宝主城神，离忧清净主城神，……香髻庄严主城神，如是等而为上首”①。又云：“宝峰光耀主城神，得方便利益众生解脱门，妙严宫殿主城神，得知众生根教化成熟解脱门。……”② 此处所谓主城神，谓与城隍有关系，似无不可；然观全篇意义，则不类矣。

考佛教之输入中国，不外西北陆路与东南海路两途，前述城隍地域之起源，皆在长江流域，东南西北两部，均较中部为晚，此可为城隍神之传说，纯由中国本土产生，非自印度佛教传来之确证。惟以后崇拜仪式，则不免受有佛教之影响者。如城隍出巡或赛城隍之礼是也。《僧史略》卷上云：“‘行像者，自佛泥洹王臣，多恨不亲睹佛，由是立佛降生相，或作太子巡城像。’③。今夏台灵武每年二月八日，僧戴夹苎佛像侍从，园绕幡盖，歌乐引导，谓之巡城。以城市行（街）市为限，百姓赖其消灾也。”④

案《僧史略》所谓“行像”或“巡城”，明言由印度传至中土，其传入也甚早，《魏书·释老志》已言之，后世城隍出巡，盖受佛教影响也。又如城隍塑像之服装，《广异记》载开元中城隍求人助战事，已有紫衣朱冠之说。今存塑像可见者⑤，亦多为紫袍或红袍。而紫袍之赐，又与佛教不无关系也。《僧史略》上“服章法式”条：“案汉魏之世出家者，多着赤布僧伽梨。”⑥ 又卷下“赐僧紫衣”条云：“赐人服章，极则朱紫，……故曰加紫绶，必得金章令，僧但受其紫而不金也。……《唐书》则天朝，有僧法朗等重译《大云经》，……并封县公，……皆赐紫袈裟。……代宗永泰中，章敬寺僧，……赐紫衣一副。……赐僧紫衣，汉晋周皆尔。”⑦ 其后城隍衣紫衣，加封赐，难免不受佛教之影响。然唐制三品以上官实

---

① 《续藏经》第十二编第十二套，第 1 页。

② 《续藏经》第十二编第十二套，第 418 页。

③ 下述晋法显到巴连弗城见行像之事从略。

④ 《续藏经》第二编，第 146 页。

⑤ 各城隍庙中，可见其衣冠塑像。《时代画报》八卷一期，有上海城隍神像，惜不能辨色。

⑥ 《僧史略》，第 147 页。

⑦ 《唐书》，第 158 页。

衣紫也。至于十殿轮回之说，印度虽有阎罗王（yama）两兄妹，分司男女灵魂之事，然后世变为十殿阎君，间有城隍塑东岳七十二司者，则又不免参杂道家之思想矣。

（二）城隍神与道教之关系

城隍与道教之关系，较佛教为浓厚。约而述之，可得四端：一曰城隍庙多由道士住持也，元虞集《大都城隍庙记》“以道士段志祥筑宫其旁，世守护之”，元王恽《汴梁路城隍庙记》，“敦请女冠住持”，《吴山城隍庙志》：自元至明清，皆为道士住持，《衡山县志》载明太祖驰使斩越城隍之首时，“道士梦神言，令负已以逃”。《建昌府志》载“成化二年，使守庙道士居之”。《北通州志》“天顺成化间道士花全敬等先后修葺”。《汉南续修府志》命道士王道仙等革故鼎新，而民国八年修成之安东城隍庙，亦命道士住持，是自元至今，各处城隍庙，多为道士住持也。然亦有僧徒住持，如《西宁府新志》，则载其城隍庙为康熙六十年住持释广智重建者也，余姚城隍庙，则众举僧文显募捐修筑者也①。特此仅千百之一耳。

二曰道教祈神设醮，多牒城隍司事。《舆地纪胜》，有道士设醮伏坛上，而有二城隍与焉。是城隍与道教，自宋已生关系矣。《道藏》正乙部彩下册九六八，《上清灵佑大法》② 有牒都城隍府城隍县城隍等文。册九六《斋法章奏门》页十八至二十，有牒天都大城隍之神，牒某州城隍，及某县城隍之文。册九六一《审奏门》页七，有牒州县城隍文，册九六二，九六九并有之。其他《道藏》各部，言及城隍神者，多不可胜录。此外《三教瑶函》一页五一，有申本县城隍文，卷六页四下，有十一日都城隍诞辰表，卷三页十二有《申城隍移文解冤释亡疏》，卷十一页十二，有《城隍释狐疏》，卷十三页二三有《启城隍疏》，皆以城隍为州府县之主宰也。是则城隍与道教之关系，又较佛教为密切矣。然城隍庙中，亦有作佛会者。如《吴山城隍庙志》云：“往例五月十七日，城隍神诞，绅约士素各醵会为神寿而郡中男妇之老者，每月十七日，群集庙中，念佛三堂而散，名曰佛会。”是又不可一概而论也。

---

① 《浙江通志》，第 3804 页。

② 《上清灵佑大法》卷二九，第 15 页。

三曰城隍与其他各神，多与道教有关系，如城市中之土地庙，多附设于城隍庙。土地庙之传说，始于祀汉末蒋子文，见《古今说海》之《蒋子文传》。其后道家附会之。城隍之上司，多为东岳大帝或玉皇上帝，故前述传说中，有疑难不决者，则请示之。东岳与玉皇之传说，均见《重增搜神记》，吾乡常宁城隍庙，即于后殿楼上，塑玉皇大帝之像。道家中之城隍神，与土地、东岳、上帝等，似有统属关系也。

此外如指定人名为神，或亦受道家之影响。道家此风最盛，观《道要灵祇神鬼品经》，几于有一神即有一名，如“男淫之鬼名戴文，女淫之鬼名截亥，圊厕之鬼名须天”①，故城隍庙，往往亦指名某人为神也。

然此三端，尚不足为城隍属于道家之明证。其最有力者，当为《道藏》有祀城隍之经典，即《太上老君说城隍感应消灾集福妙经》。其《开经偈》，则曰：

稽首皈衣城隍尊　　威灵烜赫镇乾坤
护国安邦扶社稷　　降施甘泽救生民
统辖大兵巡世界　　赏善罚恶日同明

以后又开列各神位，计有：

天下都城隍威灵公　　天下十三布政城隍之神
天下各府州县城隍之神　　两廊一十八司曹案官班圣众
主管天下人生死案判官　　主管长生注命案判官
主管病症疾疫案判官　　主管福禄延寿案判官
主管往生子孙案判官　　主管立应见报案判官
主管斋戒杀生案判官　　主管勾押推勘案判官
主管风雨龙王案判官　　主管追取遣送案判官
主管恶鬼穷魂案判官　　主管善恶报应案判官
主管亿劫魍魉饥鬼案判官　　主管山林分野案判官

右城隍神位，凡二十六种，录其要者如上，可见城隍之组织，城隍之职掌；尤可见道家之想象力矣。此经见《续道藏》隶字一〇六三册，不详撰述人及年代，其中言分十三布政司城隍，可知为明代作品。观此与上述三端，岂非城隍属于道教乎。

① 《道藏》正乙部册八七五。

然浅见所及，又不尽然。盖城隍神起源于六朝，盛于唐宋。唐宋城隍之神话，无如元明清之光怪陆离也。若果出之于道家，则邪说异端，早已附会；道家载籍，早已言及，不待至明清而生，此其一。前引《上清灵保大法》卷二七页二五有考证云：“近世多牒天下都城隍司，及遍考典故，并无所出。夫城者州军之城郭是也，隍者城外之池是也，……城隍之称，因城池之建而有神以主者尔。以道典言之。又无所出。……近者亦有人指冥中之他神，以其意义相近者，谓便是都城隍。殊不知城隍二字难以言天下都作一城，尽绕一池也，……使其别有所据，实有此神，而不行文移，却不致违背典格，或无其神，蹈非习妄，以取美观，则冥谴可逃乎。此说为博古高识之士而言之，愚陋俗夫，不学小辈，必加窃笑矣，学者更加考订而行之。”按此文虽谓不当牒天下都城隍，然其考城隍之起源，亦不过由于城池；且深通道典之徒，而不知所出，则吾人岂敢言城隍出于道家，此其二。

本此二点，可作一结论曰：城隍之神，非道非释。惟受有释道二家之影响及仪式，而受之于道家者为更深耳。林传甲作《大中华京兆地理志》，将城隍列于儒家，盖以其无家可归，见城隍列于祀典，或不得已而为之；实则城隍非道非释尤非儒也。然则人民何为而崇拜之，曰有崇拜之原因与用意焉。

四　崇拜城隍之原因与用意

（一）崇拜之原因

神之崇拜，原因多端，研究宗教起源者，各家说法不同，不能执一说以绳之。以城隍之起源论，有谓“城复于隍”及八蜡四郿之祭，即谓始于古代者，此由于名词误解之原因也。有谓“城隍之神，肇于古史之‘造’字，其用著于《周易》之系爻”①。“造”字之意，《周礼》大祝掌六祈曰“造”，杜注：“祭于祖也。”意即城隍之起源，由于崇拜祖先之原因也。唐李商隐《赛永福县城隍神》云：“考室立家，先立户灶，聚人开

① 胡曹安：《谰言长语》宝颜堂秘笈本，第5页。

邑，首起城隍，……固有明灵，降而鉴治。”[①] 段全伟《城隍庙记》谓，“阳之理化在乎人，阴主宰司在乎神，……则都邑之主其城隍之谓乎?”又谓“前年蛮寇卒来，戒备无素，但扰郊鄙，不近阛阓，……则扶倾捍患之力，其隐灵幽赞之神乎?”[②] 清萧士熙《庙碑记》，谓“升隍为城，以卫其民人，又以一城之大，有事画楼堞而守之，飞橹革洞，或不能近，以为此非尽其人之力，意有神阴庇焉，于是为祠祀之”[③]。此由于超人力之原因也。前考城隍之起源，在六世纪中叶，谓城中先有神祠一所，俗号城隍神，战时祈祷，惊风欻起，吹断阻挠舟行之荻蒺、铁锁；于是城人大喜，以为神助，此又超人力之实例也。梁武陵王祀城隍，将烹牛，有赤蛇绕牛口出，此似J. Frazer所谓由于幻术之原因也。其后指定人名以为城隍神，如春申君、纪信、灌婴、庞玉、苏缄之类，或有功于郡国，或忠正于生平，此又由于鬼魂观念与英雄崇拜之原因也。后又各处指定人名为城隍神，或生作城隍三日，或如纪信本祀于江右，而甘肃皋兰亦祀之，既非其所产生之地，又非其所著忠节之处[④]，此由于转借传袭之原因也。唐顾况《有阴阳不测之谓神论》[⑤]，唐宋之时，祈晴祈雨，消灾弭患，保境安民，却敌止暴之说，屡见不鲜，唐宋以降，各种传说，皆发生之，如生死轮回、因果报应、审理案件、管理鬼魔等说，皆纷纷而起，此由于阴阳观念之原因也。唐时虽有城隍之祀，而主祭者常出言不逊，一日不晴，五日不雨，将焚其庙，恐怖观念，甚为薄弱。晚唐以后，庙宇塑像，廊庑寝殿，日益繁复，鬼面狰狞，日益凶恶！孩童踏城隍夫人之像，则皆病死，神圣不可侵犯之念，日益增进；由是畏之，敬之，崇拜之，……此由于恐怖观念之原因也。降至明清，崇拜日久，相沿成俗，神话传说，寖以繁多，原始难溯，真伪莫辨，人民耳之所闻，目之所见，皆信以为真，无敢渎侮。故白崇禧欲毁桂林城隍庙，令军人行，皆层层推诿，不敢奉命。推至排长，无可再推，始焚香祷告，禀明苦衷，然后毁之[⑥]，

---

① 《全唐文》，第1页。
② 《全唐文》，第11页。
③ 《饶州府志》，第27页。
④ 《皋兰县志》，第18页。
⑤ 《全唐文》，第529页。
⑥ 《独立评论》，第11页。

此又积习难返之原因也。

明此数因，则城隍神话之发生，岂非平淡无奇乎？以平淡无奇之传说，而能迷信中国人士千余年，岂无人能识其谬乎？曰非也，李白《韦公德政碑》，谓城隍为“淫昏之鬼，不载祀典”（出处见前）；陈致雍《请废淫祠状》，力阻城隍之封爵，免滋淫祀①。明张九公、倪岳、吴肃公等并非议之：石道立亦谓其“渎乱不经，莫此为甚”②，是非不知其谬也。知其谬而祀之者何也？曰积习难移，固为一因；而政治之利用，亦重要之原因也。

（二）崇拜城隍之用意

政治利用之法，宗于“神道设教”之古训，基于“阴阳表里”之观念，行于“阴阳分治”之细则，达于“鉴察官吏愚弄小民”之功用，而归于“专制独裁君主独尊”之极轨。周易观曰：“圣王以神道设教，而天下服矣”，此“神道设教”之所由宗也。张九龄祭洪州城隍神，谓“道虽隔于幽明，事或同于表里”，此阴阳表里之说之所由昉也。故孟养性《庙碑记》：谓“天下府州县皆设立城隍之神，与郡守县尹，阴阳表里。礼乐之用，刑政之务，则守令司之。鉴察之事，善恶之报，则城隍司之。故善良益知所观，而祈其冥报，奸慝皆知所惩而畏其阴谴。”③ 邹文炳记曰：“县之有城隍，犹之有县官也。县官理其明，城隍理其幽，县官分立曹司，不能寄治于府；县城隍崇饰庙寝，不能寄治府城隍，幽明之道，本无二致，此礼之因乎时起乎义者也。”④ 顾振《祈雨文》，亦谓“阳有官而阴有神，均受天子之敕命，保障一方。民之是非曲直，罪之轻重，决之于官，重者奏于朝廷，以彰极罚。此牧之责也。时之风雨调顺，寒暑及时，此神之责也。牧守是邦，神护兹士，虽司有阴阳，而职无彼此”⑤。此阴阳分治之细则也。其言虽出于清代官吏之口，而其谋宝始于明。明太祖强悍雄鸷，畏中书省专权，则罢中书省而归政于六部。天下大事，

① 《全唐文》，第874页。

② 乾隆《澄清县志》，第62页。

③ 《齐河县志》，第8页。

④ 同治《九江府志》，第49页。

⑤ 《高唐州志》，第4页。

咸欲一手把握。畏地方官吏或不为己用，而命城隍监视之。故洪武三年，令新官到任；必先斋宿城隍庙，谒神与誓；每月朔望，又令拜庙，申前誓也。又命城隍主祭厉坛，“控鉴坛场”，“一府境内人民，倘有忤逆不孝，不敬六亲者，有奸盗诈伪，不畏公法者，有拗曲作直，欺压良善者，有躲避差徭，靠损贫户者，似此顽恶奸邪不良之徒，神必报于城隍，发露其事。……如有孝顺父母，……畏惧官府，神必达之城隍阴加护佑”，此皆见于《大明会典》者。故陈继儒曰：“城隍者官民之耳目，福祸之权衡也。”① 准此数则，以观明清之神话，如城隍为忠于职务之人驱鬼，为奖励孝道而替人训妻，为惩罚无恶不作之徒而示众冥诛等，岂非如法泡制者乎。前谓阴阳表里之说，明清极为发达也。

而阴阳表里之为用，收效甚弘；试观为政者之实验报告：则有明内邱长莫是元曰：“今之莅民有二难，一曰难于使民信，一曰难于使民畏。推心置腹，三令五申，冀民之我信，弗信也，试语之以鬼神之赛祷，欣然信矣。悬肺石，严棰楚，冀民之我畏，弗畏也，试语之以鬼神之祸福，爽然畏矣。以上之难信畏者，而鬼神能使信且畏，则神道设教，其理可以相通。”② 王榕曰：“圣王神道以设教，非得已也。……巨奸大憝，凶狡不逞之徒，舞其智力，每足以幸逃法网。然其中夜惕息，扪心难安者，亦谓王法可逃，冥诛不可逃也。……然则砭愚订顽，统黔首而偕之大道，舍兹奚恃哉。”③ 姜承业亦曰：“究其祭之之意，崇德报功之意少，神道设教之意多，试观神像尊严，陪从狰狞，人之入庙中者，莫不毛发森然，……以自致敬，尽礼于神像之前，而非避之心，不敢忽起，此则神道设教而导人以为善去恶之归也。”④ 观此三家之言，以神像之尊严狰狞，元恶大憝，尚能使其敬畏，甚于刑戮刀诛；则一般小民，受其愚弄，更无疑矣。故曹安曰，“城隍惟有司拜祭，士庶无预”⑤，是城隍之崇拜，尚有阶级性也。盖官府欲利用城隍以统治百姓，而城隍又多立于县城中，纵无限制，乡里士庶，亦少参与之机会。然则城隍之所以受崇拜者，乃为政治之利

① 《白石樵真稿》明刊本，第 20 页。

② 《畿辅通志》，第 4442 页。

③ 《定州续志》，第 4 页。

④ 光绪《安东县志》，第 7 页。

⑤ 《言长语》，第 7 页。

用，岂非彰明显著者乎？

夫既为神矣，而尚被人利用，作统治之工具；使城隍有知，当效陶渊明拂袖而去，不为区区群祀折腰矣。

顾城隍虽被地方官吏所利用，而地方官吏又为君主所防抑也。新官到任，必与神誓，犹之乎今日新官就职，必须宣誓兼须有人鉴誓也。明初诏封其神为鉴察司民，意或有取于此。故丘濬云："加之以鉴察之名，盖又付之鉴视纠察之任，……我圣祖主典神人，兼用……鬼神以为治，幽明之间，各受其职，其所以克相上帝，宠绥万方者至矣。"① 换言之曰，即达于专制独裁君主独尊之极轨也。噫，太祖之用心深矣！惜乎明清官吏不之觉，或明知之而不能不奉行故事也。

奉行过笃，亦有不求治本，惟赖神佑者：如紫阳令陈仅，为轻生自杀之案，屡见报呈，祈祷城隍，请求默佑②；而不知考求百姓何为而自杀。又如醴泉令裘陈佩，遇有疑狱必祷于神，有罹法兔脱者祷于神，乃至出入必禀命于神，"出境则境内之事，借神呵护"③，俨若城隍，为其主宰。斯种依赖神佑之态，可叹为观止矣。

总结本文所考，城隍神之传说，起源于六世纪中叶之齐梁，初见于长江流域之鄂赣江浙等省。至唐而渐盛，有庙祀塑像，唐末又有封爵。而附会古人为城隍神之说，亦多始于唐而定于宋。五代及宋，封赐加多，宋有城隍夫人及城隍生日之传说，元则并封夫人爵。明仍元旧加封号，旋罢公侯伯之封，只称各府州县城隍之神，复令毁偶像，命从祀于山川坛。凡新官到任，必谒神与誓，以收神灵鉴察之功效。永乐而后，塑像恢复，至清不变。清代祀典，春秋二祭，约与明同，无大改革，惟神话传说，则以时世推移，积久愈多，光怪陆离，无奇不有。实则神话初起之时，惊风怒涛，吹断荻蒹，事有可能，有何奇异。后世史家纪述之，谓为城隍传说之始见，亦可目为城隍神之起源。自此以后，寂然无闻。至唐开元五年，张说始有祭城隍文，稍后张九龄李商隐辈并有之。大致以城隍为司邑之主，向之祈晴雨，祷安宁。夫久雨而后求晴，偶获雨霁，事极寻常，又无神异之可言。然唐宋以后，阴阳表里之说，日益盛行，

---

① 《大学衍义补》，第 61 页。

② 《县志》，第 8 页。

③ 《县志》，第 11 页。

好事者揣摩官府之情况，以附会于幽冥之城隍，或由英雄崇拜之观念，而谓某人为城隍神，因而神话传说，纷杂万状。今察其起源，既由平淡无奇之说而生；考其变迁，亦不过肤浅凡庸之因袭，既非出于佛教，又非出于道教，尤非属于儒教，惟略受释道二教之影响，参杂一部分佛教仪式，道教神话。而被君主利用之，欲以纠察地方官吏；地方官吏又利用庙中狰狞之塑像，以恐吓百姓，使不敢越轨犯法，以便统治。是城隍本无神，惟传说附会之，习俗因循之，官府利用之，历时日久，积习难返矣。《清嘉录》载吴县城隍庙，“左右纸马铺，拦街挜卖香烛，钱粮不绝”，综计城隍之祀千余年，全国所费，不知凡几？而庙宇皇皇，既虚地产；士人崇拜，复丧志气，毁弃划除，谁曰不宜。时至今日，善男信女，尚有祈福禳灾，拈香拜神，趋之若鹜，俨若人间祸福，地方安宁，真有神灵主持者；斯则其愚不可及，其情可悯，其行可哀已。

城隍爷的历史[①]

(一) 城隍的起源

本篇所用城隍二字，都是指城隍庙城隍神或城隍老爷的意思。它的起源，前人有五种不同的说法：

第一说：城隍之祭始于尧。提倡此说的，是清初王崇简与孙承泽一般人。王氏在他的《冬夜笺记》，孙氏在《春明梦余录》（卷二二），都说“城隍”二字，初见于《易经》“泰（上）”“城复于隍”一语。《礼记·郊特牲》：“天子大蜡八，伊耆氏始为蜡。”伊耆是尧皇帝，八蜡之祭，谓所祭有八神，第七神是“水庸”，水就是隍，庸就是城，所以城隍之祭始于尧。孙承泽又补充证据，说左传昭公十八年，“郑灾祈于四鄘”，襄公九年，“宋灾用马于四鄘”，庸、鄘二字虽不同，而古代可以通用，是城隍之祭始于尧，好像是无问题了，这是他们的说法。

我们先看城隍二字的意义，据《说文解字》，城是盛民的，隍是城池，古代的城墙，是掘土筑成的。将掘出的土，版筑起来，就是城墙。外面挖空的地方，如果没有水，叫作隍，所以称“城隍”，如果有水就叫作池，所以也有称城池的。墉字据说文，亦是城墙。墉、庸、鄘三字，古皆通用，故王孙二氏，以水庸四鄘之祭，皆为祭城隍。可是郑康成注礼记，说水庸是水沟，惠栋《左传补注》引古注疏，说四鄘之鄘，亦是水鄘。考郑宋之灾，都是火灾；为火灾而祭畜水的沟渠，较之孔疏说是“祭四面之城”，要合理些。可见王孙二氏以“水庸”与“四鄘”之祭，比作祭城隍，是附会不上的。“伊耆”两字，有的说是古天子号，有的说是神农，有的说是帝尧，三说本无定，王孙二氏亦难断定就是尧。所以城隍之祭始于尧，是不可靠的。

第二说：城隍之祭始于汉，根据《长乐图经》一部书，说周苛为项

---

① 原载《广播周报》1937 年第 134 期《古今谈荟》栏目。

羽所杀，命州县皆附郭立庙。又据《南雍州记》，说南阳有萧何庙，“相传谓为城隍神”，于是朱前诏作《城隍庙碑记》（见《湖南通志》卷七四）。说城隍之祀是始于汉吧？《永州府志》（卷五）与《赣州府志》（卷十三），便下决词说：“城隍之祀始于汉。”现在我们看看，《长乐图经》说立庙，并未说是城隍庙，可以不管。《南雍州记》大概是北周时人作的书，离汉已三四百年，说相傅谓为城隍神，当然不足为凭，所以城隍始于汉之说，又不可靠了。

第三说，城隍之祭始于三国，理由是根据《太平府志》（卷二三），说芜湖县的城隍庙，建于吴赤乌二年，即西历二三九年。今查《芜湖县志》，不载此说，《太平府志》，亦仅此一处，其他志中所载城隍庙碑记，并不敢征引，可见是不足为凭了。地方志这类的记载，多半是沿访附会，不能征信，自不能用作根据。若此说可据，那《上虞县志》（卷三一）说上虞城隍庙建自后汉，《浙江通志》（卷二二一）说始宁城隍庙建自东汉，不是更早么？然上虞志备考说，《上虞县治》，是唐时移置，通常总须有城然后有城隍庙，今说城隍庙创自后汉，疑误。由此例彼，《太平府志》所说，当然不足为凭，即是城隍始于三国说，又不可靠了。

第四说：城隍之祭始于南北朝。《北齐书·慕容俨传》，有城隍显圣的故事。事情是这样的：“天保三年，即西历五五二年，北齐同梁打仗，梁军把慕容俨镇守离武昌不远的郢城围住了。并在上游鹦鹉洲，扔下好些荻蒗草，以阻止水军的舟行。围在城内的兵士与慕容俨急了找到一所神祠去祈祷。这所神祠，俗号城隍神。祷告以后，不久就掀起大风，把荻蒗漂断了。梁军用铁锁连缉起来，夜间汹涌的波涛，又把它吹断了。如此再三，城内人很高兴，以为神助。”

这个故事，《北史》（卷五三）也载了。而《南史·邵陵王纶传》，又载了一桩故事，说纶祭城隍，快要烹牛的时候，有赤蛇绕牛口出，《隋书·五行志》也载了，辞句觉全是一样。这两桩故事，时候相差不远（550—552），地点是离湖北武昌不远的郢城，材料是出于四种正史，《北齐书》《北史》《南史》《隋书》，较之地方志的资料，当然要比较可靠。再加《南雍州记》作旁证，我们可说城隍的起源，是始于六世纪中叶的齐梁。

第五说：城隍之祀始于唐是宋陆游、元余阙、清刘一麟等人的说法，又未免太晚了。因为上述两故事，总是不能抹煞不能否认的。所以总结五说，还是以始于六世纪中叶一说为可靠。

（二）城隍的变迁

六世纪中叶以后，城隍的传说，书中没有记载。直到唐玄宗开元五年（717 年）张说有祭城隍文①，许远有祭城隍文②，张九龄、韩愈、杜牧等并有之。而李商隐的祭城隍文，竟有九篇之多③，羊士谔又有《祭城隍赛雨诗二首》④。读他们的诗文词，大概祭城隍的目的，是求晴求雨，求禳灾御盗，民康物阜，或是阴阳共负守土之责；不过晴雨之祈，占大多数。主祭祀的人，是地方的守土官；祭祀的地域，是在湖北、江西、河南、广西、广东等处。

说来奇怪，祭文固然是作得很好，说话却有些很不客气。如乾元二年（759 年），李阳冰《缙云县城隍庙记》，说“五日不雨，将焚其庙”⑤，城隍害怕，果然及期下雨，于是自西谷迁庙于山巅，以答神庥。李白作《鄂州刺史韦公德政碑》，说是“假若一日雨不歇，吾将伐乔木焚清祠”⑥，城隍又害怕，果然就下雨了。从这两篇文中，可以看出两点意思，一是唐朝人对于城隍不若后世之尊崇，二是唐朝已有城隍庙，但不知城隍有塑像，是始于何时？

有人说城隍塑像始于宋，也有人说始于元，据我们的考证，确是始于唐。请看唐赵居贞作的《春申君庙记》，其中说到“大葺堂庭，广修偶像”，并说有家属，有仪卫⑦。刘骧《袁州城隍庙记》，又说有“环廊厨院，厅庑寝室”⑧，说不定城隍还有太太。段全《纬城隍庙记》，说“庙貌

---

① 《全唐文》卷二三三。
② 《全唐文》卷三四五。
③ 《全唐文》卷七八。
④ 《全唐诗》卷十二。
⑤ 原文见《金石萃编》卷五一。
⑥ 《全唐文》卷三五〇。
⑦ 《全唐文》卷一九六。
⑧ 《全唐文》卷八〇二。

如生，像容有睟”①。而五代第一年立的《重修镇东军墙隍庙记》，说“重增仪像”，可见唐朝有城隍塑像，是毫无疑问的。《赵居贞碑》，欧阳棐《集古录》跋，谓“居贞广其制度，更易塑像，以天宝十载立”。天宝十年，即西历七五一年，那时已是“更易塑像”，又可见唐朝很早就有城隍庙塑像了。

不过这里面有个问题，为何把春申君庙当作城隍庙呢？这是必须解决的问题。我们知道，中国的城隍庙，有些地方说这个人是城隍神，有些地方说那个人是城隍神；何时始有这样的传说，到底是一些什么样的人，为什么又要祀那些人为城隍神，这是本文必须讨论的。前面说过，南阳有萧何庙，相传谓为城隍神，也许是说某人为城隍神的起源。赵居贞作春申君庙碑，里面有“宜削讹议于城隍”一句，可见先有春申君为城隍的讹议，而居贞说要削除的。故欧阳棐《集古录》谓“吴郡有春申君故宫，后人因以为庙，俗讹谓之城隍神”。到了宋朝，范成大的《吴郡志》，王象之的《舆地纪胜》，龚明之的《中吴纪闻》，便无欧阳棐那样明白的记载，而直截了当的说，春申君庙，就是城隍庙。《中吴纪闻》又略加考证，说是据史记：“春申君初相楚，后请封于江东，考烈王许之，因城故吴墟，以为都邑。”吴郡志云，“春申君尝造蛇门以御越军”（卷一），其庙祀于此，是很应当的。后来明朝张鼎思的《琅琊代醉编》，及现在的《吴县志》，俱抄录此文，不加考证，于是春申君为城隍神的传说，算是久矣乎，千百年来非一日也了。

春申君之外，有祀灌婴的传说。唐卢藏用有纪信碑，大概是说纪信以死脱汉高帝于荥阳之围，非常忠烈，而司马迁、班固未为立传，故立此碑，以表彰之。原文见《唐文粹》（卷五三）及《金石粹编》（卷六五）。到了宋朝，《舆地纪胜》《延祐四明志》等书，就说英德府的城隍庙，其神是汉纪信；到了明清，皋兰、汉中、钱塘、鄞县、潼川等志书，都说城隍神是汉纪信；其他的例子很多，如庞玉五代时祀为山阴城隍神，苏缄是宋朝的时候祀为邕州城隍神，且见于《宋史·本传》。再如绍兴、杭州、南海等处的城隍神是周新，上海的城隍神是秦裕伯，江西各县的城隍神多半是灌婴，荆门的城隍神是聂炳等。可找出三十多个，不能尽

① 《全唐文》卷七二一。

录。但从指定人名为神，加以相当的观察，可得二要点：第一，除萧何外，其余某某人为城隍神的传说，都是肇于唐，而定于宋。所以不能以纪信、灌婴等为秦汉时人，就证明城隍是始于汉。第二，所祀之人，多半与地方有关系，或有功于其地，如春申君，或为忠臣，如纪信、苏缄，或守城死贼，如聂炳。总括一句说，指明某人为城隍神，不外感恩报功与英雄崇拜的用意，并无多大的神秘，这是我们应当注意的。

此外据张璘《华州城隍新庙记》①，唐昭宗光化元年（898年），封华州城隍为济安侯，是城隍封爵，又始于唐。

到了五代，封爵渐多。梁开平二年（908年），封绍兴城隍为崇福侯。后唐废帝清泰元年（934年），改封杭州城隍神为顺义保宁王，湖州城隍神为阜俗安成王……这都是见于《五代会要》（卷十一）及《册府元龟》（卷三四）的。当时因为朱温的父亲名城，避讳改城隍为墙隍，到了宋朝，又恢复原来的名称。

宋朝封祀，《宋史·礼志》所载，虽不很多，然已载了二三条，算是城隍真正入祀典之始。宋赵与时《宾退录》所载封爵、庙额，差不多将近百处，无怪宋史说封赐之多，不能尽录了。

元朝除封城隍外，并封城隍夫人为护国保宁王妃，夫人之封始于此。唐有城隍寝，不敢断定有夫人，宋洪迈《夷坚志》，说到城隍夫人的故事，可知夫人之配，宋朝早有了。

明初仍元旧加封号，京都、北京、开封等处的城隍封王，其他各府封公，州封侯，县封伯。洪武三年，去封号，令天下只称某府州县城隍之神。是年又令去偶像，令新官到任，谒庙与誓，每年春秋祭二次，清明及十月朔日令城隍主厉坛，这是关于祀典方面的。先是宋朝的时候，《夷坚志》有鄱阳城隍诞辰一条，是宋朝已有城隍生日的传说。明嘉靖初年，定五月十一日为都城隍诞辰，以后各处城隍的生日，很不一致，有说五月十五，有说五月十七，有说八月初二，各地不同，用不着深考。

我们当注意者，是现在城隍庙的塑像，不知是何时恢复的。顾炎武曰“惜乎今之有司，多不达者，往往误为衣冠之像以配之”②。炎武是明末清初人，所谓“今之有司”当是指明朝末年，但是仔细考察各方志，

---

① 《金石萃编》一五六。

② 《日知录》之余卷三。

宣德正统之间，已有好些城隍庙恢复偶像了。即如北平都城隍庙，建于永乐中，“中为大威灵祠，塑都城隍庙神像”，可见永乐年间，已恢复塑像了。

到了清朝，每年祭祀之数，大约与明相同，庙额加封虽有，而公侯之封不多见，惟神话传说，以时代愈后，积久愈多罢了。

总结城隍的变迁，齐梁有祀城隍的神话，迟到唐朝才有祀城隍的祭文，有塑像，有仪卫家属，有封爵，并有祀某人为城隍神的传说。五代及宋，封祀较多，元并封及城隍夫人，明初去封号、毁偶像，永乐以后，恢复偶像，封祀无闻。清朝多半仍明旧，无大改革，这是本节的大概。

（三）城隍与释道两教的关系

现在一般人谈中国美术、宗教、风俗等，不管三七二十一，总爱替它找个外国的爸爸，尤其是到印度去找爸爸。中国的城隍神，我们也何妨找一找。有人告诉我，佛经中说到一个毗沙门天王，也许与城隍有关系。当唐天宝年间的时候，西蕃兵围西凉府，唐朝的援兵一时赶不到，玄宗无法，诏不空三藏和尚诵仁王密语，忽见神兵五百员在殿庭，不空说，“这是毗沙门天王子领兵救安西”。后安西奏捷，亦说西北有天王现形，所以打胜了。此事唐玄奘《西域记》（卷十二），宋行霆《重编诸天传》，赞宁《僧史略》及庞元英《谈薮》等书，皆有记载。记中说毗沙门天王“护世界而保国民，凡立城寨，必先立像”。根据这点，说毗沙门天王与城隍有关系，不是毫无理由的。不过看唐人诗中咏天王像，所谓“左扼吴钩，右持宝塔”，及日本佛教大辞典所画的图像，恐怕是后世封神榜中的托塔李天王，与城隍是没有关系的。

毗沙门天王与城隍无关系，那《华严纲要》中，又有各种主城神，如“所谓宝峰光耀主城神”，“妙严宫殿主城神”等。城隍本是司邑之主，或城市的保护神，说是与城隍有关系，也不是没有丝毫的理由。但细看《华严纲要》的内容，这门亲戚仍然结不上。

据我们的考证，城隍绝不是渊源于印度的佛教，不过后来染上了一些佛道的仪式。各省地方志，载唐宋的古城隍庙，多半在两湖、江西、江浙一带，换句话说，在长江流域一带。其后传到东南，后到北方，后到西方，最后到东三省，东三省的城隍庙，多半到清朝才建筑的。考佛教输入中国，不外西北陆路与东南海路两途，而东南与西北的城隍庙，都比长江流域中部晚，显然证明城隍是起于中国的本部，不是受外来的影响。至于仪式方面，城隍庙沾染佛教的有三点：一是塑像。二是城隍衣紫袍，自《广异记》载唐开元时城隍求滑州刺史助战，便是衣紫袍，以后各种小说所载城隍的神话，及现在庙中的塑像，多半仍是衣紫袍。紫袍在佛教中，自汉魏之世，出家者已多着赤布僧伽梨。唐及五代，赐僧紫衣，更是很通常的事。城隍在唐，已有塑像及封爵，以连带的关系，也赐紫衣，是很可能的。三是城隍出巡的风俗，多半是从佛教沾染上来的。出巡之说，元朝已有，明清更甚。而佛教中的行像或巡城，《魏书·释老志》已提到了。《僧史略》描述巡城的状况，很与城隍出巡相似，而出巡之俗，明明是从印度传来的。除此三点以外，难找出其他重要的关系。

可是城隍与道教，关系比较的密切。城隍神自宋元以来，十之七八由道士住持，道藏中多有牒城隍文，认定城隍是地方的主宰，一邑之中的土地山神，都要受城隍的管辖，凡有上奏天堂下呼恶魔的文书，都要先牒城隍放行。而城隍与道教关系密切的证据，莫过于道藏中有祀城隍的经典，即是《城隍感应消灾集福妙经》，开章便说："稽首皈衣城隍尊，威灵烜赫镇乾坤；护国安邦扶社稷，降施甘泽救生民。"以后又开列二十六种神位，如天下都城隍庙威灵公，天下十三布政使城隍之神，主管天下生死案判官，主管立应见报案判官等①，可说是城隍详细的组织，亦可说是城隍详细的职务表。如此说来，可不是城隍属于道教么？

但又不然，城隍起源于六世纪中叶之齐梁，盛于唐宋。当初神话传说尚简单，明清便很复杂了。如果是属于道家，那邪说异端，当早已附会了。这是一。《道藏》中有《清灵保大法》一书，它的编辑人说，"城者州军之城郭，隍者城外之池……城隍之称，因城池之建而有神以主者尔。……以道典言之，又无所出"（卷二七），可见城隍不属于道家，此其二。

本此二点，可作一结论，即城隍非释非道，惟受有释道的影响及仪式。有人作《大中华京兆地理志》，将城隍列入儒家，尤属不伦不类了。

---

① 见《道藏》隶字一〇三册。

（四）崇拜城隍的原因与用意

城隍既非释非道又非儒，为什么政府要崇拜它，人民要迷信它呢?这是有很多原因的。先说人民迷信的原因，是为他们知识的薄弱，被许多神奇鬼怪的传说，许多凶险狰狞的偶像，把他们吓得糊涂了。但是那些神话又如何起来如何造成的，我们也得约略说一说。

前面说过，有人以水庸四鄘之祭，为城隍的起源；若按研究原始宗教学家的说法，这是由于名词的误解。后来552年慕容俨祷告城隍，大风漂断荻蔋，李阳冰求雨，果然五日之内得雨，这是由于超人力的原因。其实狂风巨浪漂断荻蔋，有何神异？求雨之举，必在久晴，偶然碰巧得雨，又有何神异？可怜知识微薄的人，偏偏要信仰他，这真是没办法。武陵王纶祀城隍，有赤蛇绕牛口出，这大概是由于魔术的原因。《报应录》说唐洪州司马王简易，常得暴疾，梦见一鬼，手执符牒云，奉城隍神命来拘王简易，这是由于阴阳观念的原因。宋洪迈《夷坚志》，说城隍庙中有雀巢，有几个孩子想去探小雀，因为雀巢高了爬不上，乃踏神像夫人之肩，攀缘而上，泥像遭践蹂落地，到了晚上，几个孩子都害病，不久就死了，又不久孩子们的父亲也死了，这是造成恐怖观念的原因。元朝的时候，有位妇人丢了东西，去告官，官想她住的地方离城隍庙不远，城隍一定知道，于是去祷告，说是三天以后，如果小偷被擒，将新其庙。到了第三天，果然把小偷逮捕了，于是一郡惊叹，以为神验①。又元至正中，盗起江淮以南，十个当中有八个县城，差不多都被他们占住了。安庆县的人，拼命同他们打仗。可是未去打以前，总要向城隍面前去占卜，然后才敢进行②，这两条例，是表示城隍为城市的保护神，所以丢了东西找它，出去同贼打仗也要问问它。而他们所说的灵验，不是骗小孩么！到了明朝的时候，明将军胡大海攻越，越城隍在空中现巨履，长丈余以怖胡，第二天就打败了。太祖听了，大发脾气，等到占领了安南，要派人去斩神首，城隍也害怕，晚上送梦给道士，要道士扛它逃走③，这一方面是表示城隍的威严，另一方面表示不威严，这是多么矛

① 详见《广西通志》一四一，引赵鹏《重修城隍庙记》。

② 余阙：《安庆城隍庙碑》。

③ 《衡山县志》。

盾？到了清朝的时候，山西祁县有位姓刘的，平素无恶不作，全县的人都恨他。忽然有一天，自去县政府，两手自动的反接，说奉城隍命投到，请求押送到府城隍去问罪。县长以为他发疯，把他赶走，一会儿又来了。两手无绳，可是几个人也擘不开，赶去再来，闹了好几天，县长没办法，只好送到府城隍庙。到后不久，这位姓刘的伏在阶下，号呼痛苦，仿佛是挨揍似的。一会儿，受刑的地方，俱青黑破烂。刑毕起，自言府城隍仍发回本县游各门示众，游毕七窍流血而死，这是多么令人害怕的故事！

这类奇奇怪怪的神话，不知有多少，短短的一篇文章，无论如何写不尽。我们看各种神话所得的印象，大概是唐宋元以前，城隍为“司邑之主”，或为城市的保护神，所以晴雨、灾难以及地方的安宁，多向城隍去祈祷。明清以来，阴阳分治的观念，特别发达，阳间官府的职务，组织与尊严，幽冥之中的城隍，都是应有尽有。于是明清两朝，将从前已有的神话，仍然保存，没有的又创造了许多。如城隍汇送乡试册子于文昌帝君，明朝以前，没看见说过，明清以来，以科举特别的发达，也就无形中加多了。其他许多的伦理观念，如忠君、爱国、保境、奖励孝道、保护勇于为公之人等，简直与君主所期望的一样，不过以神话与恐怖的方式表现出来，使人得着很深的印象，这是有所为而为的。我们要注意神话的造成与起源，除了上述名词的误解，超人力的信仰，英雄的崇拜，阴阳观念的相信几种外，还有几种神话的制造所。一是地方志沿讹附会，地方志载城隍传说不知多少。二是文人的矫揉创作，如纪昀的《阅微草堂笔记》，讲城隍神话的，多至二十三条，袁枚的《子不语》，也有四条，这些人或得之于传闻，或出之于寓言讽刺，如《子不语》中载城隍替人训妻，城隍神也有护贼纳贿被革职的，都有很多寓言讽刺的成分。三是清闲左道之徒的臆造，饱食无事，狂猜妄想，揣摹阳间官府，以附会于幽冥的城隍，或出于扶乩之言，或载于劝善之书，如果报录，救生船，感应类编等书。他们的目的，是想劝人为善，不能不假各种神话，说得像煞有介事，使人恐怖，使人反省，使人觉悟，而一般人听来反省觉悟，皆在其次，而迷信神灵，倒是很快的收到功效了。再次城隍庙的塑像，也是使人迷信的原因。十余年前我参观一个城隍庙，见城隍神的庄严，两旁站像的凶狠，两庑十殿的塑像，有下油锅的，有用锯把人锯作两半，鲜血淋漓的，有变猪牛六畜的，有被千刀万剐的，有割舌头的，……种种塑像，栩栩如生。每殿之上，又写上“也有今日，你也来了”，“早知如此，何不回头”等标语！令人一看，触目惊心，这是人民迷信的原因！

政府为什么要崇拜它，要修庙宇，要祭祀呢？简单一句说，是政治的利用！政治的利用，又分两方面：一是利用城隍，去监察官吏；一是地方官吏利用城隍，去愚弄小民，威吓小民，以作统治的工具。你看《大明会典》[①] 载明太祖祭厉坛文，命城隍去主祭厉坛，“控鉴坛场”“一府境内人民，倘有忤逆不孝，不敬六亲者，有奸盗诈伪，不畏公法者，……有欺压良善者，神必报于城隍，发露其事。……如有孝顺父母畏惧官府者，神必……阴加护佑”。所以有许多的神话，好像是照此定律，如法泡制的。而明太祖令新官上任，必先誓城隍而后临民；每月朔望，又令谒庙，以申前誓。故《白石樵真稿》（卷二十），说“城隍是官民的耳目，祸福的权衡”；邱濬《大学衍义补》，说“国初诏封城隍为监察司民，意或有取于此。……盖又付之监视纠察之任。我圣祖主典神人，兼用礼乐鬼神以为治”（卷六一），可见明太祖的厉害。而被城隍监察的官吏，又利用城隍，以统治百姓，故内邱县城隍庙记曰：“今之莅民有二难，一曰难于使民信，一曰难于使民畏，推心置腹，三令五申，冀民之我信弗信也；试语之以鬼神之赛祷，欣然信矣。县胏石，严榧楚，冀民之我畏弗畏也，试语之以鬼神之祸福，爽然畏矣。”[②] 可见君主利用城隍以监察地方官吏，地方官吏利用城隍狰狞的偶像及种种神话，以统治小民，为城隍神而被人双重的利用，也怪可怜了。

总上所考，城隍始于六世纪中叶，盛于唐宋，唐有塑像封赐及祀某人为城隍神的传说，宋始入祀典，广封爵，并有城隍生日的传说。元封城隍夫人，明清集城隍神话之大成。实则城隍本无神，不过由地方志的附会，文人的揣摹，道士的臆造，积习因循，深入人心，故难以拔除了。这是很简单的说法。

---

① 《大明会典》卷八二弘治刊本。

② 《畿辅通志》卷二二。

杜甫诗中之宗教[①]

《逸经》第七期，有《李太白与宗教》一文，承胡怀琛君之考证，谓太白为突厥人；幽谷君乃进而推考其宗教，为大受景教之影响，斯固不失为文史学上之一新见也。诗圣杜甫，与李白齐名，从杜诗中，勾稽其宗教思想，以附前文骥尾。虽不敢妄拟时贤，希求创获，而井识管窥，就正明哲，或亦大雅之所不弃欤？

夫宗教有广狭二义，广义之宗教，人生观可属之；狭义之宗教，则当言教派教义。杜甫诗中之宗教思想，就广义言，可谓之为泛爱主义者；就狭义言，可谓儒释道教及景教，杜甫皆有所皈依，而未专主一宗，未服膺一教。所谓泛爱主义者，则杜甫之悲天悯人之精神，非攻弭战之思想也。试观其《茅屋为秋风所破歌》，其中言“安得广厦千万间，大庇天下寒士俱欢颜，风雨不动安如山，呜呼！何时眼前突兀见此屋！吾庐独破受冻死亦足！”此种怀抱，其泛爱之精神，已跃然于纸上；然杜诗中尚不止此也。如《负薪行》，则悯“土风坐男使女立，应当门户女出入；十犹八九负薪归，卖薪得钱应供给。……而粧首饰杂啼痕，地褊衣塞困石根”。如《新婚别》，“嫁女与征夫，暮婚晨告别，……君今往死地，沉痛迫中肠”。如《垂老别》，“四郊未宁静，垂老不得安，子孙阵亡尽，安用身独完。……孰知是死别，且复伤其寒；此去必不归，还闻劝加餐”。此或为诗圣之文学技术，择材工夫，未必实有其事，然其泛爱之精神，亦可以稍见一斑矣。杜诗中最普遍之思想，莫过于非攻弭战与反对强征暴敛。《新安吏》《石壕吏》《兵车行》《北征》等篇，皆为代表此种思想之杰作。恨战争之惨酷，故作《潼关吏》一诗，以讥刺戍边之官吏；作《洗兵马》一篇，以排斥军阀之蝇营；所谓“攀龙附凤势莫当，天下尽化为侯王”，意即人人皆欲作军阀，谁管“战场冤鬼每夜哭，空令野营猛士悲”（《去秋行》），“十室几人在，千山空自多；路衢唯见哭，城市不闻歌”（《征夫》）。因此之故，反对战争，成为诗圣崇高之志愿，重要之主

① 编者志：本文原载《逸经》文史半月刊 1937 年第 28 期，第 213—215 页。原文第 214 页本有述及景教之处，因无关全文宏旨，故在此次编印时省略。

张。并大声疾呼：“安得壮士挽天河，洗净甲兵长不用”（《洗兵马》），复主张正义，裁制战争，谓“杀人亦有限，立国自有疆；苟能制侵陵，岂在多杀伤”。复提出具体办法，谓“天下郡国向万城，无有一城无甲兵。焉得铸甲作农器？一寸荒田牛得耕”（《蚕谷行》）。惜乎此种神圣之志愿，时至今日，世界上五十余国组成之国际联盟，尚不能挽此天河，标榜其东亚共存之日本帝国，尚不能严守疆界；人智启发之二十世纪，尚不能利用机械，从事生产，唯兢兢于军备，以图增加“战场冤魂每夜哭”，“十室几人在”之悲剧，真是“万国城头吹画角，此曲哀怨何时终”（《岁晏行》）。使杜甫有知，睹今日情况，更不知凭添几段愁也。且杜甫之反对强征暴敛，非攻弭战，非如操纵国联者之为己谋，倡共存共荣者之为己存己荣，实由泛爱思想所致，读“生当免租税，名不隶征伐”之句（《自京赴奉先县咏怀五百字》），益可见其泛爱之情矣。

若就狭义之宗教言，则杜甫与儒家，固自其“先人昶预以降，奉儒守官，未坠素业”（天宝三年《进雕赋表》），且有陶渊明遁世之思，不孜孜于富贵荣华。而于佛教，尤极景仰。试观《望牛头寺》一诗，“传灯无白日”，《上兜率寺》一诗，“且望上慈航”。《望兜率寺》一诗，“不复知天大，空余见佛尊”，《陪李梓州、王阆州、苏遂州、李果州使君登惠义寺》，谓“潇潇共安禅”，《游龙门奉先寺》，谓“欲觉闻晨钟，令人发深省”，《大云寺赞公房四首》，谓“醍醐长发性，饮食遇扶衰”。而《山寺》一篇，更谓“前佛不复辨，百身一莓苔；……如闻龙象泣，足令信者哀”。然则杜甫非皈依佛教而何？是又不然。大觉高僧兰若诗云：“献花何日许门徒”，是尚未为佛教信徒也。其所以频与僧寺往来者，不过“老夫贪佛法，随意宿僧房”而已（《和裴迪登新津寺寄王侍郎》）。其于道教，亦大有因缘。《赠蜀僧闾丘师兄》，谓“始与道教敦”。《题李尊师松树障子歌》：“老夫清晨梳白头，玄都道士来省访；……老夫平生好奇古，对此兴与精灵聚。”《玄都坛歌寄元逸人》一诗，其中所用典故，如东蒙峰、苍精龙、子午谷、玄都坛，“王母画下云旗翻，致身福地何萧爽”，皆道家术语。且不唯用术语，而并欲炼丹求仙，寄司马山人十二韵，谓“道术曾留意”。“忆昔北寻小有洞，……仙赏心违泪交堕。……巾拂香余捣药尘，阶除死灰烧丹火。……更讨衡阳董炼师，南游早鼓潇湘施”（《忆昔行》），据王洙注，董炼师，神仙也。昔游一诗，谓“岂辞青鞋胝，怅望金匕药”，但可惜“丹砂负前诺”。《赠李白》诗，谓“岂无青精饭，使我颜色好。苦乏大药资，山林迹如扫，李侯金闺彦，脱身事幽讨，亦有梁宋游，方期拾瑶草”。可惜此种泛想，终成泡影，唯叹“未就丹砂愧葛洪”而已。考唐代道教，在武则天和玄宗之时，因老子姓李，本极尊崇，至有御注老子以取士。杜甫幼年，耳濡目染，复与道士交游，受其影响，诚非难事。雅不必如闻一多君之推测，“或许子美的学仙的观念，完全是太白的影响”（见《新月》一卷六号杜甫传）。

然浅见所及，杜甫于释道各教，皆有所追求，而未专主一宗，笃信一教。所以然者，由于个人遭遇，社会环境，与夫身体性情，有以致之也。据《两唐书》传，甫字子美，生于唐玄宗先天元年（712 年），原籍襄阳，后徙河南巩县。自曾祖依艺以来，世为儒官，可谓生于士宦之家。惜不善敛财纳贿，国内外银行，无多储蓄，故“子美少贫不自振”。然秉性聪颖，自知奋励。“七龄诗即壮，开口咏凤凰。”此后四十余载，赋诗千有余篇，自谓“沉郁顿挫，随时敏捷”，可跂及扬雄、枚皋之流（见天宝三年《进雕赋表》）。诚“无负于少小多病穷好学者矣”（见《进西岳赋表》）。然性褊躁傲诞，无器度。文运亦不佳，举进士不中第；谋事不庄，与房琯为布衣交，琯旋罢相；与严武为世旧，而傲诞成性，不善逢迎。且见义勇为，不惯装聋作哑，苟延禄位。见房琯罢相，仗义直言，因此贬官。由河南，而关中，而山东，而江陵，而巴蜀，而沅湘，而耒阳。流离播迁，“衣不盖体，常寄食于人”。曾游岳庙，为暴水所阻，旬日不得食。处此颠连困苦之时，仰不足事，俯不足蓄，冒风霜，犯寒暑，踽踽独行，历尽酸咸苦辣，饱经人情机诈，则其人之宗教思想，未有不油然而生者。故自叹曰：“生涯能几何？常在羁旅中。”（《遣兴》）赠李白诗曰：“所历厌机巧。”当是之时，内有权奸李林甫之秉政，有杨贵妃杨国忠之奢淫，外有吐蕃契丹之侵略，又加安禄山之叛乱，兵戈四起，征战无已。民生涂炭，“开视化为血，哀今征敛无”（《客从》），“况闻处处鬻男女，割慈忍爱还租庸”（《岁晏行》）。杜甫家庭，至于“自负薪采梠，儿女饿殍者数人”。“入门闻号咷，幼子饥已卒。”（《自京赴奉先县咏怀五百字》）其悲惨情况，令人鼻酸。而一般王公大人，仍是歌舞升平，挥霍无度。“中堂舞神仙，烟雾散玉质……劝客驼蹄羹，霜橙压香橘。”（《自京赴奉先县咏怀五百字》）诗人杜甫，如步行者见汽车飞扬跋扈而过，如饿殍者听楼台猜拳劝酒，不禁切齿痛恨曰：“朱门酒肉臭，路有冻死骨!”（《自京赴奉先县咏怀五百字》）杜甫之泛爱主义，盖由此种环境，推己之心以度人之心，自怜怜人，因而促成也。甫自少小即多病，及长复有肺气之疾，既郁郁不得志，复贫病交侵，故神经敏锐，易于伤感。茅屋为秋风所破固有感，楠树为风雨所拔亦兴叹。加以足迹广遍，饱经人海，故其泛爱主义由于此，其诗之奇拔沉雄，慷慨激昂令人欷歔欲绝者亦由于此。以杜甫之才之美，而不见录于有司，不见重于当道，故对于儒家之学术，与读书之用处，首先发生感慨，谓“儒术于我何有哉，孔丘盗跖俱尘埃”（《醉时歌》）。于是心灰意懒，谓“富贵功名焉足图”（《岳麓山道林二寺行》）；“名垂万古知何用?”于是更进一步，“得钱即相觅，沽酒不复疑，忘形到尔汝，痛饮是吾师”（《醉时歌》）。痛饮而外，仍然“世事两茫茫”（《赠卫八处士》），“此身饮罢无归处，独立苍茫自咏诗”（《乐游园歌》）。酒之与诗，成为杜甫灵魂之资。盖怀才不遇，各方失望之余，惟有“江上小堂巢翡翠，花边高冢卧麒麟，细推物理须行乐，何用浮名绊此身”（《曲江二首》）。从此看破红尘，知道“王侯与蝼蚁，同尽随丘墟。愿闻第一义，迴向心地初”，但可怜“少陵野老吞声哭，春日潜行曲江曲”（《哀江头》）。“洎乎吾生何飘零，支离委绝同死灰”（《晚晴》）！人生到此，乃“欲贪佛法，随意宿僧房”。又以多愁多病，乃与道侣教，欲炼丹，拾瑶草。卒之又寄李白诗，“应共冤魂语，投诗赠汨罗”（《天末怀李白》）。其实皆因万分穷困之时，穷愁见志，聊借宗教以自慰，未曾专信一宗也。子美之死，《旧唐书》传，纪在大历五年（770年），时寓居耒阳，啗牛肉白酒，一夕而卒。年五十九。唐元稹子美墓志铭，记其扁舟下荆楚间，竟以寓卒，旅殡岳阳。宋李观遗补传，谓子美以诗酒自适，醉宿洲上酒家，是夕江水暴涨，为惊湍漂泛，其尸不知落于何处，耒阳之坟，空土也。忆子美之卒，或效屈原投于汨罗乎？

跋学海“君道部”[①]

《学海》一书，世罕传本，近顷燕京大学图书馆，购得此编，存《君道部》，凡二百四十卷，外重出干名类三卷，目录八卷，明进贤饶伸抑之撰，明刻本，嗣禹骤观此书，苦于茫无头绪，难窥大义。嗣以旬日之工，翻阅一过，仍觉体例甚奇，疑难滋多。乃复旁参史志，略加考订，草成此篇，以就正世之言史者。

此编《千顷堂书目》通史类，著录饶伸《学海君道部》二百三十四卷；又类书类著录《茅绹学海》一百六十四卷。《明史·艺文志》因之，分著于二处，惟改通史为正史，《天禄琳琅书目后编》卷十六，著录《学海》二百三十卷。明饶伸撰。然则此书作者为茅绹抑为饶伸，是疑问一。《史志》著录，多者二百三十四卷，少者百六十四卷，而斯本则有二百四十卷之多，究为一书，为二书，或为三种不同之书，是疑问二。书之体例，分类分门分篇分章复分节，而所立篇章门目，皆甚奇特，难于了解，彭元瑞氏《天禄琳琅提要》，谓似通史，又似类书，已难于决断，究竟体制如何，应归何类，有何用途，是疑问三。他如卷帙之错乱重出，或目录与内容不协，或书中有某卷，而目录不具者，在在皆成问题也。考明代载籍，茅绹之名，不见史传；饶伸之名，万季野《明史稿》卷三二六，《王鸿绪明史稿》卷二二九，以及张玉书《明史》卷二百三十，皆有其传。观传知伸字抑之，江西进贤县人，万历十一年进士，授刑部主事，升侍郎，署部事。所辑《学海》六百余卷，时称其浩博，则《学海》纂辑者，盖为饶伸也。第检原书，并无此名。而其他编者之名，正有六人之多，如卷一至八十九，于卷首署名“茅绹编”者，凡二十有六次。卷一百九至百六十四，署名“匏瓠编”者，凡十四次；卷百七十七至百九十一及二百零七署名“荼蓼编”者，凡四次。而一百九十九卷，署名“游泳编”，二百零一、零五以及二百一十四卷，署名“蕞残编”，二百二十六卷，署名“苇荿编”。夫“茅绹”二字可目为人名；其他“匏瓠”“荼

① 原载于《图书》季刊1935年第2卷第2期，第95—100页。

蓼”“游泳”“蕞残”“苇花”五名，则只可目为字号或笔名，读饶伸各传，仅纪其字“抑之”。同治《进贤县志》卷十四，纪其号“三铭”，别无他名号，康熙《进贤县志》，纪其“癸未成进士，授刑部主事，……厌浮沉宦局，乞假归里，博综往古，不数年，著《学海》数百卷，今《君道》二百三十四卷刻行世。已复补刑曹露章[①]，极言科场事，廷杖削籍，家居五年……调南京吏部验封司主事……丁外艰回籍，续成学海君道大礼大祀征伐等部，三百余卷，皆手自编摩，寒暑不辍”。今观其中按语，自首至尾，似出一人文笔；又观卷第错乱，可知其书是两次作成，似陆续付梓。初出百六十四卷，卷首署名“茅绚编”，史志未加细考，则著之于录，其后刊成二百三十余卷，据《天禄琳琅》称有万历戊午四十六年自序，今本仅存残序一页，故考证倍加烦难。然纂辑者为饶伸，已可无疑；百六十四卷本尚无自序，盖亦可肊测。第不审一人著述，何以署六种不同之名，而己之真名，舍序文外不一见？朝夕思之，不得其解。后从琉璃厂书肆中，又觅得《学海》残卷一部，而百八十一卷，此本未题名，残本则题进贤饶伸撰，二本行款格式均相同，何署名一有一无？岂以明人多言明事，恐有干犯，故自讳其名欤？或先偶一镌之，后思不妥，亦削去欤？此则明人好奇之习，而又形之于最奇之书，未敢臆测矣。

百六十四卷本，既推为初刻；二百三十四卷本，殆为续刻，第不解《天禄琳琅》何以著录二百三十卷，今本何以多至二百四十卷？又何以重出干名类三卷，而内容不全同？今观此本与残本目录，皆刻至二百三十卷，二者皆未竟，其后数卷，为干名类，未列于目录。彭元瑞氏作提要，于书中乱贼姓名门卷一页二注，称“以庶子孽宗逐君夺国者，则见于继统干名各类”，固未获入目；即末尾数卷，亦未及一检；可知其仅阅目录，即草率著录，谓其书为二百三十卷，分五类，而不及末一类也。黄虞稷氏《千顷堂书目》，著录二百三十四卷，即止于今本重出之三卷。其后饶氏殆见以前各类繁多，而此类简略过甚，故补充成九卷，止于二百四十卷。此类所纪，大旨粗同，而一详一略，其为稍后补订，甚为显明。则已刻至二百三十四卷，后又有从二百三十一卷起，刻其补订本，二者既成，不忍舍弃，故并存之。此干名类之所以重出也。书贾无识，妄加

① 据万季野史稿，抑之家居复起用，在万历二十一年，则《学海君道部》，作于是年之前也。

装订，纷淆其中，益致混乱①。综观全书，虽史志著录，有卷数多寡之不同；然实为一书，盖无疑也。

至其体制，就《君道部》观之，凡分六类，曰世系类，一百二十四卷，曰创业类七十卷，曰中兴类六卷，曰继统类二十五卷，曰余分类五卷，曰干名类，二百三十四卷本三卷，二百四十卷本九卷。每类之下复分门，门下分篇，篇下分章，章下分节。试举世系类为例，中分十门，曰帝王历系门，曰闰位世次门，曰伪命世数门，曰列国谱系门，曰僭国氏号门，曰义师家世门，曰强藩年代门，曰四夷种族门，曰篡逆名号门，曰乱贼姓名门。帝王历系门分五篇：曰上古篇、三皇篇、五帝篇、三代篇、大统篇。闰位世次门亦分五篇：曰三国篇、南朝篇、北朝篇、五代篇、二北朝篇，二北朝篇分二章，曰辽世章、金世章。金世章分二十五篇，曰女真、完颜氏、太宗、宣宗等。总此六类，共分三十三门，百五十八篇，八百七十六章，凡数千余节，重出者不计。所谓世系类者，纪历代统系也。如帝王历系门，起洪荒氏章，终明神宗即位改元万历之时，每篇如商周秦汉，皆详考其先世，后列某帝为某后所出，在位若干年，末加总结，某代若干帝若干年。盖其体例，略似历代帝王年表之类，惟于每代之前，详增宗族考证耳。闰位世次门，体例同前，纪魏吴南北朝五季辽金数代，名闰位者，譬之闰余，象其偏安，非正统也。伪命世数门，纪五胡十六国及南唐十国之宗族世数，因其僭号，各建正朔，或称王爵，并专诛赏，既非正统，复非闰余，故称伪命。列国世数门，纪历代封建之国。大抵秦汉以前，据《路史国名记》，以后据《册府元龟》及《马氏通考》，皆加以补充。凡宗室、功臣、王侯、外戚、恩泽，悉详纪焉。僭国世号门，纪乘时鹊起，因乱蝟兴，拥州据郡，盗名僭号之流，皆历数载而亡，或不一年而灭者。如楚之陈胜，元之张士诚，皆属此类。义师家世门，纪仗义兴师，以顺讨逆，哭秦庭而复仇，耻周粟而誓死者也。此门凡十七人，曰翟义、金祎、王凌、毋丘俭、诸葛诞、毛璩、沈攸之、王琳、祖皓、尉迟迥、王谦、司马消难、李敬业、李筠、李重进、高凉洗民、陈友谅。强藩年代门：纪历代藩镇，如汉晋陈梁之州郡，宋及南齐之州镇，隋元之镇将，唐末之方镇，五季之藩镇以及宋初诸镇。

---

① 案此本前有海丰吴氏印，即吴仲饴藏书也。察其痕迹，已非原装。

篡逆名号门，分大逆，闰位奸逆，伪命群凶三篇。大逆起夏之穷后羿，汉之王莽，唐之安禄山，宋之张邦昌；闰位奸逆，仅梁汉侯景一人，称闰位者，承前闰位世次也。伪命群凶，纪前凉靳准、北凉段业等人，称伪命者，承前伪命世数之意也。乱贼姓名门，纪昏乱之朝，据土外叛，或称兵内向，或大将握兵，以制朝廷，或亡命聚众，以据郡邑，要之为背逆之流，故论次其人，为乱贼篇，异于篡逆者，未僭号也。列之篡逆之后者，与同恶也，称姓名而不称名号世系者，未僭号，故无年纪也。创业类者，纪历代创业之事，上自帝王，下至乱贼：事不论大小，业不论久暂，其创业之艰难一也。乃分为十门，曰帝王开基门，如商汤革命、高祖兴汉是也。闰位偏霸门，如曹魏偏霸是也。曰强藩专据门，如黄巢据长安称帝是也。曰乱贼始事门，如董卓作乱是也。中兴类者，分帝王复兴、续兴、闰位复兴、伪命复兴四门。帝王复兴者，如夏少康、周宣王、汉光武是也。续兴者，汉昭烈帝、东晋元帝、南宋高宗是也。闰位续兴者，如梁元帝、北汉世祖。伪命复兴者，如后燕慕容垂是也。至于继统类，纪嗣立摄位之礼，定乱夺宗之事；余分类者，纪历代衰亡余绪，复欲起兵称帝之事。干名类者，纪凡非分僭立，或支庶而拥兵僭命，或族属而据王争衡之事。统此三卷，远较前略，而门目篇章之分一也。大抵饶氏为章，好言《春秋》笔诛之法，喜向正统偏霸之分。故每类之下，以“帝王”“闰位”“伪命”“僭国”“强藩”等属分门，门下分篇，均本此旨。必知此种名词之义，方不至混乱，而知其编纂之旨焉。

考饶伸各传，皆称其书有六百余卷，今存《君道部》二百余卷之体制，既如上述；其他各部之体制，从本书考之，每门多用《册府元龟》小序，可设想其有“臣道部”也。而卷八八《义师家世门序》，谓“不系之臣道忠义之篇，无系之君道强藩之前者”，可知实有臣道部，臣道部中复有忠义篇也。然卷二十页二下，引罗泌封建论注云：“罗氏封建诸论，颇为精详，今录其一于此，余详政典部封建门”，是“君道”“臣道”二部之外，尚有“政典部封建门”也。卷一百十五页十七注，“以后详鉴戒类”，是前六类之外，尚有此类。就康熙《进贤志》本传观之，谓“丁外艰回籍，续成学海君道大礼大祀征伐等部”，《千顷堂书目》注，谓“续成‘大礼’‘大祀’‘征伐’等部，又三百余卷，未见”。是除“君道部”各门类外，尚有“臣道”“政典”“大礼”“大祀”及“征伐”五部，可谓体大思精矣。但不知已付剞劂者，是否多于二百四十卷，海内外藏书家藏有其他各部否？

书之凡例及其依据，略加探索，可得数条。一、每类每门之前，多有小序，凡《册府元龟》之小序可用者，则节录元龟之文，如帝王历系门，用元龟帝王部小序；闰位世次门，用元龟闰位部序；列国谱系门，用元龟列国部序；采邑篇用元龟陪臣部封邑条序；列国继世门，用元龟列国君部嗣续条序；帝王开基门，用元龟创业部序；而中兴继统类，俱用元龟旧序；四夷种族门，则采《通典》边防总序；其无旧序可采老，则自纂之，首究易理，次述纂辑之旨，终阐笔诛之义。二、凡引文概低一格，顶格者，提纲也。三、凡经文注疏，概低二格。四、凡纂辑议论按语及考证，概用“卮言曰”，故卮言非书名，乃自谦之词也。卮言所述，有极简约者，有洋洋数千言者。五、凡出处皆注于引文之前，有称书名者，有称人名者，有书名简称者。如宇文《金志》，即宇文懋昭《大金国志》之简称也。六、凡未注出处者，据核对，盖即采自资治通鑑，或出于《册府元龟》也。其中摭采，以史传通鉴居多，子次之，经集又次之。以时代言，上古多据《罗泌路史》，而不尽宗其说；中古多据《通鉴》及《册府元龟》，而多无出处；寓褒贬处，则多据《通鉴纲目》，而不尽录其词。至于明代之事，多采丘濬、杨慎、王世贞、茅坤、胡应麟等人之言，及《明实录》《吾学编》《宪章录》《大政记》《昭代典则》等书，故复转详赡，而议论按语，则较前代为尠；盖时人论时事，终感不便也。

书之价值，门类篇章之区分，颇有见地；人事之抉择，亦煞费苦心。其中详赡者，如卷六帝王历系三代篇殷世章，先总括大纲云：“殷之先曰契，高辛氏之子也，子姓。”然后引《诗经·商颂·玄鸟》，次《毛传》，次《郑传》，次《孔疏》，次《集注》，矣引丰城朱氏曰，次《诗经·商颂·长发》，又次引《毛传》《郑笺》《孔疏》，丰城朱氏曰，次《史纪·殷本纪》，次《索隐》，次《吕览》，次《书中侯契握》，次《淮南务训》，次《拾遗记》，次《史记·三代世表》，次苏洵《喾妃论》，次罗愿《尔雅翼》，次《路史》注，次罗氏论，次引鄱阳洪氏适曰，次引金氏履祥曰，次引杨氏慎曰，然后自作结论，用“卮言曰，诸书言玄鸟生商，其说不一，今括而论之”云云，其论虽无甚特色，而归纳比较，言简意赅。其掇拾排比之功，可供作演变史之用矣。又如《列国谱系》卷十七，《外国篇·古夷国章》，于蛮夷戎狄之材料，搜罗颇备，古异国章，则将《山海经》《竹书纪年》《穆天子传》《拾遗记》《洞冥记》等书所记之古国，后于逐章列入。《古国篇》，将奇异国名，搜罗经典，考其传说，又据《元和志》及《大明一统志》，注出在明代之地方，有禅考证。其立论之简赅者，如《列国谱系》卷二十一页三十八下。哀公二年，赵简子将与郑战，誓曰，克敌者，上大夫授县云云。"卮言曰，《周礼》之甸，即所谓郡也。县大于郡，郡大于邑。春秋前有邑名而无郡县之名，春秋末有邑，有县，又有郡，而受县受郡，始见于传，自是而后，小邑并而为县，战国时则又县小而郡大矣。"此与顾炎武氏之论郡县沿革，盖无多让；又其纪上古之详，与马骕《绎史》，亦相差无几。顾马二氏博洽，未审获读此编否？其证前人之误者，为数亦不尠。例如闰位世次卷三页二下，"卮言曰：书舜典，舜命益，虞为朱虎熊罴，朱虎是二人，非朱姓虎名也，而旧史妄引，以为朱温之名，谬矣"。《列国谱系》卷十八页二十五下曰，"左宣公六年，召桓公逆王后，十五年，王札子杀召伯以为召戴公也，成公八年，又云召桓公赐命，岂定简之后，有二召乎，必有一误"。其他考证之处尚多，不及备引。而诸事以门类为依归，不以朝代为起迄，亦与郑樵、邓元锡诸人，同具卓见也。此外饶伸于经子，亦颇具心得，盖宗今文家，不信《书序》出夫子之笔①，而信周公有摄位称王之事②，考康熙《进贤志》本传，称伸不数年，著《学海》数百卷，而《帝王历系》卷十页二十曰，"幼尝诵读诗书，长而论其世，凡传注所未备者，辄泛观诸说，而觉其谬。及读《春秋传》，旁稽博采，而后信诸说之果谬也"。《进贤志》又称其"学有本源，尤精易理，撰会解，实补程朱所未备"。可知每门小序，探究易理之因，又可知其虽于数年成数百卷，而养之有素，蓄意有日，故上古之部，特具精彩也。

若语其缺乏，则卷帙乱，令人茫茫然难得其头绪，为此书一大病。如一百三十六卷以后，皆较目录差一卷。卷二百二十五，著于目录，见于卷首，而卷末又作"君道部卷一百七十九终"，卷一百八十一卷重门，而义师讨伐一卷，不见目录，未知何故。其他全书行款字数虽一致，而

---

① 见《帝王历系》卷十，第21页。

② 《列国谱系》卷一，第21页。

板框大小，几于页有出入，涂抹之处，所在皆是，盖原稿清鳌未定，即随刻随印而又随时涂改，致为全书减色，此缺失一。篇目冗沓，出此入彼，作者既难免重复，读者又苦难寻检，此缺失二。取材料详略不均，详于上古，略于中代，而上古西王母之事，仅引《竹书纪年》《穆天子传》《山海经》三段，此缺失三。上古注出处，中古多不注，义例既不纯一，征信尤觉为难，此缺失四。就现存《君道部》言，纯重帝王君主之盛衰，而忽略典章制度之纪载，此缺失五。虽然，如闰位偏霸，封建藩镇，多常人不甚措意之史料，如篡逆名号、乱贼姓名等篇，良可供草中国革命史之欿粮；纪明史各事，纂于《明史》之前，爬罗剔抉，颇费苦心，今《明史》已成，仍可供治《明史》之参考。而明代人著述，类多辗转裨贩，饤饾成书。如此编者，旁征博引，主一贯之恉以编纂，并略示己见，盖亦不多得矣。

书依作者本旨，当入通史类。现今观之，当作类书，或入别史，二者可互见。《明志》无通史类，列入正史，未见允洽也。

古代史研究

周公史说演变考[①]

周公史说，种类纷纭。而其变迁之程序，亦随时代而增加。今为简明起见，先分周公的史说为摄政、居东、创著作及其人格四问题，然后就各问题中，分析其种类，评述其演变。

一、周公摄政问题

这个问题，颇为复杂。有的说他摄政，有的说他未摄政，有的硬说他称王。各说纷纷，各有根据，也各有相当的理由，处在今日的人们，若想避免附会或武断的嫌疑，便难评定他们的是非。不过，从材料的先后，正当的解释，找出他们演变的程序，剥去他们作伪的蒙蔽，或可识得一点庐山真面目。更从理由的多寡加以比较，也许可以得到一个相当可靠的结论。今分四项说明之。

（一）问题的来源

周公史说的纷歧，多半发源于《尚书·金縢》篇。这篇文章前面的大意，是说周武王灭了商朝两年后，生了病，心中很不痛快。他的弟弟周公求他的祖宗，要替他死；但祖宗很仁慈，不但不要周公替死；连武王的病也让他好了。后面的话是：

> 武王既丧，管叔及其群弟乃流言于国，曰："公将不利于孺子！"周公乃告二公曰：'我之弗辟，我无以告我先王。'周公居东二年，则罪人斯得。于后，公乃为诗以贻王，命之曰，鸱鸮，王亦未敢诮公。……[②]

从这几句简单的文字中，便引出许多在经学上同史学上极重要而极难解决的问题。第一个问题，是武王崩时，成王究竟是若干岁？文中"孺子"，当然是指成王。第二个问题，"我之弗辟"之"辟"倒是怎样的

---

① 本文原载《女师大学术季刊》1931年第2卷第2期，第1—35页。

② 《尚书·金縢》。

解释？第三个问题，是周公居东，倒是什么一回事？第四个问题，“罪人斯得”，倒是指那些人？现在将这些问题讨论一下，然后说到周公摄政的问题。

（二）附带的问题

此节是讨论周公摄政的问题，所以此处关于这四个附带问题，只能讨论前面两个。剩下的到周公居东的问题一节去讨论。

关于成王即位的年代问题，学者也是纷纷其说。《尚书大传》《淮南子要略训》《史记·鲁周公世家》及《史记·蒙恬列传》都说成王幼在襁褓之中，所以有摄政的必要。然据《礼记·文王世子篇》，说武王年九十三而崩。以九十三之父，怎能尚有幼在襁褓的孩子？且据《左傅》僖公二十四年，“邘、晋、应、韩；武之穆也”。是成王母弟，尚有四人。襁褓之子既不能，怎能更有四个小孩子？此之不通，昭然可见。

襁褓之说，既不可通，于是郑康成以为“武王崩时成王年十岁”①，王肃《伪孔传》，以“武王崩，成王年十三”。夫成王即位年十三，是武王年八十而生子，揆之情理，亦说不通。

这两说不可通的原因，都是武王不该九十三而崩。然武王倒底享寿若干，除《礼记·文王世子篇》外，古书已无可考。宋人所见之《汲冢纪年》说武王五十四而崩②。《路史》因之，又主襁褓之说，谓武王崩，成王才一二岁，以郑康成为非。然而《汲冢纪年》多窜乱，《路史》多荒唐，亦不可置信。

牟陌人先生作《周公年表》③，似乎是加过一番考证的工夫。考得的结果，是武王年六十四而崩，成王年十三而即位。这说虽不敢绝对相信，比较起来，稍为近情理一点。

上面各说既如此纷乱，于是贪奇立异者流，如梁玉绳、崔述等更大走极端，说成王不但不是襁褓之童，并且非年幼。梁在《史记志疑》说：“周公以诗贻王，而王亦未敢诮公则成王非不识不知之孩稚矣。曰：‘王与大夫尽弁，则成王已冠矣。’”崔在《丰镐考信录》卷四说：“今文王

① 《尚书·金滕疏》。

② 罗泌：《路史》发挥四引。

③ 见天壤阁丛书。

世子篇乃云：‘文王九十七而终，武王九十三而终，成王幼不能涖阼’则是武王年八十余而始生成王……此岂近于情理哉。……凡记所载武王成王之年，皆不足信。况周公之东也，唐叔实往归禾，则成王之不幼明矣。”且“孺子之称不必其皆婴儿也。……有未成乎大夫而称孺子者，季孙氏之称秩，高氏之臣之称子良是也。……是故，《金縢》之孺子流言也，未成乎君之称也。《立政雒诰》之孺子，则周公自以亲之少之之故而称之耳，岂得遂以为童子哉!”

我看梁崔二先生的说话，都是预先存着周公未有摄政称王的成见在胸中，故发出这样的议论，以为立说的根据。梁氏之说，较崔为稳重。崔虽敢于疑古，时有新见；然亦时时免不了武断的毛病。此处证明成王非年幼，也就有点这样的现象。因为我们现在所根据的材料，比较古而可靠的是《尚书》。《尚书·召诰》篇曰“今冲子嗣”，“维予冲龄即位”“有王虽小”“王乃初服”。《洛诰》篇曰“孺子其朋”，《君奭》篇曰：“施于我冲子。”《立政》篇曰：“呜呼，孺子王矣。”这些辞句，很显明的是成王年幼，怎能以称“孺子”是“亲之少之”之故去强词夺理，而说成王为非年幼？其他“冲子”“冲龄”及“小”等字眼，又作什么解释呢？再次，《礼记》《荀子》《淮南子》《韩非子》等古说（原文后引），都称成王年少或年幼，那崔述又是怎样的强辩呢？

所以关于这一段的小结论，是既不能信成王幼在襁褓，又不能信成王非年幼。因为说成王幼在襁褓者，是有故意假造史事以说明周公有必须摄政的动机在里面。说成工非年幼者，也有故意强辩以否认周公摄政的动机在里面。这种有意的动机，多半成为窜乱史事的渊泉。我们现在只能相信成王是年幼，因为这是古代的记载，无可否认。如果我们要追问成王幼的程度，那便相对的承认郑康成，成王即位年十三的说法，也还是虽不中不远矣。

关于“我之弗辟”的解释：今文家以为不避摄政①；古文家以为避居东都（释文引马郑说），自《伪孔传》出，始训“辟”为法，称《说文》引书作璧，云法也。谓以法治管蔡。这也是古文家说，而与马郑的古文说法又不同。三说孰是孰非，容后申论。

---

① 《史记·鲁周公世家》。

（三）史说的种类

附带问题既明，现在谈周公摄政的本题。这个问题，当以材料的先后为据，然后可以找出一点演变的程序。

现在我们知道，比较古而可靠的材料，要算《尚书》。《尚书》中的周书十余篇，虽无周公摄政的明文，然就那几个“王若曰”看来，很有摄政称王的意思。郑康成解释“王若曰”的意思，是“周公居摄，命大事，则权代王也”①。我们看《大诰》篇的“王若曰”，及下面“若兄考”一语，很显然的这个“王”就是周公。《康诰》篇称“王若曰：‘孟侯，朕其弟，小子封。’”按康叔名封为周公同母少弟，此处呼封为弟为小子，则“王若曰”之王，也很显然的是周公。《多士》篇两个“王若曰”的意思，亦有摄政称王之意。惟《洛诰》之王若曰，《酒诰》中之成王若曰，孙星衍作“王若曰”② 便很有点解不通。但是解“王若曰”为周公摄政称王的口气，后来许多大经学家，如江声（《音疏》）、王鸣盛（《后案》）、孙星衍（《今古文注疏》）、钱塘（《述古录》）、陈乔枞（《今文尚书经说考》）、林兆丰（《隶经剩义》）、王先谦（《孔传参正》）皆以为然；这是可信的。再周公还政于成王后作《立政》，《立政》篇说：“周公拜手稽首，告辞天子王矣”，又曰：“呜呼，孺子王矣。”《洛诰》篇曰：“惟周公诞保文武受命，惟七年。”《召诰》之作，史迁说是在七年还政之后。那么，上面几句话的文气，更是很显然的有摄过政称过王的口气了。崔述本是极力反对周公摄政称王之说的人，然他对于“惟周公诞保文武受命，惟七年”之语，先想强辩为“自成王亲迎周公之日，数之”，继思大不合理，所以也“未敢臆断”仅“存疑”③。

所以周公摄政称王之说，在最古的《尚书》中，是有根据的。

再看各种古代的记载：

> 成王幼，不能莅阼，周公相，践阼而治。……仲尼曰：“昔者周公摄政，践阼而治。”④

---

① 见《书疏》，引郑注。

② 《尚书今古文注疏》。

③ 见《丰镐考信录》卷五。

④ 《礼记·文王世子》篇。

武王崩，成王幼弱；周公践天子之位以治天下……七年致政于成王。[①]

看这两段文章，我们当注意的，是《礼记》不但明言周公摄政，而且是“践天子之位以治天下”。换言之，便是周公作了七年皇帝。

武王崩，成王幼。周公屏成王而及武王以属天下，……履天下之籍，听天下之断，偃然如固有之！[②] 武王崩，成王幼；周公屏成王而及武王。履天子之籍负扆而坐。[③]

看荀子的记载，是周公不但摄政称王，而且有点专横篡位的意思。因为屏“除”也，或“蔽”也，“及”继也。周公屏除成王以继接武王的天下，偃然如固有之，则非专横篡位而何？这点意思，不过暂在此处说明，以后于周公的人格问题一节，当详述之。

再看韩子等人说：

周公旦假为天子七年。[④]

武王既没，殷民叛之。周公践东宫……摄天子之位，负扆而朝诸侯。放蔡叔，诛管叔，克殷残商，祀文王于明堂，七年而致政成王。[⑤]

武王崩，成王幼少。周公继文王之业，履天子之籍，听天下之政。[⑥]

昔者，武王崩，成王少，周公旦践东宫，履乘石，祀明堂，假为天子七年。[⑦]

周公践天子之位七年。[⑧]

武王崩，成王幼。周公承文武之业，履天子之位，听天下之政，征夷狄之乱，诛管蔡之罪。……诛赏制断，无所顾问。威动天地，

① 《礼记·明堂位》。

② 《荀子·儒效》。

③ 《荀子·儒效》。

④ 《韩非子·说难》二篇。

⑤ 《淮南子·齐俗训》。

⑥ 《淮南子·汜论训》。

⑦ 《尸子》卷下。案《尸子》至宋时，全书已亡。现所存者，为后人辑佚，不甚可靠。姑志之以备一说。

⑧ 《韩诗外传》卷三。

振恐海内。①

以上各家的记载，都是明明白白说武王崩，成王幼少，周公践天子之位七年。其摄位的原因，除因成王年幼外，别无所谓。但是《淮南子》说了一点“武王既没，殷民叛之”于是周公“践天子之位”的理由。现在我们看以儒家的德治主义为标准，以整齐故事为职志的司马迁的说法：

> 其后武王既崩，成王少在襁褓之中。周公恐天下闻武王崩而畔，周公乃践阼代成王摄行政当国。管叔及其群弟流言于国曰，“周公将不利于成王”。周公乃告太公望召公奭曰，“我之所以弗辟，而摄行政者，恐天下畔周，无以告我先王，大王，王季，文王；三王之忧劳天下久矣，于今而后成。武王蚤终，成王少，将以成周，我所以为之若此”②。

按司马迁这段记载，就是将《尚书·金縢》那一段文章，加以增窜。说当时情势的危急，说成王少在襁褓之中，便足以表明周公非贪位，乃是有非摄政不可的情势。后面加上“一沐三握发，一饭三吐哺”，更足以表现周公的忠勤，以合常常梦见周公的孔子的德治理想。然而少在襁褓，是否有根据，告二公曰，改为告太公望召公奭曰，是否有根据，“一沐三握发”之说，又有多少的根据，那他都管不着了。好在看周公摄政称王之说，古来都如此记载，不便根本推翻，只是将“假天子之位”，改为“摄政当国”罢了。

史迁以后，刘向《说苑》，仍存旧观。其言曰：

> 周公摄天子位七年。③
>
> 周公摄天子之位。④

同时刘向所校的《尚书大传》也是说：“周公身居位听天下为政。”东汉王充引古文说，亦是“周公居摄，带天子之组，戴天子之冠”⑤。马融郑玄，亦皆言周公摄政称王⑥。班固《汉书》，更有显明的纪载。其纪

① 《韩诗外传》卷七。
② 《史记·鲁周公世家》。
③ 《说苑·尊贤》。
④ 《说苑·君道》。
⑤ 《论衡·书虚》。
⑥ 词见《古文尚书》马氏郑氏注。

群臣上王莽之言曰：

> ……周公服天子之冕，南面而朝群臣，发号施令，常称王命。……
>
> ……由是言之，周公始摄，则居天子之位。[①]

按王莽效周公摄政称王之事，后儒多说是王莽假造，因而根本否认周公称王的史实。其实，假如周公不作于前，古籍不载于前，莽既杀孺子婴，何不说是效法汤武征诛，而定要说效法周公呢？这个问题，后面当详讨论。暂时我们当注意的，是从上面种种的纪载，我们可以作一结论曰：

周公摄政称王的事情，汉朝以前，大概都是这样的说法，少有异议。

但是刘歆独竖异帜，说“召公为保，周公为师，相成王为左右。召公不说，周公作《君奭》”[②]。把摄政称王的事情，用一个“相”字抹杀了。按《君奭》之作，司马迁说是因为“周公践阼，召公疑之，作君奭”[③]。马融说是“召公以周公既摄政，致太平，功配文武，不宜复列在臣位，故不说”[④]。三说是非，不用辩。但按刘歆之说，是周召二公争师保的职权，而不说了，此岂近于情理哉。

刘歆以外，《越绝书》亦有周公相成王的说法。他说：

> 武王封周公，使傅相成王。成王少，周公臣事之。当是之时，赏赐不加于无功，刑罚不加于无罪。天下家给人足，禾黍茂美。……上顺天地，泽及夷狄。于是管叔蔡叔不知周公，而谗之成王。周公乃辞位。

按此书据姚际恒考证，为东汉人托子贡伪撰[⑤]。先看这段纪载，既说周公相成王把天下治理得那么好，泽及夷狄，而为什么不能及到他的兄弟管叔、蔡叔呢？就此一段不合逻辑的纪载，也可知道他作伪的手段了。然而与《书序》说加起来，亦可算作周公摄政史说的第二种——即周公未摄政称王，只不过相成王而已。

---

① 《王莽传》上。

② 《伪书序》。

③ 《史记·燕世家》。

④ 见《史记集解》。

⑤ 《古今伪书考》。

相成王的理由既不充分，一班挂孔子忠君招牌的卫道者流，便又再想方法了。这种新方法的发明者是魏时的王肃。他在伪《孔子家语》说：

武王崩，成王年十三而嗣立。周公居冢宰摄政，以治天下。

这种冢宰摄政的说法，便是从他起源的。他本是个古文家，古文家最尊崇周公。然自王莽模仿周公篡位后，直接有伤周公的名誉，间接有伤儒家忠君的信条；要想根本推翻周公摄政的史说，又势不可能；所以想出居冢宰摄政的方法了。后儒尊周公者，多半以此说为金科玉律。别的人无论矣，近世有名的学者如魏源、崔述、王国维等人，尚尊崇此说。魏说见《书古微》《金縢发微》中；崔说见《丰镐考信录》卷四，王说见《观堂集林》《洛诰笺》。三者之中，以崔述说得最卖气力。他说：

盖古者君薨，百官总已以听于冢宰三年。子张曰："书云：高宗谅阴，三年不言，何谓也?"孔子曰："何必高宗，古之人皆然。"然则武王崩时，周公盖以冢宰摄政。不幸群叔流言，周公东辟，遂不得终其摄。及成王崩，召公鉴前之祸，遽奉子钊以朝诸侯，由是此礼遂废。后之人但闻有周公摄政之事，而不知有冢宰总已之礼；遂误以成王为幼。又见《洛诰》之末，有"周公诞保文武受命惟七年"之文，遂误以为摄政之年数耳。①

崔述反对周公摄政称王说的理由，除这一段外，尚有洋洋千余言的辩述。最费劲的是他说成王非年幼，所以周公无摄政的必要。然而成王年幼乃古代普遍的纪载，讲史学的人不顾史实，专凭强词夺理，那便失了史学家的态度。其实他们这班人都有一点保皇党的色彩，都受过孔子忠君思想的洗礼。他们鉴于王莽篡位的危险，就想根本推翻这种史实，以免后世对皇基有什么不忠实或改革的地方。看魏源在《金縢发微》中，处处以忠君的观念作基础，大骂荀子不该说周公摄政称王，便可知道了。古代一贯的纪载，那他们都不管了。所以王国维说周公未摄政之余，用了"慨乎有难言之痛"的口气，在他的《洛诰笺》末尾一句说："周公摄政七年之说，盖自先秦以来然矣。"夫既知自先秦以来都如此说，先秦交通不方便，印刷术也未发明，书籍流通和学者会聚的机会都很少，为什

① 《丰镐考信录》卷四。

么异口同声不约而同都说周公摄政称王呢？既知事实如此，古代的纪载都如此，而又否认其事，是如国人皆曰某人可杀，而二三子毫无理由与证据，独以某种动机硬说某人不可杀也。此之不实，昭然可见。

（四）结论

总上周公摄政的史说，以演变言，是由（1）摄政称王，而转变为（2）相成王；由相成王而转变为（3）居冢宰摄政。所以根据材料的先后及多寡言，第一说为最多而最先。因为这说在经里面的根据，有《尚书》《礼记》，在史里面的根据，有《史记》《汉书》；在子里面的根据有《荀子》《韩非子》《淮南子》《韩诗外传》《论衡》等等。在经今文家的根据有《史记》《尚书》《大传》等；在经古文家的有马、郑、王充及班固等人的纪载。所以无论那一方面，都是说周公摄政称王。至于第二说，仅见于伪《孔传》及《越绝书》，第三说见伪《孔子家语》及崔述等人的辩护。于是最后的结论，是以周公摄政称王为确实。

二、周公居东问题

周公居东的史说，比摄政说更复杂，而且又更难考证。因为前者有演变的史实可寻，后者仅凭各人的臆撰。现在所讨论者只能就居东说的背景与种类两项，加以考察。

（一）周公居东说的背景

仅说武王初灭纣时，立纣王的儿子武庚，“而继公子禄父，使管叔、蔡叔、监禄父”①。这是管叔、蔡叔的职务。其后“管、蔡启商，惎间王室”（《左传》定四年），“管叔以殷畔”② 是管蔡犯了诱导武庚作乱的嫌疑。然而在什么时候作乱呢？《尚书大传》曰：

> 武王死，成王幼……周公身居位，听天下为政，管叔蔡叔疑周公，流言于国曰，“公将不利于王”。奄君蒲姑谓禄父曰，“武王既死

① 《尚书大传》周书七及《史记·周本纪》。

② 《孟子·公孙丑下》。

矣，今王尚幼矣，周公见疑矣，此百世之时也，请举事，”然后禄父及三监叛。[1]

这就是说“管、蔡启商，惎间王室”，是在周公起始摄政称王的时候。然而周公为什么“见疑”？司马迁说：

成王既幼，周公摄政，当国践阼，召公疑之。[2]

然而更有一个重要的问题，管蔡为什么要同武庚作乱呢？这是很难答复的问题。江声揣度说：

管叔生当武王周公之间，习闻商王旧法，兄弟相及；谓武王崩，嗣王当及己。今已为监于殷，而公参摄，疑异志，而踊遗己，故有是流言尔。[3]

这话虽属揣度之词，似乎有几分道理。

现在我们将周公居东说的背景结束一下，是周公起初摄政时，内有召公之疑，外有管、蔡的忌嫉，同武庚、禄父的叛乱。

（二）周公居东说的种类

武王既丧，管叔及其群弟乃流言于国曰，公将不利于孺子。周公乃告二公曰，我之弗辟，我无以告我先王。周公居东二年，则罪人斯得。[4]

这几句话，由“居东”二字的含糊，“罪人”二字的不明，“辟”字解说的分歧，于是生出许多异说。最主要的是经今古文之争。今文家释“辟”为不避摄政[5]，古文家以为避居东都[6]，《孔传》依《尔雅释诂》云辟，法也；言我无以成周道，告我先王。这也是古文家说，而与马、郑异。《说文》引书作壁，云法也，谓以法治管蔡，这也是古文家说，字义的解释虽同，而其说法，又与马、郑、孔传不同了。说到“居东”两字，

① 《周书》七。

② 《史记·燕世家》。

③ 《尚书金縢音疏》。

④ 《书金縢》。

⑤ 《史记·鲁周公世家》。

⑥ 《释文》引马郑说。

今文家以为东征[①]，古文家以为东国待罪[②]。所谓“罪人斯得”者，今文家以为管蔡，古文家以为周公党羽。这是为明了起见，将这几派关系最密切，最显明的异说，加以横的说明。若就时代的先后，将周公居东的史说稍为查考一下，可得下列九种：

（1）东处于商。

（2）东征。

（3）东奔于楚。

（4）避居东都。

（5）东国待罪。

（6）巡狩于边。

（7）东奔于鲁。

（8）居国之东。

（9）东奔于豳。

这九种史说，虽然大致是以时代的先后排列，然而都是单独立说，没有多少连带关系。现在就每一说法中，加以说明及讨论。

（1）东处于商

> 古者周公旦非关叔，辞三公，东处于商葢，人皆谓之狂。[③]

案“关”乃“管”字假音：“关叔”即管叔。毕沅校注，以“东处于商盖”为一句，谓“商盖即商奄”，我不以为然。因为“葢”与“盖”同，系特别说明上文“无乃以石为狂木”的问题。至于“东处于商”四字，陆懋德先生以为“即指征商”[④]。从本文读去，不知何所据而云然？周公居商说，汪中批评得很好。他说：“武王克商，已建商后；洎其晏出，管叔禄父相依为奸，周公岂得弃其官位，投身必死之地？此之不实，昭然可见。”[⑤]

（2）东征

诗《破斧》篇有“周公东征，四国是皇”之句；书《大诰》有“矧

① 《史记・鲁周公世家》及《尚书大传》。

② 《诗七日序正义》引郑说。

③ 《墨子・耕柱》。

④ 《上中古史讲义》，第 80 页。

⑤ 《述学内篇周公居东证》。

今卜并吉，肆朕诞以尔东征”。是“东征”一事，明见古籍。经今文《大传》古文《毛传》，亦以居东即东征。《史记》从之，乃详其说曰：

成王少，周初定天下，周公恐诸侯畔，周公乃摄行政当国。管叔蔡叔群弟疑周公，与武庚作乱畔周。周公奉成王命，伐诛武庚，管叔；放蔡叔。[①]

武王既崩，成王少在襁褓之中，周公恐天下闻武王崩而畔周，公乃践阼，代成王摄行政当国。管叔及其群弟流言于国曰，“周公将不利于成王”。周公乃告太公望召公奭曰：“我之所以弗辟而摄行政者，恐天下畔周，无以告我先王”；……于是卒相成王，而使其子伯禽代就封于鲁。管叔，武庚等，果率淮夷反，周公乃奉成王命，兴师东伐，作《大诰》；遂诛管叔，杀武庚，放蔡叔。[②]

司马迁这种纪载，前有诗书的材料作根据，当时有周公居东的背景作辅翼，后有王肃，《朱子诗集传》，皮锡瑞等人作附从；更与《尚书大传》“周公摄政，一年救乱，二年克殷”，及《竹书纪年》，成王元年武庚以殷叛，周文公出居于东；二年伐殷，三年灭殷杀武庚禄父之说，大致相同。所以关于此说，后人虽有不少的非难[③]，然而周公居东的问题，大概以东征说为近是。

不过我们在这里当注意的，司马迁这段记载，是解释《金縢篇》，明言周公起初摄政时，便遭管蔡的流言及武庚淮夷的叛乱而东伐。记着这点在心头，然后看他变戏法。

（3）东奔于楚

初，成王少时病，周公乃自揃其蚤，沈之河，以祝于神曰，“王少未有识，奸神命者乃旦也”。亦藏其策于府，成王病有瘳。及成王用事，人或谮周公，周公奔楚。[④]

昔周成王初立，未离襁褓，周公旦负王以朝。……及成王有病，甚殆，公且自揃其爪以沈于河。……及王能治国，有贼臣言周公旦欲

---

① 《史记·周本纪》。

② 《史记·鲁周公世家》。

③ 如梁玉绳：《史记志疑》；崔述：《丰镐考信录》等。

④ 《史记·鲁周公世家》。

为乱久矣，王若不备，必有大事。王乃大怒。周公旦走而奔于楚。①

古文家以武王崩，周公居摄，管蔡流言，王意狐疑周公，周公奔楚。故天雷雨以悟成王。②

案周公奔楚，诚如《论衡》引古文家言，或为当时另一种传说。司马迁以整齐世说为职志，以彰圣人懿德为动机，故将古代传说，在可能的范围内，兼收并蓄，并且想方法去使它整齐。他既说了管蔡流言，周公东征；复将奔楚之说，假造周公替成王祈祷代死之说去整齐。因为《金縢篇》所记载的是（一）周公替武王祈祷代死，（二）成王以雷雨开金縢迎周公。而他除这两件事外，又加上一件因成王病周公祈祷的祷词，并且很巧妙的以“亦藏其策于府”之“亦”字；去连络，去整齐。使周公大圣的忠诚，得以加倍的表扬。将周公奔楚说，收在成王即位之后。于是《金縢篇》载成王亲迎的是迎周公本人，《史记》所迎的乃是迎周公的灵魂了。从此以后，天雷风感成王迎周公之说，便愈弄愈复杂。《尚书大传》以为大雷雨开金縢之事，是在周公死后。《汉书·梅福传》说是“成王以诸侯礼葬周公，而皇天动威，雷风成灾”。《后汉书·周举传》，以为“周公摄天子事，及薨；成王欲以公礼葬之，天为变动，更葬以天子之礼，即有反风之应”。王充《论衡·感类篇》说大雷雨因周公葬礼而发。种种异说，令人莫衷一是。由此看来，司马迁本想整理各种史说反而令人如堕五里雾中，看不见传说的本来面目了。

后人从奔楚说者，有清人俞正燮，词见《癸巳类稿》卷一，周公奔楚义；理由是：（1）流言时，商奄未灭，东都未营，伯禽未奉命为公，周公无所归，故知是奔楚。（2）蒙恬言周公奔楚是确实可靠的。（3）《左传》昭公七年，公适楚，梦周公祖以道之之事，而证以前周公必奔楚。这些理由是否充分，一见便明，不用辩驳。

此外，徐文靖《竹书统笔》，王绳祖《史记志疑》皆从奔楚说。读者可参阅，此处不赘述。

（4）避居东都

“成王之时，周公避流言之难，出居东都二年。”③

---

① 《史记·蒙恬传》。

② 《论衡·感类篇》。

③ 《豳谱正义》引郑氏《金縢注》。

群叔流言，周公避之，居东都，时成王年十三也。[①]

案马郑为尚书古文家，他们释“辟”为“避”，释“居东”为“避居东都”，释“罪人”为周公党属，前面已经说过，不用多说。最奇怪的是说罪人为周公党属。夫周公党属是罪人，为什么党魁不是罪人，而迎他回来摄政呢？可见这种杜撰的解释，不待王肃反驳，也无立足之余地了。

（5）东国待罪

这也是郑康成说的。他说“居东者，出处‘东国待罪’，以须君之察已”。他前面说是“避居东都”，现在又说东国待罪，本人就有两说，无怪古代史说的分歧。

（6）巡狩于边

武王封周公使傅相成王，成王少，周公臣事之。当是之时，赏赐不加于无功，刑罚不加于无罪……于是管叔蔡叔不知周公而谗之成王。周公乃辞位，出巡狩于边。[②]

段玉裁、王鸣盛谓此与郑玄同说，胡承珙说“此诚与当日情事最合”[③]。我看这段文章，既说周公有那么好的治绩，又说“于是管、蔡不知周公而谗之成王”，这是既不合逻辑，又不合当时的情势。然而此处不过采取以备一说，不用申述。

（7）东奔于鲁

琴操曰：“周金縢者，周公作《金縢书》也。武王薨，太子诵武王之业，年七岁……周公为摄政。是时因诛管叔、蔡叔之后，有谤公于王者，言‘公专国大权，诈策谋，将危社稷，不可置之’。成王勃然大怒，欲囚周公，周公乃奔于鲁而死。”[④]

《琴操》一书，所记多荒谬事，不甚可靠。这段纪载，似乎是源于史说而增加；周公奔于鲁而死之事，亦由此书而创造。其不可靠更可想见。此处所采，聊备一说而已。

（8）居国之东

或引荀子《儒效》篇“周公归周”语，以为居东者，自居畿内

---

① 《文王世子正义》，引郑氏《金縢注》。

② 《越绝书》卷三。

③ 《毛诗后笺》卷十五。

④ 《琴操》卷下《周金縢》。

之国。方苞《望溪集》有记王巽功周公居东说。泾说王巽功语余曰："周公居东，《集传》居国之东为近。观王欲亲迎，即驾而出郊，就令；出舍以俟，必信宿可至。古者大夫有罪，自投于私邑，以待放礼也。然而公所居，近在郊关之内欤?"余曰，"子之言其信。……公所居为镐东乡郊之赏邑决矣。"①

这是个人的说法，虽无多少根据，颇合情理。因为他们立说时，便是揣情度理而发。

（9）奔豳

释周公居东为奔豳说，也是近人的想象。牟陌人说："……流言起，周公避居于豳。豳，栒邑也，在镐京之东，故书曰，'周公居东。'豳地多山，故诗曰：'我徂东山……'周初无楚国，楚当为豳。'豳'亦作'份'，说文：'份，古文作彬。'疑邠之古文作㯙形，与楚溷（?）……《逸周书·度邑》曰，'升汾之阜，以望商邑。'汾亦豳字，又皆当为楚。楚阜即卫之楚邱；何以言之？豳与商辽远，无缘登之，以望商邑，楚邱则至近；此古文豳楚二字相溷之证也（?）……《左传》吴公子札请观于周乐，为之歌豳曰，'美哉荡乎，乐而不淫，其周公之东乎?'豳诗为周公之东，季札知之矣，左氏亦知之矣。"②

牟陌人这种可笑的证明，真是极尽周旋曲折之能事。牵强附会，无所不用其极！我把它采在这里，亦不过聊备一说而已。

（三）结论

以上九说，纷然杂陈；令人读之，味如嚼腊，大感头痛。最初由今古文家法之争、文字之辩，已总述如前。稍后则各凭臆想，不守家法。如东征乃今文说，崔述相信今文，然在《丰镐考信录》中，极力证明东征为非是。皮锡瑞亦遵今文者，他在《书经通论》中，又说为不误。《伪孔传》本古文尚书之一种，他也说居东为东征。总之各人各派，各是其非，各非其是。公说公有理，婆说婆有理，使我看来，一塌糊涂。现为明了起见，将各种异说作一表，以为事实的结束，然后发表我个人的意见。

---

① 梁玉绳：《史记志疑》卷十八。

② 《周公年表》。

1. 事实的结束

周公居东问题的史说		
种类	倡说者	后人附从者（举略）
1. 东处于商	《墨子·耕柱》	
2. 东征	《诗》《破斧》《书大诰》《史记·鲁周公世家》	王肃、《伪孔传》、古史、《朱子诗传》、皮锡瑞
3. 东奔于楚	《史记·鲁周公世家》《史记·蒙恬列传》	《论衡》、《抱朴子》、徐文靖、《竹书统笺》
4. 避居东都	马郑	蔡传
5. 东国待罪	郑玄	
6. 巡狩于边	《越绝书》	段玉裁、王鸣盛、胡承珙
7. 东奔于鲁	《琴操》	
8. 居国之东	王巽功	梁玉绳
9. 奔豳	牟陌人	

2. 个人的意见

我个人对于周公居东问题的意见，是主张以不了了之。因为研究古史的人，不犯附从的毛病，便要沾点武断的嫌疑。这种三千年前的古事，古代已找不到确实的材料，而仅凭臆想说话；现在的我，夫复何言。就如现在冯玉祥下野的事，各人已不知真正的所在，三千年前的古史，更不用说了。所以研究古史的人，与其附会或武断，毋宁知道各种异说，以不了了之为对。假如硬要作个结论，我说以周公居东为东征，比较合事实（理由已述于前，此处不赘）。以情理言，以居国之东为近是。然而这是揣度之词。两个相当的结论中，我还是比较偏于居东说。

三、周公的创作问题

自从孔孟及司马迁等人将周公捧到大圣人的舞台以后，许多的诗书礼乐都说是周公作的了。这一节的讨论，是考查这种堆砌的演变，附带说点辨伪的工作。

(一) 西汉以前的人说《诗经》中关于周公的著作

(1)《鸱鸮》(《豳风》)。“公乃为诗以贻王，名之曰《鸱鸮》。”[①]

如果《尚书·金縢篇》可靠，则《鸱鸮》一诗为周公作，便无问题。但看诗中语意，应在“管叔流言”，不应在“罪人斯得”之后。且诗中非明言周公，而孟子《公孙丑》篇引孔子的话，“为此诗者，其知道乎?”就不知道作者是谁了。孔孟是最喜欢称赞周公的，如果知道，必会明白地说出。现在不说，好像他们是没有读过《金縢篇》的样子? 在这种疑团之下，我们对于《鸱鸮》的作者，依然不能指定是周公。

(2)《时迈》(《周颂》)。《国语》载祭公谋文谏周穆王之言曰：“周文公之颂曰，‘载戢干戈，载櫜弓矢；我求懿德，肆于时夏’。”[②]

《史记·周本纪》从之，以为周公作。然而《左传》宣公十二年，有“武王克商，作颂曰，‘载戢干戈……’”等语，《左傅》《国语》谁对? 这是一个很难回答的问题。因而《时迈》一诗，是周公作的，还是武王作的? 也是一个解不决的疑团。

(3)《棠棣》(《小雅》)。

> 襄王十三年，郑人伐滑。……富辰谏曰，“不可! 周文公之诗曰，兄弟阋于墙，外御其侮。”[③]

照他这样说《棠棣》一诗是周公做的。但看《左传上》说：

> ……富辰谏曰：“不可! ……召穆公思周德之不类，故纠合宗族于成周而作诗曰，‘《棠棣》之华，鄂不韡韡。凡今之人，莫如兄弟。’其四章曰，‘兄弟阋于墙，外御其侮。’”[④]

看了这一段，《棠棣》一诗，又是周公作的了! 同是一个人所说的话，而且是春秋战国人的话，尚如此不定，其他后世的人，更难说了。

(4)《文王》(《大雅》)。“周公乃作诗曰，‘文王在上，于昭于天。周虽旧邦，其命维新。’”[⑤] 这是《大雅》第一章。《小序》又谓是文王作的。

---

① 《尚书·金縢》。

② 《周语》上。

③ 《国语》。

④ 《国语》。

⑤ 《吕氏春秋》之古乐篇。

（5）《酌》（《周颂》）。《春秋繁露》曰：

“周公辅成王，受命作官邑于洛阳，成文，武之制，作汋乐以奉天。”①

《汉书》：“周公作勺。勺，言能勺先祖之道也。”

《白虎通》：“周公曰酌者，言周公辅成王，能斟酌文武之道而成之也。”②

看现在《周颂》中的“酌”，是“于铄王师，遵养时晦。时纯熙矣，是用大介。我龙受之，跻跻王之。造载用有词，实维尔公允师”。其中意思，未有多少周公的口气；然前人如此说，姑从之。

（二）《史记》与《书序》说周公关于《尚书》的著作

司马迁是一个最崇拜文武周公的人，同时又是一个集古代史之大成的人。关于孔子常常梦想的圣人——周公以及周公的著作，在可能的范围内，他必尽量的搜集。所以他所说的纵不算十分可靠，总算是很完备的。我们在《周本记》《鲁世家》及《燕世家》三篇文章中，找出关于周公在《书经》中的著作是：《大诰》《君奭》《微子之命》《归禾》《嘉禾》《康诰》《酒诰》《梓材》《召诰》《洛诰》《多士》《毋逸》《多方》《周官》《立政》十五篇，关于《诗经》的仅《鸱鸮》《时诰》二篇。其中《周官》本《尚书》中一篇，至汉已亡，此处当注意。此外，他说“周公佐武王作《牧誓》”，可见他想方设法替周公表扬的苦心。另外，《金縢》一篇，他不敢说是周公作的，这也是我们当注意的。

至刘歆《伪书》序出，载周公在《尚书》中著作，便增到了十七篇。即比《史记》多了《金縢》及《将薄姑》二篇。《金縢》司马迁不敢说是周公作，而他便干脆的说，“武王有疾不豫，周公作《金縢》”。可见周公的著作，是愈到后世，附会者愈多。

其实就《尚书》中的《周书》看来，有的称“王曰”，有的称“王若曰”，有的称“周公拜手稽首曰”；《无逸》一篇，每段皆以“周公曰”起首，这种种的称呼，与不同的记载，很显然的是史官所作的事情。《金縢》篇中所记的事，更很显明的为后世史官所补记，或后人所伪造。你

① 《三代质文改制》。

② 《礼乐》。

说这些文章，有周公断片的言词或事情，那是可以的；说是周公亲手的著作，那便大谬不然了。古有左史记事，右史记言；事为《春秋》，言为《尚书》。假使某某等篇皆出周圣人之手，那史官无设立之必要了。再以今度古，作大事情的人，终日忙个不停，怎能源源本本去记载那些事呢？更以本文证本文，文章既为周公所作，又非二人对话，何必屡屡称周公曰，作引证语的神气呢？且当时的《尚书》，即现在的档案；当时所存的，一定比现在任何今古文为多。观先秦诸子所引用的《书经》，现在《尚书》找不出的便可知道。如果没有当时的史官记载，后世的学人，一如孔丘之类的人一整理，怎能有现存的篇数这么整齐？所以，总说一句，现在《周诰》十余篇，绝对不是周公一人手写的，不过司马迁他们想攀他的高罢了。我们将这些文章作研究周公的资料，那是可以的；说是周公作的，便不可了。

（三）司马迁以后至东汉以前说周公的著作

（1）《清庙》（《周颂》）。刘向封事云：

“文王既没，周公思慕，歌咏文王之德。其诗曰：‘于穆清庙，肃寝显相。济济多士，秉文之德。’”[①] 王褒四子讲德论亦云：“昔周公咏文王之德而作《清庙》，建为颂首。”[②] 是《清庙》为周公作的了。

（2）《周礼》。前面一节中，我已指明《周书》为《尚书》之一篇，并说明在汉初已亡。至西汉末，《周官》一书出，刘歆请建立《周官经》以为《周礼》。东汉末，郑康成注云，名曰“周礼”。与礼经载记并行于世。贾公彦《仪礼疏》序云：“《周礼》《仪礼》发源是一；理有终始，分为二部，并是周公摄政致太平之书。”又因鲁史克有言，先君周公制《周礼》，遂皆相信。其实鲁克的话，现在的《周礼》并无此言，这是旁征方面，证明《周礼》非周公所作。再就礼俗方面，关于服后与婚制，亦与周朝的情形不合。就制度方面看，封建制度、赋税制度、刑法制度以及谥法制度，皆不合周代的事实。这是几点大概的理由，证明《周礼》非

① 《汉书·楚元王传第六》。

② 《文选》卷十一。

周公所作。至于详细情形，可参阅毛奇龄《经问》[1]，万斯同《周官辨非》，崔述《丰镐考信录》之《周公相成王（下）》及皮锡瑞《三礼通论》，此处不赘。

但是刘歆将此书列于学官的动机，我们必得稍微说几句。因为他同马郑等是古文家，他们说《尚书》务创新说，以异于今文。古文家尊周公，今文家尊孔子，而尊周公的张本，大率本于周官，所以成了学统或道统上的争论，这是一个很大的问题。

（3）《周易》。《左传》"……晋韩宣子来聘，观书太史氏；见《易象》曰"吾乃今知周公之德，与周之所以王……"东汉古文家马郑、贾逵等人，便说《卦辞》是文王所作，《爻辞》是周公所作[2]。我们单从《左传》的文义上看，也不能生出周公作《周易》的断案。其他理由，皮锡瑞在《易经通论》已辨明过，此处不多引。

（4）武乐之制作。《吕氏春秋·古乐》，有武王"命周公作大武"之句，《庄子·天下》篇，说"武王周公作武"这是共同作的。《琴操》书中又说周公作《越裳操》了。其说曰：

> 《越裳操》者，周公之所作也。周公辅成王……天下太常，万邦和会。江黄纳贡，越裳重九译而来献白雉，执贽曰，"吾君在外国也，顷无迅风暴雨，意者中国有圣人乎？故遣臣来"。周公于是仰天而叹之，乃援琴而鼓之。其章曰："於戏嗟嗟，非旦之力，乃文王之德！"遂受之，献于文王之庙。[3]

按《琴操》一书其中多小说类的记载，不甚可靠。此事《尚书大传》《韩诗外传》（卷五）、《新序》（杂事二）及《古今注》等，皆有大同小异的记载；而《古今注》又添了新花样，容后再述。

（四）汉以后的人说周公的著作

（1）《尔雅》。《尔雅》一书，魏张揖进《广雅表》有云，"昔在周公，缵述唐，虞，宗翼文武，克定四海，勤相成王。六年制礼以尊天下，著《尔雅》一篇以释其义"。唐陆德明本之，便在释文中说《释诂》为周公

---

① 《皇清经解》。
② 《周易正义序》。
③ 《琴操》卷上。

作。其实《尔雅》本为解释经义的小学书，周老圣人的时代，那能管这些闲事呢？这种作伪的说法，一见便明，不用多辩。

(2)《指南针》。周公的著作，在经书中的戏法，已玩够了，他们想他是一个“予仁若考，多材多艺”的人，便又想出别的方法来了。这个方法，是晋朝崔豹想出来的。他说：

> 越裳氏重译来朝，贡白雉一，黑雉一，象牙二。使者迷其归路，周公锡以文锦二疋，軿车五乘，皆为司南之制。使越裳氏载之以南。(《古今注》)

这便是后来作指南针说的起源，后人只简单地说“越裳氏来朝，周公赐以指南针”，仿佛是万分确实的样子①。

(3)《思文》(《诗经·周颂》)。一班攀周公高的人，说了作越裳操、指南针之余，总还以为雕虫小技，不大齿于儒林，于是又从经书上想方法了。关于《诗经》中周公的著作，前面已说明是那几篇不甚可靠的东西。到了唐宋时代，便渐渐地增加起来了。《毛诗孔疏》说：“《国语》云：‘周文公之为颂曰’，‘思文后稷，克配彼天’，是此篇周公所自歌，与《时迈》同也。”于是乎孔颖达又将《思文》一篇，堆到周公身上去了。然而一查今本《国语·周语》上，只是有“颂曰”，而无‘周文公’三字。”天圣明道本《国语》及黄应烈《札记》亦然。可知他作伪的程度，真是卑劣得很。

从此以后，朱子《诗序》出，《七月》《东山》《关雎》《鹿鸣》以及《周颂》三十一篇，都说是周公作的了。其他《伐柯》《九罭》《狼跋》等诗，虽不能说是周公作，也要说是“美周公也”。更其他，更进一步，说周公删过六经了。

我们看《七月》一诗，完全是首描写农民生活的东西；《东山》一诗，显然是一无名兵士的创作，怎能说是美周公②或周公作的呢？其他关于《周颂》三十一篇，崔述辩之颇详，周公删六经之说，皮锡瑞也驳得很得当③；此文已长，不能多写。

(4)《春秋》。五十凡例各经既附会殆尽，晋杜预又从《春秋》上想

---

① 又《太平御览·礼仪部》说“周公作翣”不知起于何时，姑志于此，以备一说。

② 出自《毛诗序》。

③ 见《诗经通论》。

方法。他在《经传集解》，说“《发凡言例》皆周公之旧制”，于是以五十凡例为周公所作，真是极穿凿附会之能事。唐陆淳、柳宗元等也尝辩驳过，不再说。

(5)《月令》唐《语林》云：“《月令》出于《周书》第七卷的《周月》《时训》两篇。”蔡邕云：“周公作是!”从第一句武断的话，又将《月令》拉到周公手上去了。然郑康成已说是《吕氏春秋》《十二月纪》之首，礼家好事者抄合之，其中官名时事多不合周法，是不待我们辩驳，汉儒已说过不对了。

（五）结论

上述周公的著作，恰是时代愈远，则著作愈多。其堆砌的方法，仿佛起塔似的，层层增高。又仿佛一棵树似的，时代愈远，愈长得高，而枝节亦愈复杂，根基亦愈稳固。古代的史说，都是这样造成的。我们为明了起见，可将周公著作的演变，画一棵树来表明，将《鸱鸮》《文王》等篇作主干，稍后分《诗经》为一大枝，《尚书》为一大枝，再从《尚书》分《周礼》为一小枝，其他乱七八糟的东西，更分为无数小枝，如此便一目了然。可惜这样画来，印刷太麻烦，不能画。现为方便起见，作一简表，而堆砌的痕迹失了。

周公著作演变表

时代	附会人或书名	关于《诗经》中的著作	关于尚书中的著作	关于其他
东周	《尚书・金縢》(?)	《鸱鸮》		
秦	《国语》《左传》	《时迈》《棠棣》		
	《吕氏春秋》	《文王》《大武》		
西汉	《史记》	《鸱鸮》《时迈》	《周诰》十五篇	
东汉	刘向	《清庙》		周礼
	刘歆《伪书序》		《周诰》十七篇	
	马郑等			《周易》
魏	春秋繁露	《酌》		
	琴操			《越棠操》
	张揖			《尔雅》

续表

时代	附会人或书名	关于《诗经》中的著作	关于尚书中的著作	关于其他
晋	杜预			《春秋凡例》
	崔豹			指南针
唐	孔颖达	《思文》		
	唐语林			《月令》
宋	朱熹	《七月》《东山》《关雎》《鹿鸣》等		

看这个表，关于周公的著作，最初是《金縢篇》说周公作《鸱鸮》以后便愈弄愈多了。其所以增多的原因，最初是因为周公被“祖述尧舜，宪章文武”的孔子光顾，许多的著作，仿佛外国的商品一样，都要请一个大体育家或电影明星签上一个字了。他们以为这样一作，便如“伯乐一顾，价值千倍”。稍后以孔子的德治观念为标准的《史记》出来，以沐发吐哺之说表扬周公之不已，又将《周诰十五》的签上周公的字了。到了西汉、东汉，捧周公的动机，除了攀高以外，又添了道统的争执。所谓道统者，是今文家尊崇孔子，古文家尊崇周公。今文家以六经为孔子作，古文家以六经为古代的史料。康圣人有为曰：“六经笔削于孔子，礼乐制作于孔子，天下皆孔子之学，孔子之教也。歆思夺之于《易》则以为文王作上下篇，于《周官·尔雅》以为周公作。举文王周公者，犹许行之托神农，墨子之托禹，其实为夺孔子之席计。非圣无法，大罪五。”①案康老先生把刘歆恨入骨髓，未免有失过苛。然而古文家欲捧出周公作后台老板，以与孔子抗衡，这是显然的事实。于是乎许多不相干的东西，都堆到先圣周公身上去了；那位先师孔子与周公比较，便有望尘莫及之叹。

现在我们平心而论《诗经》中或许有几篇是周公作的；《周诰》有周公断片的言辞，其他《周礼》《周易》以及《尔雅》等，都是后人攀高的附会，决不可信。

但是他们为什么要攀高，周公到底值不值得攀高，周公的人格到底怎么样？这是我下节所要讨论的一个很重要的问题。

① 《伪经考》卷三下。

四、周公的人格问题

周公在我们的脑子中的印象，总以为是一个大圣人。这种印象，全是传统观念所造成，环境势力所养成的。俗语说，人是环境的动物，又说时势造英雄；周公的圣名，便是儒家支配的环境所造成的。儒家支配中国二千余年的思想，将周公的圣台造很根深蒂固，后人习焉不察，就很少有人敢怀疑他的人格了。

现在我将他的人格考出来，看这座圣台到是怎样筑成的。从此我们可以看出周公的原形，到是一个怎样的人物？

（一）春秋战国时代的周公

研究周公的材料，最早者要算《尚书》中的《周书》。《金縢》一篇，为最可靠的今文《尚书》二十八篇之一。其中完全是记周公的言行。虽然有人怀疑是后来的作品，然既经《史记》引过，至少是春秋战国间的东西，当然也是研究周公最好的材料。现在把它抄在下面：

> 既克商二年，王有疾，弗豫。二公曰："我其为王穆卜。"周公曰："未可以戚我先王。"公乃自以为功，为三坛同墠，为坛于南方北面，周公立焉。植璧秉珪，乃告太王，王季，文王。史乃册祝曰："惟尔元孙某遘厉虐疾。若尔三王，是有丕子之责于天。以旦代某之身。予仁若考，能多材多艺，能事鬼神。乃元孙不若旦多材多艺，不能事鬼神。乃命于帝庭，敷佑四方。用能定尔子孙于地下，四方之民，罔不祇畏。呜呼，无坠天之降宝命，我先王亦永有依归！今我即命于元龟，尔之许我，我其以璧与珪，归俟尔命；尔不许我，我乃秉璧与珪。"乃卜三龟，一习吉。启签见书乃并是吉。公曰："体，王其罔害！予小子新命于三王，惟永终是图。兹攸俟能念予一人。"公归，乃纳册于金縢之匮中，王翼日乃瘳。
>
> 武王既丧，管叔及其群弟乃流言于国：曰"公将不利于孺子！"周公乃告二公曰："我之弗辟，我无以告我先王。"周公居东二年，则罪人斯得。于后，公乃为诗以贻王，名之曰，《鸱鸮》。王亦未敢诮公。

秋，大熟，未获，天大雷电以风，禾尽偃，大木斯拔，邦人大恐。王与大夫尽弁，以启《金縢》之书，乃得周公所自以为功代武王之说。

二公及王乃问诸史与百执事。对曰："信。懿，公命，我勿敢言！"王执书以泣曰："其勿穆卜！昔公勤劳王家，惟予冲人弗及知。今天动威以彰周公之德，惟朕小子其新迎，我国家礼亦宜之。"王出郊，天乃雨，反风，禾则尽起。二公命邦人，凡大木所偃，尽起而筑之，岁则大熟。

这篇文章，吴闿生说是"专以发明周公之忠荩，其妙远之，惜尤于含郁呜咽中见之"①。但是就我看来，他替武王祈祷代死时，筑了台，招了先灵，顶了圆玉，捧了长方玉，旁边站着通表疏的法师，占卜吉凶的起课先生，背着眼睛一想，周公竟是一个装神作怪的道士！孔老夫子说，"死生有命"。武王有病，岂三王的鬼神要他服事！他去祈祷，以身代死，这是村里巫媪所作的事情，也即是周公是一个村里巫媪的人物！二公欲卜，周公拒之，说是"未可以戚我先王"。然而他自己戚先王便可以了，这是怎样的跋扈？他刚刚命卿士勿言，以便隐讳其迹；而马上又登坛作墠，以自表扬，这是怎样的假冒为善？后来武王的病好了，他那篇私祷的册文，烧了可以，藏放私人的屋里也可以；而他小心翼翼的，把那篇祷文锁在金质封固的金柜里，预备后日去邀功免罪，这是证明周公是一个惯于"未雨绸缪"的阴谋家！且"尔汝"是平等的称呼，周公呼先王为"尔"，这是怎样的不恭正？自诩"多才多艺"，这是怎样的骄傲？拿了圭璧去要挟先王，说你许我，我就将璧和珪给你；你不许我，我就不给你，这是怎样的逗小孩子玩的事情？孔子说："如有周公之材之美，使骄且吝，其余不足观者矣"，现在周公正是"既骄且吝"，所以单就《金縢篇》看来，他也没有什么"可观"的了。

然而他的死运走得好，遇着了一个孔子。孔子虽未常常祷告或作礼拜，可是常常梦见他。说他是有材又美。并说他是"身贵而愈恭，家富而愈俭，胜敌而愈戒"②。

但是荀子本人就不信，他说：

---

① 《尚书大义》。

② 《荀子·儒效》引孔子之言。

是殆非周公之行，非孔子之言也！武王崩，成王幼，周公屏成王而及武王，履天子之籍，负扆而坐，诸侯趋走堂下；当是时也，夫又谁谓恭哉?！兼制天下立七十一国，姬姓独居者五十三人焉。周之子孙，苟不狂惑，莫不为天下之险诸侯，孰谓周公俭哉?！①

荀子不是一个祖述尧舜，而是一个法后王的人，所以他能老实不客气地说出这种话。但是他总是一个儒家，不能离开本行太远，说了实在话以后，又想方法敷衍周公的面子了。他说：

周公……履天子之籍，听天下之断，偃然如固有之，而天下不称贪焉。杀管叔，虚殷国，而天下不称戾焉。兼制天下，立七十一国，姬姓独居五十三人，而天下不称偏焉……（《荀子·儒效》）

案，这仍是说实在话，下面的转圜话，请注意。

天子也者，不可以少当也，不可以假摄为也，能则天下归之，不能则天下去之。是以周公屏成王而及武王以属天下，恶天下之离周也。成王冠成人，周公归周反籍焉，明不灭主之义也。周公无天下矣。乡有天下，今无天下，非擅也。成王乡无天下，今有天下，非夺也。……故以枝代主而非越也，以弟诛兄，而非暴也。……非圣人莫之能为！（《荀子·儒效》）

看，荀子轻轻地用“恶天下之离周也”一句话，便将周公的罪恶洗清了。可是将《儒效》篇一气读出，尚觉得他的矛盾太过；而且转弯转得不自然。

现在看孟子所说的：

“周公思兼三王，以施四事。其有不合者仰而思之，夜以继日；幸而得之，坐以达旦。”（《孟子·离娄下》）

荀子《尧问》篇载周公告伯禽之言曰：“然而吾所执贽而见者十人，还贽而相见者，三十人，貌执之士者，百有余人，欲言而请毕事者千有余人。”这些是《史记》载周公吐哺握发之说的起源，《韩诗外传》同《说苑》亦有大同小异的纪载。种种事情，也许是战国时人想象的。因为战国孟尝君之流，常是宾客盈门；游士说客，充满朝廷。又以作大事情的人，如文武等，总是终日忙碌，所以联想到周公也是一样了。假如不是想象，

① 《荀子·儒效》引孔子之言。

既“幸而得之”了，何必还要“坐以待旦”？不是想象，何以越到后来的纪载，越说他忙碌？但这与周公的人格，没有多少关系；不用多述。

> 周公酒肉不彻于前，钟鼓不解于悬，听乐而治国，无劳事焉。[1]
>
> 周公杀兄。[2]

以上是春秋战国间我能找得关于周公人格问题的材料。就这些材料去看，赞美他的只能空空地说是“圣”，说他“多才多艺”，说他“慎思”，说他忙碌，其余便没有什么好处了。说他坏话的，有庄子说他“杀兄”，荀子说他不“恭”，不“俭”，又“贪”又“戾”又“偏袒”。《尸子》说他终日好酒作乐——这是就材料的结论。就文义看《金縢》篇记他的言行，明明是一个鬼计多端，惯于未雨绸缪的阴谋家，假冒为善者以及卑鄙龌龊的道士。所以春秋战国时代的周公，是坏的德行十倍于好的德行。可是众星朗朗，不如孤月独明，《论语》中纵然找不出孔子对于周公长篇的赞美词，后人以他常梦想周公，遂目周公为圣人；将其余的话，都给他的势力蒙蔽了。是周公的圣坛，全是后世儒家砌成的，并非孔子怎样的捧他。《居易录廿六》载唐赵蒙生《长短经》引《尸子》云：“昔周公反政，孔子非之曰：‘周公其不圣乎？以天下让为不兆人。’”《三国志》魏文帝志注引《尸子》亦同。《尸子》虽为伪书，然有两种相同的引证，或许也可靠。若然，更可见孔子本非怎样的捧周公，乃是后人承他的意旨，把周公捧上圣台了。

（二）秦汉时代的周公

> 周公摄天子之位，负扆而朝诸侯，放蔡叔，诛管叔。克殷践商，……非不仁也，以匡乱也。故事周于事则功成，务合于时则名立……周公事文王也，行无事专制，……可谓能子矣。……周公继文王之业，……平夷狄之乱，诛管蔡之罪……可谓能武矣，成王既壮，周公属籍……无擅恣之志，……可谓能臣矣。故一人之身而三变，所以应时矣。（《淮南子·氾论训》）

这段文章《韩诗外传》七，亦有完全相同的记载；惟前面加个“孔子曰”的帽子，以增加势力。从此更可知后人假孔子之名，捧周公为圣。

---

① 伪《尸子》见《绎史卷》二十二引。

② 《庄子·盗跖》。

看这段文章，知周公在淮南王时，尚有说他“不仁”“专制”“擅恣”的。故淮南王特为辩驳。《韩诗外传》七也说周公“诛赏制断，无所顾问”，这些罪过，我们现在还可从《尚书》中找出一点。《尚书·洛诰》篇记周公要成王到洛阳主祭，成王不肯去；周公乃正气厉声而言曰：“孺子其朋！孺子其朋！其往！”你看，这是怎样一种“专制”的面孔！我们如果看见拿破仑的像，也许可以想见周公的怒容。周公是这样说，成王又怎样呢？“王曰：‘公无困我，我惟无斁。’”① 又曰：“公：予小子其退，即辟于周。”② 这又是一种怎样可怜的口气。这还是成王长，周公还政于成王后的态度。假设在他摄政称王时，更不知怎样了。

关于“不仁”的事，则于诛杀他的亲兄弟一端，已可想见。因为管蔡纵有启商畔周之心，周公假如是一个“仁人”，至少也要加过几番劝戒，才把他们诛杀放逐吧？乃召公不悦，周公作《君奭》；管蔡叛周，《尚书》本文无一劝告之辞；后人亦无这种说法，较之虞舜待象，相差何啻天渊？我想召公大概是一个有才能的人，跟他争权夺位，他莫可如何，便用政治手腕柔和他。管蔡等人大概才能小一点，故最初就派他们到外面去监殷，最后不服而叛乱，便率性兴兵东征，把他们诛杀放逐了。一来减少一个政敌，二来移转内部摄王的怨恨。这真是政治家的好手腕！

至于《淮南子》说他善于应时而变，那许是正确的。因为他在《康诰》中戒成王，也是曰“时叙”，意思即是告成王要相时而动，见机而作。你看他自己，摄政问题闹得不利时，他可以暂时下野；成王长大了，召公不悦时，他可以退政于成王。他真是一个善于相时而动的人。

他的名誉，到了司马迁，便一跃千丈了。司马迁是一个以儒家的德治眼光写史的人。闻孔子有尊崇周公的传说，便将以前关于说周公好的记载，一概搜罗，坏的记载，一概舍弃。周公替武王祈祷代死之说，把他收进去不用说，并且要造个周公代成王祈祷代死之说，以去双倍的表彰周公的忠实。《韩诗外传》八，载周公沐发吐哺之说采进去不用说，并且将《左氏春秋》之《长见》篇于伯禽封鲁三年而报政，五月而报政等之无关宏旨的话也采进去了。《鸱鸮》是周公作的，他述明了不用说，连《周诰》十数篇，他也加上周公的大笔了。《牧誓》附会不上，便想方设

① 《尚书·洛诰》。
② 《尚书·洛诰》。

法说是周公佐武王作的。从此以后，许多著作，都假周公之名以生；许多关于周公不好的记载，反因《史记》之名以灭。是周公一遇孔子，二遇司马迁，真算是三生有幸。而司马迁捧周公的功劳，实在更比孔子大。

（三）东汉以后的周公

东汉以后，经古文家盛行，尊周公者更多。王莽篡位，一言一语，都取法于周公及《周礼》。周公时有越裳氏献白雉的史说，王莽也要令塞外蛮夷献白雉。于是一班学人，更迎合王莽的心理，把许多的经书，都说是周公作的了。

东汉至唐，古文家得势，儒教亦整个的支配中国的思想；于是唐人尊周公为先圣，而以孔子为先师；章学诚亦谓“周公集大成，而非孔子也”。从此周公之名，在道统中得了一个神圣不可侵犯的地位。虽然当中也有人不服，如《晋书·慕容盛载记》“论周公诛兄弟，杜流言，不可谓忠圣”。宋王安石《周公论》等，然都被儒教的势力压下了。

（四）结论

周公在春秋战国以前，是一个被毁多于被誉的人物。是一个装神作怪的道士，假冒为善的伪君子，惯于未雨绸缪的阴谋家！自从孔孟把这匹马一相，他便价增千倍，跃入圣人之林。然而孔子未曾怎样说他好，所以春秋战国间还有很多说他坏话的材料。至司马迁极力把他一捧，这座圣人塔的根基便非常稳固了。到东汉为古文家的后台老板，为王莽的阴谋祖师，这座圣人塔便一天一天地增长增大了。后人以为孔子是儒家的先师，司马迁是史学界的权威，古文家是东汉以后的统治者，于是周公本身明明是铜，镀上无数层的金，也没有人敢说他是铜了。后人受传统观念的影响，虽勇于疑古的崔述，日人林泰辅的《周公》，李泰棻先生的《西周史征》等都没那一个人肯说他一句坏话；这真是无远不至，泽及夷狄了。

我们以剥笋皮的眼光去看古史，周公并不是一个了不得的人物，不过是时代生得好，后来的死运走得好罢了。他的人格，说得好听一点，是一个有才能的政治家；说得不好听一点，是一个有才能的阴谋家。与王莽、袁世凯等，是一丘之貉的人物。王袁等人也是有才能，有才艺，有治绩的；看到政策行不过，也是知道下野、还政、让位的。假使周公无阴谋，管蔡与他同受良好的母教，何以要无故流言？假使周公无阴谋，召公亦贤人，何以要不悦？假使周公无阴谋，成王虽幼，周有八士，何必要摄政？……然而王莽、袁世凯之名如彼，周公之名如此，真是怪矣哉，圣人之所以为圣，庸人之所以为庸也。

河间献王生卒年代考及其与中国文化之关系[①]

一

中国文化之阨，至于今而极。其在秦汉之际，盖已两见矣：一曰秦始皇焚书坑儒，二曰楚项羽烧咸阳宫。其不尽于秦之焚者，亦必尽于楚，此汉兴所以求遗书也。《秦始皇本纪》曰：

> 三十四年（公元前213年）始皇置酒咸阳，博士七十人前为寿；……淳于越进曰："……事不师古而能长久者，非所闻也。今青臣又面谀，以重陛下之过非忠臣。"始皇下其议，丞相李斯曰："……今天下已定，法令出一，……今诸生不师今而学古，以非当世，惑乱黔首。……语皆道古以害今，饰虚言以乱实，人善其所私学，以非上之所建立，……闻令下，即各以其私学议之。入则心非，出则巷议，夸主以为名，异趣以为高，率群下以造谤，……臣请史官非秦纪皆烧之。非博士官所职，天下敢有藏诗书百家语者，悉诣守尉杂烧之，有敢偶语诗书弃市，以古非今者族。吏见知不举者与同罪，令下三十日不烧，黥为城旦。所不去者，医药卜筮种树之书，若欲有学法令，以吏为师。"制曰："可。"[②]

《李斯传》中记此事，前同后异，词曰：

> ……臣请诸有文学诗书百家语者，蠲除去之，……所不去者，医药，卜筮，种树之书。若有欲学者，以吏为师。始皇可其议，收去诗书百家之语，以愚百姓，使天下无以古非今。明法律，定律令，皆以始皇起。同文书。

读此二文，可得三要端：其一，始皇焚书动机，首在消灭阻挠改革之障碍，次在统一思想。盖古往今来，每遇大兴大革，老生宿儒，辄加

① 原文载于《新民月刊》1936年第2卷第2期，第55—87页。

② 《史记》卷六。

反抗。逞其私见，高其异趣，语古非今，饰虚实乱，“以非当世，惑乱黔首”。又或曲言阿谀，以干禄利。而“入则心非，出则巷议”，阳奉阴违，造成换汤不换药之局。此弊不去，改革之举，罕有大成。李斯本荀卿法后王之学，洞烛病根，乃行商鞅焚书之令①，建议始皇，焚收图籍。其手段目的，与今世打倒知识阶级，毁灭线装书之议，全相同也。始皇借此，因能贯彻“一法度，衡石，丈尺，车同轨，书同文字”② 之改革；由同文字，而中国文化，始能发扬光大，继绳绵亘，恒二千余年而不绝，是皆始皇之赐也。后儒受史迁“以愚百姓”之贬辞，逐渐溢恶，致令始皇焚书本衷，虽明文彰彰，而二千余年之无数读者，皆蔽于成见，熟视无睹，亦可叹矣。其二，《始皇本纪》称“烧”非秦纪及诗书百家语，而李书传中曰“蠲除”“收去”，是始皇焚书，非漫无目的，概付一炬；殆重收聚删除，以便统一思想。始皇自言曰：“吾收天下书，不中用者尽去之。”而其收藏处，当在咸阳也。其三，书籍之焚，有所择别。即非秦纪烧，非博士官所职之诗书百家语烧，而博士官所职者不烧可知也。康长素曰：

> 政新焚书之意，但欲愚民而自智，非欲自愚。若并秘府所藏，博士所职，而尽焚之，而仅存卜筮种树之书，是秦并自愚也，何以为国?《史记》别白而言之曰：“非博士所职藏者，悉烧；则博士所职；保守珍重，文至明也。”(《新学伪经考》卷一)

顾秦聚藏之书，虽由博士职掌，惜不幸始皇三十五年（公元前 212 年），“诸生……四百六十余人，皆坑之咸阳”也（事详《始皇本纪》)。此所谓“诸生”，博士耶？方士耶？抑博士弟子耶？要不可以无考。王静安《汉魏博士考》曰：“史记所言‘博士’者，犹言‘儒生’云尔。”③ 坑儒后，始皇长子扶苏谏曰：“……诸生皆诵法孔子今上皆重法绳之。”是诸生者，亦“儒生”也。又查《史记·叔孙通传》，传中初言“博士诸儒生”，是“儒生”包括“博士”之证；次言“博士诸生”，复次则单称“诸生”，是诸生已包括“博士”“儒生”也。再查《史记》《汉书》的“儒林传”，其中如伏生、韩生等，皆已为“博士”，而以“生”称之，唐生、褚生（见《汉书·儒林王氏传》中）“甫应博士弟子选”，而亦以生

---

① 《韩非子·和氏》曰：“商君教秦孝公……燔诗书而明法令。”

② 语出《始皇本纪》。

③ 《观堂集林》卷四。

称之；是知“诸生”为“博士”“儒生”之通称，非仅指“博士弟子”而言也。至于“方士”与“儒士”，有若今之政客与政治家，时皆“诵法孔子”难以区别。由是以观，始皇所坑之四百余“诸生”，必系博士，方士与儒生，可知也。考秦之博士有定员。其多不过七十人①。春秋战国先秦之世，各家类今大学教授之欲逞异说，立党派，以为干政之阶，上如孔孟，下如苏张，皆染此习。秦时博士，殆亦咸集京师，以求进升，适逢其会，预与四百余人之列，事至易也。自此难后，精博如王静安康长素，所考秦之博士，王氏仅得七人，“周青臣，淳于越二人之名，见于《始皇本纪》未坑儒之前：叔孙通之博士，拜于既坑儒之后。康氏仅得伏生叔孙通二人，不获已，乃以陈余，张苍，陆生，刘敬，文翁等人充之”②。益足以证明博士遗留之尠矣。夫秦未烧之书，为博士所职，保守珍重。博士既亡，书当在秦宫，惜不幸汉高祖元年（公元前 206 年）而又有楚项羽焚咸阳宫，火三月不灭之惨剧焉。《楚项羽本纪》曰：

> 今沛公先破秦，入咸阳，毫毛不敢有所近，封闭宫室，还军坝上。……项羽引兵西屠咸阳，……烧秦宫，室火三月不灭。收其货宝妇女而东。（《史记》卷七）

《萧相国世家》曰：

> 沛公至咸阳，诸将皆争走金帛财物之府分之。何独先入，收秦丞相御史律令图书藏之。沛公为汉王……所以具知天下厄塞户口多少强弱之处，民所疾苦者，以何具得秦图书也。（《史记》卷五三）

夫诸将先取财物宝帛，项羽后取宝货妇女，是无人注意笨重之竹帛书籍也。独“萧何收秦丞相府图籍文书”③。故汉兴以“萧何次律令”④，(其余封闭之宫室）以及其中收聚之经籍，殆皆付之一炬无疑矣。中国文献遭此阨，远胜于秦火，二阨而后，谓六经未全亡，可也；谓之不亡亦不缺，殆非然矣。或曰博士虽亡，尚有伏生、叔逊通存焉，又有秦御史张苍存焉。“御史所掌，张苍所守，此为六经中秘本不缺者。”⑤ 然伏生仅

---

① 参《始皇本纪》及王氏《汉魏博士》考。

② 《考伪经》卷一。

③ 《汉书·高帝纪》。

④ 《史记·自序》。

⑤ 《伪经考》卷一。

寻出今文《尚书》二十八篇，叔逊通仅赖耳濡目染之知识，为汉廷“略定礼仪”；张苍本秦时御史，好书律历，主柱下方书“意即四方文书”，明习天下图书计籍，惜“有罪亡归”，不得永守御史之所藏，尤不能免楚人之一炬，而其亲身作事之经验，汉廷已用之草章程。（参《史记》卷九六本传及迁自序）是秦宫少遗存之书，而存留之博士儒吏，汉廷皆因材施用，无大文化贡献也。然则古籍何以复出？此盖如司马迁曰：

> 秦既得意，烧天下诗书，诸侯史记尤甚。……《诗书》所以复见者，多藏人家而《史记》独藏周室，以故灭。惜哉惜哉！独有秦纪，又不载日月，其文略不具。（《史记·六国年表序》）

康长素曰：“藏书之禁仅四年，按《汉书·惠帝纪》四年（公元前一九一）‘皇帝冠，赦天下……除挟书律’，不焚之刑仅城旦，则天下藏本必甚多。”① 于是“汉兴，改秦之败，大收篇籍，广开献书之路”②。其开之最早，而得之最多者，河间献王刘德是也。

二

> 河间献王德以孝景前二年，用皇子为河间王，好儒学，被服造次必于儒者；山东诸儒多从之游。二十六年，卒。
>
> 子共王不害立，四年卒。子刚王基代立，十二年卒，子项王授代立。③

按河间，故赵地；汉高祖置为郡④，治乐城。孝文即位二年（公元前178年），取赵之河间郡，别为河间国⑤。十五年复为郡。景帝二年（公元前155年）复为国，封子德为王，后谥曰献王。其地据巨鹿及涿郡唐改为瀛州，明清改为河间府⑥，今废。故郡治乐城，在今河北省献县治。《汉书·景十三王传》曰：

---

① 《伪经考》卷一。
② 《汉书·儒林传》序。
③ 《史记》卷五九《五宗室家》。
④ 参《史记》卷五十《楚元王传》。
⑤ 参《楚元王传》、《水经注》卷十《浊漳水注》及《汉书·地理志》。
⑥ 参《河间县志》。

孝景皇帝十四男。王皇后生孝武皇帝。栗姬生闵王荣、河间献王德、临江哀王阏。程姬生鲁共王余、江都易王非、胶西于王端。贾夫人生赵敬肃王彭祖、中山靖王胜。唐姬生长沙定王发。王夫人生广川惠王越、胶东康王寄、清河哀王乘、常山宪王舜。河间献王德，以孝景前二年立，修学好古，实事求是。从民得善书，必为好写与之，留其真。加金帛赐以招之。繇是四方道术之人，不远千里，或有先祖旧书，多奉以奏献王者；故得书多，与汉朝等。是时淮南王安亦好书，所招致率多浮辩。献王所得书，皆古文先秦旧书，《周官》《尚书》《礼》《礼记》《孟子》《老子》之属。皆经传说记，七十子之徒所论。其学举六艺，立《毛氏诗》《左氏春秋》博士。修礼乐，被儒服术，造次必于儒者。山东诸儒者从而游。武帝时，献王来朝，献雅乐，对三雍宫及诏策所问三十余事。其对推道术而言，得事之中，文约指（恉）明。立二十六年薨。中尉常丽以闻，曰：（王先谦《汉书补注》引李慈铭曰，“曰字上，当有制字”是。）“王身端行治，温仁恭俭，笃敬爱下，明知深察，惠于鳏寡。”大行令奏谥法曰：“聪明睿知曰‘献’，宜谥曰：‘献王。’”（《汉书》卷五三）

班固赞曰：

昔鲁哀公有言，“寡人生于深宫之中，长于妇人之手，未尝知忧，未尝知惧。”信哉斯言也！虽欲不危亡，不可得已。是古人以晏安为鸩毒，亡德而富贵，谓之不幸。汉兴，至于孝平，诸侯王以百数，率多骄淫失道，何则？沉溺放恣之中，居势使然也。自凡人犹系于习俗，而况哀公之伦乎。夫唯大雅，卓尔不群，河间献王近之矣。（《汉书》卷五三）

右河间献王之事，见于《史记》者，除述传继语，仅四十二言；见于《汉书》者，除述宗系及赞词，仅二百五十二言。其余散见汉籍者，亦若凤毛麟角。谨先略考其生卒年代，然后进而言他。

据《史记》《汉书》河间献王立于孝景前二年。《汉书·景帝纪》曰：“二年……春三月，立皇子德为河间王。”是河间献王立于景帝即位后第二年也（即公元前155年）。献王立后二十六年卒，推之为元光五年，即公元前一百三十年。《汉书·武帝纪》亦曰：“元光五年（公元前155年）春正月，河间王德薨。”是其卒亡之年无问题也。卒亡之年易明，而有生之岁难考矣。李慈铭《越缦堂日记》，光绪十年十二月初二，曾记一条云：

得马蔚林书，询汉孔安国河间献王德董仲舒年辈先后，以河间近始入祀文庙，礼部见修则例，须定位次也。余按安国及事伏生，司马子长从之问故，《史记·孔世家》又言其早卒，《家语》以为年六十[1]，则其年辈必在河间献王前。献王以武帝元光五年辛亥薨，公孙宏是年方以贤良文学征，对策第一，由博士骤擢至左内史；元朔三年乙卯，为御史大夫。董仲舒以宏为公羊学不如己，而至公卿；讥宏从谀，遂为所嫉，由中大夫出为胶西王相，则必在元朔三年以后。又久之以病免，家居以寿卒。则当在元狩二年庚申宏卒以后。是当以孔安国第一，河间献王第二，董仲舒第三矣[2]。

按先儒考献王年代者，吾人所知，盖止于此。然亦仅知其先于安国后于仲舒而已。而其有生之岁，仍渺无涯际也。考景帝十四子，除皇后生武帝外，尚有五妃十三王：曰栗姬，生子荣、德、阏；曰程姬，生子余、非、端；曰贾夫人，生子彭祖及胜；曰唐姬，生子发；曰儿姁，生子越、寄、乘、舜。此《史记》所以称《五宗世家》，《汉书》称《景十三王传》也。十四子中，"荣最长"。舜居末[3]。余殆以次相叙，无或错综；第不知武帝行第耳。"按《景十三王传》广川王以上，皆是武帝兄，自河间献王德以至广川，凡有八人，则帝第九也。"[4] 嗣禹案：从河间数至广川惠王越，实有九人，故黄花麒《历代经系录》云："孝武帝名彻，景帝第十子。"然越亦帝之兄也。武帝诏曰："广川惠王，于朕为兄。"[5]是武帝为孝景第十一子也。由是景十四子之次序，可排比之为（一）荣（二）德（三）阏（四）余（五）非（六）端（七）彭祖（八）胜（九）发（十）越（十一）武帝（十二）寄（十三）乘（十四）舜。此十四人中，武帝生卒年代易明，即生于景帝元年，崩于后元二年[6]（公元前

---

① 原注：此虽王肃伪撰，然后序所述孔子世代年岁，必有所本，非妄造。

② 李慈铭：《越缦堂日记》，第四十三册，第 85 页。

③ 《汉书·景十三王传》曰："舜帝少子。"

④ 《史记·孝武本纪》索隐。

⑤ 《汉书·景十三王传》。

⑥ 参见《汉书·武帝纪》前张晏注及后元年臣瓒注。

156—公元前 87 年)。其他十三王之生年，极难考出。读之再三，方知“江都易王非，以孝景二年立为汝南王，吴楚反时，非年十五，……二十七年薨”。查吴楚反，在景帝前三年[①]（公元前 154 年），景帝三年，年十五，可推知其生于文帝十二年（公元前 168 年），立后二十七年薨，可以知其薨于元朔二年[②]（公元前 127 年）。夫景帝十四男，非第五，武帝十一，齿次相差为六，而年龄相差十三岁，若以二岁生一男计之，可较非大六七岁，是献王生于文帝六七年也。

难者或曰：景帝后妃六人，生十四子，焉知其非一年生数子乎？余应之曰，后妃之立，先后不同。据《景帝纪》及《外戚孝景皇后传》知栗姬先娶，武帝母居第五，其母妹王夫人儿姁，殆最后也。然儿姁子越，长于武帝，可知景帝之末，妃嫔皆同时所纳，生子愈密，其初当较稀。今以平均率计之，相差当不甚远也。抑此姑不论定，尚可求出长子刘荣之生年，以证德之生年，惟须略费周折耳。盖汉代帝王何年始婚，何年始生子，史无明文也。所幸各帝纪最末一年，多赖臣瓒注，得知某帝若干岁即位，即位干若年，寿若干岁，由是而知其生卒年代。今循此例，将西汉数帝生卒年代等，列表以明之：

帝王	世系	即位年龄	在位年数	薨亡之年	生卒年代 西历纪元前	寿数
高祖		四二	一二	高十二年	二四七——一九五	五三
惠帝	高祖太子	一七	七	惠帝七年	二一一——一八八	二四
文帝	高祖中子	二三	二三	文后七年	二〇二——一五七	四六
景帝	文帝太？子	三二	一六	景后三年	一八八——一四一	四八
武帝	文帝十一子	一七	五四	后元二年	一五六——八七	七一
昭帝	武帝少子	九	一三	元平元年	九四——七四	二一
宣帝	武帝曾孙 戾太子孙	一八	一八	黄龙元年	九二——四九	四八

右表世系，根据各帝纪；其他除臣瓒注外，则根据《历代山陵考》及《读史年表引得》等书。观此表，由高祖生年二四七，减去惠帝生年

① 参《汉书》卷三六《楚元王传》《景帝纪》，荀悦《汉纪》及《资治通鉴》。

② 按此姑依《汉书说》《史记·五宗世家》及《诸侯年表》作二十六年薨。

二一一，则知其最初生子年龄为三十六岁。然刘邦早年潦倒，好酒及色，为亭长后，放言夸大，始以奇相，获妻吕公女[①]。其娶妻之晚，生子之迟，不足与汉后各帝相提并论。惠帝无子，又不足计。至于文帝，以其生年减去孝景生年，知十五岁生子，此已可惊人，而尤有可惊人者焉。盖《汉书》称景帝为文帝太子，而《史记》曰中子[②]。因孝文初为代王时，前妃已生三男，孝景母窦姬亦生一女。及其为帝，前后卒，所生四男均病卒，故文帝立数月，公卿请立太子，而窦姬所生男最长，乃立之为太子，窦姬为皇后[③]。是文帝十五岁生孝景之前，已有四男一女矣。推其最初娶妻生子之年龄，宁非至可惊人者乎？景帝最初生子之年正待考。昭帝为武帝少子，亦不能知其太子之生年。惟查《孝武皇后传》[④]，谓“及帝即位，立为皇后，擅宠骄贵，十余年而无子”。按武帝年十七登基，“及帝即位，立为皇后”，是婚于十七岁以前也。第不审“十余岁无子”，从立后日算起，抑即位时算起耳，然《武卫皇后》传，言“武帝即位，数年无子”，是前云十余年者，从立后日起也。由是知武帝立后，殆至迟在十一二岁时也[⑤]。武帝立后如是之早，则昭帝可知。据帝纪及《外戚上官皇后传》，昭帝始立，年八岁时，始元四年（公元前 83 年），立上官安女为皇后，时后年甫六岁，立十岁而昭帝崩，后年十四五，无子。是昭帝年十二立后也。宣帝生子之年，以太子元帝生年推之，知为十八岁，此较为晚婚者。然帝以巫蛊乱之余威，避居草野，其初生子，年虽十八，结婚又在前一岁[⑥]。又查《汉书·武五子传》：“戾太子据元狩元年立为皇太子，年七岁矣。…元鼎四年（公元前 113 年）纳史皇娣，产子……曰史皇孙。”（卷六三）戾太子元狩元年（公元前 122 年）年七岁，是生于元朔元年；元鼎四年（公元前 113 年）娶妻生子，是年十五岁也。综上数帝初婚生子之年，文帝十五岁时，前妻已四男一女，后妻亦一男一女，

---

① 参《高帝纪》。

② 见张晏补《景帝纪》。

③ 参《汉书·外戚传》及《史记·景帝纪》。

④ 见《汉书·外戚传》。

⑤ 《太平御览》卷八八引《汉武故事》云“……长公主抱膝上问曰：‘儿欲得妇否?’胶东王曰：‘欲得妇。’问曰：‘阿娇好否?’于是笑对曰：‘若得阿娇作妇，当作金屋贮之也。’”案武帝年四岁为胶东王，七岁为皇太子。阿娇即长公主女陈皇后。

⑥ 参《外戚孝宣许皇后传》。

武帝十一二岁婚，十余年无子；昭帝年十二婚，无子；宣帝年十七婚，十八生子；戾太子年十五，娶妻生子。他如元平等帝，相差亦不远。吾人习闻《周礼媒氏》令“男三十而娶，女二十而嫁”之说，以为婚嫁必甚晚；今汉帝之早婚如是，岂不令人骇异。且不独帝王为然，民间殆亦类是。《汉书·惠帝纪》七年诏曰：“女子，年十五以上至三十不嫁五算。”梁任公引之曰：“自汉以后，早婚之风日盛，而政府且常为法令以助其焰。‘汉惠帝令女子年十五不嫁者五算’①。”② 而《后汉书·皇后纪序》亦曰：“汉法常因八月算人③，遣中大夫与掖庭丞及相工，于洛阳乡中阅视良家童女，年十三以上，二十以下，姿色端丽，合法相者，载还后宫，择视可否，乃用登御。”“时许广汉有女平君年十四五，当为内老令欧阳子妇，临当入，欧阳氏子死。”④ 是惠帝此令，已见诸实行也。文帝与惠帝为昆仲，婚姻如是早，其子景帝，当非例外。由是知景帝生子之年，盖不出十二三岁。景帝生于一八八，十二三岁生子，即文帝三四年也。景帝长子名荣，次子德，若以二年生一子计，则德之生，当在文帝六七年也立为河间王，年十八九矣。意吴楚反时，江都易王非，上书愿击吴，史官特纪其年十五，盖嘉其少而忠勇也。景十四男，德居二，非居五，较王非大四五岁，亦甚合情理。夫前逆推而上，定献王生于文帝六七年，顺推而下亦如之，再以王非作旁证，断献王生于孝景前六七年，必无大误也。然则献王之生卒年代，为文帝六七年至武帝元光五年（前173年—前130年）寿四十四五岁也。按西汉各帝，除高祖起于草莽，得年五十三外，余均在五十岁以下，此殆早婚之赐也；惟武帝享年七十有一，岂服食之效耶？

三

献王之生卒年代既明，进而求其与汉代文化之关系。《史记·儒林传》曰：

---

① 五算，五倍其丁税。

② 见《中国文化史讲义》第5页，民国十五年清华，印略惠纪文，可注意。

③ 《汉仪注》曰：“八月初为算赋，故曰算人。”

④ 《汉书》卷九七上。

及至秦世，焚诗书，坑术士，六艺从此缺焉。……故汉兴然后诸儒始得修其经艺。……然尚有干戈，平定四海，亦未暇遑庠序之事也。孝惠吕后时公卿皆武力有功之臣。孝文时颇征用；然孝文帝本好刑名之言。及至孝景，不任儒者，而窦太后又好黄老之术。故诸博士具官待问，未有进者。及今上（武帝）即位，赵绾王臧之属明儒学，而上亦乡之，于是招方正贤良文学之士。自是之后……天下之学士靡然乡风矣。（卷一二一）

但"迄孝武世，书缺简脱，礼坏乐崩，圣上喟然而称曰：'朕甚闵焉。'于是建藏书之策，置写书之官，下及诸子传说，皆充秘府。至成帝时，以书颇散亡，使谒者陈农求遗书于天下"①。

此西汉"文艺复兴"之略史，及各帝对士人之态度也。考惠帝除挟书律，文帝置一经博士，景帝使晁错受尚书，固未尽弃儒术，然其待士如此，其信仰又如此；回视河间献王德，则迥然不同矣。"王身端行治，温仁恭俭，笃敬爱下，明知深察，惠于鳏寡。修学好古，实事求是，修礼乐，被服儒术，造次必于儒者。"由是山东诸儒者皆从之游，四方道术之士，亦不远千里而至。

河间王德，筑日华宫，置客馆二十余区，以待学士。自奉养"甚薄"②。不踰宾客③。汉名臣奏载杜业奏亦曰：

河间献王，经术通明，积德累行。天下雄俊众儒皆归之。④

按河间在今河北省东南，山东诸儒不得志于汉廷，而河间重儒爱士，所以多从之游也。四方道术之士虽不远千里而至，然视搜求之书，及其撰述之文（详后），并未见诸实用。彼虽为诸侯，而能立博士；时诸侯除《通志氏族略》引《汉书》曰："白生鲁人，为楚元王博士外，仅献王有之。"⑤ 当是之时，河间实为汉初文化中心；以言得书，多于汉廷⑥，以

---

① 《汉书》卷三十《艺文志》。

② 据今《三辅黄图》卷六《纪同事校补》。

③ 《西京杂记》卷四。

④ 《史记·五宗世家》集解引，今此文佚已久。

⑤ 参张金吾《两汉五经博士考》卷三。

⑥ 按本传谓与汉廷等者，殆汉廷下诏求书后之词也。

言崇儒，先于汉廷[1]，并远较汉廷为纯实，非若文景及窦太后偏于黄老之言，亦非若武帝外儒内阴阳；更非若淮南王安招江淮道术之士，为浮辩之词，作谋反之用也[2]。武帝即位，年甫十七，以前未闻受老师硕儒之教，即位以后，第一大政，诏举贤良，尊崇儒术，时公孙宏、董仲舒尚未出，天时地利人和又无甚变乱[3]，谁使为之？抑自动之？观《武纪》之言曰："建元元年（公元前 140 年）冬十月（即今正月），诏举……贤良方正……之士，丞相绾奏'所举贤良，或治申商韩非苏秦张仪之言，乱国政，请皆罢'，奏可。"绾何人斯？荀悦汉纪曰："丞相卫绾，奏所举贤良，或治刑名纵横之术，乱国政，罢之。"是武帝所谓罢黜百家，尊崇儒术，肇于卫绾也。《史记·绾传》曰：

> 建陵侯卫绾者，代大陵人也，绾以戏车为郎，事文帝功次迁为中郎将，醇谨无他。……及文帝崩，景帝立，……以为廉，忠实，无他肠；乃拜绾为河间王太傅。……久之……代桃侯舍为丞相，朝奏事，如职所奏。然自初官以至丞相，终无可言。天子以为敦厚可相少主，尊宠之，赏赐甚多。为丞相三岁。[4]

是绾也者，起家于戏车郎官，一无学识之徒也。特以忠廉醇谨，屡猎高官，初为河间献王太傅，继又为太子武帝太傅，卒拜丞相。然自初官以至丞相，终无建白，唯此次竟不顾文景之遗志，窦太后之余威，以及阴阳道家之羽翼，而敢奏罢刑名百家之术者，果何故耶？曰受河间献王修学好古尊崇儒术之影响也。献王自孝景即位二年立，治河间二十有六载，中朝汉廷凡四次，曰孝景前三年（公元前 154 年），曰中元二年（公元前 148 年），曰后元元年（公元前 143 年），曰武帝建元五年（公元前 136 年）[5]，后元年来朝之日，适卫绾为丞相之时。《史记》言绾为丞相三岁，荀纪于建元元年，五月罢。推而上之，适孝景后元年也。以献王之温仁恭俭，来朝之日，对于其故太傅，必优礼有加，风俗治道，必有

---

① 按汉代重儒好书，始于楚元王，其后淮南王安及河间献王求遗书皆在汉廷下诏求遗书之前。

② 参《汉书》卷四四本传及胡适之《淮南王书》第一章。

③ 按两汉举贤良孝廉秀才，多因日食星变，或岁饥瘟疫而发。

④ 《史记》卷一〇三。

⑤ 参《史记·汉兴诸侯年表》及清殿版张照考证。

密陈。绾前既目睹河间诸儒之盛，后又闻献王之言，中处窦婴田蚡之间，班固谓“婴蚡赵绾等，务隆推儒术，贬道家言”（卷五三）。蓄意崇儒。时孝景已老，诸事期于少主，少主以举贤良为发轫大政；不幸所举贤良，或治刑名纵横之术，乃毅然奏罢之。此盖班马所以赞绾为“讷于言而敏于行”者也。夫武帝崇儒，既受河间献王等人之影响，则其求遗书，盖亦同一关系。艺文志序曰：“武帝即位，以书缺简脱，‘朕甚闵焉’，于是建藏书之策。”刘歆七略曰：“孝武帝敕丞相公孙弘广开献书之路，百年之间，书如山积。”① 外“则有太常，太史，博士之藏；内则有延阁广内秘室之府”②。考武帝“朕甚闵焉”之诏，见于元朔五年（公元前124年）；而公孙宏为丞相，亦在是年③。时已在献王已薨后六年矣。当献王薨逝之年（元朔五年），尚来朝汉（参《武纪》），“献雅乐，对三雍宫，及诏策所问三十余事。其对推道术，而言得事之中”。今诏策已佚，莫识究竟，所当索隐者，武帝是否受其感动耳，杜业奏曰：“献王朝，被服造次，必于仁义。问以五策，献王辄对无穷，孝武帝艴然难之!”谓献王曰：“汤以七十里，文王以百里，王其勉之!”④ 武帝艴然为难，是必心折其说，而思见诸行事也。献王朝归，即于是年薨，而汉廷策谥之词，褒崇备至，又可知其得帝心之深也。迨匈奴等外患略息，公孙弘始拜丞相，即开创例封侯，以为崇儒之严重表示，又即敕其求遗书，推勘前后情形，是武帝崇儒，受献王影响无疑矣。献王治河间二十六年，薨后又六年，而汉廷方有是举，殆后于献王求遗书者已二十余年。然此尚为《七略》之说也，若依《汉书》纪志明文，成帝河平三年（公元前26年）使谒者陈农求遗书于天下，是后于献王百有七岁矣，吾故曰：献书之路，开之最早，而得之最多者，河间献王刘德是也。

四

得书之早既明矣，请申言其多。本传曰：

---

① 《文选》三十八注引《七略》。
② 《艺文志》如淳注引《七略》。
③ 参荀悦《汉纪》及《资治通鉴》。
④ 《史记·五宗世家》集解。

从民间得善书，必为好写与之，留其真，加金帛赐以招之。繇是四方道术之士，不远千里。或有先祖旧书，多奉以奏献王者，故得书多与汉朝等。是时淮南王安亦好书，所招致，率多浮辩。献王所得书，皆古文先秦旧书，《周官》《尚书》《礼》《礼记》《孟子》《老子》之属，皆经传说记七十子之徒所论。其学举六艺，立《毛氏诗》《左氏春秋》，博士，修礼乐，……造次必于儒者，……武帝时……献雅乐，对三雍宫。

按文中先言得书多与汉廷等，继谓孟子、老子之属，又谓其学举六艺，皆随便举例而言之，殆不止此也。惜其子共王不害等，庸碌不足道，而古籍又多亡佚，此其所以湮灭而不彰欤？今旁稽汉志，捃撦后说，将所得书，胪列于后：

一曰诗

本传言立《毛氏诗》《汉书·儒林传》曰：

毛公，赵人，治诗；为河间献王博士。

《艺文志》曰：……汉兴，鲁申公为诗故训，而齐辕固燕韩生皆为之传。采杂说，咸非其本义。与不得已，鲁最为近之。三家皆列于学官。又有毛公之学，自谓子夏所传，而河间献王好之，未得立。

《后汉书·儒林传》曰：《前书》鲁人申公，受《诗》于浮丘伯，为作训诂，是为《鲁诗》，齐人辕固生亦传诗，是为《齐诗》，燕人韩婴亦传诗，是为《韩诗》，三家皆立博士。赵人毛苌传诗，未得立①。郑玄《六艺论》曰：河间献王好学，其博士毛公善说诗，王号之曰："毛诗。"②

陆德明《经典释文》曰：《毛诗》者，出自毛公，河间献王好之。……后汉郑众贾逵传《毛诗》，马融作《毛诗》注，郑玄作《毛诗》笺，申明毛义，难三家，于是三家遂废兵。……前汉鲁齐韩三家诗列于学官，平帝世，《毛诗》始立，《齐诗》久亡；《鲁诗》不过江东，《韩诗》虽在，人无传者，唯《毛诗郑笺》独立国学，今所遵用③。

王应麟《汉书艺文志考证》引淇水李氏曰：毛之说，简而深，此献王之所以高其学也。郑氏之释繁塞，而其失愈多。……魏氏曰："《毛传》简

---

① 《后汉书》卷七十九下。

② 《诗正义》一之一，见邹斋丛书臧琳辑本。

③ 《释文》卷一四部丛刊本序录，第19—20页。

要，平实，无臆说，无改字。”曹氏曰：“《左氏》所引诗多与毛氏合。”[①]

二曰礼

《汉书·艺文志》曰：汉兴，鲁高堂生传士礼十七篇。讫孝宣世，后仓最明，戴德戴圣庆普皆其弟子。三家皆立于学官。礼《古经》者，出于鲁淹中及《孔氏学》七十篇，文相似，多三十九篇。及《明堂阴阳·王史氏》记，所见多天子诸侯卿大夫之制。虽不能备，犹瘉仓等推士礼而致于天子之说。《礼古经》五十六卷，王应麟《汉书考证》曰“刘歆欲立逸礼，移书曰：‘鲁恭王得古文于坏壁，逸礼三十有九。’[②]《仪礼疏》云：‘高堂生传十七篇，是今文也。孔子宅得《古仪礼》五十六篇，其字皆篆书，是古文也。古文十七篇与高堂生所传者同，而字多不同，余三十九篇，绝无师说。《七录》云：余篇皆亡。’”

经七十篇[③]。

记百三十篇[④]。

《明堂阴阳》三十三篇[⑤]。

《王史氏》二十一篇[⑥]。

《明堂阴阳说》五篇。

《周官经》六篇。

《军礼司马法》百五十五篇。

《汉书·礼乐志》曰……诸侯逾越法度，恶礼制之害已，去其篇籍，遭秦灭学，遂以乱亡。汉兴拨乱反正……犹命叔孙通制礼仪，……未尽

---

① 王应麟：《汉书艺文志考证》卷二。

② 原注“《论衡》谓宣帝时，河南女子坏老屋，得佚礼”。

③ 原注云：“后氏戴氏。”王先谦《汉书补注》引刘敞曰：“此七十与后七十，皆当作十七。”

④ 原注：“七十子后学者所记也。”《补注》引钱大昕曰：“记本七十子之徒所作，后人通儒各有损益，河间献王得之，大小戴各传其学……或谓《汉书》不及《礼记》，考河间献王所得书，《礼记》居其一，而《郊祀志》引《礼记》“燔柴于‘太坛，祭天也。瘗埋于太折，祭地也。……《梅福传》引《礼记》……《韦元成传》亦引《礼记》……志不别出记四十九篇者，统于百三十一篇也”。王鸣盛曰：……前汉本有此称，非始于郑氏作注之时所题。

⑤ 原注古明堂之遗事。

⑥ 原注七十子后学者。

备而通终。……至文帝时，贾谊以为……宜定制度，兴礼乐……而大臣绛灌之属害之，故其议遂寝。至武帝即位……议立明堂，制礼服，……会窦太后好黄老言，不说儒术，其事又废……是时上方征讨四夷……不暇留意礼文之事。至宣帝时，……王吉……又上疏言……述旧礼……上不纳其言，吉以病去。至成帝时，……刘向因是说上……设庠序，陈礼乐，隆雅颂之声，……成帝以向言下公卿议，会向病卒。丞相大司空奏请立辟雍，案行长安城南，营表未作，遭成帝崩。……今叔孙通所撰礼仪与律令同录，……法家又复不传。……又通没之后，河间献王采礼乐古事，稍稍增辑至五百余篇，今学者不能昭见，但推士礼以及天子，说义又颇缪异，故君臣长幼交接之道，寖以不章①。郑玄六艺论曰：后得孔氏壁中河间献王②《古文礼》五十六篇，《记》三百十一篇，《周礼》六篇，其十七篇，与高堂生所传同，而字多异。刘向《别录》云，《古文记》二百四篇。

陆德明《释文》曰：汉兴，有鲁高堂生传《士礼》十七篇，即今之《仪礼》也。而鲁徐生善为容，孝文时为礼官大夫。景帝时，河间献王好古，得古礼献之。或曰河间献王开献书之路，时有李氏上《周官》五篇，乃购千金不得，取《考工记》以补之。

《隋书·经籍志》曰：汉初有高堂生传十七篇，又有古经，出于淹中，而河间献王好古爱学，收集余烬，得而献之，合五十六篇，并威仪之事。而又得《司马穰苴兵法》一百五十五篇，及《明堂阴阳》之记，并无敢传之者。唯古经十七篇，与高堂生所传不殊，而字多异。……而汉时有李氏得《周官》，周官，盖周公所制，官政之法，上于河间献王独阙《冬官》一篇。献王购以千金不得，遂取《考工记》以补其处，合成六篇奏之。至王莽时，刘歆始置博士，以行于世?③ 汉初，……河间献王又得仲尼子弟及后学者所记一百三十一篇献之，时亦无传之者。至刘向考较经籍，检得一百三十篇，向因第而叙之。而又得《明堂阴阳记》三十三篇，《孔子三朝记》七篇，《王氏史氏记》二十一篇，《乐记》二十三

---

① 《汉书》卷二二撮录《礼乐志》。

② 按臧琳辑本无河间献王四字。

③ 一说“孝文时，求得此书，不见《冬官》一篇，乃使博士作《考工记》补之”。见王应麟《艺文志考证》卷二引（郑玄）《礼记疏》并补述云：“谓孝文时非也。”

篇，凡五种合二百十四篇。戴德删其烦重，合而记之，为八十五篇，谓之《大戴记》而戴圣又删大戴之书，为四十六篇，谓之《小戴记》。

吴省兰《儒林谱》曰：河间献王得礼《礼记》等书，献之朝，刘向校经籍，又得《古记》凡五种，合二百十四篇，大戴删而存之，为八十五篇，小戴又删其书，为四十六篇，是二戴之业，本之于德向两刘而河间实为首功也。

三曰乐

本传曰：修礼乐，武帝时，献王来朝，献雅乐。

《艺文志》曰：汉兴，制氏以雅乐声律，世在乐官，颇能纪其铿锵鼓舞，而不能言其义。六国之君，魏文侯最为好古，孝文时，得其乐人窦公，献其书，乃周官大宗伯之大司徒乐章也。武帝时，河间献王好儒，与毛生等共采周官及诸子言乐事者，以作《乐记》献八佾之舞，与制氏不相远。其内史丞王定传之，以授常山王禹。禹，成帝时为谒者，数言其义，献二十四卷乐记，刘向校书，得《乐记》二十三卷，与禹不同，其道寖以益微①。

《汉书·礼乐志》曰：至武帝定郊祀之礼，祠太一于甘泉……乃立乐府……是时河间献王有雅材，亦以为治道非礼乐不成，因献所集雅乐，天子下大乐官，常存隶（师古曰习也）之。岁时以备数，然不常御，常御及郊庙，皆非雅声。……至成帝时，谒者常山王禹世受河间乐，能说其义。其弟子宋曅等上书言之，下大夫博士平当等考试，当以为……“河间献王聘求幽隐，修兴雅乐以助化，时大儒公孙宏董仲舒等皆以为音中正雅，立之大乐，春秋乡射，作于学官，希阔不讲，……今曅等守习孤学，大指归于兴助教化，……宜领属雅乐，以继绝表微。……河间区区小国藩臣，以好学修古，能有所存，民到于今称之。况于圣主广被之资，修起旧文，放郑近雅述而不作，信而好古，于以风示海内，扬名后世，诚非小功小美也。”事下，公卿以为久远难分明，当议复寝。是时郑声尤甚②……

《隋书·经籍志》曰：乐者，……汉初制氏……而不能通其义，其后

① 顾实《汉书艺文志讲疏》曰：“言古乐记与王禹记不同，因是王禹记遂益以渐微也。”

② 《汉书》卷二二。

窦公河间献王常山王张禹咸献乐书。魏晋已后，虽加损益，去正转远。（乐序）

戴震《经考》引吴澂曰：《礼经》之仅存者，犹有今《仪礼》十七卷，《乐经》则亡矣。其书疑多是声音乐舞之节，少有辞句可诵读记识，故秦火之后无传，诸儒不过能言乐之义而已。而刘向所得《乐记》二十三篇，又与河间献王所撰二十四卷不同。其二十三篇内之十一，合为一篇，盖亦删取要略，非全文也。徐师曾曰，汉兴制氏世为乐官，颇能记其铿锵鼓舞，而不能言义理，其言义理则此篇是也，当是古来流传文字，而河间献王实述纂之，非成于汉儒也。

四曰《左氏春秋》

传曰立《左氏春秋》博士。

《汉书·儒林传》曰：北平侯张苍，及梁太傅贾谊，京兆尹张敞，大中大夫刘公子，皆修《春秋左氏传》。谊为《左氏传训》故，授赵人贯公，为河间献王博士[①]。

刘师培《左氏学行于西汉考》曰：……又河间献王好古学，亦立左氏春秋博士。博士即贯公，则河间所兴之《左氏》亦属谊之传。注《礼记正义》引《七略》云："《乐记》三十三篇，《季札》第十八。"而《汉志》亦言河间作《乐记》则此篇即据《左传》采入，亦献王明左氏之征[②]。

五曰河间献王之著述及其遗文

《河间周制》十八篇[③]。

《河间献王对上下三雍宫》三篇[④]。

《后汉书·张纯传》曰：纯在朝历世，明习故事。以圣王之建辟雍，所以崇尊礼义，乃案……河间《右辟雍记》及孝武《明堂制度》，欲具奏之，未及上[⑤]。

河间献王曰：尧存心于天下，加志于穷民，痛万姓之罹罪，忧众生之不遂也；有一民饥，则曰"此我饥之也"，有一人寒，则曰"此我寒之

---

① 《汉书·儒林传》卷八八。

② 见《左盦集》卷第二。

③ 原注似河间献王所述也，见《汉书·艺文志》儒家类。

④ 原注似河间献王所述也，见《汉书·艺文志》儒家类。

⑤ 《后汉书》卷三十五。

也”；一民有罪，则曰“此我陷之也”；仁昭而义立，德博而化广，故不赏而民劝，不罚而民治，先恕而后教，是尧道也。当舜之时，有苗氏不服，其所以不服者，大山在其南，殿山在其北，左洞庭之波，右彭蠡之川，用此险也，所以不服。禹欲伐之，舜不许曰：“谕教犹未竭也，究谕教焉。”而有苗氏请服。天下闻之，皆非禹之义，而归舜之德①。

河间献王曰：禹称民无食，则我不能使也。功成而不利于人，则我不能劝也。故疏河以导之，凿江通于九派，洒五湖而定东海，民亦劳矣；然而不怨苦者，则归于民也。

河间献王曰：汤称学圣王之道者，譬如日焉；静居独思，譬如火焉。夫舍学圣王之道，若舍日之光，何乃独思若火之明也。可以见小耳。未可用大知，惟学问可以广明德慧也。河间献王曰：管子称仓廪实知礼节，衣食足知荣辱。夫谷者国家所以昌炽，士女所以姣好，礼义所以行，而人心所以安也。《尚书》五福，以富为始。子贡问为政，孔子曰：“富之”，既富乃教之也。此治国之本也。”

河间献王问温城董君曰：“《孝经》曰：‘夫孝，天之经，地之义’，何谓也?”对曰：“天有五行，木火土金水是也。木生火，火生土，土生金，金生水；水生冬，金为秋，土为季夏，火惟夏，木惟春；春主生，夏主长，季夏主养，秋主收，冬主藏。藏，冬之所成也。是故父之所生，其子长之；父之所长，其子养之；父之所养，其子成之。诸父所为，其子皆奉承而续行之，不敢不致如父之意，尽为人之道也。故五行者五行也。由此观之，父授之，子受之，乃天之道也。故曰‘夫孝者，天之经也’，此之谓也。”王曰：“善哉。天经既闻得之矣，愿闻地之义。”对曰：“地出云为雨，起气为风，风雨者，地之为气，不敢有其功名，必出之天仓，若从天气者。故曰：‘天风天雨也。’莫曰：‘地风地雨也。’勤劳在地，名一归于天，非至有义，其孰能行？此故下事上，如地事天也；可谓大忠矣。土者，火之子也，五行莫贵于土，土之于四时，无所命者，不敢火分功名。木名春，火名夏，金名秋，水名冬，忠臣之义，孝子之行，取之于土，土者五行最贵者也，其义不可加矣。五声莫贵于宫，五味莫美于甘，五色莫贵于黄，此谓孝者，地之义也。”王曰：“善哉。”②

---

① 见《说苑》卷二下《君道》四部备要本。

② 董仲舒：《春秋繁露五行对》；苏舆：《春秋繁露义证》。

马国翰曰：河间献王书一卷，汉刘德撰。按……《艺文志》儒家，有河间献王《对上下三雍宫》三篇，《隋唐志》不著录，佚已久。刘向《说苑》引四节，据辑。并取《春秋繁露》所载问《考经》一节，附后。其说称述古圣，粹然儒者之言。唯于伐有苗云："天下闻之，皆非禹之义，而归舜之德。"又引"子贡问为政，孔子曰富之，既富乃教之也。"与《尚书》《论语》异。按王充《论衡》云："今时称《论语》二十篇，又失《齐鲁河间》九篇，本三十篇，分布亡失"云云，案见《正说》篇。然则献王所见《论语》为河间本，所谓《古论语》也。其说《尚书》，亦当是真古文说，未可执今所传之本，以为引称舛误也①。

总上河间献王辑著之书，见于本传者，有"修礼乐，献雅乐"之语；见于《汉书·礼乐志》者，有"采礼古事，稍稍增辑至五百余篇"，"与毛生等共采《周官》及诸子言乐事者，以作《乐记》之句"，见于《艺文志》者有"河间周制"及"河间献王《对上下三雍宫》之录"，亦即张纯所见"河间《古辟雍记》"之奏，此皆汉人所言也。后人称其辑述者，有徐师曾谓乐记实献王纂述，非成于汉儒之说。惜各书存留至今者，仅《说苑》四节而已。其所搜采之遗书，传称有"《周官》《尚书》《礼》《礼记》《孟子》《老子》之属，皆经传说记七十子之徒所论"。及"立《毛氏诗》《左氏春秋》博士"。汉籍足征者，有左毛二博士之立，有礼乐之献，有河间《论语》之篇：而《释文》及《隋志》所传者，有《古礼》焉，有《周官》焉，有《司马穰苴法》焉，有《明堂阴阳之记》焉，又有仲尼弟子及后学者所记百三十一篇之礼焉。美哉，洋洋乎，大观也已！

五

准斯以谈，则汉代学术，经武帝表彰，收拾于煨烬丛残之余，儒者辈出，然后孔子所传之六经，虽经秦项之火，犹得绵延于后世者，武帝之功；而开其端绪，使武帝能成斯伟业创举者，则河间献王之遗泽也。其有功于文化，岂不甚伟。自汉以来，二千余年矣，莫不崇拜献王之功，至列于祀典，配享孔廷，独康长素一人力持异议。其《伪经考》第四卷，

---

① 见《玉函山房辑佚书》河间献王书一卷序。马氏于《说苑》所录四节文之上题为《对上下三雍宫》，案近是。

有《汉书河间献王鲁恭王传辨伪》。词曰：

……余读《史记·河间献王鲁恭王世家》怪其绝无献王得书恭王坏壁事，与《汉书》绝殊；窃骇此关六艺大典，若诚有之，史公何得不叙？及读儒林传，又无《毛诗》《周官》《左传》，乃始大疑。又得魏氏源《诗古》微，刘氏逢禄《左氏春秋考证》，反复证勘，乃大悟刘歆之作伪，而卒无以解《汉书》也：以为班固校书，本从古学而然耳。今按葛洪《西京杂记》，谓汉书本刘歆作，班固所不取，不过二万许言。刘知几《史通·正史》篇，亦谓刘歆续太史公书，即作《汉书》也。……故皆为古学之伪说，定其颠倒杜撰，无之不可，其第一事，则伪造河间得书，恭王坏壁也。后人日读古文伪经及汉书，……实无见者，岂不哀哉！……今考《史通·河间献王世家》，但云："好儒学，被服造次必于儒者，山东诸儒多从之游"十九字，下即叙卒。若如《汉书》所叙，献王得书等于汉朝，史迁好学，不应绝不叙？至于得周官，立毛氏诗，《左氏春秋》博士，尤为艺林殊功重事，何以史迁于《献王世家》绝不一叙？而总括六艺作儒林传，偏详诸经：于诗则鲁齐韩；于《礼》则唯有高堂生《士礼》；于《春秋》则《公羊》《榖梁》；未尝知天下有所谓《毛氏诗》《周官》《左氏春秋》者，何哉？若谓河间虽得古文先秦旧书，而史迁不获见之，则史迁少讲业齐鲁之都，《毛氏诗》《左氏春秋》既立博士，山东诸儒从之游者，必皆熟闻；迁生后三十余年[①]，亲与山东诸儒讲业，岂有六艺大业，不获一闻其名者？又身为太史，百年之间，诗书间出，天下遗文古事，靡不毕集太史公，《毛诗》《左氏春秋》，河间既立博士，彰明显彻，自必集于太史公，何以不获一见？且《左氏》之书，则云："左邱失明，厥有《国语》"，……其为世家列传，多据《左氏》，其熟精《左氏》至矣：使《左氏》有经文释义，史迁博达，宜扶微学，何昧昧焉诬其为《国语》之置，与《世本》《战国策》《楚汉春秋》同列，而黜之于《公羊》《榖梁》之外哉？其事至明，浅学者一加详考，未有不失笑其纰漏嗤黠者也。歆阴窜易《左氏国语》为编年，而以为《春秋传》伪为周官以政礼学，

---

① 案上文云："太史公书，讫于天汉三年，上数至元光五年，献王之卒，凡三十三年，则太史公远在河间之后也。"

又伪《毛氏诗》以证之，……既挟校书之权，作为七略，肆其窜附矣；犹恐无可征信，于是缉《尔雅》，作《汉书》，以一天下之耳目。见《史记·河间献王世家》有"好儒学"三字，以为藩王之力能购书也；于是将生平伪撰之书，一举而附于河间传中，以证成其真而阴灭其迹。……于是首叙金帛之招善书，次叙四方道术先祖旧书之多奏，三叙其得书之等于汉[①]，四叙淮南好书以影射[②]，而实其事，郑重重复叙之，又叙而后乃云："献王所得书，皆古文先秦旧书"，于是直以其伪著之《周官》《毛氏诗》。《左氏春秋》为曾立博士，而以《儒林传》应之，于是证佐分明，无可摇动，而伪书行。丰蔀数千年，人人皆在其禅中，而莫能窥之矣。

读康氏之文，可归纳之为三要点：即一，《史记》未言献王得书，未纪献王立博士，故不足信；二，《汉书》所以纪之者，因《汉书》非出于班固，"实出于刘歆"；三，康氏最注意者，在刘歆"伪著之《周官》《毛氏诗》《左氏春秋》"，其他尚置之淡然漠然，故无甚论列。兹就康氏之文，再细检史籍考校之，觉康氏之言实有未可遽信者。如康氏言史迁后于河间献王三十三年，其身为太史，天下遗文古事毕集之，故献王得书必获一见。考武帝下诏求遗书，依七略说，在元朔五年（公元前124年），时献王薨后已七年，是三十三年，须减去七年，余二十六年。二十六年之中，又须除去史迁羁缧绁，下蚕室时间，则百年之间，诗书间出者，当迁之时不过二十余年耳，二十余年间，书岂尽出，即出亦岂能尽睹。然此尚依七略之说也；若依《汉书》纪志明文，陈农求书，在成帝河平三年，则迁已早卒，后出之书，又何缘一见耶？据《汉志》如淳注引《七略》，武帝建藏书之策，"外则有太常太史博士之藏，内则有廷阁广内秘室之书"，百年之间，书积如丘山，是太史官署有太史署之书，而博士官署有博士官署之书，又有延阁、广内、秘府之书，非全集于太史公也。抑太史之藏，据张衡《与特进书》曰："太史之秘府，道家所贵。"[③] 华峤《后汉书》所谓"老氏藏室。道家蓬莱"者是也。此说虽不足为据，然衡以老氏与太史之职，又观司马迁父子之道家气味，可知太

---

① 盖汉秘府本无其书，必云河间等于汉，乃可立也。

② 嗣禹案；淮南好书事，请参《论衡·道虚》，当知其究竟。

③ 《北堂画钞》卷百一。

史之藏必非全属六艺经传也。且其职位不高，论秩不过六百石，“厕下大夫之列，文史星历，近乎卜祝之间，固主上之所戏弄，倡优畜之，流俗之所轻也”[1]。故王静安曰：“汉太史之职，掌天时星历，《续汉志》不掌纪事，则卫宏序事，如古春秋之说，亦属不根；既不序事，自无受天下计书之理。”[2] 不受天下计书，则诸王所立之博士，与其所献之书，彼自无从而见也；何况献王所献者仅雅乐乎。夫既无得而闻，又其书不全集于太史公，彼又何能尽知耶？脱曰全集，百年之间，书积如丘，由史迁一人，岂能尽睹堆积如山之书耶？脱云全睹，今《史记》一书，于景武两朝之事，每多语焉不详，此非当时材料之难于搜集论断，即迁书亡失为后人所补，班氏生于后汉，搜罗前代之事，自必信而可稽。若云史迁不言，而班固言之，即不可信，则凡《汉书》纪事多于《史记》者，其皆不可信耶？《景十三王》传，除献王得书事外，其余几较《五宗世家》多二倍，其可信耶？抑不可信耶？《汉书·儒林传》，原本于《史记》，《史记》言五经大师并传及附见者，合计不过四十五人；而《汉书》言五经大师八人，并传者二十二人，附见者一百八十四人，除古文外，今文经师亦多二倍有余，抑伪耶真耶？或曰：《汉书》儒林，有史迁不能见者。而康氏所问，在史迁离献王不过三十余年，“献王得书，等于汉朝，史迁好学，不应绝不叙及”。余应之曰：此在熟读《史汉》者，皆能知之言之，《史汉》详略相较过甚者，固不仅《景十三王》一传也，即以《董仲舒传》言，史迁亲问春秋大义于仲舒[3]，其生卒也较仲舒略后，其致仕也殆同时，其于仲舒之事，必熟悉无比；仲舒言行，必表彰不暇；乃《史记·董仲舒传》，寥寥如彼，《汉书·董仲舒传》，纷繁若此，抑何故哉？史迁于屈原贾生相如之辞赋，多所甄录，而董氏之天人三策，抑黜百家，皆史迁亲见亲闻之大事，何以略无一词？并举贤良对策之事亦无之。而《汉书》于“学士皆师尊之”下，详载贤良三策，于“为江都相”下，详载其对易王非正谊明道等语；于“修学著书为事”下，添“朝廷如有大议，遣使就问”数语，又添武帝“推明孔氏，抑黜百家，皆自仲舒发之”数语，此事在汉关系至要，而史迁居然未载，则《汉书》所载者伪耶真

---

① 《太史公报任安书》见《汉书》卷六二。

② 《太史公行年考》见《观堂集林》卷十一。

③ 参自序。

耶？班固伪撰耶？抑作伪古文之刘歆，特详纪之，以表彰公羊学家耶？又《汉书·董仲舒传》，纪其上疏教凡百二十三篇，说《春秋》得失，举《玉杯》《蕃露》《清明》《竹林》之属，复数十篇，十余万言，此则今之《春秋繁露》八十二篇也，而《汉书·艺文志》亦记之，《史记》全未之及。假使吾人学康氏之笔调，曰刘歆见《史记·董仲舒传》有三年不窥园舍，学士皆师尊之等语，于是首添应贤良之举，次添天人三策，以实其事，……又次添"抑黜百家，皆自仲舒发之"数语，郑重叙之。又见《史记》有以"修学著书为事"一语，于是将生平伪撰之《玉杯》《蕃露》《清明》等篇，一举而附于《董仲舒传》中，而以《七略》应之，"于是证佐分明，无可动摇，而伪书行"。此亦"其事至明，浅学者一加详考，未有不失笑其纰漏嗤黠者也"。此种假定之结论，不独可施于《董仲舒传》，其他史汉详略不同之传，殆无不可以此类似之假定，而得同样之结论也。康氏又转而移其注意力于《毛氏诗》《左氏春秋》博士，以此为"六艺大业"，何以史迁不获闻其名？此问题如能明了史迁纪仲舒事如彼之略，则其不纪毛左二博士之故，已思过半矣。盖博士六国有之，秦有之，汉有之，孝文景武皆有之，非咄咄怪事也。反之，如仲舒应贤良之举，除孝文十五年得晁错一人外，前乎此时者未闻也；推明孔氏抑黜百家，为政治、思想及学术各方面之一大改革；其意义之重大，岂立毛左二博士之"艺林殊功重事"，所可同日而语？彼尚从略，则区区二博士之漏而不纪固无足怪矣。康氏又曰：史迁"亲与山东诸儒讲业，岂有六艺大典，不获一闻其名？"考史迁讲业齐鲁之间，年仅二十，志在游历，三四年间，三分天下遍其二，所谓讲业齐鲁之间者，为时必甚暂。故《孔子世家》赞曰："余适鲁观仲尼庙堂……低徊留之不能去"云，是亦游历参观者之口吻也。以甫成年之人，游历山东，山东诸儒从献王游者，史迁岂能一一访问之耶？纵能访问之，而得献王立博士事，则迁游历所闻者多矣，安能一一尽笔之于书？观《史记·儒林传》皆从汉之功令，依博士叙之，其未列学官老，虽河间有博士，而非汉廷比，不能述之于《献王传》，更不能述之于《儒林传》，亦其宜也。且献王立博士，史迁不必知，即景帝武帝亦不必知也。何哉？《史记·五宗世家》赞言诸侯初得"自除御史、廷尉……博士，拟于天子"；自吴楚反后，"景帝惩之，遂令诸王不得治民……省御史大夫廷尉、少府、宗正、博士官"。至武帝时，职员皆朝廷为署，不得自置①。而河间献王立博士，是有干禁令也。有干禁令之事，何必“彰明显著”，故违汉法？如不“彰明显著”，则史迁何由而知？意者所谓立者非必有制度，特以博士主之而已，安能上比汉之五经博士哉？迨后班固搜集材料而始记之，亦不过谓献王实有博士而已。然班固尚不能得毛公之名；如谓《左传》《毛诗》博士之事，属于伪造，则何妨更造博士人名及其事实，岂不更足以坚后来之信耶？

至于《汉书》实出于刘歆之说，试观《西京杂记》葛洪《跋语》之矛盾，及《四库提要》之考证，殆不成问题，毋庸再为讨论。以康氏之淹博，非不知《汉书》出于刘歆之说，不足为据，故又用《史通》之言以为佐证，《史通·正史》篇曰：

> 《史记》所书，年止汉武，太初已后，阙而不录。其后刘向向子歆及诸好事者若冯商、卫衡、扬雄、史岑、梁审、肆仁、晋冯、段肃、金丹、冯衍、韦融、萧奋、刘恂等，相次撰续。迄于哀平间，犹名史记。至建武中，司徒掾班彪以为其言鄙俗，不足以踵前史，又雄歆褒美伪新，误后惑众，不当垂之后代者也；于是采其旧事，旁贯异闻，作后传六十五篇。其子固以父所撰，未尽一家，乃起元高皇，终乎王莽，十有二世，二百三十年，综其行事，上下通洽，为《汉书》纪志表传百篇。

读《史通》此文，知康氏善断章取义，诚如其言，《汉书》全出于刘歆，班氏所不取者，不过二万许言，则补之者已十五人而尚曰“等”，班氏何厚于刘歆，而薄于扬雄等十四人？班彪父子兄妹，历数十年之功，仅作二万许言，又何能力之薄弱？且刘知几已明谓班彪以其言鄙俗，又以“雄歆褒美伪新”为之不取，而再作后传六十五篇矣，则非歆作可知。今观《汉书·王莽传》，其褒之耶抑贬之耶？又观今本《西京杂记》，言词雅典耶？抑鄙俗耶？史体耶？抑小说体耶？书中载吴章被诛事，类歆颂莽耶？抑贬莽耶？凡此诸问，皆不待智者烛照而后知也②。更进而论

① 《后汉书》卷二八《补百官志五》。

② 案李慈铭《日记》（乙集上），于《西京杂记》论列綦详。余李豫先生《西京杂记辨证》，见《国学丛编》第一期，申辨尤详，末谓“近人根据葛洪后序，证今之《汉书》出于刘歆，此则因欲攻击古文，不惜牵引伪书，其说盖不足辨”。

之，固虽依《七略》而志艺文，然据章宗源考证，有与歆特异者，如《史记正义》（引《七略》）管子十八篇在法家，《晏子春秋》七篇在儒家（《管晏传》）考《汉志》法家无《管子》，惟兵家注云“省管子”；儒家《晏子》八篇，又削“春秋二字，俱异《七略》之旧”[①]。又如《七略》谓武帝敕丞相公孙宏求遗书，百年之间，书积如丘山，此可为歆总校秘府，借以作伪之张本，乃《汉志》不采，《武纪》元光五年，亦仅载公孙宏请置博士弟子员，并无求遗书之事。是知班氏《汉书》，非但不“实出于刘歆”并采之者亦必加以别择，加以判断，非漫无史识，任刘歆“颠倒杜撰”也。然则其纪献王得书事，而谓尽信刘歆可乎。

夫康氏以史迁所不载者，遂不足以为凭；则史迁所载老，其可信当无疑问矣。《史记·十二诸侯年表序》曰：“鲁君子左邱明……成《左氏春秋》”；吴太伯世家赞曰：‘……余读《春秋》古文，乃知中国之虞与荆蛮句吴，兄弟也。’此即据《左氏传》宫之奇所云：‘太伯虞仲，太王之昭者’以为说；亦即史迁所见之《左氏春秋也》。又《史记·封禅书》，一则曰：‘周官曰：“冬日至，祀天于南郊……”’再则曰：‘群儒采封禅尚书周官王制……’”此史迁所见之周官也。但康氏曰：此皆刘歆窜入[②]，谓《周官》一篇一部《史记》无之，唯《封禅书》有此二字，其为歆撰入何疑焉”。又谓“左氏不传《春秋》，《春秋》有《公羊》《穀梁》而无左氏，此表骤言左氏，且称邱明为鲁君子……不过歆以《史记·儒林传》彰著难于窜乱，故旁窜于《十二诸侯年表》，以为《左传》之证”。又谓《吴世家》所言为“歆入之于《左传》并窜之于《史记》耳”。然则《史记》所载，又不足为凭。凡古书是否刘歆所窜，皆以合于康氏与否为断，岂非纰漏嗤黠之甚者乎！虽然《周官》《毛诗》与《左氏春秋》为康氏所斤斤论辨，因以集矢于献王得书之真伪。实则康氏所辨者在今古文之争，吾人所问者在献王有无得书之事，即以此三书论，献王所得古文旧书中，虽有《周官》一名，而班固据刘歆《七略》所作之艺文志，谓《礼古经》出鲁淹中，为另一系统，献王与毛生等共采《周官》及诸子言乐事者以作《乐记》，传之王定王禹；禹于成帝时，献十二卷记，而刘向校书，以其与向所得之二十三卷者不同，于是王禹记益以渐微。康氏谓歆以伪书

① 《隋书经籍志考证》卷八三十三种丛书本。

② 《伪经孝》卷二。

窜入献王传中为根据，而此并不以之为据也。至于《左氏春秋》或《春秋左氏传》献王虽立博士，然据《论衡·案书》篇，谓“《左氏春秋》者，盖出孔子壁中”，《说文序》则云：“北平侯张仓献《左氏春秋》”，亦非源出一途，《毛诗》《汉志》著录二十九卷不言其为古文[①]，《河间献王传》，列举其所得古文旧书，亦无《毛诗》。“至后汉始以《毛诗》与《古文尚书》《春秋左氏传》并称；其所以并称者，当以三者同为未列学官之学，非以其同为古文也。惟卢子干言古文科斗近于为实，而下列举《毛诗》《左传》《周礼》三目，盖因《周礼》《左传》，而牵连及之。其实《毛诗》当小毛公贯长卿之时，已不复有古文本矣。”[②] 夫康氏所辨者在刘歆之伪古文，《毛氏诗》既非古文，即已失其目标，且《毛诗》《周礼》《左传》，据近儒考证，均非赝品，尤非刘歆伪造。其考证最精者，莫过于瑞典人高本汉（Bernard Karlgren），渠于一九二六年，著有一书，曰《论左传之真伪及其性质》（*On the Authenticity and the Nature of the Tso Chuan*）中文译为《左传真伪考》[③]。一九三一年，又著《周礼左传原本之历史》（*The Early History of the Chou Li and Tso Chuan Texts*）登诸《远东考古学汇刊》（*Bulletin of the Museum of Far Eastern Antiquities*）。其文名为考《周礼》《左传》原本之历史，实则考二书之真伪，因二书多引诗，故将《毛诗》亦联带考证之。文中首取《盐铁论》，举出引诗者，三十八例。以较《毛诗》十九相同；以较齐、鲁、韩三家，则同者甚尠。《盐铁论》作于汉宣帝时，早于刘歆数十年；其中既引《毛诗》，则《毛诗》亦必早于刘歆矣。次取《荀子》，辑出其引诗者六十处，以齐、鲁、韩、毛四家之诗，与之比勘。结果知毛诗与《荀子》，最为密切，其他三家，多不相同。是《荀子》之时，已有《毛诗》，《荀子》早于刘歆二百余年，非歆伪撰益明。故高本汉定《毛诗》之存在，至少在公元前二世

① 案《汉志》体例，凡属古文者皆特为注出，以别今文。如言《尚书》古文经，以别欧阳大小夏侯三家，言《礼》古经，以别后氏十七篇，言《春秋》古经，以别公穀二家，其余均以此类推。而《毛诗》未言为古文。

② 王静安：《汉时古文本诸经传考》，见《观堂集林》卷十一。

③ 1927年新月书店出版。

纪之时，即汉文景武时也。考毛公为荀卿弟子①，高本汉以为再传弟子，因而举出毛传参考《荀子》者十例，参考《周礼》《左传》者各二十八例，是毛公述《毛传》之时，已用《周礼》《左传》矣。然此三书。以与河间献王有关系，而刘歆又争立于学官，故南海康氏以为皆歆所伪造。使其言然，则《左传》引诗，必与《毛诗》合，高本汉因复将《左传》引诗者举出二十九例，均与《毛诗》不合，故氏以为歆之与《左传》，不过精心校雠，谨守原文，并未轻易一字，使与《毛诗》相同，更非由彼伪造也。再次取《尔雅》《史记》将其中引《周礼》《左传》者，细心参究，反复论列。然后总结《毛诗》《周礼》《左传》皆为汉前著述，绝非刘歆赝造②。其在《左传真伪考》，以语音学方法，考出《左传》有特殊文法之组织，与周秦汉初之书，迥乎不同；而于《国语》颇为相近。但绝非依赖《国语》，如康有为猜刘歆作伪时，借助于此书③，而"《国语》与《左传》，实少相同之处"④，（Which has fairly little in common with the Tso Chuan）高本汉二文之大略也。氏求证之精，结论之慎，良堪钦佩；虽其中偶不免小误，然总不似康氏大刀阔斧，抹杀一切也。除此二文外，日人狩野直喜，亦有《左氏辨》⑤ 中列举五证，其一，以《左传》多言卜辞，秦孝公以前者多中，后者否，可知《左传》作者在秦孝公以前，非刘歆也。其二，由《史记·孔子世家》记孟僖子将死，遗命其子往学孔子事，与左昭七年之文较，知史迁已有《左氏》一书，绝非成于刘歆。其三，西汉之季，治《左氏》者，犹有其人；师徒传授，各自成家。如马郑左氏之学，本于陈钦；不本于歆，故歆伪造之诬，亦可据此而见。其四，东汉嫉《左氏》者，莫过于范升，据本传诋《左氏》处，仅云《左氏》不祖孔子而祖丘明。时难者以太史公多引《左氏》，升又上太史公远戾五经谬孔子言等十三事，而未疑史公以前，已有《左氏》一书，又未疑刘歆伪造也。其五，伪造古书，可以欺后世，不可以欺当世；

---

① 见陆机：《毛诗草木鸟兽虫鱼疏序》。

② 详参拙译行将付印。

③ 参原文第 61 页译文第 99 页。

④ 原文第 13 页译文第 19 页。

⑤ 见高濑博士：《还历纪念支那学论丛》。

可以欺庸俗，不可以欺博洽。扬雄在汉号称颖达，歆之与雄甚为倾慕。乃法言重黎，以《周官》《左氏》《史记》并论，又《后汉书·桓谭传》，桓偏习五经，数从刘歆、扬雄，辨析疑异，论世祖信识非经，几至斩。使歆伪造《左氏》必不受其欺，而《桓谭新论》，美"《左氏》经之与传，犹衣之表里"，未尝议其为伪史。观此五证，亦持之成理。康氏生于二千年后，乃断定《毛诗》《周礼》与《春秋左传》必伪，必为刘歆所伪，其识力诚出马、郑、扬、桓万万。然徒以欲黜刘歆遂攻古文；因攻古文，遂欲埋没献王得书之功，实不足以服学人之心也。

总上三端，《史记》未言献王得书，未闻献王立博士，不足为怪，《汉书》实出于刘歆，不值一驳；《毛诗》《周官》及《左氏春秋》均非赝品，尤非刘歆伪造，则献王得书之事，固不以康氏一言，而定有无；而献王有关文献之功，亦不以康氏一言，即归乌有也。

夫今古文之争，至今二千余年矣[①]。方其始也，不过文字之区别；及其末流，专作家法之争持[②]。家法二字为二千年经生用滥，横梗在胸，成见已深，是非当然紊乱，实则古文虽晚出可疑，要非全无凭依，今文虽较为可信，要非全属纯真。善在平心静气，以科学史观，精于判断，慎于取舍耳。所谓科学史观者，详述万言难竟；简言可以八字蔽之曰：注重证据，精审材料。故斯编述河间献王得书事，《隋志》将《司马穰苴兵法》《明堂阴阳记》及《礼记》百三十一篇等，皆归之于献王，为本传所未言，《汉志》亦未之及，《隋志》苦别无所据，殆由传中皆"经传说记"一语，加以附会也欤。献王得书，为本文主题，碍难舍弃；然其结论，则谓依《释文》及《隋志》所"传"，以示存疑。此外尚有一事，曰："颜芝河间人，始皇焚书，芝藏《孝经》十八章，汉初子贞出之，是为今文《孝经》。"此种材料，未始非释献王能得古书之旁证。乃因《史记》《汉书》无稽，故虽一见于《隋志》及《释文叙录》等，继见于《畿辅通志》，三见于《河间县志》[③]，四见于《两汉三国学案》[④]，终守宁阙毋滥

① 案当以"孔氏有古文《尚书》，孔安国以今文读之，因以起其家"算起。

② 荀悦《申鉴时事篇》曰："仲尼作经，本一而已，古今文不同，而皆自谓真本；经古先师，义一而已，各家别说不同，而皆自谓古今。"

③ 乾隆二十四年修。

④ 唐晏：《两汉三国学案》龙溪精舍丛书本。

之旨，毅然割弃[1]，此审择资料之证也。愚意六经之书，先儒多尽毕生精力，熟读成诵；今之攻研文史者，纵无暇及此，亦当细看二次，首次不分今古，细读一遍；方看辨伪书籍，及家法学说；然后再读一次，合人己之疑，证之本书，以求新解。如是所获，庶可免于空疏武断。若夫汉魏古籍，传之宋代百仅余其一二[2]，降至于今，更千不存一。如西汉经学传于今者惟《毛诗》《尚书大传》《春秋繁露》皆非完璧[3]，其经无数厄难与淘汰而能幸存者，姑不论刘歆窜乱之伪古文经，即王肃伪撰之《孔子》家语，其训辞之深厚，文章之尔雅，亦非后人所能望其项背。此胡应麟所谓“宋世书千卷，不能当唐世十；唐世书千卷，不能当六朝十……”[4] 张之洞所谓：“秦以上书，一字千金；由汉至隋往往见宝。”[5] 亦即河间献王勤求遗书之所以可贵也。

六

是故献王有光大中国文化之功，昔人竞致赞扬之词，今略辑而述之：司马温公曰：

> 周室衰，道德坏，五帝三王之文，飘沦散失，弃置不省；重以暴秦害圣典，疾格言，燔诗书，屠术士；称礼乐者谓之狂惑；述仁义者谓之妖妄。必薙灭先圣之道，响绝迹尽，然后慊其志。虽有好古君子，心诵腹藏，壁扃严镝，济秦之险，以通于汉者，万无一二。汉初挟书之律尚存，久虽除之，亦未尊录，谓之余事而已；则我先王之道，燄燄其不息者无几矣。河间献王生为帝子，幼为人君，是时列国诸侯，苟不以宫室相高，狗马相尚，则养奸聚猾，僭逆妄图。为献王厉节治身，爱古博雅，专以圣人法度遗落为忧，聚残补缺，较实取正，得《周官》《左氏》《春秋》《毛氏诗》而立之，《周礼》

① 案《戴东原集》第一篇《河间献王传经考》，谓“是书，‘孝经’本传不列，虽颜芝河间人不必至献王始得也”，是所见略同。

② 见《通志·校雠略》。

③ 陈沣：《东塾读书记》卷六光绪辛丑邵州刊本。

④ 《经籍会通》卷四《述见闻》。

⑤ 《轮轩语语学读书》“而读古书条”。

者周公之大典，毛氏言诗最密，《左氏》与《春秋》为表里，三者不出，六艺不明。噫，微献王六艺其遂曀乎！故其功烈，至今赖之。且夫观其人之所好，足以知其心，王公贵人不好侈靡，而喜书者周鲜矣；不好浮辩而乐道，知之明，信之笃，守之纯，而行之勤者，百无一二焉。武帝虽称好儒，好其名而不好其实，慕其华而废其质。是以好儒愈于文景，而德业后之。景帝之子，十有四人，栗太子废，而献王最长。向若尊大义，属重器，用其德，施其志，必无神仙祠祀之烦，宫室观游之费，穷兵黩武之劳，赋役转输之敝。宜其仁丰义治，风移俗变，焕然帝王之治复还，其必贤于文景远矣。嗟乎！天宝不欲礼乐复典邪？抑四海自不幸而已矣。①

茅坤曰：

河间献王之好书，有功于六艺者。予尝谓六艺至秦一厄及河间献王则又一解也。②

《历代名儒传》曰：

周衰，礼坏乐崩，及经秦火，书籍亡失。汉儒修补，每限于耑门，惟献王籍屏藩之力，多士景从，故搜辑独备。《艺文志》所载儒家书目，有《河间周制》十八篇，意献王述礼之作；又记献王与毛生等共采周官及诸子言乐事者，以作《乐记》。然则礼乐之事，其存什一于阡陌，犹传于今不废者，献王之劳，尤不可诬。班固曰：夫惟大雅，卓尔不群，岂不谅夫！③

李祖陶曰：

汉承秦燔书之后，广求篇籍，诸侯王皆厚悬赏格以招之；利之所在，真伪杂书。惟河间献王所得，皆古文先秦旧书，《周官》《尚书》《礼礼记》《孟子》《老子》之属：今皆列于学官，世世传论者。又立《毛氏诗》《左氏春秋》博士，齐次风先生谓按《儒林传》，毛公治诗，贯公治《左氏》，皆为献王博士，并当时所不立于学官者。数代以后，齐、鲁、韩诗晦而独存毛，公谷《春秋》微而盛行左，

① 《河间献王赞》见《温国文正公文集》卷七三四部丛刊本。

② 见《汉书评林》本传。

③ 见《历代名儒传》卷一《刘德论》藏书十八种本。

献王之泽远矣！①

全祖望《前汉经师从祀议》曰：

开元二十二贤从祀之举②，昔人议之者多矣……夫当秦人绝学之后，不可无以报诸儒修经之功……当斯之时，遗经之不绝如线，椎轮以为大辂之始，其从祀宜也。……吾于三辈人物之中，合而计之，得十有余人焉。易则田何书则伏胜；……而河间献王以周礼，盖经于是乎备矣。……毛苌深得圣贤之意，河间献王言必合道，大雅不群。……盖汉二百年经学所以盛者，诸公之力也。③

又曰：阙氏“若璩”谓河间献王当从祀孔庙，以其有功《周礼》为最先，予谓献王岂特有功《周礼》一经哉；以毛苌为诗博士，则《毛诗》之传其功也，贯公为《春秋》博士，则《左氏》之传其功也，汉廷未立学官，河间立有博士，其功大矣。至其所集雅乐，武帝存而不御，以致元成时，郑声繁兴……使哀帝能立之学官，乐岂亡乎。④

李慈铭曰：

“实事求是”四字，尽千古读书之法；“好写与之”四字，尽千古借书之法；“文约指明”⑤四字，尽千古作文之法。西京儒者学行醇美，董江都（仲舒）而外，当推献王为第一，近儒全谢山谓当从祀文庙，洵不虚也。⑥

《大清会典事例》曰：

光绪三年（1877年）奏准汉河间献王刘德，从祀圣庙，位列西庑汉儒董仲舒之次。⑦

《清史稿·德宗纪》曰：

光绪三年七月甲子，予汉儒河间献王刘德，从祀文庙。⑧

---

① 《汉与细读》卷二史论五种本。

② 嗣禹案详见《两唐书儒林传叙》。

③ 《鲒琦亭集外编》卷三四部丛刊本。

④ 《困学纪闻》卷十上海文瑞楼本。

⑤ 按皆摘自《汉儒》本传。

⑥ 《汉书札记》卷五北平图书馆印本。

⑦ 《大清会典事例》卷四三六。

⑧ 《清史稿》卷二三。

按河间献王从祀文庙之年，颇有问题。盖《东华续录》，光绪三年（1877年），无此事，唯于十年（1884年）云：七月“丙寅，费延釐奏请将张伯行从祀文庙，又奏请将汉儒刘德从祀文庙，下部议奏”。结果如何？不见下文。李慈铭《日记》光绪十年十二月初二云：“得马蔚林书，询汉孔安国、河间献王德、董仲舒年辈先后，以河间近始入祀文庙，礼部见修则例，须定位次也。”四种材料，分成两派，除《清史稿》当作半“原料”看外，余均头等可凭之史料，堪称势均力敌。今乃悬殊如此，岂以光绪三年（1877年）误定位次于董仲舒之后，至十年而复定耶？然既予其从祀矣，无须再行奏请也。时促事繁，未能穷究，姑从阙。

观上所列，已足表明河间献王与中国文化之关系；而余所欲言者，前人亦先我而尽之矣。顾余所以孜孜为此文者，固不在吊古已也。念中国文化之厄，一、焚于秦火；二、焚于楚火；三、焚于王莽之末；四、亡于汉董卓之乱；五、亡于晋惠怀之乱；六、散于齐末之兵水；七、燔于周师之入郢；八、散于魏尔朱之乱①；九、沉隋籍于砥柱②；十、亡唐籍于安禄；十一、又焚于黄巢之反；十二、佚于迁都洛阳③；十三、散于五季之兵燹④；十四、亡于崇文院之火灾；十五、失于靖康之难；十六、佚于宋辽金元之纷扰⑤；十七、毁于《永乐大典》之纂修⑥；十八、轶于典司之溺职⑦。而明末“流寇之乱，京师喋血，宋刻元镌，胥归残阙”⑧十九厄也；编纂《四库全书》，禁毁书目凡二千五百余种⑨，又秦火之续

① 以上参《隋书·经籍志》序。

② “隋嘉则殿有书三十七万卷（?）唐平王世充，得其旧书于东都，浮舟泝河尽覆于砥柱。见《容斋续笔》卷十四“书籍之厄”条。

③ 以上参《旧唐书·经籍志》序。

④ 《新唐书·艺文志》序。

⑤ 按北宋之书归于金，南宋归元。辽没石晋，太宗大同元年（参纪），收汴梁图书。时皆戎马仓皇。南搬北运，难免损失。参见《宋史·艺文志》。

⑥ 按《永乐大典》，保存古书固不少，而毁之者尤多。清乾隆间，由《大典》中辑佚，非完璧也。

⑦ 《补宋志》曰：“其后内阁之书，典司者半系赀郎，于四部之指懵如；且秩卑品下，馆阁之臣假阅者，往往不归原帙，值世庙而后，诸王多不好文，不复留意查核，内阁之藏遂缺佚过半。”

⑧ 《明史·艺文志》序。

⑨ 据咫进斋丛书本《清代禁毁书目四种》约略统计。

也；清咸丰间，太平天国与英法联军之役，四库七部，毁之过半；庚子之变，翰林院所藏《永乐大典》，尽付之灰劫亦巨厄也。综此二十一大厄，约而计之，焚于火焰者十之三，毁于兵乱者十之六，沉于水，散于有司之溺职者各一，失于迁移者二，佚于编纂丛书类者亦如之。然而时代攸远，非同时咸集，亦从无外人挟巨资，逞权势，明买暗盗也。至于今，兵也，水也①，火也②，迁移也，外人之收买也，……皆环攻交侵，逾越前代。而典藏者每多侵盗，喜藏书者视同古董，文字之灵，不敌金银之气，汗牛充栋者顷刻之间，即有目无书，故吾开篇即言："中国文献之厄，至于今而极。"因感于河间献王得书之事，乃作此文，亦冀世有闻风而兴起者，或者中国文化，尚可赖之绵延不绝也。

民国二十二年夏，草于古物南迁之时，二十五年春写定。邓嗣禹识

---

① 近年江南大水，人皆求生不暇，图籍因多沉灭。

② 前年沪滨大战，东方图书馆之古籍图经，扫数以尽。

司马迁与希罗多德（Herodotus）之比较①

司马迁为东洋历史之祖，希罗多德为西洋历史之祖。两人的著作，已并垂不朽；两人的大名，常相提并论。而专门比较他们二人的文章，似乎很少见。因将此两大史学鼻祖之生平及著作，作点综合比较的研究。

当然在司马迁以前，中国已有史学家，如孔子、左丘明。在希罗多德以前，西洋也有史学家，如 Hecataeus of Miletus 及 Hellanicus of Lesbos，司马迁与希罗多德是承先启后的大著作家。他们将写著历史，成为一种专门的学问，创造历史学，故享受始祖的盛誉。他们虽非同时代的人，司马迁生于公元前二世纪，希罗多德生于公元前五世纪②。而在东西史学界，占同样重要的地位，故可以比较讨论。

一　时代背景与传记

大概是公元前 135 年或 145 年③，司马迁生在陕西西安附近的仕宦之

---

① 原载于《中央研究院历史语言研究所集刊》第 28 本第一分册，1956 年，第 445—463 页。

② Herodotus 的生卒年代，有的作公元前 484—公元前 428? 有的作公元前 484—公元前 425。有的说，Herodotus was born "not long before 480 B. C." "His death occurred a ltitle after 430."（*Martin Classical Lectures* I，3，Cambridge：Harvard University Press，1930）The edition of Herodotus used in this essay is George Rawlinson's translation，and Rawlinson's translation edited by Manuel Komroff.（New York：Tudor Publishing Co.，1941.）

③ 司马迁的生卒年代问题，至现在尚为热烈辩论之点。其最普通的生年有二：一为《史记索隐》说，生于建元六年（公元前 135 年）；二为《史记正义》说，生于中元五年（公元前 145 年）。1911 年王国维作《太史公系年考略》，即根据《史记正义》说。1929 年郑鹤声又依据王国维之说，作《司马迁年谱》，皆以迁生于公元前 145 年。1934 年桑原骘藏驳王国维说，以迁生于公元前 135 年（见桑原骘藏：《东洋文明史论丛》，弘文堂，1936 年，第 261—276 页）。以后施之勉主公元前 135 年之说，见在《东方杂志》1944 年第 40 卷第 16 期，第 30—34 页。李长之也主张公元前 135 年说，见《国文月刊》1946 年第 47 期，第 8—9 页；曲颖生：《太史公行年考辨误补证》，《大陆杂志》1954 年第 8 卷第 2 期，第 78 页。断定司马迁生年实为公元前 135 年，郭沫若、刘际铨也力证太史公生年为公元前 135 年，见《历史研究》1955 年第 5 期。1956 年 1 月，郑鹤声重印版《司马迁年谱》，极力反驳公元前 135 年说，而维持公元前 145 年生之说。两说虽各有理由，实难作具体决定，比较起来，似以公元前 135 年为较近情理。其卒年在公元前 86 或 87 年，亦无法考定。

家。他的祖先们世典周史。古代史官的传统是必须具有丰富的学识和眼光，知巫祝卜筮之事，兼有公正不阿，铁面无私的职业道德。史官是政治家、预言家和新闻记者合而为一的人物①。他的父亲司马谈，是个博学的人；学天文于唐都，受易于杨何，习道论于黄子。为汉武太史公，职掌天时星历，典司纪录，保管文献。当时天下遗文古事，靡不毕集太史公。公元前110年卒。司马迁承继父亲的学问及职位，所以他是一个有家学渊源的人。

他生在西汉隆盛时代。当时的版图广大，东至朝鲜，南至安南，西南至黔滇，西至新疆乃至中亚。殊风异俗，传至中土，可引起少年人的好奇心，激发少年人的游历狂。当他十岁的时候，他已经从名学者孔安国习《尚书》，到二十岁的时候，他随着祖国新兴事业的发展，开始游历全国的壮举。首先“南游江淮”，“上会稽”，“探禹穴”，“窥九疑”，“浮于沅湘”，“北涉汶泗”，以印证他从前所得的书本上的知识。“讲业齐鲁之都，观孔子之遗风，乡射邹峄”，“戹困鄱薛彭城，过梁楚以归”。于是乃“仕为郎中”，扈从天子，巡幸四方，又开始了第二度的远行。他曾“奉使西征巴蜀，南略邛笮昆明”，所以他的足迹，几乎遍中国本部。时间前后经过十余年，大概在他二十至三十五岁之间②。

司马迁游历的目的，似乎主要是过历史瘾，访求名胜古迹，考察人证物证，以及风俗人情。他可以说是田野考察工作的开山大师，举例来说吧：

“吾适楚，观春申君故城宫室，盛矣哉。”③

“吾适丰沛，问其遗老，观故萧曹樊哙滕公之冢，及其素，异哉所闻。”

---

① 参李长之：《司马迁之史学及其他》，《东方杂志》1946年第42卷第10期，第39—40页。李氏论《史记》各文，陆续在《东方杂志》《国文月刊》等杂志发表。后又印成单行本。因单行本一时找不到，仍用他在杂志上发表之文章。

② 司马迁自己说，“二十而南游江淮，上会稽，探禹穴，窥九疑”，当时交通不发达，在中国本部各省旅行一次，必费长期的时间。以后仕为郎中，又西至空峒，奉使巴蜀滇中。这些事实见郑鹤声《司马迁年谱》（1956年重印本，第32—54页）言之甚详，可供参考。

③ 本文用泷川资言：《史记会注考证》（以东方文化学院、东京研究所1934年出的书为底本）。

司马迁将书本上的知识，国家图书馆的档案，地理上的考察，与社会上的经验，冶于一炉，融会贯通，打成一块。诚如傅孟真所说：“史记是读古书治古学的门径书。”① ——是一部集大成的书。

现在让我们看希腊名史学家，希罗多德。他被称为说故事之王，历史之父，与人类学家之祖。在公元前五世纪的时候，希腊有雅典与斯巴达之争，又欲将波斯人的势力驱除消灾。五世纪前半期，希腊王政衰颓，专制盛行，崇贵族，屈平民，希罗多德即生于贵族家庭。他的出生地是小亚细亚的 Halicarnassus，那时小亚细亚在波斯人统治之下，故按国籍法，他生为波斯人，可是侨居在小亚细亚的希腊人，常常想慕他们的祖国——欧洲希腊。大概年三十或三十五岁以后，他因故被迫离开他的生长地，住在雅典自由城。后又参加建设雅典在意大利的殖民地 Thurü 工作；他也许在纪元前 430 年左右，死在这个地方。

希罗多德的父母，都是有身份的高级贵族。他的兄弟 Theodore，堂兄弟（一说 uncle）Panyasis 都是有名的咏史诗人。他生在一个充满古诗、古神话、故事以及酷好自由的家庭，自小就练习说故事，说给他的父母听、兄弟听；说的不好，他们替他改良；说好了，又另找故事。在这样的家庭，从最小的时候起，希罗多德就受了很好的文艺训练，环境熏陶。稍长，他爱穷搜博览，当时所有的韵文诗歌，几乎阅读殆尽，此后成为古代最优美的散文家之一②。所以司马迁与希罗多德，都是有家学渊源的人，这是他们生活相同点之一。

跟司马迁一样，希罗多德也爱游历。他好奇，希望多知道人间一切的事情，因而在壮年的时候，到处去游历，他的足迹，不但印遍了希腊，也去过好些外国，如波斯、Assyria、巴比伦，跟 Scythia。他在埃及住过很长一段时间，尤其是在尼罗河畔，逗留得很久，观察得入微③。黑海沿岸，以及巴力斯坦一带，他都观光过。以时间论，他也差不多游历了十

① 傅斯年：《史记研究》在《傅孟真先生集》中编，台湾大学 1952 年，第 1—17 页。

② Sir John Sandys，*A History of Classical Scholarship*（Cambridge，1908）. Vol. I，p. 83，and Terrot Reaveley Glover，*Herodotus*（Berkeley，California，1924）p. 20.

③ J. Enoch Powell，*History of Herodotus*，（Cambridge，1939）p. 29.

七年（从 20 岁至 37 岁）。他们两个人的游迹，都踏遍两个人所知道的世界。可惜司马迁不知有希腊的存在，希罗多德也不知道有中国的存在①。

希罗多德游历的动机，似乎与司马迁的不完全一样。司马迁主要是过历史瘾，希罗多德起初仿佛是以商人的资格出游。因此之故，他很小心的留意各种商品，如肉桂、桂皮（III，110-111）、麻布（II，105）、麻衣、角类（Ⅸ，74，VII，126）以及俄国南部的咸鱼（IV，53）。他爱描写运输方法，如幼发拉底与尼罗河中的船，尤其是他们的载重量（I，194；II，196）。他注意到河中可以通航的阶段，如在幼发拉底（I，194，5）与尼罗河（II，96，3）。他说到奇异的交易方法，如七译之商业队，及西非洲以手指作交易之法（IV，196）。他注意金银矿，及其开矿的方法与收入（III，57；VI，46，47；VII，112，144；IX，175）。因此种种，可知希罗多德是以商人资格，或同商人旅行②。

希罗多德的求知欲与好奇心，非常旺盛。他爱谈奇禽怪兽，奇风异俗，婚姻礼节，食人肉之习，以敌人的头颅骨为饮器（IV，65），以生人殉葬（IV，71），歃血为盟（IV，70）。各种人的皮肤色泽，家庭用具，生活状况，他皆加以仔细的观察与描写③④。希罗多德说，Souromatai 的女子，一定要杀掉一个与她本族为仇的敌人，才可以结婚（IV，17）。他发现 Mount Pangain 人实行一夫多妻制。（V，16）Lycians 人依母命名而不依父命名。（I，173）巴比伦有著名出卖女子的市场。（I，196）Thracians 有花钱买妻子的（V，6），Pelasgians 或斯巴达人似乎实行过用武力强抢别人的女子为妻奴的办法（VI，64. 138）。他又说埃及人食莲藕及蓖麻

---

① Herodotus 只知道大夏（Bactria）和康居（Sogodiana）都向波斯纳贡，只知道波斯于侵入希腊时，两地皆曾出兵助聂克斯王（Xerxes）；至于这两地的高山大岭，希氏似乎一无所知。他虽然知道阿尔泰山（Altai），但关于在波斯境内或边界上的帕米尔与都库什斯或喜马拉耶等山的知识，则绝无所有。希氏对于里海以东的平原，只说他是一片广漠无垠的荒地。参吴祥麟：《希腊与西域及张骞之通使》，《留日同学会季刊》第 1 号，第 5—13 页。

② W. W. How, A *Commentary on Herodotus*（Oxford，1912）p. 17，and J. L. Myres，*Herodotus*，(Oxford，1953) p. 5.

③ J. L. Myres，“Herodotus and Anthropology” in *Anthropology and Classics*，edited by R. R. Marett（Oxford，1908），pp. 121-168.

④ 详参《史记中的神话传说和初民遗俗材料索引》，《培正中学图书馆刊》第 1 卷第 2 期。

子油（II，92，94），巴比伦人常食将干鱼捣碎的鱼粉（I，200），也许把苎麻叶子作烟抽，Scythians 人爱食面粉、葱、蒜、扁豆（IV，17）。Libyans 人竟吃蝗虫（IV，172），猴子（IV，194）跟虱子（IV，168）。有的 Libyans 人，把头发前部剃光，后面留长，或左边剃光，右边留长。（IV，175，180；V，191）其他衣服、墨面、文身等制，希罗多德也加以描述。他确是一个不惮烦劳，仔细的，聪明的观察者。所以他被称为现代人类学之祖，或称之为古代的马可孛罗①。他的头衔，确是不少。

可是希罗多德并没有忽略历史。在他的游历当中，也许在 Ionia 地方，在公元前 448 年，他草成了一部《波斯史》。很显然的他一面游历观察，一面著书，大概到了他快要衰老的时候，大改变计划，把他的《波斯史》改成现在的样子。他晚年以公开说书为职业，他去世后两三年，书中的内容，即在雅典戏院中排演，剧场中的听众，好像对《三国志演义》一样，多半熟悉其中的情节②。

结果，希罗多德的书，是一部历史、考古、人类学、民俗学各方面兼收并蓄，娓娓动听的名著。他讲埃及波斯等国的古史，直到现在，还有参考的价值。因为材料丰富，内容广博，若以俗手写成，一定变为零零碎碎的杂货摊；但以希罗多德的高洁文艺处置之，成为布置整齐的博物馆的陈列品。他虽然不是单刀直入，平铺直叙的写法，而是随处离题旁涉的记述，却能引人入胜，读之听之，都觉得津津有味，从文笔论，从保存古代传说资料而论，希罗多德的历史，已证实了它能长久存在的价值。

二　作史的动机与目的

从他们的著作看，司马迁父子都是聪明种子，是有学问、有见地、有本领的人。否则司马谈不能以寥寥九百余字，畅论六家要旨，原始要终，长短得失，一览无遗。司马迁也不能以五十余万言，写出一部包括两千余年，体大思精的通史。他们父子有本领，也有脾气，不甘受委屈。

① L. R. Farnell, *Outline History of Greek Religion*, (London, 1924) p. 9; and Adolf Erman, *Egyptian Religion*, (London, 1907) p. 175.

② J. Enoch Powell, *History of Herodotus*, (Cambridge, 1939) pp. 86, 203-204.

作《史记》的动机就是因为不甘受委屈，要泄愤，才努力完成的。司马谈若为庸碌之人，尸位素餐，汉武帝不叫他去参加封禅泰山的盛典，一时不愉快，不久也就处之泰然了。他可不然，他气愤，伤感，以致于病；病到临亡的时候，握着儿子的手，哭着说："余先，周室之太史也，自上世常显功名。……今天子……封泰山，而余不得从行，是命也夫，命也夫！余死，汝必为太史，无忘吾欲论著矣。"这样才可以借一部大著作使后人知道他的名字，不致为汉武帝所轻视而湮没无闻；他未能参与封禅泰山的典礼，就可以补偿了。于是司马迁俯首流涕曰：他一定要谨遵遗命，完成这部史书。

可惜司马迁比他父亲更不幸，在公元前99年，为相识人（并非莫逆至交）李陵降匈奴事，说了几句公道话，武帝使他受腐刑。壮年人无辜受此酷刑，他的冤屈忿怒，远在他父亲之上。既乏生人乐趣，又不愿愚昧自杀①，只好咬紧牙根，聚精凝神，完成一部好书。因此他作史记的动机，一是恪遵父命，一是发泄腐刑的耻辱。他自己也说古来许多名著，都是受了大刺激而产生的②。

他立志要写一部垂之万世的大作，要承继孔子作《春秋》，使乱臣贼子惧。他不愿率尔操觚写文章，而是将所有的资料收集起来，精细安排，条理井然。好学深思，将古今事物，原始要终，见盛观衰，究天人之际，通古今之变，成一家之言。这种大抱负，他算是达到了。

希罗多德的生活传记，后人知道的很有限③。据说他堂兄弟，Panyasis为反对波斯统治者，牺牲了生命。希罗多德也被放逐于其生长地Halicarnassus之外④。因此他选择了一个研究题目：《东西之争——东

① 李长之把司马迁受腐刑事，写得有声有色。他也说，"司马迁只活到四十六岁，或自杀死，亦未可知"。《司马迁与李陵案》，《东方杂志》1945年第41卷7期，第49—58页。

② "昔西伯拘羑里，演周易。孔子厄陈蔡，作《春秋》。屈原放逐，著《离骚》。孙子膑脚，而论《兵法》。……韩非囚秦，《说难》，《孤愤》。《诗》三百篇，大抵皆圣贤发愤之所为作也。"《史记》卷130，第28—29页。

③ "We cannot ascertain Whether he〔Herodotus〕was single, or married or the name of any of his closer friends or relatives", *The Cambridge, Ancient History* (Cambridge, 1923-1939), Vol. 5, p. 417.

④ J. L. Myres, *Herodotus*, (Oxford, 1953) p. 2.

方波斯人与西方希腊人之争》，在放逐生活当中，他到处游历流荡。最初，如前所述，有点商业性的好奇，或随商人同游。由好奇而搜罗了各种奇风异俗。在这种过程当中，他的主题，东西人之争，缩小为波斯侵略希腊之争。未在入本题以前，他要推究自由与专制之战的原因。他描写各种宗教、风俗、城市、建筑、生活习惯。凡是希腊人及野外人（Barbarian）的大事，他都要记载下来，使人不致于遗忘，兼使人知道彼此斗争的原因。他想以客观的态度，记述往事，将有趣味的故事，随时解释，随时穿插以增进听众的兴趣，增加他以说书为职业的收入①。他起初将史书朗诵给观众听时，不很受欢迎。受了这点挫折，他到雅典去居住，在445年的时候，才接受了雅典公民的奖状同奖金，其数量约当于现在1,500元②，不无可观。

由此看来，希罗多德作史的原动机，是由于被放逐，与司马迁受腐刑，同为“发愤”而作。希罗多德作史的目的有三：一是述往事知来者，使人不致于遗忘。二是找出东西两大民族相争之理由与背景。三是将史事说得娓娓动听，以便叫座卖钱。他似乎没有司马迁之“藏之名山，传之其人”的远大雄图。

三　史书之组织与范围

《史记》包括十二本纪、八书、十表、三十世家、七十列传五部分。十二本纪，纪列代帝王的国家大事，近于政治史纲，八书近于社会，经济等及文化史制度史。十表近乎年表。三十世家是封建时代的国别史，及其有功于国的诸侯，有影响于社会的特殊人物史。七十列传，近乎普通人物的传记和社会思想史。司马迁从社会各阶级中，挑选一百六七十个人物，将他们分类如循吏、刺客等，以代表春秋战国至秦汉时代的社会生活、文化思想以及“四夷”与中国的关系。这种纪传表志体，又简称为纪传体，司马迁创始以后，成为中国二十六种正史的典型。天下古

① Joseph Wells，*Studies in Herodotus*，（Oxford，1923）pp. 201-203；and T. R. Glover，*Herodotus*，（London，2018）pp. 194-195.

② *The History of Herodotus*，translated by George Rawlinson，edited by Manuel Komroff.（New York，1941）vii-viii.

今万物的史料，不管大小，皆可包罗，错综为体，详略互见，《史记》全书有整个的组织，每篇有各别的结构。每篇前后，多有论赞，仿佛新闻社评之提纲挈领略示己见。篇中则多以客观的态度，叙述史事。故中山久四郎说，司马迁为纪传体正史之创始者，论赞之创始者，年表书志之创始者。又自序中之六家要旨，开学术史评论之先河[①]，司马迁的《史记》，确是体大思精，他有综合，归纳，与创造的天才，前人评他的体例为因袭，不足为凭[②]。

希罗多德书之组织与范围，比《史记》要简单狭小。他的书，好像一种博士论文，主题是公元前 490 年左右的波斯（侵略希腊的）战争，而他在入本题以前，写了一篇很长的导言，占全书约三分之二。在导言部分，主旨是清流溯源。全书分九章，六章为导言。

第一章回溯远古以来欧亚之争及波斯国之发达史，第二章述波斯侵略埃及因而考察埃及的历史。第三章述 Cambyses 之征服埃及及其远征 Ethiopia 与 Armenia 之失败。第四章述波斯王 Darius 之征 Scythians，因而谈及北欧各民族之风俗，宗教舆社会情形。第五章述波希相争。第六章分析彼此相争之原因。公元前 490 年波斯人在 Marathon 战败后，其国王 Darius 预备再战等情。第八章希腊联军在 Salamis 大挫敌军。末一章写公元前 480 年在 Thermopylae 之殊死战，双方损失惨重。可是波斯人侵略希腊的雄图，终未如愿以逞，失败而归。

这是全书主要的骨干，希罗多德却是从容不迫，轻描淡写，用非正式的，说故事的体裁，写希腊的悲剧，随时离题，插入其他许多相关联的故事，人情哲理，将重要史事的政治地理社会文化的背景，和盘托出，令人读之或听之，有时如阅《庄子》寓言、《天方夜谭》或《三国志演义》，有时如在雄辩会中，战争场中，轻轻松松，感觉愉快，不必聚精凝

---

① 中山久四郎：《司马迁学之二大特征》，《史潮》1937 年第 7 卷第 2 期，第 22—28 页。

② 郑樵、邵晋涵、章学诚等，谓司马迁的纪、传、表、志、体为因袭，非创始，是不确实的。邵氏《江南文钞》《史记提要》曰："迁文章体例则参诸《吕氏春秋》而稍为变通。《吕氏春秋》为十二纪、八览、六论，此为十二本纪、十表、八书、三十世家。"按《吕氏春秋》体例，与《史记》绝不相同。邵氏之言，牵强特甚。参程金造：《史记体例溯源》，《燕京学报》1949 年 37 号，第 95—120 页；及罗根泽：《从史记本书考史记本源》，《国立北平图书馆馆刊》1930 年第 4 卷第 2 期，第 7—20 页。

神，记人物地名，年月时日，而主要的故事，自然印入脑中。所以希罗多德享盛名二千余年，其书至今仍为人所诵读。

在西洋学者当中，有认为这位“历史之祖”头脑很简单的①，也有人以为古代西洋人写史，是件容易的事，只要根据官方对事情的看法，能使读者痛快满意，不必证明某种学说与理论，就算成功之作②，希氏以听众的兴趣，为选择与布置材料的标准，原书并不分章分段，现在的九章，是1608年印行时，编者替他勉强而分的③。其书虽目为通史，而忽略三个重要的国家 Phoenicia、Carthage 及 Etruria；虽详纪战争，而对于 Trojan 之战，言之极略。希罗多德的原来计划也许就不想包罗万有。可是以希氏游历之广，见闻之富，印证之详，叙述之美，虽至今日，他的书，仍是研究公元五世纪前希腊、波斯、埃及等国之必须参考书，他的贡献也算不小了。

四 史学方法与史观

司马迁的历史学方法，是先勤读十年，然后遨游全国，以印证所学。后又穷搜博览，再事游历，将两代（他父亲及本人）所经营的历史著作，徐徐布置整理，细细思量考察。故能综合前代史料而加以创造。

论其所据资料，有用现成的书篇——紬史记石室金匮之书，整齐百家杂事。有用父亲的旧档，“请悉论先人所次旧闻”，“无忘吾所欲论著”④。有用自己所搜集的材料，实际的见闻，与好学深思的推断。“涉猎者广博”，“贯穿经传，驰骋古今，上下数千年间，斯亦勤矣！”

他将辛勤搜集的资料，常常注明出处。在他全书中，他说明采用之书籍者，凡三十余处，如《殷本纪》，“太史公曰”，余以颂次契之事，自

---

① Arnold J. Toynbee, *Greek Historical Thought*, (Boston, 1950) Xixff.

② James T. Shotwell, *An Introduction to the History of History* (New York 1939) pp. 169-170 and *Passim*.

③ J. L. Myres, *Herodotus*, (Oxford, 1953) p. 64.

④《史记》可能出自司马谈手笔者有《孝景本纪》《律书》《晋世家》《老庄韩申列传》《刺客列传》《李斯列传》《郦生陆贾列传》。详参李长之：《史记各篇著作先后可能的推测》，《东方杂志》1944年第40卷第32期，第39—57页。

成汤以来，采于诗书，“五帝本纪”，余观《春秋国语》[1] 等，大概当时所有的书，多已采用。其不见书本而注明闻之人证者亦十余处，如“吾闻之周生曰”“吾闻冯王孙曰”等。其得之目睹及物证者又十余处，如“适鲁，观仲尼庙堂车服礼器”，“适长沙，观屈原所自沉渊”。“吾视郭解，状貌不及中人，言语不足采者。”又如观张良之图，“状貌如妇人好女”。又有采之于书或闻之于人而辨其不然，示以论断者，如五帝纪，“百家言黄帝，其文不雅驯，荐绅先生难言之。……余尝西至空峒，北过涿鹿，东渐于海，南浮江淮矣。至长老皆各往往称黄帝尧舜之处，风教固殊焉，总之不离古文者近是”。仲尼“弟子籍出孔氏古文，近是……余以弟子名姓文字，悉取论语弟子问，并次为篇，疑者阙焉”。可见司马迁的史学方法之一，是异说纷纭，莫衷一是时，根据一种比较足资凭信的材料。但他不愿人云亦云，而在可能的范围内表示独到的见解。如《周本纪》，“学者皆称周伐纣居洛邑；综其实，不然”。又如刺客列传，“世言荆轲，其称太子之命，……又言荆轲伤秦王；皆非也”。如《郦生陆贾列传》，“世之传郦生书，多曰……郦生被儒衣往说汉王，乃非也”。“世言苏秦事事多异……吾故列其行事，次其时序，毋念独蒙恶声焉”。“人皆以〔李〕斯极忠而被五刑死，察其本，乃与俗议異”，可见司马迁有疑古和考证学的方法。

若证据不足时，如老子问题，吕尚事周问题，他采阙疑的态度，所谓“疑者传疑，盖其慎也”[2]。间或对于历史原因不能充分解释时，他归之于“大”或“天命”，他的“天命”似为上帝的主宰，或许相当乎数学上的无穷大∞，令读者自己去决断吧[3]。

① 罗根泽：《从史记本书考史记本源》，第7—20页。

② “疑者阙焉”（《高祖功臣年表》）。“故疑者传疑，盖其慎也”（《三代世表》）。“或言”，“或曰”（《老庄列传》）。“至《禹本纪山海经》所有怪物，余不敢言之也”（《大宛传赞》）。

③ 《史记》卷十五《六国年表序》，“量秦之兵不如三晋之疆也，然卒并天下，必非险固形势便利也，盖若天所助焉”。卷十六《秦楚之际月表》，“岂非天哉，岂非天哉！”卷二三《礼书叙》“宰制万物，役使群众，岂人力也哉！”卷五五《留侯世家赞》“岂可谓非天乎？”卷六一《伯夷列传》“余甚惑焉，傥所谓天道，是耶非耶？”卷九八《傅靳蒯成列传》“此亦天授也”。卷一二七《日者列传》，“自古……王者之兴，何尝不以卜筮决于天命哉”。

对于史事的驾御，时代愈近司马迁的记载愈详。错综复杂的史事，若用文字描述，或使人不能卒读，史迁乃列表以明之，使人一览无遗。普通习见之事，常见之书，或略而不谈①。他的史学方法，似乎相当近代化。

司马迁的历史观，可说是社会史观。他大量地纪录普通人民的生活，把社会人民的生活，作为历史研究的对象。他对于古今许多特立独行之士，为人格正义而奋斗之士，如伯夷、田横、汲黯非常推崇。对于趋炎附势的卫将军骠骑，则甚痛恨。他表彰游侠，称“其言必信，其行必果，已诺必诚，不爱其躯，盖亦有足多者焉”。又曰“有足多者”，有足禄者，“曷可少哉”。他尊敬布衣，歌颂郭解、荆轲、信陵君、蔺相如、鲁仲连、陈涉、项羽等不同类型的英雄。如云“相如一奋其气，威信敌国，退而让颇，名重太山，其处智勇，可谓兼之矣”。又云“鲁连其指意虽不合大义，然余多其在布衣之位……不诎于诸侯，谈说于当世，折卿相之权”。他敢于指斥帝王，贬抑权贵，扬发黑幕，暴露罪恶。对于皇帝之愚昧残暴，往往极尽讽嘲之能事。他写循吏传五人，汉无一人。酷吏传十人，而九人在汉武帝时，所谓相形见绌，相得益彰。他有广大的兴味，广大的同情心。帝王诸侯的事，他感觉兴趣，寡妇流氓（即游侠）的事，他也感觉兴趣。他没有中国传统的正统历史观念，专为帝王歌功诵德，而忽视其他。他敢为项羽与吕太后作本纪，为孔子与陈涉作世家。他的历史，是以全社会为对象。传记人物的选择也是看他们对社会有无贡献与影响为标准，凡是有贡献有影响于社会的，不管智愚贫贱，成败得失，皆传其人。故以文治名于天下者如管晏商鞅，以政运名于天下者如苏秦张仪，以豪迈名于天下者如孟尝平原。以经营影响社会者如卓氏宛氏。以行动影响社会者如刺客、游侠、滑稽各传，皆是为全社会着想。

司马迁的历史观与人生观，有不可分离的联带关系。若不懂他的人生观，也难完全了解他的历史观。他是一位非常容易伤感的人。例如“太史公曰：余每读《虞书》，至于君臣相敕，维是几安，而股肱不良，

① 如“世既多《司马兵法》，以故不论”，《管晏列传》，“至其书，世多有之，是以不论，论其轶事”。吴起《兵法》世多有，故弗论；论其行事所设施者。自如《孟子》至于《吁子》，世多有其书，“故不论其传云”。

万事堕坏，未尝不流涕也”。“读乐毅之报燕王书，未尝不废书而泣也。”“余读《离骚》《天问》《招魂》《哀郢》悲其志。适长沙，观屈原所自沉渊，未尝不垂涕，想见其为人。”“读春秋历谱谍，至周厉王，未尝不废书而叹也。”“余读功令，至于广厉学官之路，未尝不废书而欢也。”因为他是这样的易于伤感，所以他有广大的同情心。他念书时，也仿佛时时刻刻不忘史官的职责与见地。

司马迁是一个讲自由主义，个性很强的人。他的见解，不能为任何人所左右，任何威武所屈服。他能父子异趣。父亲崇拜道家，而他却崇拜儒家，继孔子作《春秋》，以仁义为准则①。他能独排众议，替他相识的人李陵说公道话，而不顾盛怒之下的武帝的意旨。

因为个性强而对于史官的责任心重，所以他能坚守《公羊左传》之笔诛传统，时时求真理，不党同伐异；与史事以严正的批评。举例来说吧，他最崇拜项羽，比之于舜，夸之为“近古以来，未尝有也”。可是他评论项羽曰：“自矜功伐……谓霸王之业，欲以力征，经营天下……身死东城，尚不觉寤，而不自责，过矣。乃引天亡我，非用兵之罪也，岂不谬哉!”可见他的态度很公平。司马迁评袁盎、晁错、魏其、武安、灌夫、公孙弘，皆很坦白。汉刘向、杨雄等人，皆以为司马迁的长处，在“不虚美”，“不隐恶”。

司马迁以严正公平的态度，发扬他的社会史观，凡渺视民瘼者，宜受诛讨，“夏桀不务德而武伤百姓，百姓勿堪，……汤遂率兵以伐夏桀”。“吾适北边……行观蒙恬所为秦筑长城亭障，……固轻百姓力矣，……此其兄弟遇诛，不亦宜乎。”

史迁反对严刑竣法，在《酷吏传》，他引孔子曰：“道之以政，齐之以刑，民免而无耻。”老子曰：“法令滋章，盗贼多有。”“太史公曰：信哉是言也!”在《吕后纪》，他说“刑罚罕用，罪人是希”。

他提倡仁义。仁义二字，与法治相反，与孟子所谓“王道”，儒家所谓“德治”相近。他说一个国家，“形势虽强，要之以仁义为本”，一个小国能长保者，也要“笃于仁义，奉上法”，孝惠及孝文追修功臣，“诸侯子弟若肺腑，外国归义”，“咸表始终，当世仁义成功之著者也”。

---

① 参内藤虎次郎：《支那史学史》，东京：弘文堂，1953 年，第 125 页。

司马迁常从史事中求教训，得经验，把历史作为修身齐家治国的教科书，所谓“前事不忘，后事之师也”。“居今之世，志古之道，所以自镜也。”在《酷吏传》，他说“其廉者足以为仪表，其污者足以为戒”，从历史教训中，观察一些日常生活的哲学。如云“国虽大，好战必亡；天下虽平，忘战必危”。“三王之道若循环，终而复始。”这是他所看出的历史周期性。“国之将兴，必有祯祥，君子用而小人退；国之将亡，贤人隐，乱臣贵。……甚矣，安危在出令，存亡在所任，诚哉是言也。”他喜引谚语，以表达日常的人生哲学。例如“语有之，以权利合者，权利尽而交疏”。又曰：“女无美恶，居宫见妒；士无贤不肖，入朝见疑。”

希罗多德的史学方法，在资料的搜罗与鉴别上，与司马迁的相仿佛。他书中材料的来源，可分为三种：一为有文字的记载。如古诗散文、说书（logographoi）、占卜词（oracles）、演说词与档案。他也用了一部分波斯政府的档案（III，89-97，V，52-53），而以说书式的历史（logi）用得相当多。二为考古学的材料。他用了 Amasis 与 Ladice 的石像（II，182；I，181.5），Scythia 国的灵墓（IV，71.1）、巴比伦皇后 Nitocris 的灵墓（I，187）、战争纪念碑（VII，225，228）、古寺庙（II，101.2，110）、埃及金字塔等。三为口述的资料，经他多年游历与考察得来的。而且这样的材料，在他书中占一大部分。例如他在第二章中对于埃及仔细的描写，据他说，他的材料，多半是根据他自己的考察和访问（II，29）。

说书家开希腊历史之先河，他们想建立希腊的历史，注重地理学与民俗学的资料，以增加听众的兴趣，促成历史的发展。这些资料，希罗多德加以充分的利用。他自己所搜集的口碑资料，尤足以表示他的史学方法。他跟四十多个希腊城市的市民谈过话，征求材料①。有时他也说明材料的来源“In all this I only repeat what is said by the Libyans”（IV，261）。或述异闻“Besides this there is another story told，which I do not at all believe”（VII，423），如传说有误，则改正之（IV，192）；或就所知者改良之。“yet so much I do know”（VII，152），或存疑（II，123；IV，195；V，9），或阙疑，如对于欧洲地理，因他所知甚微，则略而

① J. L. Myres，*Herodotus*，(Oxford，1953) p. 9.

不言[①]。或疑信参半，他相信北欧产多量的金子，但不相信有一只眼的民族，叫作 Arimaspi，他们将金子从别处偷来的（III，117），对于 Scythian 的人种与国家的起源，希罗多德先引 Scythians 人自己的传说，而他自始就说，“I do not believe the tale”，次引希腊人关于 Scythians 人来源的说法，再次又引比较近乎情理的普通说法。他说：

> There is also another different story，now to be related，in which I am more inclined to put forth than in another. It is that the wandering Scythians once dwelt in Asia，and there warred with the Massagetae，but with ill success；they therefore quitted their homes，crossed the Araxes〔Volga〕，and entered the land of Cimmeria.（IV，5. 8. 11）

从此可知希罗多德的史学方法，与司马迁是同样的谨慎，但希罗多德似乎多用常识与逻辑学的判断，显得更科学化。司马迁喜用抽象的描写，以求行文的流利与简洁；希罗多德却爱用具体详细的描写，以求叙事逼真，使人相信他所说的故事，使听者觉得他是观察入微。如关于埃及之土壤成分，气候潮汐，他有时议论风生批评众说，表示己见，如关于尼罗河各问题，使人读之，乐而忘倦。有时他用统计数目字，描述人物，使人觉得他很科学化。

> Wonderful as is the Labyrinth … The measure of its circumference is sixty schaenes，or three thousand six hundred furlongs，which is equal to the entire length of Egypt along the sea coast. The lake … in its deepest parts is of the depth of fifty fathoms … In the center there stand two pyramids rising to the height of firty fathoms above the surface of the water … Thus the pyramids are one hundred fathoms high，which is exactly a furlong（stadium）of six hundred

---

① It is the normal rule of Herodotus，when he is writing on points of geography，not to make definite statements about regions of which his knowledge is worse than secondhand. With regard to Western Europe he makes his attitude perfectly clear in iii，115 when he refuses to believe definitely in Eridanus（Rhodanus）saying that he has not been able to obtain the authoritative statement of an eye witness that there is an ocean on the farther side of Europe. Lionel Pearson “Herodotus on the Source of the Danube”，*Classical Philosophy*，（1934）pp. 328-337.

feet … (II. p. 134.)

希罗多德爱用数目字描述。如在第七章中，记载海陆军人数，为2,317,610人，或2,461,610人（VI，p. 414）。他说，波斯海陆联军，竟有五百余万人。据识者云，他的统计数目，多不可靠。他的天文与数学知识，非常薄弱。甚至加减乘除，亦常多误①。

希罗多德的史观，第一似为秉客观的态度，求记载的翔实：

> "If things happened so or not, I know not, but I write what men say. For myself, 〔he says〕 though it is my business to set down what is told me, to believe it is not at all my business; let that hold for the whole of my history"②。所以他在书里，他开章明义说，他要保存"the great and wonderful actions of the Greeks and the barbarians from losing their due meed of glory."其结果是"in spite of his fondness for a good story and tendency to romanticize, there is no conscious distortion; that he was an honest and veracious historian …. What Herodotus sees, he describes clearly, what he hears he relates faithfully, and he bestowes the same care on the composition as he had bestowed on the investigation."③

历史家可不仅是以客观的态度，求公平翔实的记载，而第二步在求真理，历史大事，不是单独的存在与发生，而与其他事件，有互相关联互为因果的地方。史家的责任之一，是寻出前因后果。这与司马迁的"通古今之变"是一样的用意。希罗多德注重考察，留意寻源——人类国家之源，甚至于寻尼罗河的河源。

见解与判断，是希罗多德第三个着重点。他说：

> "In any experience, good judgment is more valuable than any other accomplishment. Even if something goes amiss the soundness of original judgment remains unaffected and its frustration is due to Fortune."

在他的书中，他常常侃侃而谈，申述他自己对于某个问题的见解。

希罗多德也酷爱自由。他以为东西亚人之争，主要为自由与专制之

---

① Glover, *Herodotus*, p. 155.

② J. L. Myres, *Herodotus*, (Oxford, 1953) p. 176. and *Martin Classical Literature*, p. 14.

③ *Martin classical Literatures*, p. 9.

争。一个国家，最需要的第一是自由，第二是自主，第三是非专制的政体，第四是民主政体。他自己想作一个典型的希腊人，最喜欢雅典的自由，有人说，他也许以这本书教训青年之爱自由，崇拜英雄，不怕牺牲①。他推断希腊之所以能战胜波斯人，是因为民主政体。在民主政体之下，每一个公民觉得是为自己的自由而战，非为专制君主而战②。

这些观点，表示希罗多德之思想，是现代的。

可是他的宗教哲学史观（religious philosophy of history），就显得有点陈腐了。在他生存的时候，筮卜（oracles）之风固然盛行，颇与殷周之习相似。然希氏一面求翔实客观的记载，一面自己也没明白反对oracles与梦兆，因为在他书里常常提到神灵可以干涉人的行动，可以决定人的成败与幸福，以筮卜之结果，决定国家大事的行动；好像卜辞为人神之间的交通媒介。好些史事的因果，好像为超人力（supernatural agents）或个人的狂念，或历史传统所决定③。稍后 Thucydides 就抛除了神怪的笼罩。司马迁虽然也有非人力的解释，却没有希氏相信迷信与神奇之深广。司马迁不忽略流行的筮卜之事，为社会现象之一，而将这一类事情，归纳于《日者列传》与《龟策列传》之中，可是并没有把这两部分写完。现在这两篇，是褚少孙等人东抄西补的。

五　优点与劣点

这两大家的优劣之点，已屡经前人批评与夸奖，如班彪云："采经摭传，分散百家之事，甚多疎略……欲以多闻广载为功，论议浅而不笃。"班固云："以身陷刑之故，微文讥刺，贬损当世。"在西洋有以希罗多德为撒谎之王（Prince of Liars），抄窃大家，从别人书中，杂采故事，而不注明出处者④。这些批评，不完全确当，前人辨之详矣，不必多事重述。

---

① Glover，*Herodotus*，p. 146.

② John H. Finley. Jr.，*Thucydides*，(*Cambridge*，*1942*) pp. 23-24.

③ Reginald W. Macan，*Herodotus*：*The 4th*，*5th and 6th Books*（London，1895），Vol. I，vii-ix，lxxxvii；Glover，*Herodotus*，p. 267；J. L. Myres，*Herodotus*，(Oxford，1953) p. 57.

④ 详参宋高似孙：《史略》古逸丛书本第 1 册，第 6—15 页；*Les Memoires Historiques de Se-Ma Ts'ien*，translated by Edouard Chavannes，t. I，CLXXXI-CXCVI and CCXXII-CCXXV；Myres，*Herodotus*，(Oxford，1953) pp. 17-31.

有一点当申明者，希罗多德之书，生前似已完成，并屡加文字上的推敲，死后数年，书中内容，已是家读户诵，凡是受了教育的人都已熟悉。原书流传至今，少经窜乱。司马迁之书，当他死时，未必已成写定本，死后，其书稍出，宣帝时（107—125）外孙杨恽始宣布其书，其后褚少孙等人补之，杨终删之。将《史记》自序中所说的五十二万六千五百余字，删去十余万言，其后又经刘歆等人窜乱，以致现在约有六十万字左右。《史记》的书名也是在汉灵帝献帝（170—220）的时候，才确定的[1]，汉晋名贤，未将此书见重，大概在他死后三百余年，至晋末徐广（352—425），始加以研究，作《史记音义》。故《史记》有许多校雠与考证学上的问题，不在此文讨论的范围之内，但在作大概的比较时不能不提到两书的传授系统。

在结构与组织方面，司马迁最大的贡献，是铸成一个历史的模型，可以包罗万象，并用之于古今中外。不但中国历朝正史用这个模型，日本史用之；近年罗尔纲写太平天国史亦用之。甚至于美国史，也未始不可以此模型驾驭材料。如将各大总统作本纪，Adams，Morris，Rockfeller and Ford 等作世家；将各科学家、文学家、实业家、电影明星作列传，将社会、经济、交通、地理等作专题研究；将各州发展史，内乱与大战进展史作年表，则全部美国史，亦可以包罗排列，有的部分供人阅读，有的供参考。所以司马迁《史记》其应用，已非常广博与悠久。希罗多德之书，没有他这样的体大思精。

从内容方面看，《史记》的优点，是包括全社会各阶级二千余年的通史。其中材料，多经过谨慎的搜罗与选择。这也是希罗多德最大的长处。希氏的书是一部最初最大的文化史，包括无数有趣味的题材。他的历史可说在史学上有三大贡献：一为记载人类各种活动，二为盘根索源，三为将近代史看作世界史，而不拘于一时一地的历史。从趣味与惊人的故事方面看，希罗书中的内容比司马迁的更有意思。司马迁有时客观的记述历史事实时，在初学者与外国人读之，不免枯燥无味。因为司马迁在本国游历，各地的语言习俗，他早已了解，风俗人情，早已司空见惯，好些趣事，毋庸描写。希氏在外国游历，外国的语言，他多半不明了，

① 李奎耀：《史记决疑》，《清华学报》1927 年第 4 卷第 1 期，第 1175—1275 页；杨明照：《太史公书称史记考》，《燕京学报》1939 年第 26 期，第 191—214 页。

要依赖导游者或翻译者，供给他的材料，凡是新颖的令人动听的东西，他都很小心的记载下来了。用现代的眼光看，有的故事，虽然有趣味，却没有很多历史价值。有好些政治经济的资料，司马迁非常注意，而希氏却忽略了。司马迁作正式的历史，或简称正史，希氏作非正史的历史。所以有两位英国学者说：希罗多德对于上古与偏远地方的记载，常常倾向于接受奇异的故事。他书中充满了有趣味的跟有教训的故事，但不一定有历史的价值。他缺乏时间观念，使他的记载，有时先后失次前后矛盾。他神学观念太重，使他不能深刻明了历史的原因①。

有几种希罗多德的短处，恰是司马迁的长处。希氏缺乏历史的年代知识与工具，而司马迁对于年代系统，非常留意，非常清楚，所以他能作出各种年表。中国上古史，若非司马迁理清年代，提纲挈领，则其错综复杂，恐不亚于印度史。所以傅孟真认为“整齐殊国纪年”，为司马迁史学特色之一。

希氏描写军事与战场情形，亦甚薄弱。而司马迁能写得生龙活虎，有声有色，如《项羽本纪》，几乎可以作电影。希氏描写许多古代国家，对于地理学有贡献，而他本人的地理智识，并不见佳。如说 Danube 河发源于 Pyrenees 而往南流。司马迁对于地理学却特别见长，藤田元春认为司马迁是世界上人文地理学最初开拓者，他注重交通经济地理，并建立自然与人文地理的关系②。此外，司马迁对于地位与方向观念（sense of direction），特别见长。从他的著作中，我们可以想象，凡是他所去过的地方，他可以画出一个地图。故凡写战场上的行军布阵及排列，宴会席上的座位，他皆以东西南北等方向，描写得了如指掌。

希氏不注重政治史事，而司马迁特重政治史事。

将两书的内容略加分析与比较，我们可以说，西洋若无希罗多德氏之作，其损失尚小；中国若无司马迁的《史记》，其损失甚大。

---

① W. W. How, *A Commentary on Herodotus*,（Oxford，1912）pp. 1-40.

② 藤田元春，认为司马迁是世界上人文地理学最初之开拓者，足迹遍十八省，他是“当时第一流の实际地理学者”。《史记》全书中对于地理学有明确之认识，八书中之《河渠书》，实为当时之漕运水利，即当代之交通地理学。《平准书》《货殖传》为经济地理学，他注重陕西盆地、巴蜀盆地、齐鲁平原。他在《西域匈奴》等传，注意外国地理。他建立自然与人文之间的关系，确定地理区域的划分。详参《司马迁の人文地理学》，立命馆文学 1934 年第 1 卷第 12 期，第 1595—1616 页。

就文章价值说，两人皆很高超，西洋如 Cicero，Byron，Hume Gibbon，Macaulay 等人皆赞美希罗多德的文笔，为散文生光辉；中国如杨雄、韩愈、柳宗元、章学诚、曾国藩，各大家皆服膺司马迁之文笔，为唐宋元明散文之模范。在文章高妙之中，希罗长于说故事，折衷异说，辨别事理，有现代科学家的态度。司马长于写传记，写个性，有戏剧与雕刻家的天才，稍为引申，当引 Macan 对于 Herodotus 的评论：

> Upon the materials which reached him one way or another, at various times and various places, the mind of Herodotus seems to have exercised a two-fold action, for the one-part critical and selective, for the other representative and creative. A very large part of the text of Herodotus is occupied with the express statement and exposition of his own opinions, views, judgements, while indirectly and inferrentially this element is largely reinforced by his methods of historiography. ①

这是对于 Herodotus 最恰当，最有力量的估价。因为希氏有这样的本能，所以虽然常常穿插，离题说话，而加入的故事、材料，本身有趣味，不使读者厌倦，可是他书中的长篇演说词，十之八九，是他想象虚构的。虽然写得适合身份，恰到好处，而其历史价值，不无疑问。

在司马迁《史记》里大大小小，表现好几百不同的个性人物，比《水浒传》与《红楼梦》所表现的人物，更为显著，他能写出各种不同的喜怒哭笑。常模拟各种身份不同的人所说的话，所用的字眼，常用汉代的白话解释古典，使明白易晓，他避免穿插离题，而用详略互见的方法，使文章清洁，他最善于用虚字，如之乎也者之类，将文章表现得轻松流畅，常露出法外之音，言外之意，使人阅读之后，觉得有余韵，有隽永之味，情不自禁地发生回想。他确是以诗人的性格写历史。但他书中的所引的长篇说词，却不是臆造的。所以鲁迅说：《史记》是“史家之绝唱，无韵之离骚”②。同样 Macan 也说：

> The work of Herodotus is a prose Iliad and Odyssey in one rich

---

① Reginald W. Macan, *Herodotus: The 4th, 5th and 6th Books*, (London, 1895) Vol. I, cii.

② 《鲁迅全集》第10册，北京：人民出版社，1973年，第581页。

in episodes and details and more disputedly one and indivisible than either Epos. ①

就态度方面说，希罗多德为希腊人而记希腊与波斯之争，虽然有时免不了左袒或歌诵雅典人，而对于波斯人与其他野外人的记载，还算公平翔实。司马迁有诗人的性格，而兼受了腐刑，虽然有时不免以感情用事，如对于汉武帝与当时人物如李广将军，等略带讽刺之意，把汉武帝写成一个迷信极深神经病狂之人（参今之《本纪》《封禅书》与《龟策列传》）。而武帝之穷兵黩武，求神求仙，皆为事实，值得讥评。《史记》全书，对于人物的选择，事实的申述，皆不失史家公谨，与冷静的态度。

总之，希罗多德为业余史学家，司马迁为专门史学家。两人比较，强弱互见（Thucydides 与班固，才能好好的对比）。古代文史不分，二人皆为最大的文学家。他们的散文，充满了幽默与诗意。希罗多德用纪事本末体，如章回小说、侦探小说，原原本本，系统分明，条理井然。司马迁用纪传体，其组织之周密，包罗正式史料之广博（如政治、人物、社会、经济、文化各方面），似较希罗多德目光远大，思想慎密。而希氏以客观的态度，用数目字的描写，讨论众说，折衷已见，似较司马迁为科学化。两书影响东西史学界颇大。东西史学之兴趣，已发端于两大鼻祖。读西洋史书如吃杂碎（chop suey），荤素作料，皆混合之，读者读之而已。读中国正史，如吃西餐。本纪如牛排，列传如素菜……读者须自加抉择，自己调味。东寻西找，颇费工夫。“把历史割裂为无数的碎片，诚为纪传体最大的缺点。”② 希氏讲故事的方法，为我们保存好些史料，否则已被人遗忘。讲通史者也许仍然要奉希氏的方法，为教通史之金科玉律罢。

① Reginald W. Macan, *Herodotus: The 4th, 5th and 6th Books*, (London, 1895) Vol. I, lxxiii and *Martin Classical Literatures*, pp. 16-18.

② 翦伯赞：《论司马迁的历史学》，《中国史论集》，重庆：文风书局，1943 年，第 37—74 页。

唐代矿物产地表[①]

余读《唐书·地理志》，见其所著物产土贡，颇感兴趣。适《禹贡》编者征文亟，乃胪列成表，以就正高明。表中所据，主《新唐书·地理志》，因《旧唐书》不志物产土贡也。惟《元和郡县志》纪述亦不尠；缘取此书，参杂糅和，统列于后，并注明卷页，以示区别。此外《唐六典》卷三“户部郎中员外郎”一条，亦有数则，为前二书所未备，可补史阙，并附录之。他如《通典》《唐会要》《两唐书·食货志》《通考》《太平御览》《太平广记》以及《玉海》等书，一鳞片爪，皆略言及。然性质不同，可供论述之资，不能为作表之用；时促事繁，概付阙如。兹表职志，仅在省学人些许精力耳。倘能促起世人之注意，广事搜研，鉴古观今，知富藏于地之可惜及土地之可爱，从而保护之，开采之，以挽实业不振之狂澜，则更属莫大之奢望矣。

道名	州名	县名	矿物									备考
			金	银	铜	铁	锡	铅	盐	石类	杂类	
关内道	华州	栎阳							×			
	同州	朝邑							×			
		韩城				×						
		奉先							×			
	商州	洛南	×		×	×						
	陇州	汧源				×						
	渭州	平凉		×	×	×						县西南六盘关有银铜及铁
	均州	中部			×							
		宜君				×						
	郑州								×			土贡
		回乐							×			
		怀远							×			有盐池三

① 原载《禹贡》（半月刊）1934年第1卷第11期。

续表

道名	州名	县名	矿物									备考
			金	银	铜	铁	锡	铅	盐	石类	杂类	
	威州	温池							×			盐池
	会州	会宁							×			有河池，因雨生盐
	盐州								×			土质
		五原							×			盐池四所
	夏州	朔方							×			盐池二
	宥州	长泽							×			盐池
	丰州								×			土贡（以上《唐书》卷三七）
河南道	河南	伊阳	×	×	×		×					太和山有银铜锡，伊水有金。《元和志》卷六，银铆窟在县南五里，每岁税银一千两
	汝州	鲁山		×								在尧山
	陕州	安邑		×								《元和志》卷七，在雷首山，一名中条山
		平陆		×	×				×			有银穴三十四、铜穴四十八
	虢州	朱阳				×						
	许州	舞阳				×						
	蔡州	新息								珉玉坑		
	徐州									紫石		土贡
		彭城				×						
	濠州										云母	土贡
	宿州	虹县			×							
	齐州										云母	土贡
		历城				×						在华不注山
	淄州									理石		土贡
		淄川				×						
	登州	蓬莱		×								
	莱州			×								《元和志》卷十三，土贡黄银

续表

道名	州名	县名	矿物									备考
			金	银	铜	铁	锡	铅	盐	石类	杂类	
		掖县							×			盐井二
		昌阳		×		×						有银、有铁、有黄银坑
		胶水							×			
		即墨							×			
	棣州	渤海							×			
	兖州									紫石	云母	《元和志》卷十一，贡紫英石
		莱芜			×	×	×					有铁冶十三，有铜冶十八，铜坑四；有锡
	沂州			×						紫石		《元和志》卷十三，贡紫石、黄银。《唐六典》，沂衮等州贡紫英石
		永县				×						
		沂水			×							
	密州	诸城							×			
		莒县							×			（以上《唐书》卷三八）
河东道	河中	河西				×						
		解县			×				×			有铜穴十二，有盐池，又有女盐池
		安邑		×					×			
	晋州	岳阳				×						
		汾西				×						
	绛州	典沃			×							
		翼城			×	×						在浍高山
		绛县				×						
		闻喜			×							有铜野
	慈州	吉昌				×						
		昌宁				×						
	隰州	温泉				×						

续表

道名	州名	县名	矿物									备考
			金	银	铜	铁	锡	铅	盐	石类	杂类	
	太原									礜石 矾石	黄石 铆	土质铜镜、铁镜、黄石铆、礜石、矾石。《唐六典》，太原贡矾石钢铁
		太原	×									《元和志》卷十六，牢山有金铆
		灵县			×	×				玉		《元和志》卷十六，白马山其阳多玉，其阴多铁及赤铜。原仇山出铁矿
		交城		×		×						《元和志》卷十六，少阳山多赤银，狐突山出铁铆
	汾州									消石		土贡。按消石一作芒硝，即硫酸钠
	沁州					×						
	宪州	玄池				×						
	忻州	秀春				×						在系舟山
	代州	五台		×	×	×						
	蔚州	飞狐			×							有铁官。《元和志》卷十八，三河治铜山约数十处，铜铁甚多
	潞州	黎城			×							
		涉县				×						
	泽州									石英		土贡
		阳城			×	×	×					
河北道	相州	邺县				×						
		林虑				×						《元和志》卷二十，林虑山多铁，下有铁官
	邢州	沙河				×						《元和志》卷十九，黑山出铁
		巨鹿							×			
		内丘				×						
	惠州									磁石		土贡

续表

道名	州名	县名	矿物									备考
			金	银	铜	铁	锡	铅	盐	石类	杂类	
		武安					×					
		昭义				×						
	镇州	井陉				×						
		平山				×						
	沧州	青池							×			
		盐山							×			《元和志》卷二二，盐山在县东南八十里
	定州	唐县			×	×						
	幽州	苏县			×							（以上《唐书》卷三九）
山南道			×									厥贡金
	峡州		×								芒硝	《唐六典》，峡州贡金
	归州	秭归							×			
		巴东				×			×			
	夔州	奉节				×			×			
		云安							×			有盐官
		大昌							×			有盐官
	沣州	石门				×						
	忠州	临江							×			
		南宾				×						
	涪州	涪陵			×	×						《元和志》卷三一，开池在县东三十里，出铜铁，土人以为文刀
	万州	南浦	×									《唐六典》，万州贡金
									×			有盐官二
	邓州	南阳			×							
	均州	武当							×			有盐池
		丰利					×					
	房州									苍矾		

续表

道名	州名	县名	矿物									备考
			金	银	铜	铁	锡	铅	盐	石类	杂类	
	兴元	西县				×	×					
	利州					×						《唐六典》，利州贡金钢铁。《元和志》卷二五同
		绵谷				×						《元和志》卷二五，穿山一名胡头山，出好铁
	凤州	梁泉		×		×						
		两当		×								
	兴州										丹沙	上贡。《元和志》卷二五作朱砂
		顺政				×						
		长举				×					朱砂	《元和志》卷二五，接溪山出朱砂，百姓采之
	成州	上禄							×			《元和志》卷二五，仇池山有土，可以煮盐
		长道							×			《元和志》卷二五，有盐井，在县东三十里。按《唐志》此州无此县
	通州	宣汉	×						×			
	开州	万岁							×			
	阆州	阆中							×			
		南郡							×			
		新井							×			
		新政							×			
	果州	南充							×			
		相如							×			
		西充							×			
	渠州	潾山				×						
陇右道	秦州	成纪		×	×	×						

续表

道名	州名	县名	矿物									备考
			金	银	铜	铁	锡	铅	盐	石类	杂类	
		陇城		×								
		清水		×								
		长道							×			
	渭州	鄣县							×			
	凉州	姑县							×			《元和志》卷四十，武兴盐池，眉黛盐池
	沙州									黄矾 石膏		土贡
		敦煌								石膏		《元和志》卷四十
	瓜州									绛矾		土贡
	甘州	张掖							×			
	顾州	酒泉	×									《元和志》卷四十，洞庭山在县西七十里，出金
		福禄							×			盐池
		玉门	×						×			《元和志》，金山在县东六十里，出金。独登山在县北十里，出盐，鲜白甘美
	伊州	伊吾	×			×						《元和志》卷四十，天山在州北一百二十里，出金铁
		纳职							×			有盐池（以上《唐书》卷四十）
淮南道	扬州	江都			×							按土贡金银铜器青铜镜，已属工业品
		六合			×	×						
		海陵							×			
		天长			×							
	楚州	盐城							×			
	滁州				×							有铜坑二
	庐州	庐江			×							

续表

道名	州名	县名	矿物									备考
			金	银	铜	铁	锡	铅	盐	石类	杂类	
	蕲州	蕲水							×			
江南道			×	×								厥贡金银
	升州	上元			×	×						
		句容			×					矾		
		溧水			×							
		溧阳			×	×						
	苏州	吴县			×							
		嘉兴							×			有盐官
	湖州		×									贡金
		武康			×							
		长城			×							
		安吉			×		×					
	杭州								×			有盐官
		余杭			×							
	睦州			×	×					白石英		土贡白石英、花银，有铜坑二
		建德			×							
		遂安			×					白石英		《元和志》卷二六，白石山在县西七十里，出白石英
	越州									丹沙石		土贡
		会稽					×					
		山阴				×						
		诸暨		×						紫英石		有银冶。《元和志》卷二七，乌带山在县北五十里，出紫英石
	明州	奉化			×							
	衢州	西安		×								

续表

道名	州名	县名	矿物									备考
			金	银	铜	铁	锡	铅	盐	石类	杂类	
	婺州	金华			×							
	温州	安固			×							
	台州		×									土贡
		临海				×						
		黄严				×			×			
		宁海				×			×			
	福州	长乐							×			
		福唐				×						
		连江							×			
		长溪							×			
		尤溪		×	×	×						
	建州	建安		×	×							
		邵武			×	×						
		将乐	×	×		×						
	泉州	晋江							×			
		南安				×			×			
	汀州	长汀			×	×						
		宁化		×		×						
		沙县			×	×						
	宣州							×				土贡银铜器，铅坑一
		当涂			×	×						有铜有铁。《元和志》卷二十九，赤金山在县北一十里，出好铜与金类
		南陵		×	×	×						《元和志》卷二九，梅根监井宛陵监，每岁共铸钱五万贯。铜井山出铜，利圃山出铜，供梅根监。《唐志》凤凰山有银
		宁国		×								

续表

道名	州名	县名	矿物									备考
			金	银	铜	铁	锡	铅	盐	石类	杂类	
	歙州	绩溪		×				×				
	池州					×		×				土贡铁，有铅坑一
		秋浦		×	×							
		青阳		×	×							
	洪州				×							有铜坑一
	江州	浔阳		×	×							
		彭泽			×							
	鄂州			×								土贡
		江夏				×						
		永兴			×	×						
		武昌		×	×	×						
	岳州	巴陵				×						
		华容									云母	《元和志》卷二八，方台山出云母
	镜州			×	×							土贡银，有铜坑三。《元和志》卷二九，镜州都县，永平监署在郭下，每岁铸钱七千贯
		乐平	×	×	×	×						《元和志》卷二九，银山在县东二百四十里，每岁出银十余万两，收税山银七千两
	虔州	南康					×					
		雩都	×									
		大庚						×	×			
		安陆				×	×					
	袁州				×							有铜坑一
		宜春			×							
	信州				×			×				有铜坑一，铅坑一
		上饶	×		×	×		×				

续表

道名	州名	县名	矿物									备考
			金	银	铜	铁	锡	铅	盐	石类	杂类	
		弋阳		×								
		玉山		×								
	抚州		×									土贡
		临川	×	×								
	潭州	长沙	×		×						云母	《元和志》卷三十，云母山在县北九十里，列仙传，长沙云母，服之不朽。铜山在县北百里，楚铸铜处
	衡州										水银	《元和志》卷三十，元和贡水银
	永州	祁阳				×						
		湘源	×			×						
	道州	延唐				×						
		江华					×					
		永明		×		×						
	郴州				×							土贯赤钱。《元和志》卷三十，桂阳监钱官在城内，每年铸钱五万贯
		义章		×	×			×				
		平阳		×	×							《元和志》卷三十，银坑在县南三十里，所出银至精好，别处莫及。亦出铜鉚
	黔州										丹沙	土贡
		彭水							×			
	辰州										丹沙 水银	《元和志》卷三十一，贡水银
		麻阳									丹穴	
	锦州										丹沙	土贡

续表

道名	州名	县名	矿物									备考
			金	银	铜	铁	锡	铅	盐	石类	杂类	
	溪州										丹沙	
	涤州										丹沙	（以上《唐书》卷四一）
剑南道			×									土贡
	蜀州	新津				×						
	嘉州	平芜				×						
		峨眉	×			×						
		夹江				×						
	眉州	彭山							×			
	邛州	临邛			×	×						
		蒲江							×			《元和志》卷三二，盐井距县二十里
		临溪				×						《元和志》卷三二，孤石山在县东十九里，有铁矿，大如蒜子，甚刚，因置铁官
		火井							×			《元和志》卷三二，县有盐井
	简州	阳安			×				×			《元和志》卷三二，阳明盐井在县北十四里
		金水			×							
		平泉							×			《元和志》卷三二，上军井，下军井，并盐井，在县北
	资州	盘石							×			
		资阳							×			
		内江							×			《元和志》卷三二，盐井二十六所，在管下
		龙水							×			

续表

道名	州名	县名	矿物									备考
			金	银	铜	铁	锡	铅	盐	石类	杂类	
	巂州	昆明				×			×			《元和志》卷三二，盐井在县城中
	雅州	卢山			×				×			
		台登				×						《元和志》卷三三，铁石山在县东三十五里，有砮石，火烧成铁，极刚利
		荥经			×							《元和志》卷三三，铜山今出铜铁
	茂州										丹砂	土贡
	维州	薛成							×			
	梓州	九郪							×			
		通泉				×			×			《元和志》卷三四，赤库盐井在县西北十三里，又别有盐井十三所
		玄武							×			
		盐亭							×			
		飞乌			×				×			《元和志》卷三四，哥郎山等八山，并出铜铁
		永泰							×			《元和志》卷三四，大汁盐井在县东九里，又有小汁盐井
		铜山			×							中南可象山，西北私镕山，皆有铜，置铸钱官
		涪城							×			
	遂州	方义							×			《元和志》卷三四，县四面各有盐井，凡一十二所
		长江							×			
		蓬溪							×			有化盐池。《元和志》卷三四，有盐井十三所

续表

道名	州名	县名	矿物									备考
			金	银	铜	铁	锡	铅	盐	石类	杂类	
	绵州	巴西	×	×		×			×			在富乐山
		昌明				×			×			在北芒山
		魏城				×			×			
		罗江							×			
		神泉							×			
		盐泉							×			《元和志》卷三四，阳下盐井在县西一里
		西昌				×						
	合州	石镜				×						《元和志》卷三四，铜梁山在县南九里，出铁
		巴川				×						
	龙州	江油	×				×					《元和志》卷三四，飨崖山出锡，涪江经油城至东，其水出金
	普州	安岳							×			《元和志》卷三四，县有盐井一十一所
		安居							×			《元和志》卷三四，县有盐井十四所
		泺至							×			
		普康							×			《元和志》卷三四，县有盐井三所
		普慈										《元和志》卷三四，县有盐井一十四所
	徐州	巴县							×			
		壁山							×			
	陵州	仁寿							×			《元和志》卷三四，陵井纵广三十丈，深八十余丈，益部盐最多，此井最大
		贵平							×			

续表

道名	州名	县名	矿物									备考
			金	银	铜	铁	锡	铅	盐	石类	杂类	
		始建				×			×			《元和志》卷三四，铁山在县东南七十里，出铁
		籍县							×			
	荣州					×						《元和志》卷三四，产利铁
		应灵							×			《元和志》卷三四，有盐井四所
		旭川							×			
		公井							×			《元和志》卷三四，有盐井十所
		和义							×			《元和志》卷三四，有盐井五所
		资官				×			×			
		威远							×			《元和志》卷三四，有盐井七所
	昌州	永川				×						
	泸州	江安							×			
		富义							×			《元和志》卷三四。富义盐井，在县东南五十步，月出盐三千六百六十石，剑南盐井，惟此最大。其余亦有井七所。案此县唐志失记，殊堪诧异
	曲州	朱提		×								《元和志》卷三四，朱提，山名，出美银，因山名郡县。按此州不见唐志剑南道，亦可怪也（以上《唐书》卷四二）
岭南道	广州			×							胆石	
		怀集				×						在骠山
		化蒙					×	×				《元和志》卷三五，铅穴山在县西六十里，出铅锡
		东莞						×				
		浈阳				×						

续表

道名	州名	县名	矿物									备考
			金	银	铜	铁	锡	铅	盐	石类	杂类	
		新会						×				
	韶州	曲江		×						玉		《元志和》卷三五，玉山在县东南十里，有采玉处；银山在县西二十二里，出银
	潮州	海阳						×				
	康州		×	×								土贡金银
	泷州			×								土贡银
	端州			×								土贡银
	新州		×	×								土贡银
	封州			×								同上
	潘州			×								同上
	春州			×								同上
		阳春						×				
	勤州		×	×								同上
		铜陵	×									
	罗州			×								同上
	辩州			×								同上
	高州			×								同上
	恩州		×	×								同上
		阳江		×								
	崖州		×	×							珠	同上
	琼州		×									同上
		琼山							×			
	振州		×	×								同上
		宁远							×			
	儋州		×									同上
		义伦							×			
	万安		×	×								

续表

道名	州名	县名	矿物									备考
			金	银	铜	铁	锡	铅	盐	石类	杂类	
	邕州		×	×								有金坑。《唐六典》，邕州贡银
	澄州		×	×								
	横州		×	×								土贡
	浔州		×	×								同上
	峦州		×	×								同上
	钦州		×	×								同上
	贵州		×	×				×				土贡金银铅
	龚州			×								土贡。《元和志》卷三六，开元贡银二十两
	象州			×								《元和志》卷三六，开元贡银二十两。《唐六典》，融象二州贡金
	藤州			×								土贡
		镡津						×				
	岩州		×									
	宜州			×							丹沙	
	桂州			×								《唐六典》，桂邕昭柳等五十余州贡银。《唐志》，土贡银铜器
	梧州			×						白石英		
	贺州			×								《元和志》卷三六，元和贡银三十两
		临贺			×							橘山有铜冶
		桂岭				×						《元和志》卷三六，程国在县东南一百二十里，朝冈在县东北四十五里，并有铁锡，自隋至今采取

续表

道名	州名	县名	矿物									备考
			金	银	铜	铁	锡	铅	盐	石类	杂类	
		冯乘					×					有锡冶三
		富川					×					
	连州	水银									丹沙水银	
		桂阳		×		×						
		阳山				×						
		连山	×		×	×						
	柳州			×								《元和志》卷三六，开元贡银二十两
	富州			×						石英		《唐六典》，富州贡石英
	昭州			×								《唐六典》，昭柳等五十余州贡银
	蒙州			×								土贡
	严州			×								同上
	融州		×									《唐六典》，融象二州贡金。《元和志》卷三六，元和贡金二两
	思唐			×								《元和志》同上，开元贡银十两
	容州			×							丹沙水银	土贡
	牢州			×								同上
	白州		×	×						珠		同上
	顺州			×								同上
	绣州		×									同上
	党州		×	×								同上
	宝州			×								同上

续表

道名	州名	县名	矿物									备考
			金	银	铜	铁	锡	铅	盐	石类	杂类	
	禺州			×								同上
	廉州			×								同上
	义州			×								同上
	安南	陆州		×								同上
	峯州			×								同上
	爱州	九真		×								《元和志》卷三七，居风山在县西四里，出金
	驩州		×									土贡金，金薄，黄屑
	长州		×									土贡
	福禄										紫铆	土贡紫铆
	汤州		×									土贡金
	演州		×									土贡
	武安		×									同上
	庞州										紫铆	同上（以上《唐书》卷四十三上）

明大诰与明初之政治社会①

《明大诰》之纂著人，从不通的文理，鄙陋的词语及狂暴的态度看来，盖即明太祖（1328—1396）。太祖姓朱名元璋，先为僧，后游食，最后为明朝的创业之君，较之汉刘邦以亭长起家，尤为微贱。而一能推翻嬴秦，一能驱逐胡元，各创立数百年的天下，实为中国史上两大民族英雄。其个性行为，善恶功罪，值得后人的研究。惜汉去今已远，文献不足，难得其详。明代去今未远，不特《明史稿》与《明史》裒然尚存，即修太祖本纪时所根据的材料，如《御制皇陵碑》《纪梦文》《西征记》《皇明祖训》《皇明本纪》《天潢玉牒》《国初礼贤录》《国初事迹》等书，尚多完整无缺，可供采掇。而最宝贵的材料，莫过于《明大诰》。修明史刑法志的人，殆未见及②。国内外仅有一刻本，藏在东瀛京师图书馆。自民国十五年，始得王静安之助，由京师图书馆传钞一部③。其他明清藏书家，藏此书者甚少，阅此书而见于载记笔乘者尤少，可见其珍贵。当明初之时，《大诰》是明太祖希望家弦户诵的宝典，同时也是明初社会病态的写真。它一共分三编：《御制大诰》一卷，凡七十四条，四十三页，前有洪武十八年（1385 年）十月初一御制序，后有同年十月十五日刘三吾跋。《御制大诰续编》一卷，凡八十七条，七十四页，前有十九年三月十五日御制序，后无跋。《御制大诰三编》一卷，凡四十三条，七十九页，前有十九年十二月十五日御制序，后有同月二十五日刘三吾跋。另有《大诰武臣》一卷，一名《武臣大诰》④，不在本文范围之内。据《明史·

---

① 编者注：原文最先载于《燕京学报》1936 年第 20 期，第 455—483 页。稍经修改后，收入于《明朝开图文献》第一册，台北：学生书局，1966 年，作为序言发表。本文即以此序言为根据。

② 邓文如先生云："大明律外，复为大诰，凡三编。又有大诰武臣一编。大诰初编七十四条，明史只载十条，且有不属于初编者，盖由未见大诰之故。"（邓之诚：《中华二千年史》卷五，第 379 页）房兆楹先生更详为证实，题为《明史刑法志正误一则》，《人陆杂志》第 31 卷第 9 期，第 322 页。

③ 参民国丙寅十五年王静安跋，见《王忠慤公遗墨》，昭和三年原田悟朗编印本。

④ 见《太祖实录》洪武二十年十二月。

刑法志》："太祖患民狃元习，徇私灭公，戾日滋。十八年采辑官民过犯，条为大诰。……次年复为续编三编，皆颁学宫以课士，里置塾师教之，囚有大诰者罪减等。于时天下有讲读大诰师生来朝者十九万余人，并赐钞遣还。"① 御制大诰序，谓"今将害民事理，昭示天下，诸司，敢有不务公而务私，在外赃贪酷虐吾民者，穷其原而搜罪之，斯令一出，世世守行之"。刘三吾跋，谓"中外臣庶，罔体圣心，大肆贪墨，……施之五刑，……而犯者自若，复不忍弃绝之。载劳圣虑，条画成书，颁示中外臣民，家传人诵，否者罪之"。颁行大诰第七十四条："朕出是诰，昭示祸福，一切官民诸色人等，户户有此一本。若犯笞杖徒流罪名，每减一等，无者每加一等，所在臣民，熟观为戒。"是御制《大诰》之动机，盖因峻法屡加，而犯者接踵，故从刑事案件，采辑官民过犯，撮其要略，条为《大诰》，以作官民之鉴戒。复以囚有《大诰》可以减罪之令，鼓励官民阅读。洪武十九年，以《大诰》颁赐国子监监生。二十四年，命礼部官从此书中出题考试，监生及学生，皆须燃读成诵②。太祖反复申诫，至再至三，这是颁行《大诰》的原因。

初，洪武九年时，叶伯巨谏太祖，谓用刑之际，多出自圣衷③。《二编》之后所附上谕，及《三编》刘三吾跋，皆谓太祖于机务之暇，特将官民过犯，条成《大诰》，颁示中外。是《大诰》之文，多出于明太祖之手。以其专制跋扈，文臣不敢过为点窜，行文宂赘，一仍其旧。而其所述当时的贪官污吏、土豪劣绅，一切元末明初社会政治经济情形，太祖本人专制的原因，及用严刑峻法、教戮兼施的手段，皆源源本本，极为详尽。此种材料，不但各正史中找不出，即一鳞半爪的笔记小说，亦难如此之详尽。然《大诰》似属刑事案件的撮要，故亦杂乱重复，漫无统系；因传本之稀少、材料之宝贵，特将内容，分类归纳，寻出条理，摘其精髓，弃其浮词，使明初中央及地方的政治利弊，与社会经济状况，重现于吾人之眼前，以供学者之参考，劝诱出版家之翻印。

此为民国廿五年拙著《明大诰与明初之政治社会》一文时之奢望④。

---

① 《明史》卷九三图书集成局本，第3页。

② 《南雍志》卷一《事纪》。

③ 《明史》卷一三九《叶伯巨传》。

④ 原文见《燕京学报》第20期。

三十年后，幸蒙史学家吴相湘教授之远识，将《大诰三编》影印于其主编之《中国史学丛书》行世。从此读者无需入善本书室，受种种限制与拘束，方便世界学人，实无限量。

《大诰初编续编》由京师图书馆转至北平图书馆，复迁至美国国会图书馆。今由吴光清先生之协助，摄制胶片。今此二编原本，虽运回台北中央图书馆，而三编仍付缺如。幸哈佛燕京学社图书馆，藏一孤本，蒙裘开明先生惠允照相制片，影印行世。从此罕传珍本①，人人皆可手执一编了。

《大诰三编》内容，《明史·刑法志》编者未及见，根据间接材料，撮要多误。猥承吴相湘先生提议，作一道言，冗事羁身，一时难以应命。重读旧作，尚觉可以覆瓿。在海外新图书馆，《燕京学报》亦不易得。因加以修订，印行卷首，聊供提要。若求深入详尽，自当细读原书，拙文不过抛砖引玉而已。

一、从《大诰》中所见明初吏治的弊病

元朝末年，政治腐败，官吏颟顸，诸司事务，假手吏胥，入奏钱粮，茫无所知。上下贪污，贿赂公行，虽亡国易主，结习依然。精明能干的明太祖，乃用大刀阔斧之法，严刑铲除，此为促成专制残刻之一因。当时吏治弊病，《大诰》中所述，可粗分为中央与地方二种。

（一）中央官吏之弊病

《大诰》第一条，即对当时人臣表示不满意：

> 今之人臣……，蔽君之明，张君之恶，邪谋党比，机（几）无暇时。凡所作为，尽皆杀身之计、趋火赴渊之筹（俦）。②

其故盖一因官吏不负责任，办事不亲自起稿，而由吏胥囚犯代谋：

> 朕今所任之人，不才者众，往往蹈袭胡元之弊。临政之时，袖手高坐。谋由吏出，并不周知，纵是文章之士，不异胡人。如户部侍郎张易，进以儒业，授掌钱谷，凡诸行移，谋出吏，已于公廨，

---

① 哥伦比亚大学明史传记辞典编纂处，尚无《大诰》一、二、三编胶卷本。

② 《大诰·君臣同游第一》。

袖手若尸，朕询明白，茫然无知。惟四顾而已。①

五军都督府首领掾吏陈仔等，自到任以来，并不亲笔起稿，凡有书写，多令典吏囚人，起稿立意，然后押字施行。及至事理参差，朕乃驳问，其各首领官，惟皇皇瞠目四视。……用尽机谋，……妄出钞锭，亦不下数十万，于此等却乃善能。平昔不务公而务私，计至杀身而后已。②

二因行政效率不佳：

户部尚书茹太素、左侍郎张易、右侍郎张文质等官，故推阘茸，将应施行事务，故不施行。及至督责，……却乃星夜将半月故行沉滞公文，妄作十七日接纳，……细察所以，十七日本日止有公文六件行移。以此观之，面欺平诳，……擅敢肆侮如是。③

三因贪污之风极盛，户部侍郎贪污：

洪武十八年，户部试侍郎郭桓，事觉发露。天下诸司，尽皆赃罪，系狱者数万，尽皆拟罪。或曰朝廷罪人，玉石不分，……今奸人小人，……皆舞文弄法以愚之，贿赂公行。……呜呼，聪明决非者以为非，渊泉其德，海容其物以为愚，人心之不古，有此耶？科敛之际，或公文不押，或阻当不行，或实封入奏，……混贪一概，又何分之有哉！④

造天下之罪，……无如郭桓甚焉。其所盗仓粮，以军卫言之，三年所积卖空，前者榜上若欲尽写，恐民不信，但略写七百万耳。若通算……诸色课程鱼盐等项，及通同承运库官……偷盗金银；广惠库官张裕妄支钞六百万张，除盗库现在宝钞金银不算外，……共折米算，所废者贰千肆百余万精粮。呜呼，古今贪有若是乎？⑤

御史贪污：

朝廷……特设御史，司朕耳目，纠察百司，得以风闻言事，激浊扬清，号为风宪之官。……往往由进士监生，即授是任。其中有

---

① 《大诰·胡元制治第三》。

② 《大诰续编·用囚书办文案第二十八》。

③ 《大诰·户部行移不实第六十七》。

④ 《大诰·朝臣优劣第二十六》。

⑤ 《大诰·郭桓造罪第四十九》。

等不才之徒，……乃假御史之名，扬威胁众，恣肆贪淫，如刘志仁、周士良工（二）人，俱由监生擢任监察御史，为追问克落课程等事，前往淮安，……一到，……辄欲非为，恐为淮安大河二卫守御官所觉，于是提取二卫卷宗查刷，查出二卫俱将积年害民皂隶人等二百六名，收补军役，心喜其弊，声言具奏，实事把持之术，并不以状来闻。自是与卫官日相往来，饮酒游猎，因得大肆贪婪之心，……以追赃为由，故纵巡阑，诬指平民，帖下乡村，遍邑科扰。又行容留里长鞠七等，说事过钱，受银一百五十两，金三十四两，钞二万五千二百贯。如此害民，岂止如此，乃敢将民人夏艮等，故以指赃为由，拘收各人妻小，捶楚威逼，因而奸骗。……及至差锦衣卫……前去追提，……却用钱……金……钞……丝等物，买求本官，至京好言。……所以刘志仁，凌迟示众，以快吾被害良民之心。①

《大诰·御史汪鳞等不才第六十八》，亦言御史办事不署押，以免负责任。又故意藏匿锦衣卫力士支赏册，诡称亡失，以便盗支所赏各人钞锭，后皆发觉拟罪，词长不录。

行人贪污：

行人受命而出，或捧制书，或寻常差使，或催督六部都察院公事，所在受赃者，问赃自何而来，必供诸司所与。擒至诸司，问此贿赂从何而至，必供取之于民。……当此之时，除民人被其威逼科敛不罪外，官吏与者受者罪同。②

其他贪污之事，有钞库作弊者：

宝钞提举司官吏冯良孙安等二十名，通同户部官……并钞匠五百八十名在局抄钞。其钞匠日工可办十分，诸匠等止认办七分，朕明知力尚有余。……后三处结党，诸匠尽力为之，洪武十八年二月二十五日造钞起，至十二月天寒止，尽力所造钞六百九十四万六千五百九十九锭，临奏钞数已匿一百四十三万七千五百四十锭！……③

有地方官吏勾通京官贪污者：

---

① 《大诰三编·御史刘志仁等不才第三十九》。

② 《大诰·行人受脏第三十五》。

③ 《大诰续编·钞库作弊第三十二》。

> 安庆府将洪武十七年冬季鱼课钞三万九百七十四贯，差业户徐应隆等管解赴京交纳。本人解赴京师聚宝门河下，觇视动静。……计一年以上，不行进纳，通同前户部侍郎张易，意在埋没侵欺入己，……及至首发，己自用过一千一百二十三贯，所以徐应隆等尽行治以死罪。①

当时贪污之风甚盛，文繁不能尽举。贪污之外，尚有大臣“泛用无借，隐匿非常之才”者②。此即第一条所谓“蔽君之明”的原因。综观《大诰三编》，言中央官吏之弊者不多，大概如胡惟庸诸大狱，另有昭示奸党录，故《大诰》中所列各罪案，多属地方官吏之弊病。

（二）地方官吏之弊病

地方吏治，明代最佳。而在当时，则百弊丛生，如官吏之贪污、粮税之克扣、皁隶之害民、办事之草率等，记载独详，取缔甚力，此不能不归功于明太祖之专横。在官吏赴任之先，太祖告谕，极为恳切，而犯者仍众，故不能不严刑峻法以绳之，此又太祖专横之一因。谕官主任词曰：

> 朕命诸司官前往任所，每常数数开论，道引为政，勿陷身家。……今所在有司，坐视患民，酷害无端，政由吏为，吏变为奸，交头接耳，议受赃私，密谋科敛。愚奸既成，帖下乡村，声征遍邑，民人嗟怨。……汝不见事觉之后，受刑在禁，议罪已明，身居工役之场，赃在数千里外，妻子收存者有之，眷属无之者有之。……是致家破身亡，赃与他人所有。……贿赂之财，何益之有哉。汝往任事，勿蹈前非。③
>
> 诸衙门官到任，朕尝开谕，无作非为，……去后曾几人依朕所谕。到任之那，掌钱谷者盗钱谷，掌刑名者出入刑名，……致使衔冤无诉，纵然欲诉，下情不能上达。间有达者，朕知其然，……置之极刑，……皆曰本身无罪，乃云朝廷刑暴，如此谤诽者多矣。……如兵部侍郎王志，为勾补逃军等事，受赃二十三万，朕亲

① 《大诰三编·安庆解课第二十三》。

② 《大诰·荐举首领官第四》。

③ 《大诰·谕官之任第五》。

问之，尔贪何若是，对曰财利迷其心，虽君亲亦忘之。曰今如何？对曰臣临刑方觉，悔不及矣。①

太祖对官吏虽言之谆谆，而胡作非为者仍是层出不穷，当时全国二千余衙门，办事多草率：

洪武十九年，十二布政司率诸有司及鱼湖诸色司局等衙门官吏，进呈十八年金银钞锭钱帛之类，总计府州县司局等衙门二千四百三十七处，至之日，所进之文，奏本一，启本一，诸物件文册一，量此三件，甚不繁冗。当措办此件，已有数月，……进奏之时，令人细阅奏目启札，有倒使印信者，有漏使印信者，有全不用印信者，有不书姓名并身不称臣者。……如此者布政司府州县皆如之。②

防伪造御宝文书，故设立关防勘合之法，而地方官吏，仍多懒于比对，致有冒充差使，扰害乡民者：

贪官污吏，……苏州知府张亨，知事姚旭，视朕命如寻常，以关防为无事。曩者无官诈称有官扰民，非官差而私造印信诈称差使，骗诈取财，扰害吾民，数次拿获，尽行典刑了当。……未久数数又犯，……于是设置勘合，凡布政司府州县管军都司等军职衙门，命各收一册，皆系半印勘合。凡有差使若往某衙门公干，即将应该去处，填写勘合，前去干办公务，本处衙门闻有差使人员到来，即索勘合比对。如无，帮缚付京。纵有勘合，比对不同，亦行拿付京来。其令所出，甚是明白。其知府张亨，知事姚旭……，伪造御宝文书，至府不行比对勘合承接，即……下属县，意在通同扰民作弊，被巡按御史……盘获事发，……各凌迟处死。③

办事虽草率，而在贪污方面，则毫不苟且。有造册科敛者：

置造上中下三等黄册，朝觐之时，明白开谕，毋得扰动乡村，……及其归也，仍前著落乡村，巧立名色，团局置造，科敛害民。此等官吏，果可容乎？④

有重支赏赐者：

---

① 《大诰・谕官无作非为第四十三》。

② 《大诰续编・诸司进商税第五十　》。

③ 《大诰续编・不对关防勘合第六十三》。

④ 《大诰・造册科敛第五十四》。

十二布政司起到能吏，发付在京掌管亲军文册，其事至易，……及其着役也，通同上下，结交近侍，关支月粮，报名赏赐。重支一次者有之，冒支两三次者亦有之。……皆杀身而后已。（计是役杀戮五十七人）①

有教人受赃②，有尽用群小或容留罢闲散吏以扰民者：

洪武十八年，……常熟知县成曳奇，……参逃囚逃吏黄通等，各各更名为吏……尽收四乡无籍之徒，掌行文案，……恣肆妄为，……动止满前，皆是小人。③

容留罢闲，擅便滥设，只禁吏员等项，律已有条，所在诸司，往往故违律法。……溧阳县知县李皋，容留闲吏。在乡结党害民。……长洲县丞吕直等，容积年害民野牢子等四十三名，营充弓兵，顽民周子能等一十七名，把持县事，说事过钱。周继先等十二名，专一恃顽，替人出官。……如此长恶，罪在不赦。……④

有科敛于民，事觉追赃，再由百姓摊派者：

陕西布政司按察司府州县官王廉苏良等，害民无厌，……造黄册科敛于民，朝觐科敛于民，征收二税促逼科敛于民，造上中下三等民册，科敛于民。其赃官赃吏，实犯在狱，招出人官吏，指定姓名，各寄钞银毡衫等项，各照姓名坐追。其布政司州府县闻此一至，且不与原指寄借姓名处追还，却乃一概遍府州县民科要，平加十倍。如此害民，……各科重罪。⑤

当时贪风甚炽，如开州州判刘汝霖科敛⑥，和州判官侵吞鱼课钞一万九千四百十贯⑦，以及郭桓科敛⑧等案，追赃之时，皆不从原寄存处，起出赃款，却上下官吏，通同作弊，借此追赃名色，一概遍加科敛，此为当时通病，《大诰》每言及之。此外官吏尚有买物不还钱者：

---

① 《大诰续编·重支赏赐第二十七》。

② 《大诰续编·教人受赃第二十六》。

③ 《大诰续编·常熟县官乱政第四十九》。

④ 《大诰续编·容留滥设第七十三》。

⑤ 《大诰·陕西有司科敛第九》。

⑥ 《大诰·开州追赃第二十五》。

⑦ 《大诰·和州鱼课第七十》。

⑧ 《大诰续编·追赃科敛第三十六》。

天下州府县，今后毋得指以庆节为由，和买民物，往往……不还民钱。①

朝廷凡有诸色造作，文书明下有司，止许官钞买办，毋得指名要物，实不与价。②

此两条，皆言诰出之后，有违犯者，许被扰之民，或千或百或十，赍《大诰》拿该吏赴京斩首，以除民患。其他地方官吏之弊，与其惩戒之法，太祖已约略归纳如下：

积年民害〔害民〕官吏，有于任所挐到，有于本贯挐到，此等官吏有发云南安置充军者，有发福建两广……充军者，有修砌城垣二三年未完者。这等官吏，皆是平日酷害于民者。且如勾逃军，卖正军，解同姓，朝廷及当该上司，勾挐一切有罪之人，卖正身，解同姓，朝廷著追某人寄借赃钞，皆不于某人处正追，却于遍郡百姓处，一概科征代陪。就中克落入己，不下千万。其余生事科扰，及民间词讼，以是作非，以非作是，出入人罪，冤枉下民。……其贪婪无厌，一时笔不能尽。③

其追赃禁贿之法，一是负联带责任，“如六部有犯赃罪，必究赃自何而至；若布政司贿于部，则拘布政司至，问斯赃尔自何得，必指于府，府亦拘至，……州亦拘至，……害民之奸，岂可隐乎？”④ 二是不许城厢乡市良民，交结官吏，代藏赃物⑤。三是凡赃物，献者与同罪⑥，四是许百姓拿获贪官污吏，送至京师：“若将刑名以是为非，……将刑房该吏拿赴京来。若私下和买诸物，不还价钱，将礼房该吏拿来。若赋役不均，差贫卖富，将户房该吏拿来。若举保人材，扰害于民，将吏房该吏拿来。若勾补逃军力士，卖放正身，拿解同姓名者，……将兵房该吏拿来。若造作科敛，若起解轮班人匠卖放，将工房该吏拿来。若民从朕命，着实为之，不一年之间，贪官污吏，尽化为贤矣。……敢有阻挡

① 《大诰续编·庆节和买第七十六》。
② 《大诰续编·造作买办第七十七》。
③ 《大诰·积年民害逃回第五十五》。
④ 《大诰·问赃缘由第二十七》。
⑤ 《大诰·京民同乐第二十八》。
⑥ 《大诰·行人受赃第三十五》。

者，其家族诛”[①]。此类方法，在明太祖已算是费尽心思，然不知从会计审计制度着手，仅用严刑峻法，铲除贪污，终非长久根治之策。当时太祖改良吏治之志甚坚，致使民怨鼎沸，彼亦明悉。其言曰：

> 奸贪无福小人，故行诽谤，皆说朝廷官难做。且府州难止以秋粮夏税言之，……有就仓盗卖者，有与顽民相通接受赃私，虚出实收者，……呜呼，……我所用皆非忠志之士，自作非为，强声君过，妄彰君恶，……天灾人祸，岂有不遇者耶？[②]

按明初文人多不乐仕进，因法网过密，修城充军之罚责，身家性命之诛戮，难以幸免，而太祖本人，亦非不知民怨鼎沸。合两造之词观之，才可知道两方面的苦衷。

（三）皂隶差役之恶习

皂隶差役，或传达上司意旨，或催征科役钱粮。此辈小人，往往狐假虎威，为害甚烈，自古至今，难以铲除。其在明初，皂隶恶习，更可惊人。有越礼犯分者：

> 皂隶……承差于所属衙门，干办公务，或勾罪人，径入公廨，据公座者有之，当道直行者有之，从正门入者有之。……[③]

有吏殴官长[④]，皂隶殴旗军[⑤]，皂隶殴舍人者[⑥]。亦有贪财纳贿，即在所差遣的地方娶妻安家者：

> 自元兵乱，豪杰最多，……近年以来，起取民间有力壮士，……着令四方打差，……所受赃私，动经千百。……力士周金保等八名，为催办城砖事，差往常州等府，至彼受财无厌，又行脱放有罪囚徒，受彼赃私，经九月不至，差人诣所在捉拿，已于本处娶讫妻室，盖造院宅，置买牲口，就彼为家。[⑦]

---

① 《大诰三编·民拿害民该吏第三十四》。
② 《大诰·奸贪诽谤第六十四》。
③ 《大诰·差使人越礼犯分第五十六》。
④ 《大诰·吏殴官长第十六》。
⑤ 《大诰·皂隶殴旗军第十七》。
⑥ 《大诰·皂隶殴舍人第十八》。
⑦ 《大诰续编·力士催砖第八十一》。

有官吏与吏员皁隶，劣绅地痞狼狈为奸者：

……所任之官，皆是不才无籍之徒。一到任后，即与吏员皁隶，不才耄宿及一切顽恶泼皮，夤缘作弊，害吾良民多矣。①

往常有司官吏，动辄差人下乡勾扰，及官吏亲自下乡扰害，其良民被不才官吏皁隶弓兵人等酷害至极，无所伸诉。②

……如潘富系溧阳县皂隶，教唆官长贪赃坏法，自己挟势持权。……同谋害民，设计科敛，名色纷然。……行害民计，著科荆杖，……及其有将荆杖至者，故推不好，不行收，留难刁蹬，生事捶楚，民出钱矣，既而得钱后，而乃荆杖息焉。……③

皂隶害民如此，太祖乃设根本取缔之法。其法：（一）禁止官吏下乡④，如官吏下乡，民间高年耄老可率壮士拿赴京师⑤。（二）皂隶名额职掌，先行榜示民众，"除榜上有名外，余有假以衙门名色称皂隶称簿书者，诸人擒拿赴京"⑥。（三）有事先遣牌唤民，三传不至，然后许用皂隶捉拿⑦。（四）市井无业之徒，惟务勾结官府，妄言是非，从中渔利。这样的人，根本不许为衙门皂隶吏员狱卒。诰出之后，如有仍前掾用者，治以死罪，市井之徒，现充此役而不引退者，罪亦同之⑧。（五）法律之力有限，复论吏卒亲属，殷诚规劝，勿作非为⑨，以收道德制裁之效。太祖对于皂隶之防避，可谓煞费苦心。

二、从大诰中所见经济上的弊病

太祖即位以前，虽不嗜杀，然在经济方面，则尽搜括之能事。亲征太平建康等地时，书押大榜，招安乡村百姓，岁纳粮草供给，谓之寨粮。

---

① 《大诰三编·民掌害民该吏第三十四》。
② 《大诰三编·民违信牌第三十六》。
③ 《大诰三编·递送潘富第十八》。
④ 《大诰续编·官吏下乡第十七》。
⑤ 《大诰续编·民拿下乡官吏第十八》。
⑥ 《大诰续编·吏卒额榜第十四》。
⑦ 《大诰续编·遣牌唤民第十五》。
⑧ 《大诰续编·市民不许为吏卒第七十五》。
⑨ 《大诰续编·戒吏卒亲属第十三》。

当时地狭粮少，除守城兵士四十日支粮一次准作一月，出征军士不支，总兵官给榜，听于所适境内，招安百姓，送纳粮草。后常遇春奏害民，方行禁止。此见刘辰《国初事迹》[①]，当足为据。即位以后，适逢天灾人祸之余，生民困苦，国用匮乏，用度紧缩，官俸最薄，贪官由是而多，惩罚由是而严。盖不如是，不足以维持国用。故《大诰》记载贪污之事特详。关于经济方面者，弊病尤多。

（一）粮税的弊病

据《明史·食货志》，明效唐杨炎两税法，行夏秋二税。夏税无过八月，秋税无过明年二月[②]。而官吏征收，往往不依定期，或先行追索，或到时刁难，以便敲诈。故太祖痛心疾首曰：

> 呜呼，有司官吏不才，……专以二季征税为奸计。麦方吊旗，而催夏税秋税（秋税二字疑衍）；谷秧方节，早催秋税。窘民于青黄不接之时，……频于箠楚，得赃缓矣。及其粮成期至，可以上仓，其官吏人等故行迁延刁蹬留难，不得便于上仓，直待有益于己而后已。[③]

上仓之时，又巧立名色，妄取水脚钱，车脚钱……

> 凡征收害民之奸，甚如虎狼。且如折收秋粮，府州县官发放，每米一石，官折钞二贯，巧立名色，取要水脚钱一百文，车脚钱三百文，口食钱一百文，库子又要辨验钱一百文，蒲篓钱一百文，竹篓钱一百文，沿江神佛钱一百文。害民如此，罪可宥乎。[④]

良民务以干圆洁净之粮上仓，奸民贪官，则通同作弊，纳粮入水：

> ……如大军仓厫，每间不下千万余石，良民务以干圆洁净上仓，奸顽无籍之民，但知己之图利，……通同仓官人等，入水上仓，比所纳者，止是一千，入于万石之中，一蒸之后，满厫尽坏。[⑤]

纳豆亦入水，以增斛面[⑥]。或重科马草[⑦]，或克扣粮税：

---

① 《国初事迹》国朝典故本，第 6、18 页。
② 《明史》卷七八《赋役志》。
③ 《大诰·征收不时第六十六》。
④ 《大诰·折粮科敛第四十一》。
⑤ 《大诰·纳粮入水第五十二》。
⑥ 《大诰·纳豆入水第五十三》。
⑦ 《大诰·纳粮入水第五十二》。

应元宣城……五府州，……久被差徭，特将夏秋税粮，不时全免。官田……减半征收。……其应天等五府州县数十万没官田地夏秋税粮，官吏张钦等，通同作弊，并无一粒上仓。①

常州武进等县官吏……，将民人夏税，十分以九分上仓，一分入己，声言民人科敛未足，巧于富户处借纳，……终无陪还之意。②

户部官郭桓等，收受浙西秋粮，合上仓四百五十万石，……止收六十万石上仓，钞八十万锭入座。以当时折算，可抵二百万石，余有一百九十万，未曾上仓。③

或仓库虚出实收，……或故意刁难，视民如禽兽：

山西布政司按察司府州县官关贤……，赃贪无厌，视民岂如禽兽。……粮饷北供，山高风猛，地概溜冰，……中途车摧牛死，虽有人存，进退两难。……一车之草，北度雁门，止足泽潞车牛之用。民人负细软，诣大同雁门等处，易草输纳，有司欲取民财，实难言语，……必欲本处载去……呜呼，哀哉。④

或妄报水灾，以便肥私。妄报之法，大抵地方官吏与土豪劣绅，通同欺罔，以荒作熟，以熟作荒，或以多报少，以少报多。使真正灾区人民，难得赈济实惠，而土豪顽民，借此免除田租，贪污之吏，借此以饱私囊。太祖心知其弊，屡派进士监生等，前往踏勘。未至灾所，奸吏顽民，即以灾册至，名曰马前册，施以贿赂，返京复命；苟欲前往，则百般阻挠。进士监生，初出茅庐，因此失节，致罹杀身之祸者，不下数百人。详见《大诰·水灾不实第三十二》《大诰·妄告水灾第六十三》《大诰续编·粮长妄告水灾第四十六》《大诰续编·克减赈济第六十》《大诰续编·秦升等怙终第八十三》《大诰续编·查踏水灾第八十四》《大诰续编·水灾不及赈济第八十五》。

（二）粮长的弊病

明太祖为便于搜括计，特于洪武四年设粮长，诏以田多老为之，督其乡之税粮，以万石为率，设长副各一人。谕以时至，得召见，语合辄

① 《大诰·五府州免粮第十二》。

② 《大诰·武进县夏税第十三》。

③ 《大诰·卖放浙西秋粮第二十三》。

④ 《大诰·山西运粮第十》。

擢用，盖粮长为一乡之富豪，具有相当势力，某家田地多少，亦知道很清楚，所以派他们督办本乡的田粮，以助有司力量之不及，未始非筹饷一良法①。不料流弊百出，贻患无穷：

粮者（长）之设，本便于有司，便于细民，……且如一县粮该十万，止设粮长十人，正副不过二十人，依期办足，勤劳在乎粮长。有司不过议差部粮官一员，赴某处交纳，甚是不劳心力。呜呼，其不才有司官吏，通同奸顽，夤缘作弊，……接受赃私，故行出入罪名，于粮虚出实收，就仓盗卖，有时妄起科征，……少有不从，倚官挟势，临门吊打，细民从之。有等粮长，心怀仁德，……从实催征，民情不然，欺侮懦弱，故行过期不足，反累善良。②

粮长作恶：自有田地千万亩者，隐匿不还粮，专门靠损小民，洒派他人之事，见《大诰·开谕粮长第六十二》。或粮长巧立各色，科扰粮户，有所谓船水脚米、斛面米、包纳运头米，造册钱、车脚钱、使用钱、络麻钱等二十多种名色。民无可纳者，以房屋准折老有之，变卖牲口准给者有之，衣服布帛准折者亦有之。其锅灶水车农具，尽皆准折。此类作恶之事，见《大诰续编》第二十一及四十七条。又《大诰续编》第二十、二十二、四十六、七十八，《大诰三编》四十一，皆言粮长害民作弊之事，词繁不及备录。然太祖既知其弊，而终不能取消，大概是弊之所在，利亦随之。

（三）运输上的弊病

运输的弊病，包括两种：一是地方官吏解物赴京，或因公入朝，将物偷用，或勒诈川资。二是关驿马站，为非欺诈。关于前者，《大诰续编》第五十二至五十六条，皆言其事：

……自开国以来，朝廷小人在位者多，……有司数差无借之徒，解纳诸色物件，及至京也，有周年不纳，虚买实收而归者有之，有使讫一半而妄言原本不足而来者有之；及其稽也，原来本足。由此杀身，岁非一二人。③

---

① 详参梁方仲的《明代粮长制度》。

② 《大诰·设立粮长第六十五》。

③ 《大诰续编·经该解物第五十三》。

如湖广黄州鱼户管解鱼油二千五百斤，进纳原数欠少五百斤，苏州起解洪武十八年桑丝折绢奏目内，明有绢六百三十九匹，及其进纳，止有绢一十三匹。其余六桩克扣罪案，均见《大诰续编》第五十五条。而最令太祖忿恨者，恐怕是岁进野物一事：

……其解物者，物有活者则途中宰食之，存皮以进。又以死易活进，以肥易瘦，以微抵巨。龙江河泊所进鲟鱼，于光禄司作鲊，其所进之人，将鲟鱼去首去尾，以为己用，所进者不过中身一块耳！……常州府……以香狸进，数本五枚，甲首先食其一，该吏又食其一，所存者三。及其进也，死者又一，止有二焉。呜呼，其敬之心安在，此果臣民乎?①

关于因公赴京，勒诈路费脚力事，太祖特定路费则例，“今后每岁有司官赴京，……若再指此名头，科民钞锭脚力物件，官吏重罪”②。

关隘马站弊病，类多“把截去处，巡检弓兵，将逃军逃囚，一概受钱，纵令逃去”之事③，或纵囚越关，不管是髡发墨面文身，只要有钱即放行④。或阻当耆民赴京⑤。因为太祖定令，凡是贪官污吏，可由耆民帅壮丁，携带《大诰》，拏赴京师。或私设牙行，将民间下礼牲口并新妇，俱要税钱，方准放行⑥。或私牙留难客商，恃强阻客，致使商人亏累⑦。或巡阑恃威，将乡民买到耕牛，著要税钱。民盖房屋，自己山场木料，亦要税钱⑧。或驿丞害民：

每月取要驿户酒七十坛，茶油盐各七斤，喂猪白粟米一石二斗，喂鸡鹅鸭谷一石二斗，……又擅折官舡，改造作自己舡只，……违法做造生牛皮鞭，身带腰刀，时常飞放扰民……⑨

或马站作弊，买病马以应官征，未久马死，数以钞赂驿官，不半年

---

① 《大诰续编·岁进野味第六十八》。
② 《大诰续编·路费则例第六十一》。
③ 《大诰续编·关隘骗民第六十五》。
④ 《大诰续编·关隘骗民第六十五》。
⑤ 《大诰续编·关隘骗民第六十五》。
⑥ 《大诰续编·牙行第八十二》。
⑦ 《大诰三编·私牙骗民第二十六》。
⑧ 《大诰三编·巡阑害民第二十》。
⑨ 《大诰三编·驿丞害民第四十二》。

余，其贿赂之财，可买上等马一匹[①]。按洪武初年，战争方息，官民并穷，而驿站又不可不设。无钱筹办，乃令民买马，以备走递，或令囚人买马以赎罪，太祖括民手假，不可谓不高；当时官民作弊，亦是无微不至。其河泊之官，民舟经涉湖池，竟有妄取所谓“水面钱”者[②]。官吏顽民如此之多，亦无怪乎太祖之专横。

三、从大诰中所见明初社会上的弊病

《大诰》中所见明初社会上的弊病，有关于土豪劣绅方面的，有关于游民方面的，有关于礼俗及学校方面的：

（一）土豪劣绅的作恶

明初经济艰难，太祖很乐意人民输将，而一般土豪，只图靠损小民，报效不甚得力，于是太祖作民不知报一条，威吓劝诱，双管齐下。略言：

> 民有不知其报，而恬然享福，绝无感激之心，……方今九州之民，有田连数万亩者，有千亩之下至于百十亩者，甘于利其利而不知其报者多矣。……不过贿赂有司，均差不当，小民靠损，……[③]

太祖视土豪如童稚，说民知报，就可获福：

> 方今富豪之家，……不知其报，反造罪以陷身。田多诡寄，粮税洒派他人，……倾家覆产者有之。……若使知报之道，知感激之理，则于闲中起居饮食，不时举手加额，乃曰税粮供矣，夫差役矣，今得安闲，上奉父母于堂，下抚妻子于室，……除依差税外，……绝无祸殃。为何？盖为知其报矣。[④]

然土豪非愚蠢之徒，仍是诡寄田粮，“将自己田地，移坵换段，诡寄他人”[⑤]。“此等豪猾，买嘱贪官污吏及造册书算人等，……当科粮之际，作包荒名色，征纳小户，书算手受财，将田洒派，移坵换段，作诡寄名

① 《大诰·马站第六十一》。

② 《大诰续编·湖池水面钱第三十五》。

③ 《大诰·民不知报第三十一》。

④ 《大诰·民知报获福第四十七》。

⑤ 《大诰·匿奸卖引第三十九》。

色，靠损小民。”[①] 遇有差发，皆是细民应当，“这等豪民，却买免不当”[②]。“公侯世禄佃田人户，往往不肯与民一例当差，……其管庄人倚恃公侯之家，上谩朝廷，下谩本官，假以各官佃户为由，擅隐当差人民。”[③] 俨然成一特殊阶级。甚至有松江土豪王子信，“常率佃户四五十名，军容妆扮，扰害乡民，欺压良善”[④]，此颇有欧洲中世纪封建地主的神气。

至于劣绅方面，当时颇重耆宿。有司贤否，耆民可得而陈之[⑤]；有司善恶，耆民可得而奏之[⑥]；有司作恶，耆民可得而擒之，赍《大诰》，送至京师治罪。不幸那时的“耆宿”：

> 皆系无籍小人，苟延寿至于高年。是等有昔为皂隶者，有为簿书者，有屡犯过恶者，有弓兵者，有说事过钱者，皆为今之耆宿。[⑦]

耆宿如此，其他劣绅更甚，有子在朝，父在乡为恶，夤缘朝官，构为党比，私递赃私，事觉不于本家追取，一概科敛乡民，代赔赃私者[⑧]，有说事过钱者[⑨]，有“老奸巨猾”专门“起灭词讼，教唆陷人，通同官吏，害及无辜者”[⑩]，又有代人告状或诡名告状者[⑪]。不胜枚举。

（二）游民之盛及取缔之法

明代地方官吏，以三年为一任。然明初二十年，两浙、江西、两广、福建，皆以贪赃去职，未有一人任满。其中原因，官固非人，实由所在吏卒游民，浸润说诱，致失清廉。就苏松两府而论，游民之多，已不下数千人：

> ……苏松两府市井之徒，……惟务好闲，结构官府。松江……

---

① 《大诰续编·洒派包荒第四十五》。
② 《大诰续编·民间差发第五十九》。
③ 《大诰三编·公侯佃户第三》。
④ 《大诰三编·王子信害民第二十五》。
⑤ 《大诰·民陈有司贤否第三十六》。
⑥ 《大诰·耆民奏有司善恶第四十五》。
⑦ 《大诰续编·耆宿第八》。
⑧ 《大诰·张梦弼私递赃私第十五》。
⑨ 《大诰·安保过付第三十八》。
⑩ 《大诰·乡民除患第五十九》。
⑪ 《大诰三编·枉权凌汉第三一》及《大诰三编·钞库作弊第三二》。

城厢中……一千三百五十名……苏州……一千五百二十一名。……帮闲在官，自名曰："小牢子""野牢子"，……"小官""帮虎"。……不问农民急务之时，生事下乡，搅扰农业。芒种之时，栽种在手，农务无隙，此等赍执批文，抵农所在，或就水车上锁人下车者有之，或就手内去其秧苗锁人出田者有之。呜呼，今二府不良之徒，除见拿外，若必欲搜索其尽，每府不下二千人，皆是不务正业之徒。……①

其取缔之法，即是登记户口，不论士农工商，务须各执一业，不许在闲②。"凡民乡里，互相知丁，互知务业，绝不许有逸夫。知丁之法，某民丁几，受农业者几，受士者几，……农业者不出一里之间，朝出暮入，作息之道互知焉。专工之业，远行则引明所在，用工州里，往必知方见诰仍有逸夫，许邻里戚诸人等拘拿赴京。如不擒拿，一犯非为，逸夫处死，四邻迁之化外。"③

此诰一出，自京为始，遍布天下，一切臣民，朝出暮入，务必从容验丁。市村人民舍客之际，辨人生理，……是其本业，引目相符而无异，然犹恐托业为名，暗有他为，……良民察焉。④

由此看来，太祖名为取缔游民，实为巩固统治，以他亲身的经验，及同时起义之群雄，多为无业游民。即位之后，深知游民的危险，故厉行里甲制度采取严格的办法。

（三）婚姻礼俗及学校的弊病

大诰中劝孝道⑤，申明五常⑥，屡言父子有亲，夫妇有别，明友有信等古训；行乡饮酒之礼，以叙长幼；论贤长⑦，严祭祀之事，以安社稷，敬鬼神；虽有知县盗祭帛，或未祭先食等怪事⑧，亦不必多述。关于婚姻

① 《大诰续编·罪除滥设第七十四》。
② 《大诰续编·松江逸民为害第二》。
③ 《大诰续编·松江逸民为害第三》。
④ 《大诰续编·辩验丁引第四》。
⑤ 《大诰续编·明考第七》。
⑥ 《大诰续编·申明五常第一》。
⑦ 《大诰·乡饮酒礼第五八》。
⑧ 《大诰·祭祀不敬第五十七》及《大诰·教官妄言第七十一》。

方面，太祖严禁元习，同姓两姨姑舅为婚，弟收兄妻，子承父妾等胡俗[①]。恨当时官吏，父母在堂者往往忘鞠育之恩而妄为；良妻在室，故忘夫妇之道，乌合野妇[②]，故凡在京作事而未完婚者，劝人早婚，以免误入歧途[③]。至于学校制度，弊病亦多：

> ……且如社学之设，本以道民为善，……官吏以为营生。有愿读书者，无钱不许入学，有三丁四丁不愿读书者，受财卖放，纵其愚顽，不令读书。有父子二人或农或商，本无读书之暇，却乃逼令入学。有钱者又纵之，无钱者虽不暇读书，亦不肯放，将此凑生员之数，欺诳朝廷。[④]

有指学校为名，贪索赃私者：

> 吉州知州游尚志，……指以生员为由，逼令为生员者，二百余户，勾至受赃放归。[⑤]

当时学校，因为有食廪的待遇，故所在有司，把持科敛，以遂其贿赂之计。教官品学均劣，妄言生事，生员亦尤而效之。及其入仕，生员则朋奸匿党，进士亦贪污不法，身罹诛戮罚责者，《大诰》中所载，不下千余人[⑥]。明代学校，洪武初年，即萎靡不振，及其末叶，百弊丛生，无怪顾炎武有生员亡国之论。

四、从大诰中所见明初司法的黑暗

明初处元代纵弛之后，诸事未上轨道，国家律令，草创于吴元年，更立于洪武六年，整齐于二十二年，至三十年始颁行天下，以为决狱准绳。在二十二年以前，各年条例，增损不一，以致断狱失当，此为《明史·刑法志》的记载，当为信史。在此律令未定之时，又用《大诰》中之重典，以治乱世，故明初司法上的黑暗，亦可惊人。布政司府州县官，

---

① 《大诰·婚姻第二十二》。
② 《大诰·谕官生身之恩第二十四》。
③ 《大诰续编·婚娶第八十六》。
④ 《大诰·社学第四十四》。
⑤ 《大诰续编·吉州科敛第五十七》。
⑥ 《大诰三编·朋奸匿党第三十七》及《大诰三编·进士监生不悛第二》。

往往贪图贿赂，不将正犯解官，却拿同姓名者代替①。若“所在有司官吏，上司着令勾解罪人，往往卖放正身，将同姓名良善解发”②。刑狱之弊，“内外情通，教囚番异，刑具颠倒临人，……应押而枷，……应锁而不锁；非柙而柙，……非锁而锁。……纵囚自在，走泄狱情，纵囚在逃，令服毒药，杀囚徒所……”③

所在刑狱，非罪而死者多矣，有罪而非法死者亦多矣。所以无罪而死者，多由苦寒而逼，炎暑而蒸，饮食不节，病无医药，盖谓主典欲财而无与，或受他人之财，代其报雠无罪而死者由是。有罪而非法死者，亦因寒暑饮食医药，并欲财而无与，不待律法定而人已亡矣。④

犯人若死狱中，验尸之时，又以少报多，以便卖放其他死囚：

洪武十九年，都官员外郎李燧，司务杨敬，将在禁死囚邵吉一尸，停于狱内，通同医人狱典狱卒等，作三尸相验，以出有罪者张受甫等二人，受财四百八十贯。⑤

又或更换工役囚徒之名，取利肥己⑥，或军断事官，接受大批赃银，私下番事，拟作虚告，朦胧奏闻，以便杀无罪而脱有罪⑦。押囚赴京之时，吏员、工兵，或皂隶长押人等，贪图赃私，有在中途卖放者，有于本处狱内卖放者⑧。此为明代司法普遍的黑暗，大诰屡言及之。而审理刑狱之时，法司亦非常草率。例如：

刑部尚书王峕，将史灵芝并本夫及妄取军属奸夫，尽行提取在部，不行明坐妄取他人妻室为妻之罪，又不问乡贯同否，曾无日前有奸，却乃吹毛求疵，扰动良民，持权妄为。⑨

刑部尚书王峕，“凡奏刑名，增减情辞，故行出入，每每不当”⑩。又

---

① 《大诰·勾取逃军第二十一》。

② 《大诰·冒解罪人第四十》。

③ 《大诰续编·刑狱第四十》。

④ 《大诰续编·再诰刑狱第四十一》。

⑤ 《大诰续编·相验囚尸不实第四十二》。

⑥ 《大诰续编·故更囚名第四十三》。

⑦ 《大诰续编·追问下蕃第四十四》。

⑧ 《大诰三编·官吏长押卖囚第十九》。

⑨ 《大诰·刑部追问妄取军属第七》。

⑩ 《大诰·尚书王峕诽谤第八》。

洪武十八年刑部尚书开济以深刻，好以法中伤人，及杀毙执狱官等罪伏诛[①]。刑部尚书如此，明初司法败坏，又可见一般。

五、大诰中的严刑峻法

大诰中的严刑峻法，种类甚多，有族诛、有凌迟、有极刑、有枭令、有斩、有死罪、有墨面文身、挑筋去指、去膝盖、有剁指、有断手、有刖足、有阉割为奴、有斩趾枷令、有常枷号令、有枷项游历、有免死发广西拿象、人口迁化外、有充军、有全家抄没、有载罪还职、有载罪充书吏等三十余种，皆较明法条例为严，所谓法外用刑，即是指此。太祖当元代法纪废弛之后，人多徇私灭公，故用严刑惩戒，以求移风易俗。其峻令见于《大诰》者，前人已分条录出，并略加考证[②]，无庸抄录。今述其略，附举数例，以见太祖之残刻。

凡有司滥设官吏，或解物之际，卖富差贫等事，按明律罪止杖一百，囚三年；而《大诰》即用族诛之刑。沉匿卷宗[③]，按律各衙门文卷隐漏不报，止杖八十，收粮违限，止杖一百，而《大诰》中皆用凌迟。凌迟本极酷之刑，而诰内所言，凌迟之外，又有极刑，如押囚赴京，中途卖放，即处此刑。囚人科敛，律罪止杖六十，赃重坐赃论，而《大诰》用枭令；代人告状，亦用枭令。上述史灵芝案，有司尽行处斩。官吏下乡扰民，洪武十七年福建右布政司陈泰斩，金华府官，故纵皂隶，殴打舍人，皂隶断手；私设牙行，恃强阻客，常枷号令，至死而止；又常州府同知王复春，下乡扰民，枷项游历，遍九州之邑。凡此皆法外用刑，不见明律，前代亦无先例。至于太祖用刑之残刻，可见下列数案：

> 广信府贵溪县儒士夏伯启叔姪二名，人各截去左手大指，拿赴京师，朕亲问之，谓曰："……今去指不为朕用，是异其教，而非朕所化之民，尔宜枭令，籍没其家，以绝狂夫愚妇效效之风。"[④]

按亡国之后，不为人用，忠烈之气，有似夷齐，乃枭首示众，并籍

---

① 《明史》卷一三八《开济传》。

② 沈家本的《明大诰峻令考》。

③ 《大诰·沉匿卷宗第六十》。

④ 《大诰三编·秀才剁指第十》。

没其家，何等猜忌残刻。

……两浙江东西，民有造伪钞者，……捕获到官，自京至于句容，其途九十里，所枭之尸相望，其刑甚矣！①

为合谋造钞，乃枭杀如许人，九十里的路程，死者不知凡几，才能使尸首相望，这又是何等的残刻！而同样足以表示太祖居心毒狠者，莫过于医卖毒药一事，今不嫌词费，摘录原委：

> 医人王允坚，卖药为生。锦衣卫受监者厨子王宗，自知罪不可逃，虑恐刃加于项，令家人买毒，王允坚即时卖与。……拿至，令卖药人王允坚吞服，本人持药在手，颜色为之变，其态忧惊，犹豫未吞，督之乃服。既服之后，随谓之曰："此药以何料成？"曰："砒霜巴豆，饭粘为丸，朱砂为衣。"曰："服后何时人丧？""半昼。"语既，允坚泪堕。朕谓曰："尔所以凄凉者畏死如此乎？眷恋妻子如此乎？"曰："一子见军，一子在外，故悲焉。"……随问允坚，"此毒还可解乎"？曰："可。""何物可？"曰："凉水、生豆汁、熟豆汤可愈。"朕谓曰："此解不速，余何速解？"曰："粪清插凉水"，……于是遣人取凉水半碗，粪清一鸡子，许候至毒作，方与之解。少顷，允坚身不自宁，手搔上下，摩腹四顾，眼神张皇。朕谓曰："毒何尔患？"曰："五脏不宁，心热气升。"谓曰："此毒身死，伤何经络？"允坚对曰："五脏先坏，命绝矣，身墨黑。"谓曰："几时可解，何时不解？"曰："三时候不解。"朕见毒兴，令人与之解，本人痛利数番，其毒洁然，人复如初。明日，枭令以正其罪！②

观此，强迫卖毒药人服毒药，然后徐徐审问；既服毒矣，令其毒死可也；必问解毒之方，择其难受者用之，迄至毒发，饱经痛苦，始行解除。既解除矣，是卖毒之过，已受惩罚，且原买毒人，并未因此致命，似可稍宽其罪；不料明日又命枭令，居心何等残忍！

然其残酷之刑，尚不止此。据野史所记，枭令、凌迟等刑外，又有所谓铲头会、刷洗、剥皮等刑。《孤树裒谈》记"高皇帝恶顽民窜避缁流，聚犯者数十人，掘坑埋其人，十五并列，特露其顶，用大斧削之。一削去数颗头，谓之铲头会"。又谓"国初重辟，凌迟处死外，有刷洗，

---

① 《大诰·伪钞第四十八》。

② 《大诰三编·医人卖毒药第二十二》。

躶置铁牀，沃以沸汤，以铁帚刷去皮肉。有枭令，以钩钩脊悬之；有称竿，缚置竿杪彼末，悬石称之。有抽肠，亦挂架上，以钩入谷道，鉤肠出，却放彼端石，尸起肠去。有剥皮、剥脏，酷吏皮置公座，令代者坐警，以惩有教”①。《草木子》亦记守令贪赃至六十两以上者，枭首示众，仍剥皮实草，府州县衙之左，特立一庙以祀土地，为剥皮之场，名曰皮场庙。官府公座旁，各悬一剥皮实草之袋，使之触目惊心②。此虽野史所载，然出于明初人手笔，且异口同声，大概可靠。于此知明太祖之专制残忍，在中国史上也是数一数二的人物。秦始皇坑儒，不过四百余人，太祖毒杀的民众，不知要多了若干倍。他少年为僧时“我佛慈悲”的精神，恐怕毫未沾染。

六、大诰的效用与实行时期

太祖如此残忍专制，《大诰》中的训道如此恳切，而刑罚如此严峻，其效果如何？是颇有兴趣的问题。就本书所见，有收效者，如常熟县陈寿六率弟与甥三人，擒拿害民县吏顾英，执《大诰》，赴京面奏，太祖嘉之，赏钞及衣③。又有父母亲送子至官者，有妻舅母舅伯叔兄弟送至京者④，此是《大诰》当时发生的效果。有不生效者，邻里隐藏，不拿到官，如拿《大诰》递送潘富事，沿途被人抢去隐匿，沿途又有人追捕。追至崇德，崇德豪民赵真胜，家盈数万资财，日集无籍之徒五十余人在家，常川贩卖私盐，潘富遁于此家，复又转递千乘乡僧寺，与追捕者二百余丁战斗，致有死伤，其后沿途节次递送逃匿者一百七户，尽行枭令⑤，可知漠视《大诰》者，仍居多数。所以太祖在《大诰续编》说：“前者大诰一出，从吾命者惟常熟县陈寿六。”又《大诰》中屡言前诛血未干，尸未移，而本人已造杀身之计，或犯者又继踵而至。可知《大诰》

---

① 《孤树裒谈》乙集二卷明嘉靖刻本，第5页。

② 按此见《廿二史札记》卷三三重惩官吏条，为今本《草木子》所无，当即《草木子余录》；屡见前人征引，未见其书。

③ 《大诰续编·如诰擒恶受赏第十》。

④ 《大诰三编·逃囚第十六》。

⑤ 《大诰三编·遁送潘富第十八》。

在当时的效力已不甚大，又可知严刑峻法，终非彻底澄清吏治之道。老子说“民不畏死，奈何以死惧之”。太祖读此句，自云：“朕乃罢极刑而囚役之，不逾年而朕心感恐。”[①] 因于洪武七年成御注《道德经》。不久复用重刑，洪武十八年更甚。

然到晚年，太祖渐知悔悟，知严刑不足以化民，故洪武二十年焚锦衣卫刑具，以系囚付刑部。二十三年以杨靖为刑部尚书，帝谕曰：“愚民犯法，如啖饮食，嗜之不知止，设法防之，犯益众，推恕行仁，或能感化。”二十八年又诏曰：“朕起兵惩创奸顽，或法外用刑，本非常典，后嗣止循律典，不许用黥刺剕劓阉割之刑。”[②] 是《大诰》之峻令，洪武末年，已不甚行用。明陆容《菽园杂记》云：

> 国初惩元之弊，用重典以新天下，故令行禁止，若风草然。然有面从于一时，而心违于身后者数事。如洪武钱、大明宝钞，……予幼时尝见有之，今复不见一文。……大诰惟法司拟罪，云有大诰减等云尔，民间实未之见，况复有讲读者乎。[③]

陆容是成化丙戌年（1466 年）的进士，所谓幼时曾见洪武钱，所谓“心违于身后”，亦可证洪武以后《大诰》不复行用。海宁王静安明大诰跋，谓“嘉隆以后，惟南京国子监，北京司礼监，有此书刊版，而南雍版嘉靖初已缺二面，盖已不甚印行”[④]。皆可证《大诰》实行之期，为时不久。今则更是历史上的陈迹，文献中的罕传本。在史籍中，没有其他的书，像《大诰》一样，使人知道当时的情形，如此详细。故不惮烦琐，条述如上，以见太祖之心术，及明初政治社会各方面的情形。

---

① 明太祖《御注道德经》，道藏，洞神部，玉诀类，男下，第 1 页下。

② 参明《大诰峻令考末叶》及《廿二史札记》卷三二“明祖晚年去严刑条”。

③ 《菽园杂记》卷十，第 6 页。

④ 参明《大诰峻令考末叶》及《廿二史札记》卷三二“明祖晚年去严刑条”。

晚清与近代史研究

鸦片战争期间英国人的军纪问题[①]

以绅士派头著称的英国人，在参加两次世界大战中，他们的军纪比其他各国好，然也不能全无越轨的行为。在道光年间中英鸦片战争中，英军也免不了骚扰抢掠的事情。这从中英材料中都可以证明。

在道光《筹办夷务始末中》[②]，屡载英兵军纪败坏，掳掠城市，"资财妇女，为之一空"。"白鬼奸淫，红鬼好钱，黑鬼好酒"等事。曹晟《夷患备尝记》[③]，亦言英夷先抢金银珠宝，次及铜钱新衣服，再次掠夺食物家具。英国兵追逐中国女人，印度兵殴打中国百姓；而中国兵士，亦乘机打抢，混水摸鱼，焚烧官署，侵扰民宅等事。袁陶愚《壬寅见闻记略》[④] 亦言英军捣毁城墙，焚烧官署，并纵容印兵，奸淫妇女[⑤]。杨棨《出围城记》[⑥] 复谓英军驻扎浙江时，常毁佛寺偶像。而张喜《抚夷日记》[⑦] 屡言英人"各处掳掠食物，并将粮厅署中什物搬去"，"到处杀人掳物，行同无赖"，以及毁坏南京琉璃宝塔等事。张喜虽为伊里布家人，其日记不甚为人所注意，然所记南京条约议和原委，较之他书为详细。现在我们参证中西载籍，知其记事多详实可靠[⑧]。张喜记其他事情既详实可据，则其记英人掳掠情事，当亦可作凭据。以上可说是原告之词。

然看当时参战之英国将士记载，则情形大不相同。如穆劳（Alexander Murray）说：因为我们炮击屋宇及火药厂，又因为当地的股匪掠

---

① 原载于《天津大公报·文史周刊》，1947 年第 25 期，第 2 页。后又收入于包遵彭、李定一、吴相湘编：《中国近代史论丛》第 1 辑第三册，新北：正中书局，1956 年，第 240—244 页。

② 如卷三九第 39 页，卷四第 10、39 页，卷四一第 32 页等处。

③ 曹晟：《夷患备尝记》上海掌故丛书本，第 5、10、11、12、31 页。

④ 见《人文月刊》。

⑤ 《人文月刊》第 4 卷第 2 期，第 9 页。

⑥ 杨棨：《出围城记》晨风阁业书木，第 12—13 页。

⑦ 张喜：《抚夷日记》，第 29、32、37、69、78、89 页。

⑧ 详参拙编：*Chang Hsi and the Treaty of Nanking*，芝加哥大学，1944 年。

夺，镇江城的人民，受了相当大的损失[①]。而戴维斯（John F. Davis）将掳掠的案件，完全推到中国人身上。他说："几千盗匪蜂起，追随英军之后，掠夺财物，趋之若骛。"[②] 以上可以看作被告推诿之辞。

但英国的见证人当中，也多有承认英方的掠夺行为者。如欧脱罗尼（John Ouchterlony）便承认一些英国人的掠夺行为。他说从镇江城官库中所"找到"的财物，不过六七万元而已[③]。若瑟灵在他的《参与远征中国六个月》一书中[④]给我们更多的消息。他说"在女人房中的丝罗绸缎、小扇子、瓷器、小绣花鞋及小手杖，被我们拿来作为合法的战利品（Lawful loot），这是孟加拉人用的字，代替掠夺的意思。在拿取合法的战利品名义下，慢慢地，他们变作持长的专家"。洛黑（Granville Loch）亦记载某当铺中右一很小的房间，"专门用作收藏中国金银等首饰，其中一部份的储藏物，被我们搜刮搬走了"[⑤]。此外有一个署名"战地军官"作的《去年在中国》[⑥] 一书也说"我们在慈溪，又抢掠并焚烧一个官员的房子"。又谓"军队中印度跟班从宁波回来的时候，满身都是压着丝织物掠夺品"。这位军官又说：英国人有所谓"奖品采办团"（Prize Agents）。他们用"武装保护"，在宁波城外，抢夺了堆积如山的钱文，并且那些价值十六万元的制钱，被他们抬走了。

这些字眼，所谓"合法的战利品""奖品采办团""武装保护"，是值得留意的。唯有记着这些字眼，才能看得懂英国国会档案所谓"奖赏金"Prize Money[⑦]。在"奖赏金"大题目下，说明散布在大英帝国征华海陆军手中之奖赏金，退还国库，以英镑计值如下。按此表甚长，择要翻译

---

① *Diary in China: Being the Personal Narrative of an Officer Engaged in the Late Chinese Expedition*, London, 1843: 185.

② *China, During the War and Since the Peace*, London, 1852, Vol. I, p. 273.

③ *The Chinese War*, London, 1844: 423.

④ Lord Robert Jocelyn, *Six Months with the Chinese Expedition*, London, 1841.

⑤ *The Closing Events of the Campaign in China*, London, 1843: 50.

⑥ *Last year in China*, London, 1843.

⑦ 见 *British Parliamentary Papers* XXXI 448.

一部分如后：

一八四一年八月二十五日在厦门夺获（Captured）：

一箱包括银属货币的东西，售银	七五三镑
银用具，售银	一六九镑

十月一日在舟山夺获：

社仓谷与其他财物，售银	八、〇四九·四五镑

十月十日在镇海夺得：

社仓谷、粮储、焦炭、油、柴火，售银	一四、七六〇镑

十月十三日在宁波夺得：

钟三口，重十二吨，售银	四、二六六·六镑
骡子一头，售银	二三·三镑
各种零星物件赎购费	三一、五一六·四镑

一八四二年七月二十一日在镇江夺得：

金银首饰，第十四玛德拉斯步兵队“找到”（Found by）（现时尚未售出）。

这些东西：金银器物、谷米、骡子、钟等，不管怎样用好听的外交词令去描写，如不言“抢掳”而曰“找到”等，很显然的是在占领区域掠夺而来的。所以根据中英两方面的材料，我们很可以说：在鸦片战争期中，英军纪律虽大致不错，实有掳掠的行为。

这种结论，从当时第三方面的中证，也可以证实。有一个纽约立法官兼律师，名叫艾蒙（John W. Edmonds），在一八四一年写了一本书，颜曰《中英战争之起源及其发展》①，他说：当舟山被英军占领时，“水手抢掠靠近海滨的城。须臾之间他们将此小城沦为荒墟，凡不能带走之物，一概很荒唐的击毁。每一屋宇皆不分皂白的打开破坏；每一箱箧，皆抢劫精光。……然而这些掳掠主人，如此彻底，即是非至没有东西不能拿至……加尔各答时，他们决不肯终止”。这是很显明很具体的记事。以第三者的态度，证实英军的掠夺。

① *Origin and Progress of the War Between England and China*，1924 年西雅图重印。

他如伯纳的书[①]及莫尔斯的书[②]，对于英军的掠夺行为，都有不甚掩饰的叙说。以《文史周刊》篇幅有限，而毛尔斯之书比较易得，不具引。

① William D. Bernard, *Narrative of the Voyages and Service of the Nemesis*, London, 1844, Vol. Ⅱ, p. 431.

② H. B. Morse, *International Relations of the Chinese Empire*, vol. Ⅰ, 317n.

订立《南京条约》时之要价还价[①]

要价还价，是中国根深蒂固的陋俗，也是使西洋人最讨厌的事情。不料议订《南京条约》时，英国一些翻译与参赞官，竟故意跟中国要价还价，使中国实际办外交的小卒，觉得心满意足；认为是凭他们三寸不烂之舌，减少几百万元的赔款。夷考其实，是英国人跟咱们学丑脚，开玩笑的。

张喜《抚夷日记》，说英人马礼逊（Robert Morrison）等，逐条开列，赔款总数，共有三千万元。“喜见其所开银数过多，恐难照准，向其逐细讲论。……马礼训（即马礼逊）向麻恭（Major Malcolm）互商良久，遂曰：‘你既诚心和好，稍减其数，亦尚可行。……伊中堂（里布）与张大老爷（喜）俱是诚信无欺之人，我们断不可教伊中堂与张大老爷为难，逐即减去九百万元，作为二千一百万元。’”张喜讲价钱的聪明，叫“该夷等鼓掌而笑，俱言极是”。这样看来，张喜的功劳，真是不小了。

可是这种九百万元的大减价，是不是如此容易与可能？张喜的记载是不是捏造表功？这是要稍加考证的。

道光二十年英人在广东与耆善办交涉时，耆善据张殿元、白含章等奏，谓该夷先请给与兵饷；……其始声称需银二千万。迨反复辩诘，降至一千六百万，又降至一千二百万。据谓断难再少。……其烟价一节，私询以三百万元之数，旋复加至四百万，该夷均置之不论。奴才查夷人喜用洋钱，先允以五百万圆，该夷能否允从，再行与之辩论[②]。是为赔偿事，与英国人要价还价，并非无先例。袁陶愚《壬寅闻见纪略》亦谓，道光二十二年八月十二日，英人原索赔款三千万元，后打七扣，总共二千一百万元[③]。观此两种旁证，可知张喜非捏造事实以表功，而实有要价还价的事情，且实有减少九百万元之说，这是英国人的豪举！

在英文方面的记载，例如*Chinese Repository*翻译耆英一篇很长的报

---

① 原载于天津《益世报·史地周刊》1947年第39期第3版。

② 《夷务始末》卷18，第13—16页。

③ 见《人文月刊》4卷3期，第5页。

告 Vol. xl，pp. 571—572，中云该夷原来要求三千万元。经张（按即张喜）与其同事逐条辩驳，至再至三，乃减至二千一百万元，成为定额。此后详载逐条辩驳之词。

有一位参战的英国将官亦说："我们静候中国钦差承认我们要求的快乐，即赔偿我们在此次战争中一切的损失，其总数不下二千六百万元。"①是在英文材料中，也有打价的记载。

其实英国政府首相巴勒斯顿（Palmerston）远在一八四一年五月三十一日，就已训令濮鼎渣（Henry Pottinger），向中国索赔偿焚烧鸦片烟损失，固定为六百万元，行商应还中国的债务为三百万元，但战费当时不能预先在伦敦决定，因战争尚未结束也。案此训令，不见已发表的英国国会档案（*Parliamentary Papers*），而见于毛尔斯《中国国际关系》中第一卷附录②，此是毛尔斯从外交部档案找出来的。烟费与行商欠债既已固定，战费在南京议和时，似已早有具体的估量，不能随便因为中国人反驳，便不需请示英国政府，甚至不闻知英国议和大臣濮鼎渣，便可由马礼逊与麻恭商量，一下就可以减少九百万元，差不多等于总数三分之一了。在中国人面前要价三千万元，英国军官闻知为二千六百万元。可见英国人是随便跟中国人开玩笑，玩滑头，故意要价还价，以适合中国人的习俗，迎合中国人的心理。

---

① Arthur Cuningham，*The Opium War Being Recollections of Service in China*，Philadelphia，1845.

② H. B. Horse，*International Relations of the Chinese Empire* Vol I：655-659 appendix K.

海内外会党对于辛亥革命的贡献①

此文是想将中国会党对于辛亥革命之贡献，或中山先生与中国会党之关系，作一初步研究。会党包括洪门、天地会、三点、致公堂以及其他名称。在孙总理从事革命以前，他们已作了一些反抗清朝的地下工作。到现在，会党仍在各大中国城市中存在活动。他们的分子，跟任何大团体一样，良莠不齐：有学者、英雄、爱国志士；也有文盲、盗匪、捣乱分子。我们当知道会党中的缺点；但此文只能注意他们对于辛亥革命的贡献而已。他们的行动，多半是直接或间接，受了中山先生的影响。中山先生的领袖地位，永远值得我们的景仰与崇拜。因为辛亥革命史事，多为国人所熟悉，故下文择要叙述已足。

一、孙先生之故乡为会党与太平天国的活动中心之一

孙总理生于一八六六年，离太平天国领袖洪秀全之死仅二年。洪之出生地花县，离中山先生之香山县，不过二百余里。在十九世纪的初叶，天地会或洪门分子，曾主持多次暴动②。在洪杨之乱当中，广东许多会党分子，加入活动。洪粤产，洪之老部队亦多粤产。故前人多称太平天国党羽为粤匪。天京沦陷后，太平残余分子，多返广东故乡，重理农业。中山先生“十一岁时，有太平天国老兵，谈洪杨故事，娓娓动听”③，羡慕洪秀全为民族革命英雄，欲继踵而效尤之。

---

① 编者志：原载于吴相湘编：《中国现代史丛刊》第五本，台北：台北文星书店，1964年，第1122页。

② 天地会、三合会、三点会或洪门，曾于1802、1817、1837、1845年，在广东各处，发动暴动。详参《清实录》（嘉庆朝）卷九十五，第19页；卷一〇五，第213页；《清实录》（道光朝）卷二九九，第516页；卷三百，第42—43页；卷四八，第20—21页；卷四五四，第415页。

③ 张其昀：《党史概要》第一册，北京：中央改造委员会文物供应社，1952年，第6页。

二、孙先生青年时代之良朋多属会党分子

国父“第一个同志”是郑士良，郑是三合会的首领，与闽粤南洋会党领袖，有密切的联系①。这是孙先生与会党发生关系之始。时在一八八六年。同时，孙先生又与陈少白、尤烈订交。陈、尤二人大概也是会党分子。孙先生与陈少白、尤烈、杨鹤龄朝夕往返，畅谈革命，人呼为“四大寇”。有一天，这“四大寇”同去广州观音山三元宫游览，宫中有一八十多岁的隐者名郑安，曾作过林则徐的“师爷”，招请这四位青年到他室内密谈，告诉他们，如要反清，必须联络会党，方能生效。并详告会党之组织宗旨，及各地会党分布地址。“孙先生等一一牢记之。”这位郑安，很显然的是会党领袖，此“四大寇”是否在此时即加入会党，史未明言。但据谭永年、甄冠南两先生的《辛亥革命回忆录》说：当时的辅仁文社，在香港環士丹利街十三号，是“四大寇当年的桃园”，“革命同志之忠义堂”。所谓“桃园”“忠义堂”，均与会党有密切关系。谭、甄二先生又说：“这一班人……早已沥血盟誓，以同生死共患难的庄严信条，昭告于天地神灵的。”如此说来，“四大寇”早在一八八七年，似乎有类似会党的组织与行动②。

不但此“四大寇”，即程奎光、朱贵全、丘四、谢钻泰等亦皆结成盟兄盟弟，“可以说多是洪门组织的重要分子”③。而中山先生与陈少白尤为最密切的拜盟兄弟。总理一生对少白皆以“吾弟”称之④。郑士良领导会党，慨然允许与孙先生合作，使孙先生在一八八五年已经发轫的排满志愿，由思想而变为行动的阶段⑤。一八九二年，中山先生完成医学训练

---

① 蒋君章：《中华民国建国史》，台北：正中书局，1957 年，第 61 页。

② 罗家伦：《国父年谱初稿》第一册，台北：“国史”馆史料编纂委员会，1958 年，第 39 页；谭永年、甄冠南：《辛亥革命回忆录》第一册，香港：香港荣侨书店，1958 年，第 35、37—40 页。

③ 谭永年：《辛亥革命回忆录》第一册，香港：香港荣侨书店，第 35、38—39、61—62 页。

④ 陆丹林：《革命史谭》，重庆：独立出版社，1945 年，第 203 页。

⑤ 陈少白：《兴中会革命史要》第五册，1957 年，第 23—24 页。冯自由：《中华民国开国前革命史》第 1 册，重庆：中国文化服务社，1946 年，第 2 页。

后，在澳门开设中西药局，其中九位店员，都是秘密会党分子①。因此种种，我们可以说：中山先生二十余岁的时候，他的左右多半是会党中人。

与中国近代其他领袖比较，孙先生有占优势的地方。他十余岁时，在夏威夷读书数年，直接领受西洋教育，其后在医学课程中，受到自然科学的训练；又与何启、郑观应等人发生师生关系，得到一些社会科学的薰陶，何启是在英国毕业的医师和律师，在香港西医书院教授医学与法学，又常著文讨论中国政治社会问题与国际地位。郑观应为《盛世危言》的作者，与中山先生为小同乡，常常鼓吹中国西洋化与议会政体。在此种民主政体之下，郑说：方能“使人尽其才……使地尽其利……使物畅其流”②。这种说法，很显然的影响孙先生的政治主张。然孙先生与何、郑往来，渐渐将他们由改良派转变到革命派，旁助孙先生的革命运动，这也是难能可贵的。但在政治与军事实力方面，孙先生仍是倚赖会党。

三、中山先生最初的政党组织模仿秘密会社

一八九二年杨衢云与、谢钻泰设辅仁文社于香港，以开通民智研究新学为宗旨。杨、谢二人，可以说是会党分子③，中山先生与他们友善，不免受了一点影响。他在澳门时，“始知有一种政治运动，其宗旨在改造中国”。一八九三年在广州广雅书院内，已作联络会党的政治活动。所以

① 这九个会党店员的名字见冯自由：《革命逸史》第四册，上海：商务印书馆，1946年，第42页。

② 参阅罗香林：《国父革命主张对于何启与郑观应等之影响》，《国父九十诞辰纪念论文集》，台北：中华文化出版事业委员会，1956年，第53页。

③ 杨衢云在一八九五年第一次广州暴动的时候，曾答应“在九月初八晚上，由他带了三点会三千人，搭夜船到省城”参加暴动。（陈少白：《兴中会革命史要》，第30页）若他本人非会党领袖，怎能带领三千会党？他本人必为会党无疑。谢缵泰之父，侨商澳洲，为三合会前辈。缵泰天性纯孝，言行遵父命。（冯自由：《革命逸史》第二册，第23—24页）故为三合会员的可能性很大。且据谭永年云：“杨、谢、孙等，皆为结拜弟兄，为洪门重要分子。”（谭永年：《辛亥革命回忆录》第一册，第61—62页），是杨、谢为会党分子无疑。关于辅仁文社事，可参阅王兴瑞之《清季辅仁文社与革命运动之关系》，《史学杂志》1944年第1期，第35—45页。

有人说，中山先生在澳门已有一种秘密政党的初步组织①。一八九四年十一月，乃在檀香山正式成立兴中会。在这几年当中所发生的事情：如无葡萄牙医学文凭，不能在澳门行医，北上求见李鸿章未达目的；中日战争失利；皆坚定孙先生的革命热诚。按照秘密社会的办法，中山先生要新加入兴中会的会员，举手对天宣誓说："驱除鞑虏，恢复中国，创立合众政府，倘有贰心，神明共鉴。"最初会员当中，有邓荫南，为檀香山富裕之三合会首领，在檀岛有强大势力。邓之干部，也随着他加入兴中会②，所以马超俊先生说："加盟者有何宽、李昌……邓荫南等十数人……多洪门人士。"又谓："国父当年创组兴中会，系赖檀香山洪门前辈之支持。"③ 研究国父少年生活的权威罗香林也说："没有洪门，就没有兴中会。"④

一八九五年正月，孙先生归自檀香山，即在香港建立兴中会。基本会员，仍是郑士良、陈少白，再加杨衢云、谢缵泰等人，他们也要当天发誓。香港兴中会，举中山先生为会长，名之曰"伯理玺天德"(President)。此职即革命成功后之合众国大总统；但杨衢云反对。为避免因此惹起党内纠纷，中山先生表示退让，结果杨衢云当选。陈少白大为忿怒反对，孙先生为保存革命实力，不为所动。于是杨任兴中会会长，从一八九五年八月至一八九九年十二月，将近五年之久。至一八九九年杨乃不得已而辞职。当时长江流域及闽粤沿海一带之三合会及哥老会首领，被招至香港，另组一兴汉会，举孙为会长⑤。此段斗争，是实力政治

---

① 邹鲁：《中国国民党史稿》第一册，1929 年上海出版，第 28 页。波多野乾一：《中国国民党通史》，1943 年东京出版，第 43—45 页；Marius B. Jenssn，*The Japanese and Sun Yat-sen*，哈佛大学 1954 年版，第 61 页。此说最重要的根据为中山自著之"伦敦被难记（译文）"中云："予在澳门，始知有一种政治运动，其宗旨在改造中国，故名之为兴中会……予当时深表同情，即投身为党员。"《国父全集》第六册，第 169 页。此说未为罗家伦《国父年谱初稿》所提及。

② 谭永年：《辛亥革命回忆录》第一册，第 58 页；祝秀侠：《华侨名人传》第一册，1955 年版，第 75—84 页。

③ 马超俊：《洪门宗旨与三民主义》，此文为檀香山致公总堂成立七十周年纪念（1962 年 7 月 1 日）作，油印本，第 1、4 页，该文著者于当年七月底在台北拜访马先生时见诒。

④ 一九六二年六月七日在香港会晤时，罗香林先生亲自写在著者的日记簿上。

⑤ 冯自由：《革命逸史》第五册，第 12 页；《国父年谱初稿》上册，第 87—88 页。

的表现。孙先生在一八九五年让位于杨，很显然的是想杨在香港的政治潜势力比他大；但在一八九九年，孙派的实力远在杨之上，故杨不能不让位于孙。

此后数年，兴中会的组织，仍不健全，革命活动缺乏统一的指挥，难收实效。于是一九〇五年，有改组扩大兴中会为同盟会的必要。此会过去有直译为“Together Sworn Society”，因入会会员，皆须在孙先生的主领下，当天发誓。宣誓后，由总理授众秘密口号及手势。会员证书，用秘密社会的“天运”年号，以别于当时流行的光绪年号。

实际说来，“同盟会”当译为“The Revolutionary Alliance”，因它是当时联合三种最重要的革命团体，即中山先生之兴中会，黄兴等之华兴会①及章炳麟等之光复会②，成立同盟之意，全名为中华革命同盟会；因是会为秘密组织，不必明用“革命”二字，故称为中国同盟会，或简称同盟会。其领袖人物如头山满、内田良平等，为中山先生之友兼为中国革命之秘密扶助者。此时中山先生对于秘密会社之组织、仪式与心理，非常熟悉。伟人如孙，能坦白地承认说：一九〇三年他在夏威夷正式加入致公堂；此堂即是洪门在檀岛及美国、加拿大之别称。中山先生被封为“红棍”，洪门称“元帅”为“红棍”③，可见是很高、很重要的地位，他加入致公堂的主要目的，在获得美洲洪门昆仲物力与人力的援助，以

---

① 华兴会是1904年秋，黄兴、刘揆一、马福益、陈天华、宋教仁等在长沙组织的。主要目的在筹备新旧军和会党起义。据章士钊云：华兴会以振兴实业为名，人众而机事难密，则湘中增设同仇会，联络红帮弟兄；上海别树爱国协会，招邀内层志士。如蔡孑民、陈独秀、蔡松坡辈，咸在上述秘密议事处，由杨笃生监誓加盟。文史资料委员会编：《辛亥革命回忆录》第二册，北京：中华书局，1961年，第140页。

② 光复会成立于1904年。前期由章炳麟、蔡元培、龚宝铨主持。总机关在上海。中期由徐锡麟、秋瑾主持，总机关在绍兴。后期由陶成章主持，总机关设在上海，见文史资料委员会编：《辛亥革命回忆录》第一册，北京：中华书局，1961年，第633页。光复会自始至终之主干，似为龚宝铨与陶成章，二人“为莫逆交，且频年运动会党，咸与其事”，是龚也可说是会党通。据马叙伦云：“龚宝铨是章太炎的女婿。”（谭永年：《辛亥革命回忆录》第一册，第170页）章炳麟、蔡元培恐怕是龚拉出来作招牌的。证以其中会党分子之多，也是等于一个秘密结社。《辛亥革命》第1册，第515—529页。

③ 张其昀：《党史概要》第一册，第76页；冯自由：《革命逸史》第二册，第129—131页。

应国内革命运动的急需。据说，“华侨列名洪门会籍的，占十之八九”[①]。

四、中山先生的十次革命起义多半是会党领袖所主持的

第一次起义，计划以会党分子及巡防营勇于一八九五年十月二十六日夺取广州，盼望杨衢云从香港带领三千会党去广州参加行动。孙先生往羊城亲自筹划领导，杨衢云在香港负筹款运械及兵勇之重责。以香港接济衍期，计划泄漏失败。从香港姗姗来迟的二三百会党，有四十余人被捕殉难。孙先生幸由间道脱险至香港，由港赴日，清政府悬赏通缉。杨衢云逃至西贡、印度、菲岛等地。因时制宜，在海外各处，组织兴中会分会。至一九〇〇年，杨始重返香港。其中五年，兴中会在中国本部没有多大活动。而孙先生正在加入致公堂，并与日本秘密志士联络。

第二次起义，在北方拳匪之乱时举行。三合会首领郑士良决定于一九〇〇年十月十日，攻取香港九龙不远的惠州，若成功，即由惠州进军至厦门，在此地可接到由台湾运来的一大批日本军火。郑士良率会党志士六百余人，举义于惠州三洲田，佐以黄福等人。黄福在三合会各首领中资望最高，久在南洋婆罗洲谋生。庚子年应郑士良命回国，惠属各处会党，咸听号令[②]。郑军起义后半月，所向皆捷。惜乏生力军与粮弹接济，迫不得已，遣散志士。翌年郑士良病死于香港，中山先生如失一左右手。

同时有一青年冒险志士史坚如，谋炸两广总督德寿未成，被捕殉难。聪明好学，能诗能画，家道富裕，然为哥老会之龙头[③]，故能杀身成仁，死时年仅二十二。坚如之勇敢行为，大招清政府之忌，穷源究委，谓史之行动，或为潜居香港之杨衢云所指使。于是一九〇一年正月十日，杨衢云为广州政府遣人在港刺杀。

---

① 睦云章：《国父与洪门》，《中国洪门海外昆仲恳亲大会特刊》，1956 年台北出版，第 39 页。

② 《辛亥革命》第一册，第 168 页。

③ 史坚如被封为哥老会龙头之职，见《国父年谱》第一册，第 87 页；关于史之学行，见《国父年谱》，第 102—104 页；冯自由《中华民国开国前革命史》第一册，第 92—94 页。

此二役后，利用会党之风气，通行全国，甚至全球。陶成章、毕永年、陈少白及日人平山周等，都很积极的联络香港、广东、长江流域及南洋群岛各处的会党分子。在日本、檀香山、美国及加拿大，中山先生及冯自由等，力与保皇党徒口诛笔战，争取海外洪门及华侨的拥护与援助。保皇党在康有为、梁启超指导之下，鼓其三寸不烂之舌，挥其生龙活虎之笔，向华侨活动，华侨多为所惑。这两位鼎鼎大名的学者康、梁，竟有报告为哥老会之正副龙头者①。康有为门徒如徐勤与梁启田辈之加入致公堂，以便对洪门活动，更不用惊异了。为面对这一情势，中山先生也只得作致公堂的"红棍"，始能取得洪门兄弟的财力援助②，兼对保皇党徒作有效的宣传与改变，使从"保皇"而变为"排满"。

孙先生之过于重视秘密会社，颇引起一部分中国留欧学生在一九〇五年严重的讨论。在比国京城与留学生辩论三昼夜的结果，孙先生仍坚持会党志士比秀才大兵可靠，秘密会社分子为反清最可凭信的力量。不过他最后承认，会党志士与军队，当同时运用或利用；可是仍反对取消加入同盟会的宣誓仪式③。

所以一九〇七年，第三、四次在广东潮州、惠州起义的主力，仍是会党分子。同年第五次在广东钦、廉二州的起义，由黄兴、王和顺指挥。第六次广西镇南关之役，由黄明堂、黄兴、胡汉民等负责，各次皆失败。第七次黄兴重整在钦州与十万大山被击败的力量，在广西与安南边界，苦战四十余日，颇获胜利，使人皆知黄兴为勇敢善战的人才。虽然这一次起义也终于失败了。第八次云南河口之役，由黄明堂率领三百余会党起义，黄兴赶急从越南边境至河口指挥作战。以黄明堂、王和顺等缺乏

---

① 有一很长的哥老会名单，为湖广总督张之洞在汉口搜集的情报，呈递于北京政府，在此情报中，康有为列为正龙头之一；梁启超为副龙头。原折在北京故宫《文献馆》，现在转印在《辛亥革命》第一册，第265—276页。戴魏光《洪门史》（南京1947年出版）中也说："康有为为正龙头，梁启超为副龙头。"

② 孙先生于1896年初次游美，尝向洪门人士多方游说，因未列籍洪门，致公堂会员视同陌路，无助之者。见冯自由：《华侨革命开国史》，上海：商务印书馆，1947年，第55页。

③ 详参《革命文献》第二册，1953年，第256页及王德昭：《同盟会时期孙中山先生革命思想的分析研究》，《中国现代史丛刊》第一册，台北：正中书局，1960年，第68—173页。

军事学识，各自为战，守候月余，接济不至，为清军击败[1]。

在此数役中的战斗要员，如举义潮州黄冈的许雪秋、余丑；起义于惠州七女湖的邓子瑜，于钦州的王和顺，于镇南关的黄明堂等皆为秘密会社的领袖[2]。甚至黄兴也可疑为会党中人，然后能与其他会党领袖合作或指挥他们。此问题大，当于下节详细证明。当时胡汉民报告中山先生，谓云南大局，确有把握，与哥老会息息相通，转会党而为革命党，必臻成功。黄明堂、关仁甫为旧日会党首领，今皆为我用云[3]。但可惜会党勇士皆失败。

受了好些次失败的教训，黄兴、胡汉民计划将来的举义，不能专靠会党，须多得新军与知识分子的参加。此时中山先生在海外筹款，以便资助国内的革命运动。所以第九、第十两次的革命战，会党所出的财力多于人力。第九次举义于广州，在一九一〇年二月，以新军为主干。第十次广州三月廿九日（阳历一九一一年四月二十七日）的大举，烈士葬于黄花岗者七十二人，中有不少知识分子如林觉民等参加。据以后的调查与考证，是役殉难者共八十五人。就此可考的人数，其中二十九人为华侨，内有一人确知为三和会领袖，另有数人为经营旅舍之会党招待联络分子，或素好拳击侠义人物，或可疑为会党中人[4]。帅学富撰《清洪述

---

① 许师慎：《国父革命源起详注》，上海：上海正中书店，1947年，第136—137页。

② 许师慎：《国父革命源起详注》，上海：上海正中书店，1947年，第142—144页。冯自由：《革命逸史》第四册，第43—56、142—185页；第五册，第99—106、111—116、169页；《辛亥革命》第一册，第168页。帅学富：《清洪述源》（1962年台北出版）亦云："国父赤手空拳，所赖军事力量与干部，大半皆为会党分子，嗣后第三、第四而第八之起义，其中主要干部，如许雪秋、邓子瑜、黄明堂、王和顺、关仁甫等，都是会党领袖……奠定以后辛亥革命成功的基础。"（第124页）

③ 冯自由：《革命逸史》第五册，第169页。

④ 邹鲁：《广州三月二十九革命史》，长沙：商务印书馆，1939年，描写生动，文笔生辉。然邹鲁非一一目睹者，所述各烈士的供词与行刑时的言动，不免出于意测。睦云章：《七十二烈士中的华侨》（海外文库出版），增加十三烈士，但恐尚不止此。"所谓七十二烈士者，是有根据可查的同志，其余殉难的人，无可稽考，约在二倍以上。……新军中其他各营解送到龙济光处之士兵，多少不一，均死于非命。被杀之人数，约等于黄花岗之烈士数。"见文史资料委员会编：《辛亥革命回忆录》第二册，第324页。

源》有云："三月二十九日广州之役……会党中人参加的力量亦不在少。朱执信就是当时负责联络会党的人。"①

五、最后两次起义的经费多出自秘密会社，新军的运动亦多由会党分子作媒介

最后一九一一年两次起义，会党分子供给很多财力的援助，与精神上的鼓励，使收辛亥革命成功的效果。据冯自由说：广州"三二九"起义的经费，多半出自加拿大的致公堂；他们将堂产会所出卖，始筹出一大笔经费，汇回国内，资助广州"三二九"起义。当时在武汉的革命党员，多半衣食不继，艰难万分②，等到美国致公堂的钱寄来，他们方如触电一样，欣欣然有喜色，乃跃跃欲试。

辛亥革命，新军多加入。此非凭空而来，乃经过一番长期的运动工夫。早在一九〇四年，黄兴、刘揆一、马福益、陈天华、宋教仁等，在长沙组织华兴会和同仇会之时，就筹备新旧军和会党起义。成立以后，即作运动新军会党组织起义的活动。据说刘揆一和马福益联络了旧军的会党二万余人，并联络了安源煤矿的工人③。有些秘密会社分子，早已潜入军中工作，因"官与兵，多洪会中人。以洪会同志游说之，不难归顺"④，他们说服军队中的老弟，使他们赞助革命，乘机倒戈。这也是会党的贡献之一。为运动军队起见，黄兴曾在江西活动。刘道一、胡瑛在两湖及长江中部活动。双十节起义以后，南方各省迅速宣布独立，脱离清廷，加入革命政府。这多半是事先运动军队的结果⑤。

---

① 帅学富：《清洪述源》，1962年台北出版，第124页。

② 冯自由：《革命逸史》第四册，第217—227页；冯自由：《中华民国开国前革命史》第一册，第144—155页。

③ 文史资料委员会编：《辛亥革命回忆录》第一册，第334、438页；第二册，第135页。

④ 上海自由社编：《中国革命记》第三册，上海：自由社，1912年，第1页；刘揆一：《黄兴传记》，北平，1929年，第21—22、27页。

⑤ 参《武昌首义》（中华民国开国五十年文献编纂委员会，台北1961年出版）第二编第一册，第134—140页。冯自由：《中华民国开国前革命史》第一册，第167—172页；《辛亥革命》第五册，第617页。

六、上述十次起义以外尚有多次起义与勇敢的行动为秘密会社所经营

庚子年（1900 年）八月，唐才常、秦力山、林圭在安徽大通举事，不幸失败。这几位崇拜康有为的青年学者，皆为哥老会首领；他们组织自立军。可惜三位领袖伏诛后，自立军即瓦解①。

一九〇二年冬，会党领袖洪全福、谢缵泰、李纪棠，召集粤港洪门兄弟，谋举事于广州，拟建“大明顺天国”，举容闳为临时政府大总统。全福与洪秀全有家族关系，他的建国年号，显然与孙总理歧异，因为这是与兴中会无关的独立运动②。

一九〇三年云南哥老会首领周云祥起事，占据临安县城，率矿工兄弟，转战至广西边境，其后虽因孤立无援失败，而党人李伯东设立誓死会于云南，即系哥老会变相之组织，为云南革命之基础③。

一九〇四年九月，黄兴与两湖哥老会首领马福益谋举事，事泄未成。翌年，马福益谋再举，被捕惨杀。马之徒众谋报仇，在湘赣接壤之萍乡、浏阳、醴陵各县，大举起事，虽累获胜，然终归失败，数千民众，惨遭毒戮④。

同时，蔡元培等发起光复会于上海，会党首领陶成章旋执行光复会

---

① 林奎、唐才常为哥老会的副龙头，见《辛亥革命》第一册，第 276 页。唐之弟子秦力山也可说与会党有密切的关系，《清史》（台北 1961 年出版）第七册，第 6147、6149—6150 页。关于自立会，及唐才常等人的活动可参阅：“The Tzu-li Hui：Some Chinese and their Rebellion” by E. Joan Smythe，*Papers on China*（1958），Vol. 12：51-68.

② 《洪全福起义档案》，故宫档案馆藏，今收在《革命文献》第一册，第 322 页。其计划原委，见《辛亥革命》第一册，第 315—321 页。其财力援助人李纪堂亦为会党分子，而洪全福乃三合会首领，参谭永年：《辛亥革命回忆录》第一册，第 46—47 页以及《中国洪门海外昆仲恳亲大会特刊》第 44 页。

③ 冯自由：《中华民国开国前革命史》第一册，第 130—132 页；戴魏光：《洪门史》，第 112—114 页。

④ 张平子《我所知道的马福益》、万武《策动马福益起义的经过》，均见文史资料委员会编：《辛亥革命回忆录》第二册，第 239—248 页。又见刘揆一：《黄兴传记》，第 319 页。

的会务。三合会员徐锡麟与女英雄秋瑾等，皆为光复会会员，并开办大通学堂，秘密予学生以军事训练，以为将来革命军佐。又与湖南马福益等采取一致合作的行动。马之徒众在湖南举事失败，徐锡麟急谋有效响应，于一九〇七年七月六日，枪杀安徽巡抚恩铭；不久秋瑾亦被官军捕杀，成为女烈士[①]。约一年后，有一青年熊成基，在安庆起义，仅支持两日即告失败。熊成基是光复会的会员。徐、熊二人对辛亥革命的贡献，中山先生在一九一二年调和同盟会与光复会之暗斗时，已坦白承认加以赞扬[②]。又有一吴樾者，也是光复会的会员[③]。一九〇五年九月，他在北京车站掷炸弹谋刺出洋考察宪法的五大臣，他所用的炸弹，即为杨笃生所制。杨于一九一一年在英国投海自杀[④]。这些烈士生前都是志同道合秘密联结的至交。他们勇敢的行为惊天动地。中山先生承认，他们多半是单独的行动，不是出于他的计划与指挥的[⑤]。以前广州、惠州、河口诸役，当然在革命史上占重要地位，但地点仅限于两广与云南的边区。当时新闻报道简陋，内地报纸根本不敢登载，故知者不多，影响不能太大。但自萍、浏、醴起义，乃将革命风潮带到了长江中部，且涉及湘、赣、鄂、皖四省。安庆徐锡麟刺恩铭，及熊成基诸役，始将清廷及各省疆吏吓得闻革命之风，而谈虎色变，为予辛亥武昌起义作一摧腐拉朽的基础，建立心理作战之出发点。这不能不说是会党英雄的贡献。

可惜同盟会与光复会不能好好地合作，并肩作战。一九〇七年，陶成章与章炳麟，督促宋教仁与谭人凤召集大会，改选黄兴代替中山先生

---

① 秋瑾、徐锡麟皆在日本横滨，加入三合会，参冯自由：《革命逸史》第五册，第 74 页。秋瑾虽然又加入同盟会，徐锡麟则拒绝加入同盟会。参《秋瑾集》，北京：中华书局，1960 年，第 179—183 页；吴玉章：《辛亥革命》，北京：人民出版社，1961 年，第 14 页。

② 参孙中山函件，冯自由：《革命逸史》第五册，第 74—75 页；又见《国父全集》第四册，第 153 页。关于熊案始末，见《辛亥革命》第四册，第 229—255 页。

③ 吴樾事见冯自由：《中华民国开国前革命史》第二册，第 12—17 页。吴为光复会之会员，见《中华民国开国前革命史》第三册，第 17 页。

④ 文史资料委员会编：《辛亥革命回忆录》第二册，第 141 页；《清史》第八册，第 6239 页。《辛亥革命》第四册，第 316—323 页。

⑤ 《孙逸仙先生自传》，《国父全集》第一册，第 41 页；“The Six Independent Revolutionary Attempts” in Chin-tung Liang（梁敬錞）*The Chinese Revolution of 1911*，New York，1962.

为同盟会总理。因潮惠各处累遭失败，而中山先生又受日本政府及商人迫孙离日之赆仪。幸黄兴始终对中山先生忠诚，故改选之议未果。但是光复会之陶成章则在日本与南洋一带，单独筹款活动，采取殊途同归之法。陶及其他浙人对辛亥革命之贡献，孙先生亦承认之。不料一九一二年正月四日，陶在上海医院被人刺杀。光复会与同盟会所属之军人，亦不能与广东合作。孙先生在民国元年时，极力调和，劝其和衷共济[①]。革命时，派系争斗，固为社会进化史上常有的事。

七、辛亥以前会党领袖组织各种团体促成革命

除自立军与光复会外，尚有许多其他的团体，如华兴会、同仇会，前已略略提及。又有共进会等，中国同盟会中部总会等，均对武昌革命，有所贡献。华兴会中有很多马福益的党羽，黄兴的友朋、学生与崇拜者如胡瑛、谭人凤、宋教仁等，也加入此会，并为后来革命史上有名人物。有一会员万福华，即为一九〇四年谋刺前广西巡抚王之春而著名[②]。同仇会为华兴会之姐妹组织，专为联络没受过多少教育的会党分子。其主持人物，也是黄、刘、马三人。

张伯祥领导的共进会，原为一九〇七年同盟会的分支。其目的在对会党分子与学生军人，作党义的灌输。张为四川孝义会的领袖，为袍哥会一分会。一九〇八年张由日本返国，即着手联络长江流域会党，成为统一性的组织。一九一〇年四月，共进会设分会于湖北，以孙武为分会

---

① 光复会“以种族革命为务”，同盟会兼言民生主义见陈旭麓：《辛亥革命》，上海：上海人民出版社，1955 年，第 43 页，故此两团体在理论上已分歧。光复会与同盟会失和，及抨击孙中山事，见刘揆一：《黄兴传记》，第 29—30 页；金冲及、胡绳武：《论黄兴》，《历史研究》1962 年第 3 期，第 18 页。孙中山夸奖光复会对革命之贡献，见冯自由：《革命逸史》第五册，第 24—75 页。实际说来，光复会的贡献，真不算小。有徐锡麟之杀恩铭，熊成基之袭安庆，辛亥攻上海，复浙江，下金陵，光复会新旧部人皆与有力。辛亥革命军兴后，光复会员在各省统领军队者，有浙江军总司令朱瑞，有江苏吴淞光复军司令李柱中，有广东汕头民军司令许雪秋。自陶成章在上海医院被刺后，光复会遂丧失主脑，势渐瓦解。陶被刺杀后，中山先生电陈其美严缉凶手，又谓陶对革命贡献，允宜在国史馆立传云。《国父全集》第四册，第 153—154 页。

② 冯自由：《革命逸史》第二册，第 86—87 页；《国父年谱》第一册，第 137 页；及《武昌首义》第二册，第 1、13 页。

长。刘揆一、陶成章及其他秘密组织领袖，皆加入此组织。将中山先生“平均地权”的口号，改为“平均人权”，因基层会党分子，知识有限，恐怕革命成功以后，受排挤轻视，故以“平均人权”牢笼之。因此改变许多底层会党分子，加入湖北共进会，共谋辛亥革命之成功。孙武在汉口俄租界作炸弹破裂，因而引起军警大捕武汉一带的党人（辛亥年十月九日），乃促成双十节之大革命①。这位孙武，有人说是三合会的会员②，武昌工程营首先发难的熊秉坤，也是共进会的会员③。

在此期间，中国同盟会中部总会，于一九一一年七月三十一日在上海成立。陈其美、宋教仁、谭人凤等主其事，以促进长江中部的军事行动。谭、宋二人与会党很接近；谭人凤不但与黄兴、刘揆一为至交，而且有指为会党首领者④。可是陈其美是否与会党有关，则很难断定。他自从一九〇八年由日返国，为招待江浙往来革命同志，即在上海设立秘密机关，名梁山泊。梁山泊一名在中国小说史上的地位，人皆知之。他又与龙华会首张恭最友善，与各地防军及会党素有渊源⑤。且有一书，直接了当的说：“浙江陈其美先生，更亲身加入清帮，加以指导。”⑥ 此书是否十分可凭，殊难确说。为谨慎计，最好存疑。

上述几种革命团体，仅荦荦大者，虽名目繁多，而实司其事者，仅少数精明能干之志士，如孙武、宋教仁、谭人凤、焦达峰等，彼等皆为同盟会会员，同时又组织别的团体，大事活动，以期革命早日成功。黄花岗失败以后，同盟会领袖大为沮丧。黄兴、胡汉民蛰居香港，中山先生羁旅美国。谭人凤乃提议将革命中心由粤港海滨，移至长江腹部。陈

① 杨玉如：《辛亥革命先著记》（北京科学院，1957 年），张国淦：《辛亥革命史料》，北京：龙门联合书店，1958 年，第 43—45 页。《革命文献》第二册，第 94 页；冯自由：《革命逸史》第五册，第 203—205 页。

② 孙武，三合会员，与唐才常、吴禄贞等人最友善。见《当代名人事略》之《满清稗史》，（陆保璿，台北文海 1966 年出版）第十册，第 14—15 页；又见吴玉章：《辛亥革命》，北京：人民出版社，1962 年，第 94—95 页。

③ 《清史》第八册，第 6211 页。

④ 冯自由：《中华民国开国前革命史》第一册，第 153 页；张难先：《湖北革命知之录》，上海：上海商务印书馆，1946 年，第 67—73、209—214 页；《中国革命志》第三册，第 3 页；《辛亥革命》第一册，第 211—212 页。

⑤ 冯自由：《革命逸史》第二册，第 91、99 页。

⑥ 赤松子：《民国春秋》，香港：香港海天文化出版社，1962 年，第 8 页。

其美、宋教仁赞成其策，于十月八日派谭人凤至汉口，与孙武、居正等[①]商革命进行方略；十月十日，武汉已革命告成，而谭尚在旅途中，未达到目的地[②]。故当时有一身经目睹者杨玉如云："武昌革命党人是一群无名的热血青年，热心民主革命，而不依靠党魁的支持。虽多属中山信徒，不过遥为奉戴，关系甚浅。亦无党费接济，穷得莫名一文。"[③] 一目睹者阎幼甫云："辛亥革命前，长江流域各省，并没有同盟会的支部组织。"[④]在武汉一带，许多革命团体，各自为战，汇合成流。他们皆痛恨清王朝的腐败卖国，作为众矢之的。哥老会的反清秘密结社，遍于大江南北[⑤]，所以义旗一举，终于夺取武汉。当时高级领袖，如孙文、黄兴皆未在场指挥。故梁启超云："革命之最初时期，并未表现革命党人有何种伟大之势力与计划存于国内，尤无一团一旅之革命军队可言，且待至川、鄂宣布独立，袁段已赞成共和之后，则革命党中之第二首领（黄兴），始由海外（香港）赶至武昌；待至长江下游各省完全独立，武昌军府将改都江甯之时，则革命党中第一首领始由海外赶至江甯。"[⑥] 革命党人虽系成功者、结果者，而一些死难的无名英雄，与乌合之众的战士，不能全无功劳。

八、辛亥革命第二首领黄兴或亦为会党首领

在中山先生无法插足中国内地十六年的长期时间（从一八九五年十

---

① 吴玉章：《辛亥革命》，第 94 页："湖北的孙武居正……是会党中较有地位较为积极的人物。"

② 《革命文献丛刊》（南京 1947 年 9 月版）七号，第 216 页。

③ 杨玉如：《辛亥革命先著记》，第 43 页；李剑农：《中国近百年史》第一册，北京：商务印书馆，1942 年，第 286—294 页，亦详述革命党人的苦境。

④ 文史资料研究委员会编：《辛亥革命回忆录》第二册，第 113 页。

⑤ 谢石钦、樗公随笔说："长江一带革命党人之集结……是在黄花岗惨败之后。潜势力即在联合新军、改革会党，如洪帮、'哥弟会'，各省星罗棋布，乃定一统制之法，部勒使之就范。如四川则张百祥，湖南则焦达峰，江西则邓文辉，湖北则孙武……浙江则陶成章。"中国科学院编：《辛亥革命资料》，北京：中华书局，1961 年，第 487 页。

⑥ 丁文江编：《梁任公先生年谱长编初稿》第二册，台北：世界书局，1958 年，第 377 页。

月二十九日至一九一一年十二月二十五日)，黄兴却多半指挥军事起义，或与起义有密切的联系。不用说，他对辛亥革命是有很大的贡献的，他的女婿薛君度用英文写他的传记[①]已表示得相当详晰。可是黄兴是否为秘密会社的社员问题，薛君不能答著者问；而这个问题实不易回答。因为中国上等社会的人，少有人自己承认为秘密会党分子的，更不喜欢别人证实他为这样的会员。可是有一段资料，叙述黄兴与哥老会魁马福益的亲密关系。这见于刘揆一的黄兴传记。刘、黄相处最久，从刘的叙述中，我们得到一些宝贵的消息：

一九〇四年春，黄兴与刘揆一事先约好同马福益在湘潭相见。为避免清朝官吏的耳目，黄、刘二书生，皆着短衣钉鞋，带斗笠，雪夜步行三十里，到湘潭茶园铺矿山的岩洞中，与马福益相见。当时防守森严，各山皆有会党把守，故黄、刘、马三人坐在柴火熊熊的地上，平平安安，各倾肝胆，共谋“光复”，谈个痛快！且马命其党徒，就岩阿雪地，掘一土坑，埋数鸡其中，上以柴火煨之，痛饮狂餐，乐至天晓。黄兴归途有诗云：“结义凭杯酒，驱胡等割鸡。”[②] 此处所谓“结义”，显然是出于桃园三结义的典故，割鸡歃血为盟，然后饱餐、畅谈。此情此境，会外人绝难享此殊遇；黄兴、刘揆一必为会中人，始能得到马福益绝对的信任，举行这样秘密的会议。

然此尚为推论，不能断定黄兴为会党。另外我们找到几种材料，很坦白的说：“……黄克强在湘鄂入哥老会，被封为龙头。”[③] 这是冯自由说的，冯自己承认为会党中人，其言当有所凭借。李峻峰“国父领导洪门史迹数则”说：“革命先烈如黄兴……秋瑾等，均为洪门昆仲。”[④] 戴魏光《洪门史》也说：“黄(兴)本人即哥老会会员。”[⑤] 有此数种证据，我们或可以说黄兴是会党分子了。

---

① *Huang Hsing and the Chinese Revolution*, Stanford University Press, 1961.

② 刘揆一：《黄兴传记》，第617页。

③ 冯自由：《中华民国开国前革命史》第一册，第150页。

④ 《中国洪门海外昆仲恳亲大会特刊》第五十。

⑤ 《洪门史》，第115页。

有一当时作者云："革命之论倡导在十余年前，而见诸实行者厥惟黄兴。"[①] 若黄兴对辛亥革命之贡献不可埋灭否认，则其所领导各役之基层战斗人士，即会党分子之贡献亦不可否认。如上所述，会党与中山先生，从他的幼年至辛亥革命成功，有密切的关系。

所以一九一九年有两位名学者蔡元培（曾任光复会会长）与张相文，上函孙总理，论编纂民国史书，主张在"国史前编"中，上溯清世秘密诸党会，立一专章。孙总理对于此意，不表赞同。其理由是秘密会党，旨在反清复明，"故民族之主义虽甚普及，而内部组织仍为专制，阶级甚严，于共和原理、民族主义，皆概乎未有所闻，故于共和革命关系实浅。似宜另编为秘密会党史，而不以杂厕民国史中"[②]。

孙总理对会党之态度，为美国致公堂魁黄三德所批评。孙、黄曾为至交，后有仇隙。黄云："孙先生衰时则倚庇于洪门，盛时则鄙屑洪门。"[③] 此言殆不甚确，中国历史惯例，常有成王败寇之事。成者又常有与同时起义者争功决战，自相残杀之惨剧。幸此次会党人士，多半计义而不计利，既不居功，也不要名，以致中华民国临时政府稽勋局长冯自由，查得一些确有功勋而找不到受勋的人[④]，尤幸孙总理宽弘大量，一切皆避免之。他能让大总统的地位于袁世凯，其他更可想见。黄兴于一九一六年病逝后，孙总理宠荣之代为报丧，但无暇言及黄兴对于辛亥革命之贡献。在他心中，或许是黄兴无需盖棺论定[⑤]。虽然中山先生生前的领袖地位，曾被人攻击夺取数次[⑥]，迄至今日，事实大为明白，更无丝毫疑

① 《中国革命志》第二册，第 2 页；第三册，第 1 页。

② 《国父全集》第五册，第 321—322 页。

③ 黄三德：《洪门革命史》，1937 年，第 35 页。

④ 文史资料研究委员会编：《辛亥革命回忆录》第一册，第 519 页；第二册，第 114 页。

⑤ 《国父全集》第五册，第 238—239 页。

⑥ 举例言之：如 1895 年，杨衢云夺取兴中会会长，尤烈于 1900 年组中和堂在南洋一带，独立活动（参谭永年：《辛亥革命回忆录》第一册，第 148—150 页）。谢缵泰等如于 1901 年举事成功，拟举容闳为临时大总统（冯自由：《革命逸史》第二册，第 24 页），章炳麟、陶成章等在 1907 年试图以黄兴代孙为同盟会总理（参刘揆一：《黄兴传记》，第 29 页，冯自由：《中华民国开国前革命史》第二册，第 9 页）此皆荦荦大者。他如陈炯明之叛乱等，不在此文范围之内。

惑的余地。

以领袖人才论，中山先生远胜于黄克强先生。黄虽为勇敢无私鞠躬尽瘁的战士，而缺乏政治理论，没有留下关于政治的著作①。孙总理对中国会党，有深切的认识，亲身的接触与了解。故他批评会党，当有卓见。像他目光远大的领袖人才，富于政治理论与革命经验，善于演说与领导发动，熟悉国际情势②，并能屡次从国外谋得款项③，故能使会党、军人、学者等各种力量，皆乐为所用，共图推翻清朝，创造民国。《论语》有云："譬如北辰，居其所而众星拱之。"其孙总理之谓也。

---

① 见 Chün-tu Hsüeh，*Huaug Hsing and the Chinese Revolution*（Stanford，1961），p. 185.

② 例如一九〇五年在东京投海死的陈天华，常忧虑中国将被列强瓜分；中山先生将他说服，断言中国绝无再被瓜分之虑。于是陈天华心中为之一慰。他敬佩中山先生的国际眼光，称之为西洋专家，但仍不免自杀。"Ch'en's attitudes were related to those of the secret societies，with whom he had direct contact."见 Ernest R. Young，"Ch'en Tien-hua（1875-1902）：A Chinese Nationalist，"*Papers on China*，1959（13）：152-153.

③ 甚至黄三德说："孙文之临时总统由洪门造成。"谓南京诸代表，见各埠致公堂各华侨团体之电报，纷至沓来，皆震惊孙文在海外之声誉与财授，故谓临时总统非孙君莫属（《洪门革命史》，第20—22页），此言颇荒谬。然有滔滔不绝之财授在手，对于各代表之选举，或不无影响，从此亦可见海内外会党直接间接对于辛亥革命之贡献。

蔡元培先生的革命思想与活动

蔡元培（孑民，一八六八年至一九四〇年）是二十世纪前四十年融合中西学术，施诸实行，一甲前三名中的人物，其在教育文化上的贡献，或可升为状元；其嘉言懿行，前贤言之详矣。惜尚缺乏一部详细的传记或年谱（编者按："中央研究院"已出版陶英惠编著的《蔡元培年谱》上册），海外有两篇研究蔡先生的博士论文[①]，非传记体例，故其生平的革命志趣，似尚有商量的余地。他的头衔已很多，可再加一个革命教育家的帽子，他不是革命的理论家，也不是死心塌地、百折不回的实行家，而是一位先知先觉，开革命的先导，常立于新思潮的前线，常倾向于新的进步的运动。

蔡元培先生是否为秘密社会分子，也想在此文中贡献一些证据。

甲午战争与戊戌政变两大失败，予中国知识分子一大打击，蔡先生当然不算例外。在一八九四年，他已升为翰林院编修。平凡的人，很可以养尊处优，熟读经史，弄点文墨，唯命是从，而他喜涉猎译本西书。至一八九八年，他突然归绍兴老家，是何原因？

蔡元培不继续做翰林的原因

通常的说法，是因他同情戊戌变法运动，故弃职返里[②]。京官之同情维新者颇不乏人，何必抛弃铁饭碗？也许是蔡先生骨节高昂，不愿折腰。但蔡先生较我们所设想者，有更强硬的气节，他胆敢骂朝廷。据甘簃《睇向斋逞臆谈》：

---

① *Ts'ai Yuan-pei and the Political Revolution in Modern China* by William John Duiker III, Ph. D., Georgetown University. 1968, p. 463. *Ts'ai Yuan-pei from Confucian Scholar to Chancellor of Peking University, 1868-1923: The Evolution of a Patient Reformer* by Eugene Stephen, Ph. D., The Ohio State University, 1970, p. 182.

② 李若一：《蔡先生的政治思想》，台北：商务印书馆，1961年，第197页。

元培入翰林，尝于同官酬酢间，诋贵胄昏庸不解事，唱“排满”之论，声至激烈：语闻于掌院学士（徐桐），面斥之曰：“乱臣贼子，人人得而诛之！”①

蔡乃托病，请假南归，不愧为勇敢之革命家。返绍兴后，另起炉灶，创新门路，勤修日语，读和文书。日德文法颇相近，故日译德文书多，他能自由阅读，自由思想。痛定思痛，他觉得戊戌维新之所以失败，由于事先未造成一大批革新人才，只康、梁、谭嗣同等人，缺乏群众基础，历史上许多改革的失败，多由于此。所以，他决定从教育入手，训练一批新青年。

恰好是时有一所很新式的绍兴中西学堂，其中居然教英法文，不久加授日文。一所中学能授三种外国语言，在今日亦不多。一八九八年，中西学堂的校董聘蔡元培为监督（即校长），这是他服务于新式学校的开始。校中分新旧两派，旧派要学生习诗、古文词，学写八股文，以便中举；新派讲授物竞生存之进化论与物理、化学等科学，对于旧日尊君卑民、重男轻女的旧习随时有所纠正。旧派不以为然，运动校董出面干涉②。结果，在一八九九年，蔡遂辞职。

教职员中，思想不同，对于学生，反而有益，能刺激学生的思维。在绍兴中西学堂里，即已造出一位后来鼎鼎有名的蒋梦麟。蒋先生说：

我在中西学堂，学到……闪电是阴电和阳电撞击的结果，并不是电神的镜子里发出来的闪光，雷的成因也相同，并非雷神击鼓所生，使我放弃了我思想中怪力乱神的信仰。③

当时是迷信很盛行的社会，介绍一点新科学，打破若干鬼神的乌烟瘴气，是为除旧布新的先决条件。蔡先生是一位可高可低的伟人，庚子年至次年初，他偕友人为绍兴侨农创办小学一所。以翰林办小学，是等于杀鸡用牛刀。蔡先生只求对社会有益，其他非所计。

---

① 甘簃：《睇向斋逞臆谈》，《申报·自由谈》，1931年12月15日，及厂民的《蔡元培》，见孙常炜编：《蔡元培先生全集》，台北：商务印书馆，1968年，第1348页。

② 蔡元培：《我在教育界的经验》，《蔡元培先生全集》，台北：商务印书馆，1968年，第677页。

③ 蒋梦麟：《西湖》，台北：中华日报社，1959年，第29页。

一九〇一年，蔡先生受聘为南洋公学特班的总教习。此校位于上海，是一八九六年盛宣怀奏请设立的，一九二八年改为交通大学。特班学生四十人，秀才、廪生居多，戴顶子上课，皆能作八股文，而不一定能写普通的书信。蔡先生因材施教，让学生自由读书，写日记，每月作长文一篇，发挥意见，总教习亲自批改。评语中，常灌输民权思想。又教学生读日文，使自译和文书，并为之改正。此班高才生有黄炎培、邵力子、谢无量等，其教员同事有吴稚晖。吴先生说："孑民唯一的志愿，一定要盼望中国出些了不得的大学问家。"① 其实，蔡先生尚有其他的用意。

寓革命于教育

那时蔡元培先生与其他旅沪志士章炳麟、吴稚晖等，以译本教科书不适用，非重订完善，不足以改良教育，故于一九〇二年四月发起组织中国教育会，举蔡孑民为会长。因倡议之人均为名流硕彦，热心救国，故此会隐然为东南各省革命之集团，谋推翻清朝政府②。

又有一爱国女学，由蒋观云等发起组织。蒋君赴日留学，请孑民代为管理。所谓爱国者，爱中国也，亦阴寓"排满"与排斥外国侵略之意。戊戌政变与庚子"拳乱"以后，学生渐渐觉得必须推翻清朝，建立自己的政权。

中国教育会与爱国女学的经费，多半出自上海富商哈同夫人逻迦陵女士（Mrs. Silas Hardoon），福建人，深信佛教，拜乌目山僧为师。山僧原名黄宗仰，曾受翁同稣熏陶，能作诗古文，又精于园林设计，被聘为工程师，建筑爱俪园，即哈同花园，此犹太富商对之推崇备至，言听计从③。一九〇二年十一月十六日，上海南洋公学因教职员新旧思想之争，发生反抗学校的风潮，趋新教员吴稚晖、蔡元培辞职，全体学生二

① 吴敬恒：《蔡先生的志愿》，《蔡元培先生全集》，台北：商务印书馆，1968年，第1369页。

② 罗家伦主编、黄季陆增订：《国父年谱》，台北：中国国民党党史史料编纂委员会，1969年，第149页。以下简称《国父年谱》。

③ 蔡元培：《记宗仰上人轶事》，《蔡元培先生全集》，台北：商务印书馆，1968年，第675页。

百余人退学，其在沪无家族可依而须住旅馆者，推代表向中国教育会求助。黄宗仰愿筹一切旅费，退学学生赖以维持于一时。然倚人篱下，终非长久之策①。

于是由中国教育会蔡元培、章炳麟等为退学学生组织爱国学社，租了两幢房子为校址。他校退学者，亦欢迎入爱国学社。被欢迎者之一，就是日后著名的章士钊，学陆军，转学后，请教兵操，元培社长亦亲自参加，受军训。爱国学社正式上课的时间不多，而主要活动是宣传革命，提倡军国民主义，大家要去当兵，成为国内唯一的革命机关。教职员每月要去张园演说一次，鼓吹爱国主义、“排满”革命等，无所顾忌。到爱国学社来的人越来越多，有邹容，《革命军》的作者，也有从日本归来者。如此高谈阔论，约有半年之久，外面引起官方的注意，内部章炳麟、吴稚晖发生龃龉，财政方面日起恐慌，无可奈何，与《苏报》联系，每月资助爱国学社一百元，而蔡元培、章士钊等为《苏报》写社论。蔡先生写过一篇《释仇满》，大意云：满人血统，久已与汉族混合，其语言文字，亦已为汉族所淘汰。吾国一皆汉族，满族之皇帝大臣，可乘间而杀之，但不必如邹容《革命军》所云“杀尽胡人”。可见孑民先生仁者之用心。然革命言论喧哗已久，居上海，大不易，危险多，其兄鉴清力劝元培留学。蔡先生以德国学术最优，欲赴德，即先去青岛学德文，不到一月，《苏报》案发生，章太炎、邹容入狱，爱国学社亦被解散②。

蔡元培在《俄事警闻》与《警钟日报》所宣传的革命方略

一九〇三年冬，蔡先生自青岛返沪，仍假中国教育会为活动机关。适俄人进兵奉天，举国骚然，乃与刘光汉（即刘师培）、陈竞全（甘肃名

---

① 罗家伦主编、黄季陆增订：《国父年谱》，台北：中国国民党党史史料编纂委员会，1969 年，第 149—150 页。

② 《南洋中学一九〇二年罢课风潮和爱国学社——座谈记录》，《辛亥革命回忆录》集四，北京：中华书局，1962 年，第 63—77 页；萧一山：《一代宗师蔡孑民先生》，《学术季刊》1952 年第 2 卷第 1 期，第 125—126 页；蔡元培：《我在教育界的经验》，《蔡元培先生全集》，台北：商务印书馆，1968 年，第 675 页。

进士，累官知事，有钱，住上海租界）等人在上海发行一日报，名《俄事警闻》。文言与白话兼用，开始即谓“同人因俄占东三省，关系重大，特设警闻，以唤起国民，使共注意于抵制”，并列评清政府外交之失败。其抵制之法，是用社论：《告马贼》（十二月十九日）、《告会党》（十二月二十日）。一是哥老会，二是私盐帮，三是广西的会党。广西地方很穷，不免抢劫。官兵把这村的人通杀了，不如和岑制台春煊说：“让你们去打俄国人，等到认真把俄国人打退了，全国里的人，都要大大地酬谢你们，你们也不至于再吃现在这种苦了。”

对盐枭的宣传，是“你们盐枭身体是很强的，胆力是很大的，团体是很固的，武艺是很精的。……你们盐枭中有名的是张士诚、刘铭传两个大人。张士诚……起兵泰州，不久即住苏州……好不快哉！刘铭传先前也是私盐贩子……后来清廷皇帝封他为一等子爵，岂不胜于卖私盐万万倍么?”（一九〇三年十二月二十六日，小报只一小张，无页数）①

《新年梦》在《俄事警闻》中连登数日（一九〇四年二月十七日至二十五日）。此文未署名，黄世晖撰《蔡孑民先生传略》，证明为蔡先生所作。他梦想要：一、恢复东三省；二、消灭各国在华的势力范围；三、撤去租界；也鼓吹“废财产、撤婚姻”的社会主义。他要学德、法、英三国语言，要进德国高等工业学校，兼研究哲学。“因为专门学问，德国最高。”这种梦想，蔡先生在一九〇七年实现了②。

《俄事警闻》只出了七十三日，一九〇四年二月二十六日，改为《警钟日报》，编纂方法一仍其旧，观点亦大致相同，谓“俄人不畏官军而畏马贼，马贼者，民族之代表也”③。稍后增加全国会党活动的消息，尤注意广西的大官与巨匪，另加刺客论，鼓励游侠，提倡中国之武士道。目清朝官厅为盗贼政府，言论日趋激昂，“反清”革命日益明显。结果，一九〇五年三月，《警钟日报》被迫停刊。

---

① 黄世晖：《蔡孑民先生传略》，《蔡元培先生全集》，台北：商务印书馆，1968年，第1309页。

② 《新年梦》，在《俄事警闻》中，中国国民党党史史料编纂委员会1968年影印行世，又见《蔡元培先生全集》，台北：商务印书馆，1968年，第439—450页，此排印本，间有错字。又参《蔡元培先生年谱》上卷。

③ 《警钟日报》，见罗家伦编《中华民国史料丛编》第1册，1904年2月26日，无页数。

《警钟日报》“本来就是蔡先生革命运动的刊物。译登俄国虚无党的历史，为国人种下革命思想”。这是当时在报馆任职的先师马鉴（季明）先生说的。他又描写只有蔡先生做独角戏，“天气非常寒冷，并无火炉，每晚总须写两篇文章。那时蔡先生右手冻疮溃裂，套了一只半截露指的手套，冷冰冰地继续工作，不避艰苦”①。

一九〇四年七月二十日，登广告：“蔡孑民敬白：孑民近担任爱国女学校事务，故《警钟》社编辑之役，已由汪允宗君主任。”② 在辞职以前，六月十九日，有一篇社论《论会党有益于国》。略云：“或者不察，谓会党为乱民之事。”社论说：“有会党而乱，不如无会党而治。”会党“可以提倡民权，可以暗杀其君相，离间其臣民。……但使会党种子愈布愈多，终必有达其目的之一日。鸣呼，观乎欧洲变法诸国，何一非由会党造其首基哉！……而俄国之虚无党，自学生、工人、军士，以至各种社会，几乎弥漫全国，波澜屡动。其未至于成功者直待时耳！环顾祖国会党，如中国之红灯、白莲、哥老、安清之类，其有如是之激昂而敏活者乎？吾方旦暮望之矣”。

《论会党有益于国》的社论，多半是演独角戏的主编蔡孑民先生写的，从此我们可提出一问题：

蔡元培曾否加入秘密会党？

首先我们要对秘密会党下一定义。会党原始是少数志同道合之人，为达到某种目的，联结为党，有入党盟誓或仪式，严守秘密，不示他人，故称为秘密会党，一称秘密社会。社乃中国古代农村社会祭祀土神之所，即现代之土地祠，含有神秘之意，神秘是秘密社会常有的现象。

如此定义可以成立，可进而考察蔡先生所加入的团体。上述爱国学社为革命总机关，卸了《警钟日报》的主编之后，蔡先生为爱国女学堂校长，欲造成虚无党一派之女子，以便担任侦探与暗杀工作。他认为革命只有两途，一是暴动，一是暗杀，暗杀于女子更为相宜。蔡先生在爱

① 马鉴：《纪念蔡孑民先生》，《蔡元培先生全集》，台北：商务印书馆，1968年，第1533—1534页。

② 《警钟日报》，见罗家伦编《中华民国史料丛编》第3册，第146号。

国女学讲法国革命史、俄国虚无党历史[1]，惜其效果未易速成，但爱国女校仍为秘密革命机关。对辛亥革命有相当贡献的光复会，起初就设在此校中。

光复会的酝酿、密商、策划、组织，是在一九〇三年前后，肇始于东京，由军国民教育会流衍而成。初名暗杀团[2]。一九〇四年九月，中国教育会会长蔡元培探知龚宝铨（章炳麟女婿）之暗杀团来沪，他乃自动要求加入。于是更将规章详加修订，定名曰光复会，并推举蔡元培为会长，秘密结纳各地会党，壁垒为之一新。章炳麟、陶成章、徐锡麟、吴春旸、熊成基、吴樾、秋瑾等相继入会，极力联络江浙会党，从事革命[3]。光复会总部以办学为名来掩护革命运动，徐锡麟初办大通学堂，蔡先生常去讲演。因筹款困难，其弟元康来绍兴时，曾主张抢劫钱庄的运款来办学，陶成章反对，未实行。到各处奔跑，去运动会党，非蔡元培先生所长，而陶成章、徐锡麟等优于为之。如一九〇五年二月，锡麟自东阳至缙云，昼行百里，夜止丛社，多交其地奇才力士[4]。此种艰苦，非文质彬彬之蔡翰林所能受，他长于劳心，但不惯于劳力。

自一九〇五年八月二十日，同盟会在东京正式成立后，九月八日，以光复会会员吴春旸之推荐[5]，派蔡元培为上海同盟分会会长，从事于更切实有效的“反清”工作，秘密赁屋，学制炸弹。与其事者，必须采取传统秘密会社仪式，以免泄露消息。

> 开会时，设皇帝位，写誓书若干纸，如人数，各签名纸上，宰一鸡洒血于纸，跪而宣誓，并和鸡血于酒而饮之。其誓言，则每人

---

① 《我在教育界的经验》，《蔡元培先生全集》，台北：商务印书馆，1968年，第678页。

② 冯自由：《中华民国开国前革命史》第二册，台北：世界书局，1954年影印，第19—33页。又参小野川秀美：《光复会の成立》（京都），《东方学报》1970年，第531—544页。

③ 吕复之：《革命策源地之绍兴大通学堂》，《浙江月刊》1969年第1卷第7期，第15页。此文作者为大通学堂的学生。

④ 罗耀九：《光复会性质探讨》，《厦门大学学报》（社会科学）1960年第1期，第69—70页；冯自由：《革命逸史》册五，台北：商务印书馆，1965年，第61—62页；陈魏：《光复会前期的活动断片》，《辛亥革命回忆录》册四，第127—129页。

⑤ 罗家伦主编、黄季陆增订：《国父年谱》，台北：商务印书馆，1969年，第201页。一说介绍孑民入同盟会者为何海樵，今从《国父年谱》。

各藏一纸，乃教授制（炸）药法，若干日而毕……未久而中国第一炸弹，发于考察宪政五大臣车上，孑民等知发者为吴（樾）君，则弹必出自杨（笃生）君手。①

以上引文是蔡先生口述，黄世晖笔记，并为“国民党党史委员会”出版之《革命之倡导与发展》所采用，似足为据。其守秘之严，“虽父子兄弟，也闭口不谈”②。此外尚有三旁证：

（一）时光复会的干部人才，如徐锡麟、秋瑾、敖嘉熊等，多为秘密社会分子，光复会的誓词为：“黄河溯源浙江潮，卫我中华汉族豪。莫使满族留片甲，轩辕神胄是天骄。”其他誓词不备引，与旧式会社相同。

（二）一九一七年，北京大学成立国史编纂处，由校长蔡元培兼处长，地理教授张相文为副主任。为编《国史前编》，蔡、张两氏联名致孙中山先生函，略云：

盖以民国成立以来，群言淆乱，是非不明。不有信史，何以昭示来兹？且饮水思源，尤不容忘其本来。故元培与编纂诸君，共同斟酌，拟自南京政府取消之日止，上溯清世秘密诸会党，效司马温公《通鉴外纪》之例。辑为一书，名曰《国史前编》。所以示民国开创如此之难也。唯兹诸会党既属秘密组织，迄今事过情迁，往往不能言其始末。再过数十年，窃恐昔年事迹，不免日益湮没，滋可惧也，所幸先生以开国元勋，不吝教言，征文考献，皆将于是赖之矣。③

中山先生复函云：“近方从事著述……其中一章所述者为‘革命缘起’……足为尊处编筑国史之干骼。若更求其详，当从海外各地征集材料，

---

① 黄世晖：《蔡孑民先生传略》，《蔡元培先生全集》，台北：商务印书馆，1968年，第1310页；《革命之倡导与发展》（台北：党史委员会编，1963年）册十，第367—368页；萧一山：《一代宗师蔡孑民先生》，《学术季刊》1953年第2卷第1期，第126页。同一饮鸡血酒的故事，而被二三权威著作采用，必非无稽之言。许金城《民国野史》亦云“蔡元培制炸弹，吴樾以之炸出洋考察宪政大臣”，《近代中国史料丛刊》，台北：文海出版社影印版，册九七七，第24页）及小野川秀美亦言及饮雄鸡血酒之盟誓，可见证据充足。

② 沈瓞民：《记光复会二三事》，《辛亥革命回忆录》集四，中华书局，1962年，第141—142页。

③ 蔡元培等《为〈国史前编〉与孙中山先生通讯》，见张子文：《一组书简的集合》，《传记文学》1967年第11卷第1期，第18—19页。

乃可汇备采择。……清世秘密诸会党……于共和革命，关系实浅，似宜另编为秘密会党史，而不以杂厕民国史中。”（一九一九年一月十四日）①

民国成立六年后，蔡元培先生饮水思源，不忘本末，请为清世诸会党作《前编》，可见他与会党有特殊之关系或兴趣，把一位地理学家张相文拉出来做陪客，以免孤掌难鸣。

逾七日，蔡、张再函请向海外征文。大概孙先生因公忙，海外搜集秘社资料不易，迄无下文，绝非如朱元璋之对付小明王，否认与白莲、红巾之关系。现在已有《革命之倡导与发展》，可供学人参考。

（三）五四运动前后，林语堂去北大请蔡先生作书序，在会客室中稍候。最使他触目的，是北大校长候客室中玻璃架内，陈列着一些炸弹、手榴弹。林语堂“心里想，此人未可以外貌求之，还是个蘧伯玉吧?”蘧伯玉名瑗，孔子弟子，“外宽而内直，自设于隐括之中，直己而不直人。汲汲于仁，以善自终”②。盖有古代豪侠之风，他自认制炸弹，饮鸡血酒，是一件荣耀之事，故在玻璃架内陈列之。

在人证方面，台北有一位与孑民有师生及其他职务深切关系的唐嗣尧先生，亦云：“孑民师不惜以翰林学士之尊，而秘密结合义勇豪杰之士。”③

读以上蔡先生在《警钟日报》之社论及以后的言行与证据，他是否为会党分子的假定，似可以证实。蔡先生不以此为侮辱，反以此为荣耀。因为清朝末年，爱国志士热血沸腾，只择目的，不择手段，在巴黎出版的《新世纪》，公开号召：“去矣，与会党为伍!”④ 民国元勋孙总理，早

---

① 《国父全集》第三册，台北：“中央”党史会，1973年，第590页。

② 《史记》卷六七，第1页。有关于蘧伯玉个性的写照。

③ “立法委员”唐嗣尧先生答客问，用中文打字机打出一篇优美的文章，题为《蔡先生生平事略》，其末段云：

> 孑民先生一生好学不倦，读书为乐；生活简朴，毫无官气；气度恢宏，兼容并包；待人诚恳，处事公正；赋性恬淡，不事名利；崇尚气节，力行信义；明辨是非，主张公道；礼贤下士，察纳雅言；奖掖后进，不遗余力。使人尽其才，为国效力。不仅为中国学人之模范，亦为中国近百年来之完人。
>
> 丙辰年春唐嗣尧记述于台北

谨对唐先生致万分谢忱。

④ 《新世纪》，在巴黎出版，1908年4月11日，作者署名“反”，标题《去矣，与会党为伍!》。《新世纪》，东京：大安株式会社，1966年影印。

已承认加入了会党。其次如黄兴，据冯自由说："黄先生乃哥老会首领，亦系洪门最大宗派之人物。"黄克强先生回答说："今日兄弟承洪门手足欢迎，无任感激之至。"黄谓与冯自由君共事甚久云云①。可见冯自由的介绍词谓黄兴为哥老会领袖，是有根据的。其他大人物与大学者加入会党者亦不少。出乎本文范围，不备列。与会党为伍为一时潮流，不足为奇。

光复会与同盟会之离合

大致来说，同盟会为兴中会、华兴会与光复会的组合或同盟，夷考其实，成立以后，华兴会之名罕用；而光复会与同盟会时合时离，或貌合神离，或明争暗斗。然其总目标，是推翻清朝统治。此文只能说一梗概，因为蔡先生一九〇七年五月至一九一一年十月在欧洲。

蔡先生出国后，光复会之领导人物，为章炳麟及女婿龚宝铨与其至交陶成章、徐锡麟、秋瑾等。他们要组织光复军，欲在浙江、上海等处发难，要求同盟会总部接济款项。同盟会无以应，陶成章乃去南洋，与在南洋教书的李燮和（湘省富翁）以复兴光复会名义筹款，并上书总部，请易孙文，以黄兴代之②。经黄兴与蔡元培等极力调和，至辛亥年共同合作，促成武昌起义，加速光复各省。

共患难易，共安乐难。浙江新政府成立后，浙人初属意于陶成章。谢心尧案，"陶成章为洪门之重要分子"。开会选举，蒋尊簋当选。成章即于一九一二年一月十四日，被人刺杀于上海广慈医院③。

陶死后，光复会一蹶不振，临时大总统孙中山先生急电沪军都督陈其美，谓"陶被人暗刺，不胜骇异。陶君抱革命宗旨十有余年……光复

---

① 《民国杂志》（旧金山出版）1904 年第 6 期，第 5 页。敬谢黄克强先生女婿薛君度教授，惠赐剪报复印本。

② 冯自由：《革命逸史》集五，台北：商务印书馆，1965 年，第 64—74 页；《国父年谱》，台北：中国国民党党史史料编纂委员会，第 290 页。

③ 谢心尧：《辛亥革命各省光复纪略》，《樾风》（半月刊）1936 年第 20 卷，第 51 页。刺杀陶成章者为谁，现已成为秘密的公开，非本文范围之内，不备述。读者欲知其详，可参考《蒋介石秘录》册四，台北："中央日报"全译本，第 58—60 页。

之际，陶君实有巨功……务令凶徒就获，切切”①。凶手虽终未拿获，然亦可见孙中山先生之宽宏大量与公允。且尚不只此，他电陈炯明嘱调解在岭东同盟、光复二会会员之轧轹，电文略云：

> 同盟、光复二会，在昔同为革命之团体。……同盟会实行革命之历史，粤人知之较详，不待论述。光复会则有徐锡磷之杀恩铭，熊成基之袭安庆，近者攻上海，复浙江，下金陵，则光复会新旧部人，皆与有力，其功表见于天下。②

此种至公无私的精神，令人肃然起敬。而章炳麟《中华民国开国前革命史》序，谓冯自由少阿私之见诚然，但太炎先生为光复会、共进会焦达峰等表功，未提孙文之名，未言同盟会之贡献，犹曰：“夸诞之士乃欲一切笼为己有，亦曷足怪乎？”③ 与孙中山先生之评断相比较，不啻有天渊之别。此亦《尸子》所云：“不痴不狂，其名不扬者乎？”

同盟会之组织，后于兴中会及光复会，而此二者，对于辛亥革命，俱有相当贡献。武昌起义以前，革命失败者至少十五次，由兴中会及同盟会发动者十次，黄兴参与者共六次，光复会、华兴会主持者三分之一，而秘密会党分子，直接间接（以新军名义），几乎无役不与。在清政府眼中，兴中、华兴、同盟等团体，无一不是秘密会党，被禁止、捕杀。然同盟会不免以首功自骄，故蔡元培先生在一九一二年九月一日对“同盟会在粤支部讲词”云：

> 中华民国是同盟会人所构造而成，此论者所常言者也，但今日希望于诸君者：第一，以后我同志断不要说这句话。盖同盟会之与民国，不过关系甚密切而已，此则天下自有公评，不必我同志以此自诩……至惹起社会上人之反对。④

所以，章太炎先生之序革命前史，不表同盟会之功，恐是反感的表现。沈云龙先生说得好：

---

① 中央党史史料委员会编：《总理全书》册六，台北：“中央”文物供应社，1955—1956年，第23—26页。

② 中央党史史料委员会编：《总理全书》册六，台北：“中央”文物供应社，1955—1956年，第23—26页。

③《太炎文录续编》卷二，第10—20页。

④ 罗家伦主编、黄季陆增订：《蔡元培先生全集》，台北：商务印书馆，1968年，第707页。

今之治革命史者，徒知炫言同盟会系沿兴中会一脉相承而来，而有意忽略华兴会、光复会与同盟会之渊源，是不免为扬己抑人之成见所拘囿。冯自由谓："国人对辛亥革命前伟业，多数典忘祖，喜谤前辈，此真民国盛衰存亡之大关键。"诚慨乎言之矣。[①]

按太史公书之所以永垂不朽，是在能包括社会各阶层，兼叙游侠。伯拉图[②]云，公平是能予人以应得之份。（Plato says, Justice is to render each his due.）吾人知纂修民国史之专家，必早已谂知史迁之史法、史德，恪遵孙总理廓然大公、宽宏大量之精神，无须愚者之一虑。

蔡元培在思想方面站在时代的前线

蔡先生对中外古今的文化，讲消化，不守旧，不盲从，择其善者而采纳之，故能融化中西新旧于一炉。他是一贯的左与新，绝不因年龄与地位而改变。从清末至民国，他的思想总是一贯的，而且是一致的。在二十世纪初年，他对虚无主义、无政府主义、社会主义都表示兴趣，做过宣传[③]。

孑民先生具有智、仁、勇三德。在智的方面，他是一位刻苦用功的学者，在短期内，能学会日、德、法、英文，做过教育总长后，仍能去德国上课，世所罕见。他能容纳异己，目光远大，择人之长而舍其短。他如不执教北大数年，恐怕北大师生仍在醉生梦死，为升官发财着想，若干年后，才慢慢讲求改变。他执教北大，让教员学生的思想自由发展，自由辩论，自由发表，杂志如雨后春笋，思潮如波涛澎湃。老顽固、新

---

① 沈云龙：《现代政治人物述评》，台北：文海出版社，1966年，第27页。沈氏又云："甚且混国史与党史而为一，功则归己，过则诿诸他人，一咻百和，莫之敢忤。"同上，第85页。耘农（沈云龙）：《记同盟会与光复会之党争》，《民主潮》1955年第5卷第18期，第16—17页。谢谢 Richard Lynn 教授，从他处代作一复制本。又参邓嗣禹《海内外会党对辛亥革命之贡献》，吴相湘编《中国现代史丛刊》册五，1964年，第1—22页。

② 今译作柏拉图。——编者注

③ 蒋维乔：《民国教育总长蔡元培》，《蔡元培先生全集》，台北：商务印书馆，1968年，第133—142页；Chow Tse-tsung: *The May Fourth Movement* (Cambridge: Harvard University Press, 1960)，第97、216、217、243页注。

洪水与猛兽，皆在他的羽翼下无忧无虑、平平安安地竞争，造成一大批人才，为全国效忠，为其他大学做模范。孑民先生之发扬文化，其功不在禹下，他一生任事做官，总是合则留，不合则去，当非大智莫办[①]。南港“中央研究院”，应当有蔡孑民一铜像，以资学人景仰。（按：南港“中央研究院”有元培馆，馆内有蔡氏铜像）

在仁的方面，蔡先生具备温良恭俭让。对任何人，无疾言厉色，为青年谋事，有求必应，令人感动他的帮助，朋友、学生为政治受刑狱之苦楚，他必尽量援助；使之出狱。凡有一技之长者，必使有用武之地，人皆尊之为仁慈和蔼，易于亲近的长者。

在勇的方面，他在翰林掌院学士之前敢公开批评朝政，非勇不可。他终身没有离开思想斗争的阵地：他为破除迷信而斗争[②]，为推翻清朝专制而斗争，为反对北洋军阀而斗争，为拥护民族自由而斗争，为民主宪政而斗争，他是一位脚踏实地的教育思想的革命家[③]。最后，蔡孑民为保护人权而斗争，推行无党派、无国家、无善恶的三无主义，此更非勇不可。一九三二年十二月三十日，蔡元培先生用中国民权保障同盟副主席名义招待新闻记者，致辞云：

---

① 参《传记文学》一八三号（1977年8月）专题人物座谈会——蔡元培。其他国内外，后者包括日本学人，凡是研究过蔡元培先生者，据浅见所及，几一致予以佳评，恕未能备列长短论文，与各书中的断章叙说。

② 蔡先生破除迷信，是从学理方面入手，上面提到蒋梦麟先生觉悟了有关雷之迷信，此处将附加一叙井上圆了的《妖怪学讲义》。此人此书，很少受到注意，实则蔡先生受了井上圆了一点启发与影响。蔡先生把他的《妖怪学讲义》，在一九〇五年以前，就十之六七译成中文。井上自序云：“余之发行《妖怪学讲义》者，实有不得已者在焉。余尝以为吾邦之鸿业：一半既成，一半未成。……是余所以投身于教育海，日夜孜孜，图报国恩于万一。……余独自为妖怪学之研究，于兹十年矣。”故此书材料丰富，组织精密，条分缕析，如剥春笋。译文简明流畅，能引人入胜。若干章段，似非涉猎中国文史数千卷者莫辨，读完此书，将迷信盘根究底，碍难立足。然则作者之背景，岂可不略加考察耶？井上圆了（1859—1919）是文学、哲学、佛学与汉学家。曾习中国文史，又在长崎学英文。一八八五年，毕业于东京大学，固不喜时俗，醉心欧化，乃创办一杂志，名《日本人》。一八八八年游欧，逾年归。一九〇二年再游欧，研究神怪学，以便矫正普通的迷信。一九一九年去上海、天津、北京等处游览，在大连讲演时，以脑充血逝世。所著尚有《伦理学讲义》，蔡先生之游欧洲与著作，似受其影响。

③ 蔡尚思：《蔡先生学术思想传记》，上海：棠棣出版社，1950年，第2—9页。

我等所愿意保障的是人权，我等的对象就是人，既同是人，就有一种共同应受保障的普通人权，所以我等第一无党派的成见：因为各党各派所争持的，已超越普遍人权以上，我等绝无专为一党一派的人效力，而不顾其他的。第二，我等无国家的界限：因为无论甲国人或乙国人，既同是人，就不应因国籍的区别而加以歧视；但就地点接近与否的关系，对本国人效力的机会多，而对外国人效力的机会少一点是有的。但外国人亦自有便于为他效力的同志，照分工条件，并无轩轾。第三，我等对于已定罪或未定罪的人，亦无甚区别：未定罪的人，其人权不应受人蹂躏，是当然的事；已定罪的人，若是冤的，亦当然有救济之必要。至于已定罪而并不冤的人，若依照嫉恶如仇的心理，似可不顾一切了，然人的罪过，在犯罪学家，归之于生理的缺陷；在社会主义，归之于社会的因缘；即在罚当其罪的根据上，本尚有考虑的余地。所以古人有“如得其情，哀矜勿喜”的箴言，又有略迹原情的观察，即使在法律制裁之下，对于当其罪之罚，不能不认为当然，而不应再于当然之罚以上再有所加；苟有所加则亦有保障之必要，例如狱中之私刑虐待等是。所以我等于无罪或有罪之人，亦无所歧视。诸君所主持的新闻，或以爱国之故，而对于本国特别爱护；又或以与一党一派有特别关系之故，而政见上常有拥护甲党攻击乙党之态度；此诚不必免，亦不可免者。然希望诸君对于普遍人权，能超越国家、党派的关系，以下判断，这是鄙人所盼望的。①

文中所提出的，有罪无罪，狱中私刑虐待，在蔡先生可以仁道主义概括之。中国民权保障同盟的会长是宋庆龄，会员包括杨铨（杏佛）、林语堂、鲁迅、邹韬奋等。此会主要工作，是设法营救陈独秀和牛兰，电请释放许德珩及平津被捕之学生与工人，与“五四”时代要求释放学生如出一辙。

中国民权保障同盟的性质和义务是：一、争取释放国内政治犯，工作对象是一大批不知名的囚犯；二、向政治犯提供法律的辩护及其他援助，调查监狱状况，公布国内剥夺公民权利的事实；三、协助争取出版、

① 上海《申报》，1932 年 12 月 31 日。

言论、集会和结社的自由。

从一九二八年起，蔡先生长中央研究院，其总干事或行政秘书为杨铨（杏佛，一八九三年至一九三三年）。此人说是干才，能一面谈话，一面对客挥毫写信，曾在康奈尔大学习工程，在哈佛大学习商业管理，回国后，历任东南大学等校行政兼教授工作。一九二五年随孙中山先生北上，任秘书职，后任孙中山先生丧事筹备处干事，并从事北伐军在上海的地下工作。一九二八年任中央研究院总干事，轻于蔡先生的年龄二十多岁，以长辈待之，两三年合作同事无间言①。

不料一九三三年六月十八日晨，杨铨在上海被刺死，南京政府严令缉凶，亦始终未获，是否杀鸡儆猴，不得而知。此后宋、蔡虽仍为社会贤达，但少作要求释放政治犯的言行。蔡先生的健康亦渐衰。一九三七年沪宁失守，隐居香港养病。虽仍遥领中央研究院，但极少公开发表言论。一九四〇年病终，载满令誉，永耀文坛。唯有一事，为人所未言，即蔡、宋数人之人权运动（Human Rights Movement）为四十余年后美国卡特总统人权运动之先声，此亦始料所不及。

一九八一年三月十八日于美国印第安纳大学历史学系撞钟室

原载《传记文学》第三十九卷第三期（一九八一年九月号）

---

① 杨小佛（杨铨之子）：《杨杏佛与中国民权同盟会》，《历史研究》1978年第12期，第68—74页；Howard L. Boorman and Richard C. Howard (eds), *Biographical Dictionary of Republican China*, New York: Columbia University Press, 1971, Vol. iv. pp. 5-6.

血盟义儿与结拜兄弟杂考[①]

叙论

本文目的：拟将有关血缘的直接间接的组织，从历史人类与社会学的观点，作一初步的研究。文分三章，古代血盟邦家，中世纪间接的血缘义子，与近世的结拜兄弟。此类组织，是否中国独具，抑或见于其他世界语言文化，当随时指出，稍加比较。对于政治社会的影响，更不容忽视。

血是人类很宝贵的东西。它能使人生，使人死；使人亲爱团结，勇往直前；也能使人胆战心寒，畏惧逃亡。它能使人组合互助，共同谋生，增加信任，完成大计，作福邦家；也能使人因缘为奸，营私舞弊，或好勇斗狠，为害桑梓。仇讨[②]械斗[③]，非惟见于中日两国，古代希腊、罗马、亚拉伯与非洲之苏丹等，亦皆有之。更有进者，血可以定亲疏，明贵贱，定等级，别贤愚，敬鬼神。祖先崇拜，与血缘关系，是中国上古、中古主要聚合人群的力量。是血之功用，真是神通广大。但罕见有专文申述，作非生物学与医学的探讨。这是写此文的动机之一。

我写此文的动机之二，是想将中国若干文物风俗源流，作点比较平实的考察。因为西方多数人类学家，对于世界文物首基，多主一元发生

---

① 美国印第安纳大学退休史学系荣誉教授。文中引用西文书籍，拟不将著者书名汉译，以便检查原书并节省篇幅。

② 仇杀或仇讨（blood vengeance），详参 William Summer，A. G. Keller. The Science of Society［J］. Yale University Press，1927（1）：643-653. 此书共四册，材料很丰富。瞿同祖：《中国法律与中国社会》，香港：龙门书店，1967 年，第 50—65 页。有一佳例，孙传芳被施剑翘女士为报父仇刺死，时在一九三五年十一月十三日。翌年十月十四日，国府明令特赦。（《民国人物小传》第 3 卷，第 149 页）

③ 关于械斗（vendetta killing，or feud）参 International Encyclopedia of Social Science，New York，1968（V）：389-393；萧公权：Rural China，Seattle：University of Washington Press，1960，419 ff；Harry J. Lamley，“Hsieh-tou，” Ch’ing-shih wen-t’i 3・7（Nov. 1977）1-39.

论（monogenism；or to view civilization as unitary），即世界文物，是从唯一的发源地（非洲埃及）出发，然后向外传播，所有的人类，皆循此先道，发展文化。

本此成见（predisposition），所以1894年，法国学者Terrien de Laconperie出版一书，名*Western Origin of the Early Chinese Civilization*[①]。1923年，哥伦比亚大学教授F. Hirth作的《中国古代史》，其中有“外国文化在黄帝时代已传至中国”一节[②]。1935年，美国名人类家Ralph Linton著*The Tree of Culture*，其序言说明，此树名榕树（banyan tree），生长极速，枝多分歧。且生气根，垂下入地，四处广播。然“各种支干，皆可索源于其父母式的主干”（“its various branches are traceable to the parental trunk”[③]）。象征地球上的文物皆起源于旧世界。

另一人类学泰斗A. L. Kroeber，ed. *Anthropology Today*，在他的名望伞下，选登五十二篇专文，执笔者多人类与社会科学教授，五分之四是美国人，其余是欧洲人，当中八名是世界上的权威。内容包罗甚广，形同百科全书，对于原始社会、语言文物、进化变迁、研究的理论与方法及其成果与展望，皆有精审的论文。全书内容以有关旧世界者为最多，关于东亚及中国者很少，人类文化的发源地，仍在南非洲的Kenya（pp. 93-100）。且有一作者，谓“Chinese is a Sudanic language”（p. 277）[④]。苏丹在

---

① 此书是在德国Osnabriick，1966年重印1894年版，第416页。著者（1845—1894），英国籍，从在大英博物馆编《中国钱》，而被任为伦敦大学教授，富于新见，其他著作，见《通报》V. 第428页及Cordier's Bibliotheca Sinica。

② F. Hirth. Ancient History of China [M]. New York：Columbia University Press，1923；reprint. N. Y. AMS Press，1975，pp. 14-20.

③ Ralph Linton. The Tree of China [M]. 1955：692. 在其第36～39章，专论中国古代及近代文物。中有数页，对于中国考试制度，有简要敘述。但其结论云：“This Chinese system was very like that of the British Colonial Service (in India) which had been one of the most effective admisnistrative groups in the world.” p. 563。

④ Anthropology Today，An Encyclopedia Inventory，prepaired under the chairmanship of A. L. Kroeber（1876-1960）University of Chicago Press，1953，p. 966. 有关中国的部分，一共不满13页。Kroeber本人的主要著作，当是*The Nature of Culture*（1952年）and *Civilization*（1957年）。至于说中文是Sudonic language的J. H. Greenberg是司丹福大学语言人类学教授，主编*Universals of Humanistic Language*（Stanford University Press，1978）3 vols，及其他自著之书十余种。

非洲东北部，与埃及为邻，其语言可以传至中国，岂非异事？然发表类似之议论者，半世纪以来，尚有其他名学者。他们的著作，虽孔夫子读之，或亦喟然而叹曰，“非我所知也”，这些名教授，将他们先入为主之见，贯透于学生脑中，牢不可破。

在语言方面，再举二例。牛津大学亚述学研究（Assyriology）讲师，C. J. Ball，著《中国人与苏美尔人》一书，将汉字与苏美尔字相近的，集得千余字以作比较。汉字构成，有所谓象形、指事、会意、形声、转注、假借六书，苏美尔文字的构成，亦同此理，故认为两国文字同出一源，且在纪元前四千年，同居于中亚高原附近①。

另一名汉学家 E. G. Pulleyhlank，伦敦大学博士，是否受 C. J. Ball 的影响，不得而知。他从前研究唐宋史，颇有成就。喜攻击陈寅恪，有人在亚洲学会中，说他是打双目已失明多年的死老虎。以后二十年来，改研中国古文字音韵学，分为“Ancient（Middle）and Archaic（Old）Chinese”。又是心雄万夫，坚信中国语文外来说。但外的范围，从偏远移至邻近，以增加可能性。从 Indo-European 希腊文梵文，移至 Proto-Sino-Tibetan，Proto-Indo-European，包括暹罗、越南等语言，在非此道的学生看来，可能性似乎不大。因为：（1）中国的方言土话，今仍存在；国语统一，尚未成功。（2）太古西藏与东南海，人口稀少，至中世纪时，法显玄奘，途经彼处，尚艰难万状，太古时必更甚，纵有少数人获抵中土，怎能改变中国语言的基本构造？满洲人统治中国二六八年，未能改变中国的语文，何况其他？中国人在美国教中文者自 1879 年，尤其是 1941 年以来，不知多少？中文影响英语结构成分，又有多少？若谓佛经汉译，英译汉籍，保存若干原来名词。然用之于普通语言者，仍很稀少。所以 Pulleyblank 的 *Middle Chinese*，似未受到李方桂、张

---

① C. J. Ball，*The Chinese and Sumerians*，（Oxford University Press，1913）第 151 页，附加“A sign-list in which old forms （Ku-wen）of Chinese characters are compared with Sumerian Congeners or phototypes”共 14 页。C. J. Ball，M. A.，D. Litt，Lecturer in Assyriology in the University of Oxford。他所比较的两国古文字，我看真正相同的非常之少。

琨、丁邦新等专家的热烈欢迎①。在西方恐怕也不是洛阳纸贵，然其博学慎思之功，值得钦仰。愚意中国文字的起源，求之于自远方而来的异说，恐难生根立足。

中国自 1950 年以来，考古发掘，收获良多。专家如夏鼐、安志敏等的田野报告，用最新的科学方法②，测定旧石器时代如云南元谋猿人，距今约 1700000 年，陕西的蓝田猿人，距今约 800000 年，北京猿人约四五十万年，详参夏氏等人的报告③。这些新材料，已获得世界上史前学家的重视④。

在国外讲学的人类学专家如郑德坤、张光直等有关考古，商、周各朝代的专书材料丰富，文笔流畅，中外皆知。然究竟有多少人自首至尾将他们的书细读过，不敢臆测，非人类学专家何炳棣的著作，*The Cradle of the*

---

① E. J. Pulleyblank，*Middle Chinese: A Study in Historical Phonology*，Vancover，University of British Columbia Press，1984，p. 268. and "Prehistoric East-West contacts across Eurasia"，*Pacific Affairs* 47 (1974-1975)，300-322。按此文是作者一篇很重要的 presidential address 在加拿大的亚洲学会开年会时宣读的。可是在他的 *Middle Chinese* 的参考书目中，列入他自著之文书二十余种，而不列入这篇会长演说词，可见他已放弃了十年前的论点，而移至中国西南邻近。但不好意思说，中国文字生于本土。李孝定：《从几种史前和有史早期陶文的观察蠡测中国文字的起源》，《南洋大学学报》1969 年第 3 期，第 1—28 页，或可供参考。

② 此法名 Carbon-14 dating or radio-carbon dating，用放射性碳是芝加哥大学原子能专家们在 1940 年代底发明的测验古新生物的方法，详参张光直：《中国考古学上的放射性碳素年代及其意义》，《考古人类学刊》1975 年，第 37—38、29—43 页；及其"公元前五千到一万年中国远古文化资料"，《"中央研究院"民族学研究所集刊》1978 年第 46 期，第 113—120 页。

③ 夏鼐：《碳-14 测定年代和中国史前考古学》，《考古》1977 年第 4 期，第 217—232 页。及《三十年来的中国考古学》，《考古》1979 年第 5 期，第 385—392 页。又参《文物考古三十年，1949—1979》(北京：文物出版社编印，1979 年，第 413 页。For more information with illustrations of new finds in archaeology and palaeonology，see *China Reconstructs*，第 8、40—41、72 页。giant fossil dinosaur) and 第 27—28 页；and "a neolithic village nearly 7000 years old"，Ibid 77. 6：22-23.

④ 详参 Andrew J. Sherratt. *The Cambridge Encyclopedia of Archeology* [M]. New York：Crown Publishers，Grahame Clark，"World Prehistory and Natural Science"，Det Kongelige Danske Videnskabernes Selskah；Historisk-filosafiske Meddeleker 50：1 (1980)，1-40。甚至 The Concise Columbia Encyclopedia (Columbia University Press，1983) 在"dating"条下，也说这是"The most common and accepted method of absolute geological dating (establishment of actual age) " p. 220。

East，内容文章，皆臻上乘①。然评之者多从文化一元发生论开弓。不但此书，凡是中国人相信文化多生于中土者，辄目为爱国热（patriotic feeling）或沙文主义的偏见（chauvinistic basis）②。乃资深博学者李约瑟等，说他们带有帝国主义者的口吻（the imperialist flavored）③。

俄国考古学家吉谢列夫，曾于1950年3月2日及1959年11月25日，两访中国，未见发表反对言论④。1964年以后，有L. S. Vasiliev发表二文，重述中国古文物外来说⑤，其他俄国学者的意见，有人在加洲出版的《古代中国》杂志有专文介绍⑥。越数年，此杂志的编者，又请了一位德国考古学家，代表几位俄国学者，发表他们对于中国新发掘材料的意见。其中有一位名Okladnikou，在1972年，拒绝接受夏鼐等人官方公布的新年代(p. 230)⑦，夏鼐去世后，《通报》总编辑，特别替他登出几行平实的讣闻⑧。

---

① 此书是芝加哥与香港中文大学出版，1975年，第440页，561注，360余种参考书目。

② David N. Keightley's review article："Ping-t'i Ho and the Origins of Chinese civilization"，Harvard Journal of Asiatic Studies 37（1978）：399；E. G. Pullybrank's review of Ho's book in Journal of Asian Studies 36 • 4（Aug. 1977），315-317.

③ Francesca Bray and Joseph Needham，review The Cradle of the East，in Pacific Affairs 49 • 4（Winter，1976-1977）：693.

④ 《文物考古工作三十年》，第402、407页。

⑤ On the role of foreign influences in the emergence of Chinese civilization，Narody Azii i Afriki，1964，2：123-135；同一作者Vasiliev另有一文，The origin of ancient Chinese civilization，Problemy istorii，1974，12：86-102.

⑥ Don C. Price，"The origins of Chinese culture"，Early China 2（ Fail，1976）：60-67.

⑦ Karl Jettmar，"The origins of Chinese civilization：Soviet views" in David N. Keightley，ed.，The Origins of Chinese Civilization Berkeley：University of California Press，1983：217-236.

⑧ "OBITUARY，HSIA NAI （1910-1985）：The well-known archaeologist Professor Hsia Nai died in Peking on 19 June 1985. Since 1962 and until his retirement in 1982 he was Director of the Institute of Archaeology in the Chinese Academy of Social Sciences. This was the culminating point of a long career in Chinese archaeology，highlighted by many achievements；the journal Kaogu 1985/8，p. 680 f.，mentions some of his many publications. Professor Hsia travelled widely and lectured in many countries. His merits were recognized by his appointment as corresponding member by a number of national academies. The death of this kind and generous man is a great loss，both to the world of scholarship and to his many colleagues and friends in China and abroad. A. F. P. Hulsewe"《通报》出版家，特许转载，谨此致谢。

总之，相信一元论文物起源者，略同基督教的基本教徒(fundamentalists)，笃信旧约创世纪，不许中小学讲授达尔文的进化论。一元与多元论之争，势将延长很多年。

我们相信，一元多元论，可并行不悖，不是独一无二，限于一种。在同样的天时地利的环境之下，人们有单独创造类似文化的可能性。饥思食，渴思饮，熟食优于茹毛饮血。雷火、野火随处可见，毋须火种或取火方法，从旧世界经过若干年，传至新世界，土人始知烹饪。传说神农尝百草，可能发现可食的黍稷。黄河流域的水土，能助其长。后至十一世纪时，中国从越南输入抗旱早熟之稻谷，此亦文物传播混合之一例。即在中国本土，近二三十年来发掘的古文物，长江流域亦有单独发生文化的现象。而不全是北方的仰韶龙山文化，传至南方。上古邈矣谜难猜。自有书契以来，世间文物之产生，风俗之善恶，不无单独性。如中国人讲“报”道，投我以桃，报之以李，也有共同性。如中国人缠足，西方人缠腰，其愚一也。政治贪污，官职买卖，游人在名胜古迹涂抹墙壁，西方传教士，斥为中国的恶习，及多读西文书，知贪污政治，西洋亦多有之①②。登华府国会及林肯纪念塔顶，涂写之多，并不亚于中国。乃悟世人一切行为的好坏不同程度，相对者多，绝对者少。我们必须略具比较的透视，带双光眼镜，守中庸中正之道，然后能正确看待事物。今本此旨，以观下面有关血缘的三种组织。

---

① Yang Lien-sheng. “The Concept of Pas as a basis for Social Relations in China” in Chinese Thought and Institutions, ed. John Fairbank (University of Chicago Press: Chicago: 1959): 297-309 and 395-397; also available in the author's Excursion in Sinology (Harvard University Press. 1969) 3-23.

② 例如 Sale of Offices in the Seventeenth Century by K. W. Swart, The Hague, 1949, p. 157. 其中包括英法德意荷兰土耳其及中国等。For “white color crime”, see Crime in developing countries; a comparative perspective by M. B. Clinard, at al New York, Wiley, 1973, p. 319. and White color crime, a bibliography. Berkeley: Institute of Government Studies, University of California, 1967, p. 85.

太平天国史研究之过去、现在与前瞻[①]

洪秀全等的革命企图虽然失败，但死运亨通，名闻中外，远比其他中国类似的运动为佳。以往农民起义的领袖如黄巢、李自成，很少有著作遗留供人参考。又无西方人士，一自开始为之传播。更没有伟大的领袖如孙总理、毛主席，为之实现理想，并加发扬光大。洪、杨等人，真是时代的幸运儿。

从时间过程上看，太平天国史之探讨，始于西方人。英国素以情报工作见长，早在1849年，港督已将京报发表两广匪情奏折，译成英文，报告伦敦政府。1850年8月，英国广州领事馆翻译密迪乐（Thomas T. Meadows）将广西反叛及盗匪情形，详呈伦敦外事处，以后每隔数周，汇报一次。过了数月，另一翻译员巴夏礼（Harry S. Parkes）加入搜罗，其他外交官，海军与商业机关皆作报告，这是他们固定的工作。稍后移交公共档案局（Public Record Office）。其中所藏有关中国之内政、外交、经济、商业及治安状况的档案（F. O. 17及其他编号），关于十九世纪中叶的，据我个人逐月逐年的翻展经验，也许多于《清实录》或《东华录》，其容藏之富，可以想见。情报只能供政府的参考与决策，不能马上公开。故香港政府又令传教士的儿子、汉文秘书麦都思（W. H. Medhurst）翻译太平天国的文书，陆续在《华北先驱》周报上发表。1853年印成专书《中国反叛者及其出版的文书，附广西起义史与外国传教士之关系》[②]。麦氏不求生硬的直译，但求意译，使简明易晓，故读其书者多，影响广，西人关于太平军初期的历史，多半出自此书。

除英国外，其他西方国家，也对太平天国发生兴趣。法国教士兼汉学家、任广州领事馆翻译加略利（Joseph Mary Callery）与馆中一医生

---

① 原载《太平天国学刊》1987年第5期。

② Medhurst, Pamphlets Issued by the Chinese Insurgents at Nanking; To Which Is Added a History of the Kwang-se Rebellion …; and a Sketch of the Connection between Foreign Missionaries and the Chinese Insurrection; … with a Critical Review of Several of the Above Pamphlets. Shanghai: North China Herald, 1853.

(M. Yvan) 合著一本《中国起义史，从开始至南京》①。此书影响很大，马上译成英文，并由译者 John Oxenford 附加一章，改正原书错误，并增加最近材料，于同一年内在伦敦出版。旋译成德文。

据浅见所及，至少有五种杂志，发表论文，分析太平天国情事，其所根据的主要材料，一为加略利之书，一为 1853 年有关中国内乱的蓝皮书②。

除论文外，又出了一本专书：麦克法兰的《中国革命》③。其书颇为零乱及小误，但引用很多原材料。伦敦一出版家，加以剪裁修正，将书名改为《中国的革命，原因，现状及可预卜的效果；附文书摘要》。此书名增加了吸引力与销路。

瑞典人巴色会教士韩山文，著《洪秀全之异梦及广西乱事之原始》(Theodore Hamburg. *The Visions of Hung-siu-tsuen and Origin of tha Kwang-si Insurrection*, HongKong, 1854, 第 63 页) 简又文译成中文，名《太平天国起义记》。洪煨莲师主张将汉译及汉传英文原本由北平燕京大学图书馆于 1935 年出版。韩氏主要材料，是《太平天日》及洪仁玕告诉他洪秀全少年的历史，即洪秀全在 1847 年夏天跟罗孝全牧师 (I. J. Roberts) 学习基督教约两个月，未及受洗离开广州。关于罗牧师的历史，可参考邓元忠的论文④

早期值得注意的书，是密迪乐的《中国之反叛史》(Meadows. *The Chinese and their Rebellions*, London, 1856, 第 656 页, 重印本 U. S. A. Stanford Univ. Press 1953)。出版约一百年后，仍有影印行世的价值，可见其重要。著者在中国，有长久的经验，书中旁征博引，条分缕析，观察入微，颇具初期社会学家的规模。他的主要观点，是"中

---

① History of the Insurrection in China, from the beginning to Nanking [M]. London, 1854.

② Papers respecting the Civil war in China, presented to the House of Lords by command of Her Majesty [M]. 1853.

③ Charles Macfarlane, Charles. The Chinese Revolution, With Details of the Habits, Manners, and Customs of China and the Chinese [M]. London: G. Routledge and Co., 1853.

④ Yuan Chun Teng. Roverend Issachar Jacox Roberts and the Taiping Rebellion [J]. Journal of Asian studies, 1963, 23 (1): 55-67.

国人最短少的是革命，最繁多的是造反”（“The Chinase are the leasf revolutionary and the most rebellious”第25页）此观点，与现在的社会学家一样。虽至今日，牢不可破。但中国固有革命的定义[①]。密迪乐很同情太平军，英政府不高兴，调他做牛庄的领事，使他无接触太平军的机会。1868年，他死在牛庄。

日本对太平天国的记载，始于1853—1854年。如古川将监的《清国骚乱志》，1853年出版；磐上轩主人《外邦太平志》，1854年出版。当时美国以四艘军舰，由司令官皮雷（Commodore M. C. Perry）带领，强迫日本开国交通。日人认为奇耻大辱，故无暇顾及中国的叛乱。二十世纪，关于太平天国的专书论文，就大为增加，容后举例。

俄文有关太平史的记载，大约始于1858年。俄商至北京，微有所闻。至二十世纪，才有学术论著讨论太平天国革命。斯克合夫之《中国书志》（P. E. Skachkov. *Bibliongrafia Kitaia*，Moscow，1932年初版，第691页，19551条），有关太平天国者六十三种。姜秉正编《研究太平天国史著述综目》（北京，1984年，以下简称姜秉正《综目》），罗列有关太平天国史文书，凡九十三种。

德文有关太平天国史的材料很少。最早的一本，1854年出版，是根据加略利的书作的，不重要。其次什皮曼《中国的太平天国革命》（Christian Spielmann，《Die Taiping-Revolution in China（1850-1860）》. Halle，A. S. 1900，第163页），有相当的重要性。他的见解比较客观，反对英、法无理干涉，赞美太平天国的宗教与田制，暴露满洲的腐败。恭亲王奕䜣允许鸦片烟继续在中国公卖，其目的是在求得英、法的援助。什皮曼假想，太平天国革命如成功，中国必无拳匪之乱。这本书是1900

---

① 现在的了解，革命一词，指剧烈的改变，尤其是政治和社会经济制度。不循正规，使用暴力，推翻旧王朝，另建新政权，如1789年的法国大革命，1917年的俄国革命，1912年及1949年的中国革命。参布伦堂《革命分析》（Crane Brinton. The Anatomy of Revolution［M］. New York：PricetonHall，1952.）但在中国，“革命”一词，源出于《易经》四九“革”，如“水火相息，二女同居，其志不相容，曰革”。必革除其一也。“汤武革命，顺乎天，而应乎人。”君臣易位、篡位，亦谓之革命。武则天篡唐称周，两唐书及通鉴，用“革命”二字，描写她的行动，十余次。所以中国旧式的革命，是皮革或皮毛的，不彻底的。按照中国人的定义，陈胜、吴广、洪秀全等当然可称为革命。

年出版的。这位德国学者似乎已受了马克思的影响，但据史实，马克思在1850—1851年，对于太平天国革命，所知甚微。所以他在1853年6月泛论中国情势的话，不能作为大革命始于某年某日的后盾。谨将愚见述于注中①。

以上所述，太平天国史之研究，始于西方人，是可以肯定的。我国人对于洪杨史之待遇，可分为五个时期：

第一，为仇恨侮慢时期，斥之为粤寇、发匪、长毛贼。毁灭他们的文件。从失败时起，至1890年代，约三十年。

第二，为广泛的崇拜时期，由孙中山先生开其端。他自小喜闻洪、杨故事，自称为洪秀全第二，早年就立志排满，在他的著作与讲演词中，赞扬洪、杨伟绩者不下十余次之多，他又谓共产主义之实行，非始于苏联，而始于三四十年前之太平天国②。不久，黄世仲《洪秀全演义》问世(广州出版，1908)，中多盲目的崇拜，不顾事实的真伪。

第三，为从海外取回太平经典时期，洪、杨出版品，在国内者多被焚毁，不得不求之于海外。适有内藤虎次郎先生，从大英博物馆找出若干太平天国史料，公之于《史林》杂志（1925年10月）。中国学者如刘半农、俞大维、许地山、程演生等急起直追，在外国图书馆发现许多太平天国的书籍和文告，或抄或影，带回国内。程演生《太平天国史料》第一辑，1926年北大出版。刘复《太平天国有趣文件十六种》，1929年北新书局出版。罗邕、沈祖基《太平天国诗文抄》，1931年上海商务出

---

① 马克思是一位天才兼学力古今罕见的大伟人，他是一位精博的经济学家、史学家兼哲学家。他的确是著作等身。马恩全集五十册，约六尺高，但在1850年及1851年的时候，对于中国，所知尚不甚多。从1853年至1856年他在《纽约论坛日报》（*New York Daily Tribune*）一共发表十七篇时评。第一篇题目是《中国与欧洲革命》。这是真正的革命，与以前慢性的起义不同。这篇文章的日期是1853年6月14日。前乎此者，细查《纽约论坛》及《纽约时报》，无所获。有一位学者，在不同的注中，引用三次下面的话："1850年1月，马克思、恩格斯《国际述评》（一）论中国，见《马克思恩格斯全集》第七卷，第264页。"上面引文的原意似乎是想以马克思的威望，肯定太平天国起义始于1851年1月11日。此日期罗尔纲、简又文、邓嗣禹等皆相信，但是我在写《太平天国与西方列强》当中，觉得有些地方说不过去，因为我认为"The Taiping Rebellion"是1850—1864年，太平天国才是1851—1864年。愚见如此，谨向国内学者请教。

② 《总理全集》卷二，上海：民智书局，1930年，第346页。

版。上列各书，多半是学者们，匆匆忙忙找出付印的，其中不免真伪杂陈，首尾残阙。俞大维有见及此，将德国柏林图书馆所藏太平天国文件，全部影印回国。同时罗邕并请求南京政府，禁止使用长毛贼、粤匪等名称。国人对太平天国的待遇，为之一变。

第四，从三十年代起，学者对于太平天国史从“趣味”史观，进为辨伪、介绍与整理工作时期。当时北大学生中，出了一位“老长毛”谢兴尧先生。早在 1931 年他就在北平晨报上的“艺圃”及“学园”附刊，以清秀的文笔，讨论太平天国史事，又常去故宫档案中寻找资料，加以讨论，发表于《逸经》及《国闻周报》，以后增订，著有《太平天国史事论丛》[①]《太平天国丛书十三种》[②]《太平天国前后广西的反清运动》[③] 等及其他文章共 49 种[④]。谢先生真是“最初以科学方法研究太平天国史之第一人”[⑤]。

萧一山先生（1902—1978），年二十二，有《清代通史》上卷问世，梁启超为之惊奇。1932 年他去英国剑桥大学深造，常去大英博物馆看书，历时二年，满载而归，编有《太平天国丛书》第一集、《太平天国诏谕》、《近代秘密社会史料》，可谓不虚此行。以后又作《曾国藩传》[⑥]。

简又文先生（1896—1976），岭南大学毕业，美国欧柏林大学文学士。1928 年入芝加哥大学研究院，获宗教学硕士，中西文均佳。1924 年春，聘任为燕京大学教授，曾先后主编《逸经》《大风》杂志，常登载有关太平天国的文章，一生兴趣在太平史。著有《太平天国广西首义史》《太平天国全史》《太平天国典制通考》《洪秀全史传》（又名《清史洪秀全载记增订本》）以及《忠王李秀成亲供之研究》等。英文著作《太平天国革命运动史》[⑦]，恐为目前英文著作之最具权威性者。

---

① 上海商务印书馆，1935 年。

② 北京，1938 年，共三辑。

③ 北京三联书店，1950 年，第 236 页。

④ 见姜秉正：《综目》，第 646—647 页。

⑤ 简又文：《五十年来太平天国史之研究》，在《香港大学五十周年纪念论文集》第一册，1964 年，第 262 页。简文引用拙作《太平天国之史学》（Historiography of the Taiping Rebellion，Harvard UP，1962 年）约十来次，可见其谦恭下士。

⑥ 台北，1953 年，第 202 页。

⑦ Jen Yu-Wen. The Taiping Revolutionary Movement ［M］. New Haven and London：Yale Uiversity Press，1973.

罗尔纲先生，广西贵县人，研究太平史，可得一点方便。早年从胡适游，得其历史考证方法。毕生精力，主要集中于太平军之钻研，每一文、书出版，仍不惜一再修订。所出版之书、文，真不可胜举。且每在一地，如在南京，对太平天国之研究，无形中似有领导启发之功，回到北京亦然。若学李秀成的口吻，可谓对“我天国”发表书籍文章最多者，第一是罗尔纲，共 173 种，第二是简又文，63 种，第三是谢兴尧，49 种①。其所著书，有《太平天国史纲》②《湘军新志》《捻军的运动战》《太平天国史丛考》《太平天国史料辨伪集》等。

范文澜先生（1893—1969），经学、史学皆有根底。著有《汉奸刽子手曾国藩的一生》（1944 年）。《太平天国革命运动论文集》中有他的《金田起义一百周年纪念》，此书是 1950 年 11 月北京三联书店出版。他又编著《中国通史》《中国近代史》等，用马克思唯物论观点研究国史，郭沫若跟范文澜是此道的教务长（Dean），也是承先启后由旧史学而转入新史学的划时代人物。

第五，是由历史唯物论观点研究“太平”史的时期。1950 年 10 月 15 日，中国新史学研究会与《新建设》杂志八十余人，由范文澜、金毓黻、冯友兰、王重民等发起，开太平天国史座谈会，会后不久，北大文科研究所金毓黻、田余庆等编辑《太平天国史料》③。此后，太平史成为研究的时髦题目，有不少关于政治、经济、文化的资料，从前看不见的，现在出现了。因而需用很多的人才，研究各种新材料，故在近三十年内出版很多关于太平政治、经济、宗教、文化、人物评传等的专书专文，见于全国很多的杂志与报章。在此短文中，既不能做太平史林点将录，又不能作简单选目，只聊举数例而已。

在观点方面有景珩、林言椒编《太平天国革命性质问题讨论集》④。在全史方面，牟安世《太平天国》⑤，戴逸《中国近代史稿》⑥，茅家琦、

---

① 参姜秉正《综目》索引。

② 上海商务印书馆，1937 年。

③ 北京开明书店，1950 年。此书 1955、1958 年两次重印，第 520 页。

④ 北京三联书店，1962 年。

⑤ 上海人民出版社，1959 年；修正本 1979 年，第 466 页。

⑥ 北京人民出版社，1958 年，第 523 页。

方之光、童光华《太平天国兴亡史》[1]，此书颇合一般学者的口胃。王庆成《太平天国的历史和思想》[2]；其所主编之《太平天国学刊》所选各文，亦算精致。苏双碧《太平天国人物论集》[3]，王天奖《太平军在河南》[4]。郦纯《太平天国军事史概述》[5]，此书正文及注皆精明翔实，用功甚深，可以永年。

杂志报纸上的文章更多，常有佳作，惜海外大学图书馆订阅不多。为弥补此缺陷有，《太平天国史论文选》[6]、《太平天国史学术讨论会论文选集》[7]，又有《太平天国新探》[8]。这些文选，对于海外图书馆有很大的帮助，并表现出国内学者对太平史研究的成绩。

此外，值得特别介绍的，是姜秉正编《研究太平天国史著述综目》[9]，此书不但搜罗全备，有中日英法德俄文，分类仔细，而且态度客观，不管新旧学派的文章，一视同仁，表示进步现象。世界各国汉学图书馆，必有此书，这是留心太平天国史不可缺乏的参考书。

中国住在香港、台湾的学者，对于太平史之研究，似乎不很起劲，除已过世的学者简又文外，香港有叶宝明医生《洪秀全之神经病况》[10]。郭廷以《太平天国史事日志》[11] 早已成为标准参考书，但其成书在 1940 年代，有罗家伦 1940 年作序于伦敦[12]。章君谷（张国钧）《咸同十杰》[13]，此书又名《太平天国豪杰传》，在香港出版。南宫博（马彬）《太平天国》[14]，

---

① 上海人民出版社，1982 年，第 337 页。

② 中华书局，1985 年，第 644 页。

③ 福建人民出版社，1981 年。

④ 河南人民出版社，1974 年，第 82 页。

⑤ 中华书局，1982 年，五册。

⑥ 三联书店，1981 年，有戴逸序，上下二册，共 1471 页。

⑦ 中华书局，1981 年，第 1066 页。

⑧ 江苏人民出版社，1982 年。

⑨ 书目文献出版社，1984 年，第 684 页。

⑩ P. M. Yap. The Mental Illness of Hung Hsiu-ch'uan, Leader of the Taiping Rebellion [J]. Far Eastern Quarterly, 1954, 13 (3): 287-304.

⑪ 台湾商务印书馆，1963 年。

⑫ 初版，上海商务印书馆，1946 年。

⑬ 台湾皇冠出版社，1971 年。

⑭ 台北征信书报社，1966 年，第 572 页，无序言，无目录。

台湾对于原料之翻印，有邓之诚、谢兴尧主编《太平天国资料》，又有金毓黻、田余庆《太平天国史料》以及杨家骆《太平天国文献汇考》[①]。杨家骆影印《李秀成亲供手迹》未装订以前，特一页一页地抽出，赠送我一本；此书恐为台湾对太平天国史最大的贡献之一。此外，有包遵彭、李定一、吴相湘编《中国近代史论丛》第一辑第四册《太平军》[②]。又有《中国近代现代史论集》第三编《太平天国》[③] 中收萧一山、陶天翼等论文十五篇；内有两篇是邓嗣禹作的，其一是《〈劝世良言〉与太平天国革命之关系》，其二是《太平天国之兴亡与美国之关系》；此书最后一篇是黄嘉谟《石达开幼子的结局问题》，录自《"中央研究院"近代史研究所集刊》第九期。

日本学者对太平天国史之研究。咸同时代的《闻见录》，市古宙三的《幕末日本の太平天国に关する知识》，在《开国百年纪念明治文化史论集》[④] 第451—459页已网罗之。他的《太平天国诏书の改正》[⑤] 及《朱九涛考》[⑥] 均相当的深入。大岛晋《太平天国运动の诸样相》[⑦]，用地方志及其他若干新材料，探求长江上游的地理与社会背景。宫崎市定，日本的渊博汉学家，《太平天国の性质にっいて》[⑧]，颇疑太平军非纯粹的农民运动。河鳍源治《李秀成亲供にっいての诸问题》[⑨]；《天德王与太平王にっいて》[⑩]，他评介赫治清著《韦昌辉伏诛日期考》[⑪]，都是近年来的好文章。梨本佑平《太平天国革命の研究》[⑫]，小岛晋治《太平天国の历史と思想》[⑬]，

---

① 台北鼎文书店，1973年。
② 台北正中书局，1946年，第227页。
③ 中华文化复兴运动推行委员会主编，台湾商务印书馆，1985年，第443页。
④ 东京，乾元社，1952年。
⑤ 《东洋学报》3，1952年正月，第183—199页。
⑥ 《东方学》3，1952年正月，第23—31页。
⑦ 《历史评论》36，1952年5月，第1—11页。
⑧ 《史林》48，2，1965年3月，第185—217页。
⑨ 《近代中国》61，1979年9月，第51—69页。
⑩ 《论集近代中国研究》，东京，1981年，第109—120页。
⑪ 《近代中国》9，1981年6月，第8—16页。
⑫ 同成社，1972年，第304页。
⑬ 东京，研文出版社，1978年，第404页。

小野和子《太平天国の妇女解放》①，横田伊八郎《太平天国北征军について》②。这是几个近例。

德、法文中太平天国史料，自始就不多，以后亦然。但有一本颇堪注意的德文书，是施利特《中国传教士郭士立传》③，他告诉马克思一些最近的中国政治、社会与经济情况。近年最新出版的德文书是浮格④。

法文可举雷克吕（Jacques Reclus'）《太平天国革命（1851—1864）》⑤，有谢诺（Jean Chesneaux）为之序。谢诺所主编的、已译成英文的书，是《中国民众运动与秘密会社（1840—1950）》⑥，此书对于太平天国革命的背景，供给一些资料与意见。

英文书有关此役史事者比较多。在英国，因为戈登与常胜军的关系，十九世纪末以及二十世纪初，为戈登先后出了十多本书。美国华尔将军（F. T. Ward）虽然是常胜军的创办人，但甚至曾国藩，都被戈登掩盖了。迟到1908年，才有远脱（Robert S. Rantoul）给华尔写一篇传，在他的出生地Salem，麻州博物馆馆刊登出，馆中有他及他的中国妻子相片。另一死在中国的飞将白齐文（Henry A. Burgevine）至1947年才有阿本德《来自西方的偶像》在附录中提到他的名。至1968年，德催克作《白齐文传》，作为博士论文⑦。在此期中，贾希尔的《华尔传》⑧忿英国人过于表彰戈登，特发奋作此书，使华尔得到应得的地位。有一位能用曾国藩家的材料、在长沙教过书的赫尔（William James Hail）作《曾国藩与太平天国革命》⑨，使曾国藩拨开乌云见青天，受到著者的尊崇。

---

① 《东方学报》43，1972年3月，第159—200页。

② 《东洋史研究》36.1，1977年，第92—124页。

③ Herman Schlyter. Karl Gütslaff als Missioner in China [M]. Lund：Gleerup，1946.

④ Hans Ulrich Vog，el. Taiping Tianguo，1850-1864 [M]. Hamburg，1981.

⑤ 巴黎，1972年，第280页。

⑥ Jean Chesneaux. Popular Movements and Secret Societies in China，1840-1950 [M]. Calif：Standford University Press，1972.

⑦ Robert H. Detrick. Henry Andres Burgevine in China：A Biography [D]. Ph. D. dissertation，Indiana University.

⑧ Holger Cahill. A Yankee Adventurer；the story of Ward the Taiping rebellion [M]. New York：Macaulay Co.，1930.

⑨ 新港，1927年，第422页。

作研究工作也需用领导人与财源，才有良好的收成。1933年戴尔（George E. Taylor）登出一篇讲太平天国经济社会背景的文章①。他从中国留学返美，任教于西雅图华盛顿大学，不久升为远东与俄国学院院长，募得了一笔大款，能成立一个非正式的太平天国研究中心，聘请了几位中西学者，资助了几位研究院高材生，课余从事研究太平天国史事，十年二十年树人，以后成绩斐然。

1937年芦沟桥事变时，邓嗣禹忽接亡友房兆楹之介，邀去国会图书馆，助恒慕义博士（Dr，Arthur H. Hummel）编《清代名人辞典》，专写太平天国时两方面的人物，在十个月内，共草成三十三篇传，包括洪秀全、洪仁玕、李秀成、杨秀清、石达开、林凤祥。虽然冯云山、韦昌辉、洪大全、李开芳传已草就，因可据的材料少，太单薄，将前三者并入洪秀全传，李开芳与林凤祥合传。官方材料多，写了曾国藩、国荃、胡林翼、僧格林沁等篇；为求背景，写穆彰阿、徐广缙、怡良等传；为求屡主乡试的高官，写姚文田传；为看远景，写要冲破网罗的谭嗣同传，其中附点孙中山事迹。《清代名人传记》两巨册，美国政府印刷局出版，1945年。最初两册，售价仅数元，故销行甚广，学习中国文史的研究生，几可人手一编，对于中国清史研究，不无影响。

所以从1950年至现在，尤其是70年代，为研究太平天国的全盛时期，比较重要的出版品，值得一提。濮友贞《基督教对太平天国思想的影响》②。此书仍有参考价值。濮氏又与苏均炜合作，写《太平天国首相洪仁玕传》，在哈佛亚洲学报发表③。司百读《李鸿章与淮军》④，施友忠《太平天国的理想、来源、阐述及影响》⑤，迈克尔和张仲礼合编著《太平

---

① The Taiping Rebellion in China，Its Economic-Background and Social Theory [J]. Chinese Social and Political Science Review，1933，16：544-614.

② Eugene P. Boardman. Christian Influence upon the Ideology of the Taiping Rebellion [M]. Madison：University of Wisconsin Press，1952.

③ Harvard Journal of Asiatic Studies [J]. 1957，xx：292-294.

④ Stanley Speotor. Li Hung-chang and the Huai Army [M]. Seattle：Uiversity of Washing Press，1964.

⑤ Vincent Y. C. shih. The faiping ldeo logy，Itssources，interpretations，and influences [M]. Seattle：Uiversity of Washing Press，1957.

起义，历史和文件》[1]，三大册，迈克尔另著有其他论文及书，请看第三卷书目，第1744页。邓嗣禹《太平天国与西方列强》[2]《捻军的游击战》[3]，此书名显然受了罗尔纲先生的影响。简又文在耶鲁大学出版最重要的英文书，已述于前，此处不赘。柯文南《李秀成亲供之研究》[4]，他的七十页叙论，似乎值得汉译，此书也可以永年。施密士《雇佣军与清朝的官僚，十九世纪中国的常胜军》[5]，此书原为加州大学的博士论文，由刘广京先生指导出版时，有费正清先生之序。再举一例，克拉克与格雷戈里《西方对于太平天国的报告》[6]，此书是多年来翻展西方档案的结果。自1950至1964年分为三期归纳，很有参考价值。格雷戈里前有一本单人著的书《大英帝国与太平天国》[7]，是从英国档案看双方的外交往来与接触。

前瞻如何，姑略述之。关于太平天国之原料、次料、专书、杂文，总合起来，共约二三千种，与法兰西大革命及美国的内战（1861—1865年）相差不远。从前美国大学有以法国革命或美国内战作为一学年或一学期的讲演或研究课程（Seminar），现在很少了。原因是，材料太多。简单的历史，在普通高中及大学教科书中，已有简要的叙述与分析。要以之作专门的研究或作博士论文，就须考虑现实问题，将汗牛充栋的材料，细读一次，找出漏洞，才有孔可入，已费时很多，再加专门研究，又需数年时间。博士论文作成后，若太专门，太偏僻，难找出版家，也难以谋得一枝栖。班上学生太少，学校亏本，幸而谋得一教职，讲学数

---

① *The Taiping Rebellion*，*History and Documents*，仍是西雅图华大出版。

② The Taiping Rebellion and the Western Powers［M］. Oxford：Oxford University Press，1971. 台北文海，1978年。

③ The Nien Army and Their Guerrilla Warfare，1851—1868［M］. Paris：Mouton，1961.

④ C. A. Curwen. Taiping Rebel：the Deposition of Li Hsiu-ch'eng［M］. Cambridge：Cambridge University Press，1977.

⑤ Richard J. Smith. Mercenaries and Mandarins，The Ever-Victorious Army in thu Nineteenth Century China［M］. New York：The Kato Press，1978.

⑥ Prescott Clarke and J. S. Gregorg. Western Reports on the Taiping［M］. Hawaii：The University of Hawaii Press，1982.

⑦ Great Britain and The Taipings［M］. London：Routledge & Kegan Paul，1969.

年，无书出版，饭碗也许要成问题，所谓无出版品会消灭者也(Publishing or perishing)。

太平天国史在海外，类似欧美对法国大革命、美国的内战，渐渐地冷淡下去了。我找全世界博士论文目录，以太平天国为题材的很有限；即有，题目很小，很偏僻。最近的出版品也少了，再过一二十年，可能会更消沉、更冷淡。这是历史上的通例，趋热得热，快过期了。

希望国内爱好太平天国的同志们，在二十年以内，有组织，有计划，或分工合作，用科学方法，结结实实，作出一本或无数本颠扑不破的太平天国史，藏之世界名图书馆，传之于永远。海外游子，亦与有荣焉!

1986年5月23日书于印第安纳大学

《劝世良言》与太平天国革命之关系[①]

《劝世良言》，是一部惊天动地的书；因为此书是太平天国宗教的圣经，是洪秀全宗教知识的源泉。由此书引起了太平天国的宗教革命，扰攘当时十七省，沦陷六百余城，牺牲了数千万生命，开创了二十世纪民族革命的先河。

《劝世良言》是一部稀奇罕见的书；偌大的亚洲，找不出一部；欧美二洲，据浅见所知，也不过三四部。美国哈佛大学图书馆一部，即此处影印本。纽约市公共图书馆一部，题为学善居士纂，马六甲英华书院藏版，道光十二年（1832 年）刊本；每半页八行，行二十字，卷首有目录五页。英国伦敦会图书馆（London Missionary Society Library）有一部，但缺一册，今仍存在原处。伦敦博物馆只有卷五卷七两册，一八三二年马六甲藏版本。美国国会图书馆只有九册中之最后一册，亦为每半页八行，行二十字。据国会图书馆吴光清先生鉴定：此册似为活字本，因马六甲英华书院活字与版刻同时并用。

《劝世良言》，因为如此稀少，今得阅读者寥寥无几。在一八五〇年代时，麦都思（Walter Henry Medhurst）曾评论此书[②]。百年以后，美国学者濮友真（Eugene Powers Boardman）曾将此书加以仔细研究，发表著作问世，颜曰：《基督教对于太平天国之影响》[③]。同时，John Foster 也利用此书，作过一篇文章：（The Christian origins of the Taiping Rebellion）刊登 *International Review of Mission*，40（一九五一年四月份），156—167。文章很简明，但作者是否深通中文，不得其详，惟为神学专家。笔者在一九四九年初读此书，在《太平天国史之新曙光》一书中，略有所论。忆 1956 年旅居日本时得识若干日本的汉学家与太平天国

---

① 编者志：本文原载吴相湘编《中国史学丛书》第十四册，《劝世良言》，台北：学生书局，1965 年。

② 见 *North China Herald*，August 27，1853。

③ Eugene Powers Boardman. Christian Influence upon the ldeology of the Taiping Rebellion，1851-1864 [M]. Madison：University of Wisconsin Press，1952.

史专家，询问获读此书否？皆答曰否。亦曾孟浪先后询问中国研究太平天国史几位专家，曾读《劝世良言》否？亦皆云未曾读之。他们的书中所云，皆从《太平天国起义记》及《华北先驱报》所刊载者转引申论而已。幸《梁发傅》，附有《劝世良言》①，简又文先生乃得细读此书，发挥奥义于《太平天国典制通考》中之宗教考。然《梁发传》流通不广，且所附之本为排印本，略去卷一卷二等号，及板心、眉批，远不若读原书之痛快。

今承哈佛大学哈燕图书馆馆长裘开明先生之慷慨，允将此书，影印行世，由吴相湘教授编入《中国史学丛书》中。于是此稀奇罕见之书，人人皆有阅读之机会，嘉惠士林，实在不少。我们当对著者、藏书家、与《中国文学丛书》编者，举手致敬。

梁发略历

《劝世良言》的编著者，是梁发，一名梁阿发（1789—1855），号“学善者”或“学善居士”，广东人，为中国第一位牧师。他只受过四年私垫教育（从十一到十五岁），读过《三字经》《四书》及《诗经》，即因贫辍学，去广州学作刻字匠。不久他认识伦敦会的传教士马礼逊先生（Robert Morrison，1782-1834）。

马礼逊是介绍基督教新教到中国来的第一位传教士；以前在中国活动的皆属于天主教派。马氏于一八〇七年初抵广州，即矢志习中文，至一八一九年居然能将《新旧约圣经》译成中文。可见有志者事竟成。最初来华数年，一切皆独力苦撑，至一八一三年，伦敦会始派米怜牧师（William Milne，1785-1822）前来助理。当时清廷反对基督教甚烈，不许传教师活动，宗教宣传品亦不许散发。为谨慎妥当计，米怜去马六甲（Malacca）开设英华书院及印刷所，梁发被雇为印刷工人之一，于一八一五年出国工作，常与米怜牧师接触，渐渐为热心慕道的人。

可是当中有一个时期，梁发“日夕交游三教九流之人”（VI. 5）。“后过年余，自云南来了一个和尚，教他看受生残经”（VI. 76）。及其他书

① 一九五五年香港基督教辅侨出版社初版，1959 年再版。

籍，且常对梁发宣传佛法。无形之中，受了佛教影响，随时在《劝世良言》中流露。

后来梁发觉得不很对，又因米怜每天定要叫齐厂内工人，读《圣经》，听他讲道半点或一点钟，于是梁发“不与那和尚往来，讲佛家之道理，乃日日欢喜爱听米先生讲耶稣代赎罪救世人的经典”（IV. 8）。至一八一六年十一月，米怜在马六甲为梁发施洗，成为中国第二位基督教新教徒①。此后更喜读《圣经》，若有不明白之处，即请米先生讲解。不料一八二二年米怜死于马六甲，年仅三十七岁。越一年，马礼逊封梁为牧师。梁发云：“马老先生以我为诚实之人，而为牧者之职。后来按手于我，命我将真道略劝各处之人。”（VI. 15）按是时已有牧师之名：“汝为教人之牧师。”（II. 28b）

在此期中，一八一九年，梁发曾回广东故乡高明县一次，并印出了一本小书，名为《救世录撮要略解》，共三十七页，书中内容，曾请马礼逊先生鉴定，一切皆适合正统派基本主义（Fundamentalism）的神学观念，然后印刷二百部，以便分赠亲友。不幸被人告发，官厅将梁捕获，毒打三十大板，血从两腿横流，并罚金七十元，始获自由。一八二〇年春，梁发重往马六甲，一八二九年著《真道问答浅解》，共十四页。一八三二年在广州刊著《劝世良言》包括九种小册子，同年又在马六甲印行。其中四种后来在新加坡再版，改称《拣选劝世良言》。又云这九种小书，曾分别印单行本。但笔者两次在南洋各图书馆访寻，皆未发现。盼久居斯土之学者有所增益。此后梁发著有其他宗教小册，如祈祷文、赞神诗之类。一八五五年四月十二日，梁发病逝于广州。一九一八年岭南大学的当局，把梁发的遗骸迁葬于校址的中央大礼堂所在地。从此中国第一位基督新教的传教师，可以实至名归，永垂不朽②。

《劝世良言》内容述略

这是一部奇书，共九册，二百三十五页，约九万字。其中思想是半中半西，表面宣扬基督教，而到处流布地狱苦楚、因果报应的佛家思想。

---

① 第一位是蔡高，一八一四年在澳门受洗。

② 以上撮要，多据《劝世良言》卷六第三节，及麦沾恩 G. H. MeNeur《梁发传》。

文礼是半文半白，文言之部多半引用马礼逊翻译的《圣经》，自命文雅，而多半令读者莫名其妙。例如："我等救主耶稣基理师督之恩宠，偕尔众焉，哑门（VI. 22b.）。"而这句话的原文是：

> The grace of our Lord Jesus Christ be with you al[1] Amen"（the last sentence of Revelation. XXII，21.）

> 圣若翰曰：爱辈乎，勿信各风，但试其风或甲神否，因为先知辈多已出世间。各风认耶稣基理师督曾于肉而临，即属神，由是尔可识属神之风，各风不认耶稣基理师督曾于肉而临，即勿属神，斯乃敌基理师督者之风。……（VII. 25b.）

香港圣经会《新约全书》版云：

> 亲爱的弟兄阿，一切的灵，你们不可都信，总要试验那些灵是出于神的不是。因为世上有许多假先知已经出来了。凡灵认耶稣基督是成了肉身来的，就是出于神的。从此你们可以认出神的灵来。凡灵不认耶稣，就不是出于神，这是那敌基督的灵。①

其他类此之处，不胜枚举。笔者尝细读经文二三次，不解其意，读原文，即一目了然。可见马礼逊与米怜所译之圣经，贡献虽大，为害亦不小。梁发看不懂的地方，常请米怜讲解。洪秀全看不懂的地方，无人释疑问难，因而自作聪明，发生误解。如杨秀清称圣神风、劝慰师(Comforter)，根本不懂三位一体之意，而创出新三位一体：天父上帝，天兄耶稣，天王洪秀全。

至于梁发自己撰写讲解的篇章，虽文词不雅顺，缙绅先生勿道；而意思极明白，能畅所欲言，且言之右物，持之成理，一片诚心，娓娓动听，颇有说服力量。虽然麦都思评论梁发的文章如何不通，不懂文法，缺乏典章等②。然以文章论，以词达论，仅仅受过四年教育的梁发，实远较埋头苦干十余年之马礼逊为优。梁之文俗而能达意，马之文雅而不能达意，则雅有何益？梁之白话文，真作到胡适之先生所提倡的八不主义，全部《劝世良言》中，所引经书，不过十六处，且误引"忧心悄悄，愠于群小"为"孔夫子云"。引史事者仅四处。自言非积学之士，而能以诚信感人。学习，勿自骄满，拒受外来思想。

---

① 《约翰》一书。第四章，第 324 页。

② 见《华北先驱报》，一八五三年八月廿七日。

书中内容，劝人信神天上帝，勿信邪神，忽视一切迷信，专心向主，重存道，戒酒色财气，戒偷窃，戒谎言，守安息日等。其书组织，无条理，常引《圣经》一二句，加以发挥，有似礼拜日之讲道，又或引《圣经》一二章，无所论列。或插入数页自传材料。全书引《新约》者，约五十处；引《旧约》者不过创世篇、以赛亚（Isaiah）、神诗篇（Psalms）、宣道篇（Ecclesiastes）及耶利米亚（Jeremiah），约二十余次而已。今幸原书在手，有兴趣者，皆可仔细研读，毋庸细述其内容。

洪秀全得《劝世良言》的年代仍有问题

秀全得《劝世良言》之年，现在一般学者多认为是在一八三六年；然夷考其实，恐仍有问题。

第一，原始资料，多谓得书在一八三三年。

例一：一八五二年十月六日，罗孝全牧师（The Rev. I. J. Roberts）在广州写了一封信，登在伦敦出版的《中国与一般传教士的消息》（*The Chinese and General Missionary Gleaner*）中云："洪秀全……在某次考试期间，遇着一位容貌非凡的人，长须宽袖，给予他劝世良言一书。"原注云："此人毫无疑问的是中国布道者梁阿发。马礼逊博士一八三四年度上给伦敦会董事的一个报告，详述一八三三年，年初至年底，在中国发生的事件，中云：阿发始终努力布道，已经给予国内人士良好的印象。中国政府为普及教育起见，在各省会中，每三年考试一次。在此期间，全省各镇各邑的士子，都去省城，参加考选。广东省城考试，在一八三三年十月举行。此时梁阿发及同伴，为传教的热忱所驱使，进城分发引用一部分《圣经》的小册子，即《劝世良言》，与远远近近而应试学生。"①

例二：当时人麦都思对上函加按语，大意云：此函证明散发宗教宣传品之人，确为梁阿发，时期确在一八三三年②。

例三：一八五四年，韩山文（Theodore Hamberg）云："一八三六年（原注）或在此年之前，再赴广州应试，秀全遇见一人身穿明朝服装，不能操中国语，另有一个土人为舌人，其一手持小书一部共九本，名《劝

① 此函转载《华北先驱报》一八三五年八月二十日。
② 此函转载《华北先驱报》一八三五年八月二十日。

世良言》，赠与秀全。”①

例四：一八五六年英人麦都思著《中国人与叛乱》，不从一八三六年得书之说，而仍从一八三三年②。

例五：一八五七年麦基亦以洪氏得书在一八三三年③。

例六：一八六二年白赖恩（Lindsay Brine）亦以秀全于一八三三年赴考时，得西教士及梁发赠书，后于一八三七年再去应试④。案 Brine 之书，多据韩山文之《起义记》，然而不从一八三六年得《劝世良言》之说，可见加过一番考虑。又按一八三三年癸巳，正是当科考的年间。

第二，若洪得《劝世良言》在一八三六年，一八三七年又去赴考，是两年连接考试，恐非洪家之经济能力与身体状况所能担任。观洪第一次去广府应试在一八二八年，第四次在一八四三年，皆相距甚远；而第二、三两次相连，又颇觉奇异。又如一八三三、三四、三六、三七皆有考试，显违三年一次定例。纵有恩科，清代恩科之制，未有如此频繁继续不断者，《广州府志》《学政全书》《清朝文献通考》《清朝会典》事例等书，皆不见有广州频年考试之记载。府试日期，亦乏明文规定，若遇雨旱饥馑，兵慌马乱之年，试期常可改移。如清《文献通考》⑤：“考取秀才，于本年十月举行。”从另一方面看：外国传教师如马礼逊等，身住广州，亲眼看见，当时对伦敦会所作之报告，陈述士人赴考情形，当非凭空臆造。

总之，洪秀全得《劝世良言》之年代问题，有两种原始之原料。一为洪仁玕所供给外人之消息，然出于十余年后之回忆，自云“记忆不确”，在洪仁玕供词与“洪秀全来历”，就不一致，自相矛盾。既云一八三六年又云或在此年以前，似此模糊不清，已失去了原料价值。另一种原始的原料，是梁发之散发《劝世良言》，遭受官方压迫、毒打、处罚，不但马礼逊代为报告，且梁自己亦报告伦敦会，言之凿凿，谁也不能怀

---

① 《太平天国起义记》，第 4 页。

② T. T. Meadows，Taylor. The Chinese and Their Rebellion［M］. London：Smith，Elader，and Co.，1856.

③ J. Milton Mackie. Life of Tai-Ping Wang［M］. New York：DIX，EDWARDS & Co.，1857.

④ The Taiping Rebellion in China，London，1862，p. 66.

⑤ 商务十通版，第 5319 页。

疑；且为当时记述之第一手材料；而非洪仁玕代述，间接材料。比较两种原始之原料，当以梁发所云为可靠。当时官方压迫既如此严厉，布道者当有西洋传教士合作鼓励，甚至轮班工作。梁发常常“夜读英文”，且能翻译祈祷文、赞神诗①，则梁发任舌人，翻译简单英文，或译广东土语如客家话、台山话之类，亦非不可能。故舍一八三三年与梁发，而另求一八三六年与其他一外国人之名，似为舍近而求远，舍易而求难。麦沾恩作《梁发传》，也曾找了不少新材料，濮友真、彭泽益等，皆为谨慎之学者，不从一八三六年之说，必有所见而云然。

劝世良言对于太平天国之影响

《劝世良言》一书，对于太平天国之思想行动，有非常深切的影响。从一八四三年至一八四七年，此书几为洪秀全唯一的新知识宝库、新思想来源。稍加分析，约可得十端：

一曰弃除偶像　翻开《劝世良言》数页，就可以看见反对“文昌魁星二像，立之为神而敬之，欲求其保庇睿智广开”（I.5）。这对于考试失败、灰心失望的洪秀全，是有吸引力的。再往下翻阅，梁发反对偶像的言论，到处发挥，与人最深刻的印象：

> 神佛与菩萨等，均是与世人同类，亦系听由神天上帝赏罚其善恶，恐伊自顾不暇，焉能保护救得别人求之也耶。（VII. 9b.）
>
> 上古之世，不过拜山川社稷忠臣义士之偶像，则近之世代，士农工商，上下人等，各用自己之意，做出无数神佛之像而拜求之，或用纸画的像，或纸写的字，或石琢的像，或木板刻的字，或木雕的像，或泥塑的像；或四方之石，或三尖的石；或瓦烧的像；总总之物，不能屈指，而算各以自己之意立之，亦各用自己心拜求之。朝上香灯，晚化纸钱，竭力诚心，都系向些死物，而求庇佑，诚为可笑，亦实可怜。（I.5.）

梁发劝人勿拜偶像，而洪秀全进一步要打破偶像。梁发读书不多，不能引经据典，仅云上古之世，崇拜乡神。秀全乃广征史事，证实其说，谓“自少昊时九黎初信妖魔，祸延三苗效尤。全秦政出，遂开神仙怪事

---

① 见《梁发传》，第60—117页。

之厉阶”等①。可见洪之聪明学识。

二曰施用洗礼　一八四三年洪秀全细读《劝世良言》见有“领受洗礼之水，洗洁身灵”（II. 28）之句，又见梁发所问及米怜博士所解答关于洗礼的意义，如“洗净其人”，因为世上之人“皆犯了罪过之污，沾染其身，而其灵魂亦污浊，故以洗礼之水洗其身”（VI. 9b-10），给与洪秀全一个深刻的印象。“于是依照书中所言，及按是时自己所明白此典礼者，自行施洗，……自己灌水于顶上。”稍后洪秀全为冯云山与洪仁玕施洗礼，三人同到邻近之小河，“洗净全身”②。这是洪秀全读书明理，食古食洋而能随时变通的地方。

三曰拜一神教　洪等自己彼此受洗礼后，即进行打破偶像。因为梁发在《劝世良言》中，反对释道儒三教（I. 5-8），洪秀全亦反对之。梁发极尊重神天上帝，书中每言：

> 神天上帝，系原造化天地人万物主大神，宇宙内万国之人物，皆在神天上帝掌握之中……故凡敬畏之安于天命者，虽贫困不堪，而心亦乐。因知穷通得失，总由神天上帝所定命，不能强求也。（II. 24b）
>
> 神天上帝，永坐于天上，世界万国主人，皆由日日独敬畏奉拜之。（III. 8b-9.）
>
> 神天上帝乃系天地人万物之大主……万国万类人之大父母，……且世界上万国之人，在世人所论，虽有上下尊卑贵贱之分，但在天上神父之前，以万国男女之人，就如其之子女一般。（III. 10.）
>
> 神命火华曰，除我外而未有别个神也。（III. 19b.）
>
> 神天上帝，乃系万国之主，各皇之皇。（V. 21）

从上引数例证，可见神天上帝是至高无上，独一无二的真神，他的权柄最大，管理全人类世界各国。但在他面前人人平等。所以后来太平天国所谓男女平等，洋兄弟，“西洋番弟”要听洪秀全讲基督教道理，皆发源于这些观念，而洪秀全是上帝的次子，长兄耶稣基督，已有偌大权能：

> 神天上帝之子，救世主耶稣是也（II. 1）。

---

① 《原道觉世训》，见《太平天国》Ⅰ.96。

② 韩山文：《起义记》，第9页。

> 遣神天上帝之爱子，……自天降地……投在贞女之胎……出世为人，名曰耶稣，即是救世主之意……年至三十，即出身宣识……劝慰世上之人，务当悔改一切奸邪恶端，丢弃各样假神菩萨之像，转意归向崇敬神天上帝为主。(II. 2b-3)
>
> 每遇害病之人，即显神性之德，悉能医治之，以致聋者能听，瞽目者能视……救主耶稣，不过口出一言，或摩患处，那病即时全愈，死者亦即时复生。这就是显著其由天降世之证据也。然不惟救世主耶稣能行神迹医人病患而已。即其由庸人中选择了门徒十二……亦有能以口出一言，或以手摩患病者，而医疗病人最难治之各症立时即得全愈。……实显著福音真道之证俗也。故此代赎罪救世之时候既至，而耶稣由如氏亚国内群凶之手……钉死在十字架之上……遂成代赎罪救世人之功，……死后三昼夜，复再生活，仍居地上四旬之久。

耶稣基督既有如许神迹，其弟秀全当然也了不得，他也见过上帝，病过四十日之久，三弟杨秀清，乃变为“赎病主”，可以代上帝传言。

但洪爱咬文嚼字，将《劝世良言》屡用之神天上帝，简称为上帝，并广引经书中之“上帝”与“帝”以证古代之时，中国与世界各国，皆同拜一上帝。上帝跟凡人一样，不时大怒：如“神天上帝之义怒”（II2），“神耶火华之怒”（VIII. 1），“神将降怒于无顺之子孙”（IX12b），故洪秀全也将上帝发怒的习惯学会了。

四曰拜上帝会　拜上帝会者，胡为胡来哉？答曰：来源出于《劝世良言》，“聚集拜神天上帝之公会也”（II. 10），稍加简缩即成拜上帝会。以后的“圣公会”又比较雅致一点。

《劝世良言》又曰：

> 尔若要守全律，则可去卖了尔凡所有之产业，而将卖产业之银施赐给予贫穷主人，则尔必有财帛存在于天，可来随从我而当学生之真道也。(II. 11)

这几句话，也许对后来拜上帝会的会员，变卖产业，将所得存储在圣库，有点影响。

五曰太平天国　“救主教训……大众曰，心贫者，为福矣（Blessed are the poor in spirit），盖天国属伊等。”（I. 18b）“心贫者”可能发生误解，原意只有贫穷的人可以进天国。今译为“虚心的有福了，因为天国是他们的”。梁发云：“天国二字，有两样解法：一样，指天堂永乐之福，系善人肉身死后，其灵魂享受之真福也。一样指地上凡敬信救世主耶稣众人，聚集拜神天上帝之公会也。神之国三字，亦同此义。”（II. 10）似此解释，“天国”与“神之国”同义，在梁发眼中，天国是尊信上帝基督之意旨而立之国。

“太平”二字，亦见于《劝世良言》：“神天上帝乃系万王之王，万国之主。……倘若全国之人，遵信而行者，贫者守分而心常安，富者慕善义心亦常乐……君政臣忠，父慈子孝，官清民乐，永享太平之福，将见夜不闭户，道不拾遗的清平好世界矣。”（VII. 20）又曰：“今日有生救世主也，忽云中见偕各神使，……荣归与神至上者，太平于地，及人恩意矣。”（III. 16）这些话很重要，这是儒家理想，与基督教的糅和，梁发将上帝的帽子，戴在孔子头上。洪秀全多读了一些经书，由记忆联想，把《礼运·大同》括到一块：“是故孔丘曰：‘大道之行也，天下为公，鳏寡孤独废疾者皆有所养，男有分，女有归……故外户而不闭，是谓大同。’循行上帝之真道，……力遵天诫，……天下一家，共享太平。”① 洪秀全将此两名词，联合起来为太平天国，可谓别具匠心。

六曰天堂地狱　梁发在《劝世良言》中屡言之：

> 生前或者神天上帝未大罚汝之恶……死之后怎能硬逆得过，不用入地狱受永远之苦哉。况且并无轮回复生阳世为人之理。亦总无转生出世为畜类。乃恶人一下地狱，至永远不能出也。……夫人亦知作善降之百祥，作不善降之百殃，报应昭然，人所共知。……都在死后来生报应者多。即被拘入地狱之中，永受苦祸矣。（II. 7b-8b）

> 不知道死后善恶报应若何……死了之后，……在阳间做人不好，都系转轮投胎，托生出世变猪、变马、变牛、变羊，就算恶报之意。（II. 13b）

> 若为恶的人……未曾报其本身，即报应其子孙，受祸，或盲或跛，或哑或穷苦或发麻疯，或做贼，或拖架带锁，或受官府刑罚而死，这就是恶报。（VII. 13）

---

① 《原道醒世训》，见《太平天国》，1. 92。

此种佛家思想，梁发得之于云南的和尚，先入为主，随时流布于著作中。洪秀全的作品，亦有不少天堂地狱之说。如谓“何其自失天之乐而自求地狱之苦哉”[①]。又谓“只见其妄自尊大，自干（甘）永远地狱之灾也”。……“敬拜皇上帝，……死后魂升天堂，永远在天上享福。……溺信各邪神，则变成妖徒鬼卒，生前惹鬼缠，死后被鬼促。永远在地狱受苦。……如此大福都不愿享，情愿大犯天条，与魔同犯反天之罪，至惹皇上帝义怒，罚落十八重地狱受永苦，深可悯哉。”

七曰天下一家　劝世良言曰：

自然而然无形无像之神堂，奉事天下之大主，正合天下万国如一家之本义，古今之世，皆一体之意也。（I. 14.）

神天上帝乃系万国万类人之大父母。（III. 10.）

洪秀全曰：“皇上帝，天下凡间大共之父也。近而中国是皇上帝主宰化理；远而番国亦然。……是故孔丘曰：大道之行也，天下为公，……是谓大同。”[②]“此圣人所以天下一家，时廑民吾同胞之怀而不忍一日妄天下也。”[③] 这又是秀全融贯中西、沟通文化的才智。

八曰天条大律　梁发言摩西十诫，“神天上帝在山岭降下十条圣训，授予摩西”（VII. 17）。天条大律，故洪秀全称十诫为天条。然在《劝世良言》全书中，始终未具体举出十款天条。仅云：“尔不可杀人，……尔不可行奸，……尔不可负誓。”（I. 20-21）他又问“何为神天上帝之诫耶?”其答为勿行杀害之事，勿行奸邪淫乱之恶，勿偷窃别人之物，勿做虚妄，假供干证之事。乃要孝敬父母，而仁爱邻舍之人，如自爱自己也（II. 10b）。梁发最重孝道，“奉信真经圣道之人，从未有不孝敬祖宗父母者”（VI. 16b），而秀全亦重孝道。

勿遗欠该负他人之债，惟以相爱，盖相爱者已成律，因诸诫，勿奸，勿杀，勿偷，勿妄证，皆括于此。即尔等爱人如己之言，邻人之爱不行歹，所以律之全成，即在于爱（V. 24b.）。且勿醉于酒（VI. 3b.）。

---

① 《原道觉世训》，第93页。

② 《原道醒世训》，《太平天国》I，第92页。

③ 《原道觉世训》，第93页。

洪秀全在原道救世歌，举出第一不正淫为首，第二不正忤父母，第三不正行杀害，第四不正为盗贼，第五不正为巫觋，第六不正为赌博，其中包括好酒跟吸食洋烟，“其余不正难枚举”①。这很显明的是受《劝世良言》的影响。

又此数条显示洪秀全为社会与时代的产物。梁洪皆为中国人，故皆重孝道。广东最重贞操观念，新妇如非处女，其夫可斥之返娘家，并加以辱骂。和奸案发现有时乡人可用乡蛮方法，将双方捆绑，投河淹毙，故洪梁重勿奸，而洪以淫为不正之首。不但梁发作《劝世良言》时，在一八三〇年间，鸦片烟问题尚不十分严重。洪作《原道救世歌》，在一八四五年，洋烟问题，深入人心，故特别加入。

一八四八年，洪秀全家居在本族中，立木签九条，以治恶人，在每一签上写明严治五罪：㈠通奸犯淫者打，㈡诱奸妇女者打，㈢忤逆父母者打，㈣偷窃赌博者打，㈤游荡为恶者打②。

其后在《天条书》中（1852年出版）乃完成十诫，第一天条，崇拜皇上帝；第二天条，不好拜邪神；第三，不好妄题皇上帝之名；第四，七日礼拜、颂赞皇上帝恩德；第五，孝顺父母；第六，不好杀人害人；第七，不好奸邪淫乱；第八，不好偷窃劫抢；第九，不好讲谎话；第十天条，不好起贪心。这大概是在一八四七年从罗孝全牧师处，或以后从《圣经》中，学会摩西十诫，而与原有者加以折中贯通，使成为太平天国立国的基本信条，初期大军军纪之优良，多赖厉行十款天条的效果。

九曰礼拜祷告　梁发对于礼拜与祷告的仪式，没有很多具体的描写，有时引《圣经》，而马礼逊之译文模糊不明，不能与人以深刻的概念。例如最通行的主之祈祷词（Lord's Prayer）马氏译之为：

> 故此尔等如此祈祷云：“我等天父在天者，尔名成圣，尔王就至，尔旨成行于地，如于天焉，赐我等以日用粮，赦我等负债，如我赦负债于我等也，勿由我等人诱惑，乃救我等出凶恶，盖尔为之国者，权者，荣者，于世世哑门。”
>
> 今译为：“所以你们祷告，要这样说：我们在天上的父，愿人都

① 《太平天国》I，第88—90页。

② 《起义记》，第20页。

尊你的名为圣，愿你的国降临，……因为国度、权柄、荣耀，全是你的，直到永远，阿们。”（马太福 VI. 9-15）

以马氏译文与今日通行本之词句相较，真有天渊之别。梁发对于祈祷仪式，皆随时泛泛言之。如“当遇患难之时，恒务祈祷，求神垂怜”（V. 23b）。

尔等中右受难者，其应祈祷求神，有快乐者，……其应吟神诗。有染病者为代彼祈祷求神，……尔等相认遇错，相代祈祷求神。（V. 27-28）

梁发又曰：“每遇礼拜安息之日，不用做工夫之时，则爱看真经圣书。”（VI. 9）“……后礼拜安息圣日午时我去求米先生施洗礼与我……又与我同共跪下祈求神天上帝施恩垂怜。”（VI. 11）“圣保罗曰：余最先请行，恳求，祝祷，谢恩，为众人，为列王，……使吾安静平和过生。……余则愿人到祈祷之处，举洁手，无争……妇人亦然。”（VIJ. 9-20.）“又要日日朝夕诚心，拜求神天上帝。”（VII. 12.）

这类一鳞半爪之词，很难见诸实行。洪秀全要用他自己的聪明才智，揣摸试验。其摸索探讨之经过，韩山文很清楚地告诉我们说：

其始秀全关于宗教仪式一节，本无确定主意。当彼毁去家里偶像之时，只以纸书上帝之名以代之。甚至用香烛纸帛以拜上帝。……广西教徒聚集礼拜时，男女分座，先唱一首赞美上帝之诗。毕，则由主任人宣讲上帝之仁慈，或耶稣之救赎大恩，及劝诫人悔罪恶，勿拜偶像，真心崇事上帝。……

洗礼……在神台上置明灯二盏，清茶三杯，毕，新教徒……并以盆中水自洗心胸，所以表示洗净内心也。彼等又常到河中自行沐浴，同时认罪祈祷求上帝赦宥。已受洗礼之教徒即领受各种祈祷文，于早晚及进膳时念之。……

祈祷时，教友共向一方下跪，均面朝阳光入室之处。众闭目，一人代众吁请。①

《劝世良言》中有“如何拜上帝”的问题。其回答是“不需人手所造庙宇立像而拜之。乃在当空洁净地方，或洁净厅堂，或洁净小屋……髓

① 《起义记》，第 17 页。

处而敬拜之。”（III. 9.）

这几句话虽不太紧要，而太平天国一代尊崇之。即在南京，亦未建造大礼拜堂。据亲身目睹者呤唎（Lin-Le）说：

太平天国的礼拜堂，不是单独的建筑物，而是附设在主要政府机关或王府中的圣堂，或天父堂，专为礼拜真神之用。天父堂，毫无例外的，是每一大厦中最重要的一部分；除为宗教之用外，绝不许移作别用。（Ti-Ping Tien-Kwoh，London，1866，I，324）

十曰言行影响　《劝世良言》所说的话，尚有不少对于太平天国之语言行动发生影响。略举数例，以概其余。

我是有罪过之人，若不倚赖耶稣代赎罪之功劳，而我之罪过，怎能求得神天上帝白日赦免。（VI. 10b）

“吾侪罪恶实滔天，幸赖耶稣代赎全”这两句诗，颇似由上文引出。据说秀全读《劝世良言》后，寻得解释病中梦兆的关键，一时高兴，乃作这一首悔改诗[①]。吾侪二字，梁发常用（如 III. 19，V. 5b，VII. 16b.）之。

耶稣自天降地……凡信之……者，得享嗣真福；不肯信之……者，要受永苦。（V. 14b）

这也许与洪秀全的对联：“信实上帝终有福，不信上帝终有哭”[②] 有点关系。

杨秀清何以敢命责打洪秀全四十板?[③] 答曰：因为杨有《圣经》作后盾，引在《劝世良言》。

圣保罗曰，盖神所爱者，则责之，又有所接之子，则鞭之。汝若是忍责，故神待尔如子，盖何有父所不责之子乎。（V. 11b）

杨既代表天父发言，而洪秀全是天父的次子，所以可命令打儿子一顿。虽然因为洪“俯伏受杖”，悔罪，“我便不杖尔”，而杨秀清便从天王府中挑去几个美貌的宫女服侍他本人。

“斩妖除邪”（III. 2）也许是秀全造“斩妖剑”的启发。

因义而接受捕害者福矣，盖天之国属伊等，人将毁谤尔，捕害尔，又妄称尔各样之恶为我名，尔则福矣。（I. 12b.）

---

① 《起义记》，第 9 页。

② 《起义记》，第 20 页。

③ 《天父下凡诏书二》，见《太平天国》I，第 31 页。

当遇患难之时，恒务祈祷，求神垂怜。（V. 23b）

人……必要归至天堂之家为心，故忠臣孝子，视死如归，灵魂本在天堂而出，归至天堂者。才是灵魂生命之本家。（IV3b）

上引三条，可能是太平天国的战士，尤其是老兄弟，战败时在战场上祈祷。或如天京沦陷后，太平军视死如归的宗教麻醉品。

“妇辈顺服汝夫如宜于主焉。”梁注：此言妇之道，以贞正为本，逊静品气奉事翁姑，遵服丈夫，顺服于礼，事之如主。“夫辈爱汝妻无加之苦矣。”梁注云：加之以苦楚凄惨艰难之穷日。（IX. 14.）

妇辈，当服其夫，如服救王也。盖为妻之首，如救主为公会（Church）之首，……妻……凡事当全顺厌夫也。……夫辈当爱其妻如爱己也……妻乃畏己夫也。（原文：“The wife see that she reverence her husband” Ephesiaus. V. 33. （VI. 4b.）

妇人在以脂色云髻，非带金球，非穿锦衣，妇默学于全顺，余不许妇人主管，训诲丈夫，乃宜含嘿。（今译“只要沉静”。VI19-20.）

洪秀全一面讲男女平等，一面奴役女性，强迫她们服从、静默。这些思想，充分的表现在天父诗中。恐不免多少受了《劝世良言》一些影响。马礼逊译敬（Reverence）为畏，于是敬夫变为畏夫，又害女人不浅。

且洪秀全之多妻主义，也许误读《旧约》创世纪（VI. 2）：“神之子辈（The sons of God）遇见人之女儿为好看，则随意娶之为妻。”（IV. 16）太平天国的惯例，几经过婚娶手续的，就不算奸淫了。

甚至洪秀全的葬礼，亦不免受《劝世良言》之影响——“将香水洗救世耶稣之身，把白布包裹，安葬于石穴之内”。（III. 16）

洪秀全对待西洋人，虽然采取不屈不挠不即不离的待遇，大体说来，还算客气。这点梁发对西洋传教师的称赞，可能作了先道：

西域有罗巴列国诸贤，广发仁爱之德，竭其爱世之心，不殚勤劳，不惜费金，习识汉文字义，将为世真经圣理，翻译汉书之文……流传中国。（III. 7.）

另有一假誇奬西教士之文（VII. 19）大意略同，词长不录。

忽略与反响　然《劝世良言》之词义，有为洪秀全所忽略或发生反响者。如书中屡言十字架，屡用基督之名，而太平军未负十字架，未用基督教之名。

或曰《劝世良言》的宗教，遗漏了登山宝训与黄金律。今按实际未遗漏，见卷一页十八以下，引马窦（太）福音第五至第七章，因马礼逊之翻译，太不引人注意了！

如云："心贫者为福矣"，今译"虚心的人有福了"。

又云："故不论何人犯其律诫之至小，或教他人犯之者，则于天之王必被称至小也。惟不论何人守其律诫而教人者，则其称大于天之王也。"（I. 19）此语几百读不得其解。

又云："乃若有何人向右脸打尔等，即转与之以别脸也。"（I. 21）

这句话虽可以懂，但远不若今通行本"有人打你的右脸，连左脸也转过来由他打"之生动，能引人注意。

"尔等凡欲他人行与尔，则如是行与他人也。此乃诫之律也，乃先知者也。"（1. 24）

今译："你们愿意人怎样待你们，你们也要怎样待人，因为这是法律和先知的道理。"（《马太福音》I7. 12. ）

这就是有名的黄金律，相当于孔子所谓"己所不欲勿施于人"，又曰："其恕乎。"马氏的译文，实在不能引人入胜，无怪洪秀全忽略过去了。登山宝训与黄金律是基督教理最重要的一部分，注重爱，注重恕，注重仁，而太平天国最缺乏这种精神。那么马礼逊之译文，实在是贻误苍生！至于圣餐典礼，梁发未曾引用；洪秀全未正式受洗，在罗孝全处，也未见过，故终太平之朝，少有圣餐仪式。

又有人说，洪秀全极注重《旧约》中专制式的上帝，而忽略了耶稣的行谊。但在实际上梁发书中讲了不少耶稣的行谊，尤重忠恕之道、仁爱之德，但不甚为洪所重视，所以忽略了。

神天不省就灭尽，乃仁爱怜恤世上之人。（V. 4b）

勿负神天上帝仁爱之大恩。（VII. 17b）

圣经可林多上篇第十三章论仁爱之道。中云："我若能移山，……而无仁，即如无物。"（VII. 24b. ）

列爱辈（beloved），吾等应相仁爱，盖仁爱由神，各有仁爱，即由神而生，且识神，无仁爱不识神，盖神乃仁爱（VII. 25b-26）此处马译不很明白，原文是"Beloved let us love one another：for love is of God；and every one that loveth is born of God and knoweth Good”（I. John IV. 7）。

神天上帝至公义者，至慈怜者，至忍耐者，疼爱世上之人，如父母爱子女一般……没有一毫偏爱，独系常施恩怜慈爱世上各处之人而已。（VII. 32b.）

倚赖救世主耶稣暗助之能，非仁爱之事不敢为。（VIII. 17）

宜衣慈悲之觞，善良，谦逊，端正，忍耐，相当，相恕……如基督恕尔[①]。

这些引文都把仁恕仁爱讲得很明白。秀全不从，或因兵革之时，无法遵守仁恕之道，亦未可知。如冯云山在全州受重伤时，太平军回过头来，攻克全州城，为“复仇雪愤，焚杀三日始封刀”。这也许如《劝世良言》引创世纪，若加因（Cain）之报仇为七倍，则拉麦（Lamech）之报仇将为七十七倍也。（VIII. 28.）

又有《圣经》及梁发所反对，而反为秀全所采取者：

> 点蜡烛，烧元宝，以三牲酒醴，拜跪向各神之位。（I. 8.）
>
> 所罗门为一国之主，富贵已极……大兴土木之工，寻访奇巧奥妙精工，……乃思女色人以为快乐……选择妻妾妃嫔之人，娇娆之女，千数之多。（IV. 11）
>
> 好贪财色，爱纳少妾，独图娱乐之欣欢，不思身后灵魂却有无限永远之苦。（II. 12b）
>
> 自恃骄傲之心，昂眼高尚，奢侈自大。（VIII. 10.）
>
> 未识神天上帝者，只估眼而所见主事为紧，故其之心，日夕思念，独立财利功名，衣食酒色，福寿子孙，体面威势等，这各般之事而已。（VIII. 15.）
>
> 又不可或为占卜，或解梦兆，或做巫婆巫师之事，……神天上帝所恶也。（IX15-16）

上面所引，对于洪秀全病中所见的上帝，及他在天京的生活与骄傲的态度，杨秀清与萧朝贵之代上帝耶稣发言，形同巫师等行动，恰为良好写照。梁发反对这些事情，而洪适得其反，殆非始料所及。

---

① 梁发注释云：行移坐原，切要端正，凡事务以忍耐为先，务必推己以及人而相恕之（IX. 13）。

《劝世良言》与太平天国革命之关系

《劝世良言》对于太平天国革命，有很多间接的关系，很少直接的关系。梁发之书，教人信上帝，安分守己，奉公守法，是一部良言书，不是一部鼓吹造反革命的书。且书中有很多定命论的词句：

> 贫穷虽极，亦不须太过伤心，惟固穷守分，凡事听命于神天上帝。（IV. 1b）
>
> 定于天命者，虽贫困不堪，而心亦乐，因知穷通得失，总由上帝所定命，不能强求也。（II. 24b.）
>
> 夫人苟不安分知足者，贫穷之时，定然妄意胡为，贪心乱想，常怀忿恨之意，见人财利顺达，则心中妬忌不已，自己穷困，即怨天骂地不止，终日独想得富足之心，不思安分守己。（IX. 8.）
>
> 遵奉神天上帝……不是要人改变国法，又不是要人变换服色，……不干犯王章法度。……夫君王之旨，圣贤相传仁义之大道，固当从顺。……但神天上帝……之意旨，还不该遵信而行乎。（VII 20-21.）

而洪秀全早年的思想（1843—1848），也是趋向定命论，反对造反，反对革命！从他的亲手著作，可以看出。如《原道救世歌》云："白起项羽终自刎，黄巢李闯安在哉？"这不是奚落鼎鼎大名的革命英雄吗？此歌又云："聚党横行天不佑，罪恶贯盈祸自随……杀一不辜行不义，即得天下亦不为。"这不是反对革命造反吗？此歌继续云："总之贫富天排定，从吾所好自徜徉，孔颜疏水箪瓢乐，知命安贫意气扬。"这不是洪秀全的定命论吗？"富贵在天生命死，何为惑世顾肥囊。……顺天者存逆天亡，尊崇上帝得荣光。"这不是与梁发《劝世良言》中的思想，如出一辙吗？

洪秀全的《原道醒世训》亦云："兽畜相残还不义，乡邻互杀断非仁，天生天养和为贵，各自相安享太平。"这是反对流血，劝人和乐相处，共享太平，何曾有革命思想在此中？

稍后秀全作了一篇长文章，名《原道觉世训》，谓"天下皆一家，凡间皆兄弟"。不过他提出阎罗妖一名词，有人便以为此"妖"即指满洲。实则看全文，阎罗妖绝无指满洲之意。洪秀全在作此文之时，仍是口口声声劝人拜皇上帝，不可拜一切邪神。阎罗妖注生死之说，绝不可靠。“死生有命亦是定于皇上帝已耳”……“自秦汉至今一二千年，几多凡人灵魂，被这阎罗妖缠捉磨害!”“溺信各邪神，则变成妖徒鬼卒，……死后被鬼捉，永远在地狱受苦”云云。

由此看来，洪秀全虽在一八四三年细读《劝世良言》，即与其亲戚朋友，彼此受洗，打破偶像。而在此后两三年所写的三篇重要著作，却找不出一点有革命的思想与民族英雄的表现。且洪在一八四七年与其堂弟仁玕，同在广州美国牧师罗孝全处学道，秀全合计学习了约三个月，读了《新旧约》，他要求受洗，并要求在教会谋一小职。罗牧师惜其动机不纯，拒绝施洗。这又是洪考试失败后一大失望。假如他在教会得一枝栖，可能长期住下去。若此时已决心作民族英雄，既在广西立了拜上帝会，会员日日发展，则洪又何必低首下心，至外国教师处求道？可见一八四七年时，秀全尚在徬徨歧路中，尚在为一生衣食打算盘。

自从广州返广西，秀全重晤冯云山，不久因打甘王爷庙、六洞庙等，冯云山下狱，秀全借故援救冯云山又跑回广州，而且从广州回家乡，一住就是半年之久，几乎放弃了拜上帝会的责任。且家居数月所作的事，仍不外要人恪守天条，严禁通奸诱奸等事。这可证明在一八四八年，洪秀全尚未露面挺身而出，作一个热心的革命领袖。他称满人为妖，恐怕是一八四九或一八五〇年的事。

但是洪秀全病中及病后所作的诗，如：“手握乾坤杀伐权，斩邪留正解民悬。”① “手持三尺定山河，四海为家共饮和。”② “朕在高天作天王，尔等在地为妖怪，迷惑上帝子女心，腼然敢受人崇拜。上帝差朕降凡间，妖魔鬼计今何在。朕统天军不容情，尔等妖魔须走快。”③ 这些诗词（其他尚多未备引），不是表示洪秀全从一八四三年细读《劝世良言》后就成了革命家吗?

可是这些诗词，见于太平天国《起义记》的，多半是洪仁玕逃难至香港，十余年后的追述，词句亦间有出入不同之处。见于太平天国的，

---

① 1837年作，见《起义记》，第6页。

② 1843年作，《起义记》，第11页。

③ 《太平天日》，见《太平天国》II.467。

是作于一八四八年而在一八六二年才印出来的官书。而太平诏书[①]皆是一八四五及一八四六年两年中洪的亲手写作，一般研究太平天国的专家，皆认为是洪秀全的原著少经窜乱。那么，比较这两种原料，《起义记》与《太平诏书》，后者的史料价值，当较高于《起义记》。《起义记》是由洪仁玕口述、瑞典人韩山文笔译，绝不及洪亲手著作之足凭。洪自1843—1848年的行动，亦可以证明他是言行一致。在此时间，他是狂热的信道者，而非勇敢的革命者。太平天国的革命，是受《劝世良言》间接的影响；而非读了《劝世良言》后，洪秀全立即就去革命了。如果后说属实，梁发之坟墓枯骨恐早已被处罚，抛至九霄云外了。

梁发编著此书时，也煞费苦心，因为他对国人要作心理上的战争，他说："甚愿中华大国之人，观此书者，勿徒恃礼义之邦，文华之国，必要虚心理会，忘乎国之礼义文华，泯于道之传自何方，准情度理，只思神天上帝生我为人，而人所以为人者，真经圣道福音之理也。阅书如是，则庶乎可得其奥妙之深意矣。"（VII.21）

梁氏这几句话，非常重要。他作《劝世良言》，在一八三〇年顷，可谓是中国人向西方寻找真理最早者之一，早于魏默深、林则徐等人。他知道中国一国人才多偏于骄者也，满招损。因为中国是文华之国，礼仪之邦，故不愿虚心向外人学习，因而洋务运动、维新运动等，皆落于日本与暹罗之后。梁发诚有先见之明，深知国人病根，乃敢痛下针砭。梁氏之苦心孤诣，可以永垂不朽。

至于太平天国之革命，宗教思想固为原因之一，而当时的政治社会经济，天灾人怨，尤其是广西的特殊情形，会社活动，土客相争等，皆是促成大革命的直接原因，因不在本文范围之内，故未提及。嗣禹末学肤受，以上所论者，虽根据客观史实，仍恐不免谬误，愿大雅教正之。

一九六五年三月草于美国印第安大学

① 其中包括《原道救世歌》《百正歌》《原道醒世训》《原道觉世训》。

太平天国之兴亡与美国之关系[①]

太平天国之兴起，与美国有相当密切的关系；太平天国的灭亡，也与美国有相当密切的关系。这是本文的开场白与结论。要知究竟如何，可从下列三方面着眼。

一、太平天国与其国传教士的关系

洪秀全不是天生的革命家。假如在他参加的几次科举考试中获得一个秀才或举人的头衔，他可能成为一个旧式的官绅，过着舒服的生活。不幸经过几次失败，忧愁成疾，演成半疯狂的病态；然而仍无革命的勇气。他虽然往来于家乡与广州之间，目睹鸦片战争以后广州三元里等地人民反英起义，却从未见洪秀全参加这些民众运动的记录。相反地在一八四三年排外高潮的时候，他却阅读了多年前得到的九本小册子，署名《劝世良言》。从这部书中，获得些一知半解的基督教义，因而进行传教运动。为着打破偶像及孔子牌位，也打破了他自己教私塾的饭碗。既无职业，仍无勇气革命，反在一八四七年间，去广州依赖外国人，从美国一个传教士罗孝全（I. J. Roberts，1802—1871）念圣经，终日鞠躬维谨。学道两个多月，他想受洗礼，更希望受洗礼后，能在教会里，求得一个固定的职业。若是成功，洪秀全可能成为传教士的助手，过着平淡的生活，用不着革命了。不幸这位教士，自己未受过良好的教育，而且性格孤僻，一生难与其他传教士及美国教会合作[②]，所以一闻洪秀全想在教会中找工作，作为受洗礼的条件，罗孝全马上斥他为谋求饭碗计的基督徒。不给他施洗礼，叫他离开教会。此举对于洪秀全的影响很大。假如他继续研究圣经二三年，他后来的太平天国，可能符合教义，得着国际舆论

① 编者志：本文原载香港中文大学《中国文化研究所学报》1970年第3卷第1期，第1—11页。

② *Dictionary of American Biography*，ed. by Dumas Malone，（New York，1935.），Vol，16，p. 8.

的景仰与援助。

求功名不成，进而学道；学道不成，谋生无术，进而造反。利用各种秘密社会，与水陆强盗等组织，随着社会经济政治腐败的狂澜，洪秀全在幕后看风转舵。所以一八五〇年左右广西混乱的局面，北京的《京报》与西方外交官在中国所得到的情报，多说是会匪的活动。最初一个美国人在一八五一年十月六日，提出洪秀全的大名，报告他的宗教历史，在天堂见上帝的故事，并严正地指出，说洪秀全是基督教徒的革命运动者，这个人乃是罗孝全牧师①。

罗牧师很兴奋地说："中国要革命了，要基督教化了，广大的人民群众要得救了。全世界各国的教徒，当用最大的努力，助主完成这个大革命。"②

同时洪秀全也在想念罗牧师。太平军占领南京后，洪天王希望罗牧师至京，襄助精神与外交方面的事务。

太平天国的基督教运动，经过罗牧师的宣扬与军事的实际发展，引起很多外国人的同情。好几位传教士，皆冒险去南京未成功；在镇江勾留几天，觉得很满意。冒险观光南京的传教士之一，是丁韪良（W. A. P. Martin），美国印第安纳大学毕业生；他写过三四封信，要求美国政府，承认太平天国。第一封信，要求美国严守中立。第二封信，他把太平天国运动与英国克林威尔（Cromwell）的清真基督徒相比较，预言洪秀全在两三年内一定成功，中国可成为美国最大的商场，所以美国与其他国家，一定不要援助清朝。为广宣传起见，他将他的信件在上海《华北先驱报》发表③。

主张承认两个中国政府之始作俑者，丁韪良是其中之一。远在一百多年以前，丁氏发表他的第四封信，建议英美法三国"承认南京的新政权，同时也承认北京的旧政权"。他请求美国赶快派大使去南京，送礼物给洪天王，一如英国送礼物给乾隆皇帝一样。他的目的与用意，是不是重南轻北？不，他是兼相重，交相利。他着重南北两政府的对抗，而美

---

① *The Chinese and Ceneral Missionary Gleaner*（February，1853），pp. 67-70 and *North China Herald*，August 20，1853.

② Roberts' manuscript report，p. 3，in the Houghton Library，Harvard University.

③ *North China Herald*，June 7，1856.

国乃可坐收渔人之利。他说“南北两政府作殊死战，可以促进工业，农业与商业的发展，从而可以减少俄国的侵略”①，这是一种经济理论与外交词令。实际的用意，是如他所说的“使中国分裂而控制之‘divide and conquer’的策略，可用以打破东方孤立排外主义的城堡，更容易玩弄这两个敌对的王朝”。西洋人既从满清政府取得了沿海贸易的权利，就不难要求太平天国，开放长江流域及其支流，让外国人通商贸易。北京主宰必予同样特权，以便争取欧美各国的资助，所以丁韪良主张美国承认南京政权，愈早愈好。可惜他的信件，不能直接寄呈国务院，因为美国当时有法令，禁止它的公民访问南京，或援助革命叛徒；而只是间接寄给曾经签订《望厦条约》的顾盛（Caleb Cushing，1800—1879），时任美国政府的检察总长（Attorney General），了解中国情形。又在上海的英文报上刊登，以广宣传②。

丁氏写信的效果如何，很难判断。据他后来的回忆，他的意见，影响美国驻华外交特使伯驾（Peter Parker，1804—1888），使伯驾成为太平天国的党羽（Partisan），因而迟延了美国的干涉③。另据当时的报告，有批评丁氏不成熟的意见，当小心接受④。在一八五八年的时候，也有传教士目太平天国运动，在慢慢死亡的道途中。

但是太平军在一八六〇年春，打了几次大胜仗，消灭了清军的江南大营，天京二次大解围。于是有些趋炎附势的外国人，对于太平天国又是刮目相待。是年六月，三位美国教士去苏州见李秀成，对于太平天国的报告，又转好了，说他们的政治军事，比较大清帝国要进步⑤。可是这

---

① *North China Herald*，June 13，1857.

② *North China Herald*，June 7，1856；June 13，1857. 丁韪良主张两个中国的理由，都在此长函中。

③ *Senate Doc*. No，22，pp. 921-922；W. A. P. Martin. *Cycle of Cathay*（New York，1896），p. 133.

④ Henty Blodget's Letters，Shanghai，May 29 and December 26，1858；and John B. Littel，“Missionaries and Politics in China—The Taiping Rebellion”，*Political Science Quarterly* 43（Dec. 1928），p. 590.

⑤ 这三位都是美国南部浸信教徒 Baptists：T. P. Crawford，J. L. Holmes，J. B. Hartwell. See L. S. Foster，*Fifty Years in China*（Nashville，Tenn.，1909），pp. 109-112 and *Missionary Herald*. Vol. 56（Dec. 1860）p. 371.

三位教士中之一，名花牧师者（The Reverend J. L. Holmes），鼓其余兴，从苏州至南京，住了八天（八月七日至十五日），要求以私人资格面见天王，未成；改由章王林绍章接待。在私人闲谈中，章王提出关于外国机器的问题，花牧师不高兴，以为章王瞧不起他；凡是外国人，就是制造或修理机器者。又因为天王的诏书中，称他们为外族（Outer tribe），也使这位青年牧师不高兴。他看见太平天国的官员，用烤猪肉祭上帝，作礼拜，祭祀之后，大享口福，更不高兴。于是他离开南京，写一封长信，登在《华北先驱报》。他说："我此次到南京访问，本预期得到良好的印象。其实上次到苏州所得的良好印象，是引起我到南京一行的兴趣。我离开南京，观点大变了。我很伤心地找出他们毫无耶稣教的色彩，徒拥虚名与假冒行道而已。"①

这一篇文章，给太平天国一个大打击。这时候洪仁玕作《资政新篇》，企图将中国现代化。并预先将几部抄本送给西方外交官，以新他们的耳目。刚刚把国际舆论改善一点，想不到花牧师戳穿纸老虎，给天国一个很大的反宣传。

聊以自慰的是洪秀全从前的宗教老师罗孝全，经过几次失败，终于一八六〇年十月，到达南京。洪秀全优待老师，使他丰衣足食，并聘他作外交顾问，住在洪仁玕的王府中。关于基督教的道礼与仪式，天王与罗孝全不能同日而语。两人皆性格倔强，教育肤浅，偶用书面争论，洪秀全就说，他常见皇天上帝，罗孝全无此神权，免开尊口。两人关系日趋恶劣。住了一年多，罗牧师借故离开南京，对于太平天国大肆攻击，说洪仁玕当他面杀了他的仆人，扣留了他的行李，所以脱离南京时，莫名一文。同时暴露天国与天王种种的腐败与黑暗，使全世界人唾弃太平天国。并捏造谣言说太平天国反对国际贸易，所以罗氏请求凡是欧美各国想在中国发展商业的，应及早设法，把太平天国消灭②。

---

① *North China Herald*, Sept. 1, 1860. 参简又文：《太平天国典制通考》（中册），1958 年，第 932—933 页。

② 罗氏此文，书于一八六二年正月廿二日，先在 *Daily Shipping and Commercial News*（Feb. 6, 1862）印出，后又在 *North China Herald*（Feb. 8, 1862）登载。他鼓励西方以武力进攻太平天国，见于 *China Mail*, April 10, an extraction is in *Further Papers Relating to the Rebellion of China* LXXIII（375）, p. 5.

罗孝全这个恶劣的宣传，对于太平天国的打击，远较花牧师为甚。他是洪秀全的宗教道师，一向是太平天国的热心赞助者，最近在南京住了十五个月，深知宫庭内幕，故他的恶言，非常有效力，使人信以为真。罗孝全给英国外交政策一大臂助，因为一八六〇年八月，太平军进攻上海，扰乱英国在华的商业中心，英国早想撕破中立政策的假面具，实行武装干涉，苦于国内舆论不甚赞成。罗氏之恶宣传一发出，《华北先驱报》当日即写一社评说：

> 我们相信（罗孝全牧师之）评论是确实的。当这些消息传到英国的时候，一班人必放弃对于太平天国运动广大的同情，从此我们（在华）的海陆军当局，可用武力，毫无拘束的，对上帝与人类的敌人进攻了。①

不用说《华北先驱报》的后台老板是英国，罗孝全主张西方进攻太平天国可谓洽合孤意。但是后来罗孝全说，洪仁玕的仆人并没有死；他的行李，数日后就寄至上海，太平领袖并送给他一百两银子合一百三十六元。可是一言既出，驷马难追，这是太平天国的兴亡与美国传教士的关系。

二、太平天国与美国外交官的关系

美国外交官最初与太平天国接触的是伯驾（Peter Parker），他的继任者马绍尔（Humphrey Marshall）批评他对于太平天国过于表同情②。然而那是革命开始不久的时期。受过陆军军官学校与法律训练的马绍尔，抵华不久，就想去南京考察。一八五三年四月二日，从上海出发，但因船大，又不识水道深浅，触石折回。四月七日太平军占领扬州后，恐继续进攻上海。马绍尔与法国共同发出宣言，谓美法外交代表有保护两国侨民在租界中之生命财产安全的责任，无论任何军队不许侵入租界。这种宣言，为上海武装中立之嚆矢③。当时英国以实力强大，不愿意与美法

---

① *North China Herald*, Feb. 8, 1862.

② House Doc. No. 123, pp. 198-199 and No. 121, Marshall to Marcy Shanghai, July 6, 1853.

③ Bayard Taylor, *A Visit to India, China … in* 1853 (New York, 1854) p. 312.

合作，故未加入共同宣言。本来美国国务卿马西（Marcy），训令马绍尔保持不干涉政策，可是马氏自始就认为太平天国不足与谋。一八五三年七月四日两江总督怡良在昆山盛宴美国特使马绍尔，因此满清政府给他一个良好的印象。所以他对国务卿提议，承认南京为事实上的政府，北京为合法的政府。但希望北京能给予美国通商与传教的自由，长江开放，让汽船航行，并让美国公使，驻在北京①。

后来马绍尔更进一步，于一八五三年七月十日，正式请求华盛顿放弃中立，采取干涉政策，使中国趋于和平安定之途，并趁此机会，扩大条约权利②。

但美国在上海的海军少将培虑（Commodore Matthew C. Perry），大不以马氏的政策为然。他以为太平领袖与美国的摩尔们教（Mormon）相仿佛，是为改良宗教与政治地位而奋斗的。美国当严守中立不干涉的态度。因此美国在华的海军领袖与外交官大闹意见，不合作，不拨给马氏任何一条船，作为外交官乘坐之用。培虑说，他需要所有的船只，为开放日本作后盾③。

在美国一般的舆论，如《纽约时报》等社论所表现的，也不以马绍尔的袒护满清政策为然，并且批评得相当利害④。不久美国的总统，便把马氏撤换了。马氏在华约一年，坚持表面中立而实际卫护清廷反对洪扬的政策，在太平天国革命期间，始终未变。马氏在华时，严禁美国传教士如罗孝全、丁韪良等至南京，违者可根据一八四八年的律文，凡美国公民帮助叛徒反抗与美国建交之合法政府，可处死刑⑤。

马氏继任者为麦莲（Robert M. McLane）公使。国务卿训令他承认太平天国为事实上的政府。抵华后，他要求亲去南京考察一次，然后执

---

① House Doc. No. 123，pp. 125，127，167-168.

② House Doc. No. 123，pp. 203-209.

③ Chester A. Bain，"Commodore Matthew C. Perry，Humphrey Marshall，and the Tai-ping Rebellion"，*Journal of Asian Studies* [J]. 1951，10（3）：258-270.

④ *New York Times*，June 10，13；July 2，11，12 and 19，1854 and *North American Review* [J]. 1854，79：185.

⑤ House Doc. No. 123，pp. 182-188.

行训令①。一八五四年五月廿二日，麦莲公使带领随员，其中多中国通的传教士，乘军舰由上海首途，廿七日抵南京。麦莲本人未与任何太平官佐见面，但其随员则自由考察，且让太平军及当地人士上船参观。随员所得的报告，有好有坏，而以后者居多。一般印象以太平官员多愚笨不识字，为中国最低级之人民（The dregs of the country）②。

考察的结果既如此，麦莲决定不执行国务卿的训令，而继续马绍尔的政策。他认为与太平朝办交涉谋利益，远此清朝皇帝为难。美国总统既给予他临机应变之权，据他在当地所见所闻，他的决策只能与清朝皇帝往来交涉③。这样的决定，美国对太平天国的态度，就再没有甚么改变了。在一八六〇年代，美国的势力远不及英国，又加国内有内乱，不能在国外有重大的举动。然而英国在中国用坚船利炮的威胁，美国国家及其公民，皆乐于合作，予太平天国一大打击。英国在中国所得到的利益，美国皆不战而获。所以 Owen Lattimore 说美国是 hitchhike 的帝国主义者④。

三、太平天国与美国“飞将”之关系

“飞将”者为 Filibuster 一部分译音，其意义为不务正业，非法冒险之徒，参加国外战争，志在谋财致富者。为客气典雅计，当称洋将，但实际说来，他们在中国与外国，皆无正式将军之资格与官衔。无以名之，称为飞将，微符名实。

美国飞将之一为华尔（Frederick T. Ward），生于美国麻省的沙澜（Salem）港。少年受过一点军事训练即东游西荡，仿佛日本的浪人。曾参加墨西哥与欧洲克里米亚等战役，也曾投效法军，又曾助其父经商，皆不安于位，不久於职。一八五九年，闻中国内乱，可以大发横财，甚至于在中国建立王国，过皇帝瘾。乃只身航行至上海，两手空空，莫名

---

① Sen. Ex. Doc., No. 901, 36th Cong., lst sess., 1853, p. 39; and Sen. Doc. No. 22, p. 19.

② Dispatches from U. S. Ministries to China, micro-film, Roll No. 10.

③ House Doc. No. 22. pp. 415-416.

④ Lattimore, *The Making of Modern China* (New York, 1944), p. 121.

一文，时年二十八岁。原为好奇心所驱使，想参加太平军。但抵上海后，适值英法联军进攻北京，太平军谋攻上海。上海巨商大贾，惶恐万分，求外援不成，愿以高价，练兵自卫。华尔适逢幸运，为富商杨坊所罗致，转荐于上海道台吴煦，令其组织二三百在沪滨的国际流氓军队，其中多菲律宾人。饮食偿俸，一概从优。不久进攻太平军占据的松江，先败后胜。杨坊与华尔约，每克一城，任其掳掠奸淫，并另发犒赏巨金，以资鼓励。种种优待条件，在华尔心中，当甚满意①。其他美国“飞将”（Filibusters）如富尔思德（Edward Forester）与白齐文（H. A. Burgevine）等，皆跃跃欲动，相率加入华尔集团，任华尔助手②。杨坊更以其女妻华尔，于是内助外助，酒色财宝，皆不虞缺乏。每遇战役，醉汹汹的飞将洋兵，挟其优良武器，一往直前，少有顾虑。得松江后，截断沪杭交通，予太平军一严重打击，上海的官绅，大喜过望，而上海英美的海陆军当局，仍轻视这一群乌合之众的冒充军人，且与美国一八四八年的禁令，显相违背。然以英美各国，屡称遵守中立政策，又怕太平军占领上海，不便公然马上撕毁假面具，武装干涉。得华尔一群醉鬼，横冲直撞，等于变相的、间接的武装干涉，所以英美海陆军当局，只有开一只眼，闭一只眼，表面上拘捕华尔等人，禁止他们的活动。实际上暗中接济军火，任其自由行动，而英美两国又互相猜忌③。

在此种国际情势之下，华尔慢慢地得到英人的谅解，扩大军队的组织，改用中国兵员为基础，与太平军激战于嘉定、青浦等处，屡建奇功。虽华尔、白齐文等屡次受伤，伤甫愈重上战场。清廷奖励战功，誉为常胜军。扩充至五六千人。至一八六二年，英国海陆军已与常胜军公开地在战场上合作，无复中立政策之谰言。但在一八六二年九月，华尔在浙江慈谿督战，受重伤。临死以前，立了遗嘱，谓吴煦杨坊欠他十五万两银子，除给其妻五万元外，余归其兄及妹，要美国公使蒲安臣（Anson

---

① Holger Cahill, *A Yankee Adventurer* (New York, 1930), pp. 1-60.

② D. C. Macgowan. Memoir of Generals Ward, Burgevine and the Ever-conquerring Legion [J]. *The Far East*, N. S. Vol. II (Jan. -June, 1877), pt. I, pp. 102-108; pt. II. pp. 119-124.

③ *North China Herald*, August 4, 1860 and Holger Cahill, *A Yankee Adventurer*, Note 4, pp. 145-154.

Burlingame）代为催讨。来时两手空空，两年多以后，居然有十五万两余款，可见致富之速。此欠款来源不明，遗嘱证据不足，中美交涉约四十年，迟至庚子赔款条约签订时，中国没有法子，付还华尔之妹二十万元，其中包括四十年来的利息[①]。

华尔的承继人大成问题，他的遗嘱，要以美国人富尔思德（Forester）接管常胜军。富氏曾为太平军的囚犯，以身体健康问题辞职。经过许多波澜曲折，才以美国第二位飞将白齐文继统常胜军。白为法国军人子，移民美国后，他实际上只受过高中教育与短期的军事训练，即在各处找事谋生。曾充国会送信传言的童仆，认识当时的国会议员蒲安臣（Anson Burlingame），又曾经过商，从过军，及其他的短期工作。总因无耐性，不能久安于位。最后乃想去中国，因为上海是西洋年青冒险者的天堂。白齐文勇敢善战，能与士兵同甘苦共患难。接统常胜军后，屡立奇功，大败太平国的慕王、听王及主将邓光明。数月以后，肃清上海附近的太平军势力。可是白齐文性质，不像华尔一样的能与他的中国上司发生友爱关系，也不容易与他的中西同事合作共处。他接管常胜军以后，有一位与他相识的卫三隈（S. Wells Williams）牧师说他不能胜任其职（incapable），所以有两个英国人荷兰（Holland）与科克（Cooke）被英国驻沪的军事长官派去帮助他[②]。其中实际的背景，很显然是英国人从中捣乱，要夺去常胜军的领导权，利用李鸿章去拆白齐文的台。李鸿章减少常胜军的人数，命令他去攻打南京，可是两三个月不发军饷，以致常胜军中有哗变的危险。缺少耐性的白齐文，从松江赶到杨坊家中，把四万两银子的军饷，命卫队强行搬去；在口角中，并殴打杨坊。李鸿章马上把白齐文撤职拿办，时为一八六三年一月四日。若没有英国人作后盾，他也许不会采取这样断然的手段。白齐文到北京上诉，他的老朋友美国公使蒲安臣替他疏通说话，甚至英国公使也作调人。于是恭亲王奕䜣谕李鸿章说："如白齐文到沪，实系悔过认罪，即由贵抚查照办理。"[③] 李鸿

---

① H. B. Morse, *The International Relations of the Chinese Empire* (Shanghai, 1917), Vol. II, pp. 82-83.

② *The Middle Kingdom* (Taipei, photo-reproduction of the 1883 revised edition), p. 609.

③ 金毓黻、田余庆等编：《太平天国史料》，上海：开明书店，1950年，第321页。

章公然不听总理衙门的训令，仍不准白齐文复职，因为他有驻沪英军提督廸佛立（Staveley）作后盾。廸佛立将军要他的亲戚戈登（Charles George Gordon）统带常胜军①。白齐文没有法子，投归太平军，终日醉昏昏的。派他去上海买军火，物色其他洋将。他用钱如水，而使命未圆满办到，所以太平领袖也对他失望。他异想天开，私与戈登约，愿与戈登合作，以一支军队打到北京，建立在他们手下的独立王国。他可以实现作皇帝的梦想。这种计划，他也对在太平天国中任事的英国人林利说过。戈登与林利皆不以他的计划为然。白齐文不顾一切，居然组织独立军，在苏州与清军作战；太平军与白部西人，多不满意，士无斗志，失败②。戈登劝白离开太平军，担保他的安全，从之。后来上海美使馆强迫白齐文返回美国，永远不许再返中国，他不得不听命，但只在日本横滨等城，鬼混一年多，并未回到美国去。太平天国失败后，潜回福建厦门等地，想加入太平残部。终于被执，在押返苏州途中，说是覆舟溺毙。这不在本文范围之内。

我们所当注意者是一般人目常胜军为击败太平天国的主力。迟到一九二七年一位在长沙耶鲁中学教书的教士赫罗（William James Hail）作了一本书，名叫《曾国藩与太平天国》，才把曾国藩在此役的重要提出来③。可是到现在仍有若干西洋学者，认为常胜军是打败太平天国的主要力量。若让李秀成占领上海，得到丰富的财源与军火的接济，后事不堪设想。然而组织常胜军，击败李秀成三次攻沪的战争，华尔与白齐文两人，确实有很大的贡献。戈登接统已经腐败不堪的常胜军，已不在上海附近作战，上海已安若磐石。所以从宗教、外交与军事三方面看，太平天国的兴亡与美国实有相当密切的关系。但是否言过其实，请读者多多指教。

---

① A. E. Hake, *The Story of Chinese Gordon* (London, 1891), pp. 55-56 and J. H. E. Wortham, *Chinese Gordon* (Boston, 1933), p. 72.

② Lin-Le, *Ti-Ping T'ien-Kwoh* (London, 1866), pp. 642-644.

③ William James Hail, *Tseng Kuo-fan and the Taiping Rebellion* (New Haven, 1927).

关于《捻军及其游击战，1851—1868》一书的新观点

译者按：本文英文原文发表在《香港大学五十周年纪念论文集》（第三卷），香港大学出版社出版，1968 年。原题目为《捻军游击战的新观点以及对满清王朝覆灭的影响》。为突出本文的重点与主要内容，由校者改为此标题。

作者邓嗣禹（1905—1988），国际著名史学家、美国知名汉学家，1942 年师从费正清获得哈佛大学博士学位，后来成为他的得力助手和长期的合作者。两人先后合作出版《中国对西方的反应》（作为第一作者）、《清代管理制度：三种研究》等多部著作，是与费正清合作时间最长、发表论著最多的留美学者。曾任芝加哥大学东方研究院院长、东亚图书馆馆长、印第安纳大学东亚研究中心主任等职，1972 年 2 月《中美联合公报》发表后，他是随同费正清访问中国的首批美国历史学家代表团成员之一。他还是最早将《中国近百年政治史》《颜氏家训》等中国学术、文学名著翻译、推介到西方的华人学者。

1961 年夏，应费正清邀请，邓嗣禹再次重返母校哈佛大学，作为访问学者，任教一年。他将所开设“现代中国问题”课程的教材，整理成《捻军及其游击战，1851—1868》一书，1961 年由法国 Mouton 出版社出版（1984 年再版，法文书原名 *Nian Armée et La Guérilla*），在国际学术界反响强烈。许多学者纷纷发表评论文章，除赞颂本书之外，也提出来一些相关问题。本文即是对书评作者提出的主要问题，如 1658 年黄河有没有改道，捻军与义和团是否为紧密相连的孪生组织等问题，发表论文进行回应，并做进一步阐述。

在《捻军及其游击战，1851—1868》（后文简称《捻军》）这部书出

版期间及之后，已见发表有若干文章、书籍，以及书评文章涉及该主题①。在这些出版物中，添加了许多关于捻军运动的军事细节，但是没有什么特别的新观点。这些资料告诉我们：后勤保障存在问题，特别是食品短缺，是使清军士兵经常被民兵组织杀害的重要原因②。1861 年到 1867 年期间，李鸿章用苛捐杂税来维护他装备精良的淮军③。而捻军的首领们，包括上级和下级军官，都是长期的鸦片吸食者④。在僧格林沁和曾国藩之间斗争的记述中，对苗沛霖个人的情况也有提及⑤。以上这些信息在《捻军》一书中已有简述，在此不再重复论述。

一位评论家对我这本书提出的两个问题，似乎有同样的答案。“在 1658 年黄河有没有改道?”有，没有在本书 40 页的正文，而是在 40 页的脚注；“捻军与义与团是紧密相连的姐妹组织吗?”是的，没有在本书 230

---

① 邓嗣禹所著的《捻军及其游击战，1851—1868》这本书，1961 年由 Mouton 有限公司在巴黎和拉艾（La Haye）两地区出版，共计 254 页。涉及捻军方面的书籍和文章，出现在中国大陆，却没有立即进入美国。这些没有被用于捻军研究的著作包括以下几种：（1）聂崇岐：《捻军资料别集》，上海人民出版社，1958 年，共计 348 页。它包含了 32 名著名捻军研究方面专家的文章。（2）江世荣：《捻军史料丛刊》，第二集收集了由李鸿章在 1866—1868 年写给他朋友没有出版的 312 封信，第三集收集了曾国藩和其他人在 19 世纪 60 年代的信函，这两个都由上海商业出版社分别在 1957 年、1958 年出版，一本 164 页，一本 317 页。（3）吴晗：《捻与捻军笔记》，《民间文学》1961 年第 26—37 集。（4）小野信尔：《捻子与捻军》，《东洋史研究》1961 年 6 月第 1 期。《捻军故事集》由凤阳特别行政区收集，汇编到了文学艺术著作当中，上海文艺出版社，1962 年，共计 288 页。这些故事和传说是通过实地调查收集而来的，是由与捻军们直接接触过的老年人告诉的，而后通过实地调查而复写出来。不用说，他们应该是谨慎使用的。吴晗相信这是非常有价值的资料，它代表这些老年人的观点。在《民间文学》第 25 集，可以看到吴晗的文章。一些关于捻军真实事实的短文详见《历史教学》1954 年第 1 期、第 10 期和 1956 年第 11 期。江地：《论太平天国与捻军起义的关系》，《历史研究》1963 年第 3 期。还有各类质量不等的其他著作。

② 江世荣：《捻军史料丛刊》第二集，第 83、141 页。

③ 江世荣：《捻军史料丛刊》第二集，第 49、147 页；第三集，第 236 页。

④ 江世荣：《捻军史料丛刊》第三集，第 1—37 页。

⑤ 江世荣：《捻军史料丛刊》第二集，第 149 页。

页的正文，而是在230页的脚注①。

第一个答案在本书第40页中可以找到。"黄河在1658年泛滥"，这并不意味着黄河是发生自然性的变化。在顺治和康熙皇帝统治期间，有许多河岸决堤，但他们命令下属机构使其在控制下有序进行。由脚注提供的信息显示：在20个世纪前，黄河曾发生了6次改道。正如赫伯特·查得利（Herbet Chatley）观察的那样，我认为"重要的特殊事件出现，导致黄河发生决堤现象，一般都发生在政权更迭时期"。大规模的起义事件也普遍发生在中央政府软弱和腐败之时。两者彼此对应得很好，这恰恰呼应了我的历史政治观。在有才干的康熙皇帝的统治之下，黄河决堤问题很快得到了治理。但是在1840—1850年期间，泛滥的黄河不可抑制，它最终发生变化是在1855年，这是因捻军加速行动，反对这个无为政府所产生的结果②。

第二个问题："捻军与义和团是紧密相连的姐妹组织吗?"首先，我并没有使用"紧密"这个词。我所说的"姐妹组织"，意指捻军与义和团的组成成员是相同种族、教义和职业，受制于相同的社会、政治和经济条件。在此之前，中国北方主要农民组织的军队是白莲教或其他一些前位的宗教组织。他们的名称众多，犹如万花筒一样经常变化。由于白莲教不是一个完整的组织，所以留下的仅有粗略和相互矛盾的史料。这方面的问题也被一些学者在参考文献中以脚注的方式提及。

我尽量客观地去观察事物正反两个方面，但我会表明我的倾向性。我不希望以这样的方式来陈述我的研究工作，犹如一个律师陈述案情，通过曲解事实或忽略所有反证来赢得诉讼官司。评论者或许要问具有法律效力的问题但有些问题不仅在当前，可能很多年以后都会有很大争议，因此很难达成明确的定论，除非是在非常武断的情况下才能得出

---

① 《美国东方学会会刊》1962年第82卷第4期。此书评作者为我尊敬的朋友玛丽·莱特教授，她友善地为我写的一个非常友好、特别而有价值的评论。因为我并不是一个坚持阅读期刊文献的人，所以直到几年后才读到这篇书评。《黄河作为一种要素伴随中国的发展》，《亚洲评论》1939年1月第7期。也可参见《清实录》，顺治，121：8；康熙，24：14和25：3；《清史》（太平，1961年）第二集，第1544—1545页和中丙《黄河通考》（太平，1960年），第30—32页。

② 详见《捻军故事集》序言，第三段，这是通过他们的实地调查后，发现的结论而汇编成的书。

结论。

在下面的内容中，我将以若干短文的形式，针对太平军和捻军这两支起义军队之间的关系和影响问题，阐述我的一些新观点。

捻军，是安徽西部和河南东部当地的称谓。意思是指一群或一帮人在一起的一些组织，从传统史学概念上，他们被称之为“捻匪”或者“捻盗”①。

捻军的源头，可追溯到1797年或者更早些。当时，在湖北、湖南和其他省份的白莲教的叛乱活动十分猖獗，被镇压之后，剩下的成员加入到其他组织。因此，捻军和白莲教相连是因为两者在地理上的邻近关系，都是按照时间序列去使用八卦旗等。捻军成立在太平天国之前的半个世纪，太平军失败后又存活了好几年②。

这导致捻军组织的发起成员，大多是暴徒、恶棍，甚至是强盗、土匪。在19世纪的上半叶，资深学者聂崇岐就曾分析，这种状况的产生是因为，自从乾隆皇帝统治时期（1736—1796）以来，社会上一直存在着耕地短缺，政治腐败现象，同时在淮河流域还存在广泛走私盐的社会背

① 吴晗通过查阅大量的史志资料，得出和我一样的结论。（1）他查出捻军运动是在1851—1868年期间，与1853—1868年这个时间段，有很大区别；（2）捻军原始的意思如文中所述，详见《捻军笔记》的第26—37页和《民间文史》的第50页。

② 详见邓嗣禹《捻军及其游击战，1851—1868》第46—55页。之后，江地发现了同样的结论。他的研究论文发表在《历史研究》1963年第3期。关于捻军与白莲教的关系，著名学者聂崇岐说：在清嘉庆早年（1796—1820），白莲教派在四个省包括四川、陕西、湖北、湖南举行起义。尽管最终失败，但一些教会成员还坚持将他们的教义不断扩大。在起义后，他们全部不得不被遣送回家。在战争期间，他们非常遵守纪律，回家后他们没有土地，意味着剥夺他们的生存权利，他们因而参加现存的社会组织——捻军。利用他们的斗争经验，他们反对征地，与被征地的农民们共同反对统治阶级（《捻军资料别集》第1—2页）。江地也非常喜欢研究白莲教和捻军关系，参见他的《初期捻军史论集》（生活·读书·新知三联书店，1959年，第7—13页。尽管小野信尔提出不同的意见，对于他来说，捻军是一个自发组织起来的亡命之徒，是不能参加白莲教起义的，也不能选择任何一个社会组织。尽管如此，他允许这个自发组成混乱的秘密组织的存在。掌控一个社会组织很难，这些亡命徒的活动变成了秘密活动，而这些亡命徒为了生存，必须以一种方法来保存现存的组织。在早期的捻军组织历史中，捻军和白莲教错综复杂的关系，类似于捻军和义和团的关系，关于白莲教还会有更多的研究。

景[①]。对这个状况还有一些更好的说明，是由西方当代观察家通过现场观察得出的结论：

第一方面，因为贫困的现象存在，而且没有公办的或私人的工厂，让许多人很难找到工作。农业劳动力也只能使用众多人口的一部分。许多穷困的人因缺乏技能，不具备正常谋生的方式，转而选择掠夺的手段。

第二方面，政府的无能也造成了“捻匪”的大量存在。这主要是由于当地官员的腐败或缺乏智慧。从富人角度来说，他们被挤压出部分财富给穷人，这对他们是不公平的，政府也不给予任何补贴。有钱的村民不会加入捻军的队伍之中。因此许多穷人被纳入捻军的旗帜下。

第三方面，村庄中的老年人和年轻勇士构成了捻军的大部分。因为他们无事可做，却喜欢过军人的生活。当他们的军饷被拖欠时，他们发现更有利可图的方式是投奔敌人。

第四方面，也是最后一方面，乞丐和懒惰的人跟随了捻军，后来相当大的一部分人成了掠夺者。

当官方结束了这些新闻报道时，在天津的英国领事说：“负责民事的官员对‘捻匪’所采取的第一项措施已经开始实施……，在他们眼前是土地和环境退化的恐惧。他们极力坚持，要在他们负责的地区消除这些‘捻匪’。”[②]

这群“捻匪”一听到太平军在1851年起义，他们则加速了行动。政府官员不能再保持沉默，1851年向中央政府上报16次，在接下来的一年，上报中央政府15次。在1853年2月，太平军到达安庆之后，在安徽和湖南北方的捻军受到了很大的鼓舞[③]，以往每一支捻军都由少数人组成，现在他们形成几百或几千人的大群体，他们敢于攻击城市，公开向政府军队开战，拦截政府的供给物资分配给穷人。观察太平军北伐通过安徽和湖南的过程，他们似乎学习到了很多，领导人如张乐行（1811—1863），是一个贩盐走私的大地主的女婿。以这种标准出现和建立起来的捻军，联合举行集会，携带武器进入叛军中共同反对政府。他们引起了极大关注，清朝政府派出高级官员镇压捻军、土匪。张乐行被盟内兄弟

---

① 参见聂崇歧的《捻军资料别集》第1页和小野的《捻军资料别集》第53—60页。

② 参见外交部文件：17/392，英国领事约翰于1863年3月4日在天津报道。参见邓嗣禹《中国起义与革命的政治解读》，《清华学报》1958年9月新系列Ⅰ(3)。

③ 《剿平捻匪方略》，1—4. 特刊，3：14和4：11.

推举为大汉盟主，这是种族和政治夙愿的象征①。

从 1854 年至 1857 年捻军和太平军逐渐成为盟友，使小股的太平军增加到 7500 人，因此成为北方远征军，所以必须利用当地资源进行扩张。这些捻军和其他流离失所的人都喜欢和这些成名的勇士合作，主要是掠夺他们想得到的东西。因为南京太平军政权纷争，石达开带领许多太平军士兵离开，使太平天国天朝政权变弱，洪秀全被迫与张乐行结盟，主要是洪秀全需要援军增强其实力，因为他的总部设在安徽省雉河（现安徽涡阳），受到了清朝政府军队的威胁，这两位领导人正式合作是在 1857 年。而非正式的接触，也许在太平天国北伐战争初期就已经开始了。

这种合作方式是每组士兵把他们的共同敌人当作目标，但是这并没有使他们更接近。虽然这些捻军正式采用了太平军的旗帜，接受太平军的荣誉，如封王或者诸侯等，但他们仍然保留独立的组织，保持他们的工作习惯，并维持他们的自由行动不受限制。他们不轻易接受洪秀全和李秀成的命令，当有紧急情况发生时，他们并肩战斗。除此之外，他们只是盟友，允许在其国内事务中相互不受干扰②。太平军与那些暴徒士兵，经常出现很难合作等问题，使李秀成时常抱怨。李秀成说："在太平天国中排在第一的，最坏的人是李昭寿，这个人是游离在太平天国和清朝政府之间一个叛徒；第二个最坏的人是张乐行。"③

捻军首领张乐行也有他的困难和抱怨。主要因为他的支持者刘饿狼（Hungry-wolf Liu）和其他反对联盟人的争斗，以及接踵而来引起的内部矛盾。他说，太平军没有把捻军视为同等条件下的人来对待，鄙视却

---

① 朱契：《捻军领袖张禹爵和张五孩》，《历史教学》1954 年第 10 期。这篇文章记录了张乐行的家庭背景和成员，根据张乐行檄文，题为大汉盟主，从课本中翻译出来的，根据张乐行的自述，题为《大汉永王》。以前的事在他自己看来比罪犯的忏悔更很可靠。这两稿反映了英国在 20 世纪 50 年代的成就，清楚记录了张乐行的政治野心。在这个宣言中，他说："从曾经的誓言开始，在这个庄严的仪式上，我们兄弟们同生共死，你们选举我当盟主，这是秘密社团的典礼活动。"这两件事情都曾在 1962 年 10 月 10 日《光明日报》上刊登。

② 《捻军》第一集，第 409 页和第二集，第 111 页。

③ 《李秀成亲供手迹》，第 20、53 页。李秀成写给张乐行和其他人的信，收集在《太平天国》第二卷，第 863 页。

利用他们的人，以达到满足其个人私利的目的。捻军的将领们不服从张乐行与太平军在淮南地区开战的命令，相反，他们坚持回到淮北老家[1]。

尽管不满意这个联盟，捻军和太平军还是联手多次打败了清朝政府。他们在胜利中得到了共同的保护，也为失败中牺牲的勇士们感到痛苦：捻军的宫得和孙葵心，太平军的英王陈玉成。最终，张乐行在雉河失败被俘，一年后被杀，南京被清军占领。

这些太平军和捻军的幸存者，他们的财产被清军残忍的破坏，无家可归。他们认为，如今比以前更加迫切需要联盟。中国北部太平军新一届领导人赖文光，一个受过教育的太平老兵，与捻军部队张乐行的侄子张宗禹联合抗清。赖文光，曾经是一位好作家，很有政治远见。他夸口说即使反复拒绝，他仍被捻军邀请作为指挥长[2]。

张宗禹是一个目不识丁、吸食鸦片成瘾的人。他因自身的体力和残忍出名，在本地的捻军可能有更多的追随者。无论如何，捻军和太平军联盟，将一些广西叛军重组和教化，对清政府的安全产生一种威胁。在1865年，清朝最好的将军僧格林沁，被盟军和其他叛乱分子杀害。清朝皇帝召集所有可用的国家军队，多次敦促曾国藩和其他将领恢复军事职责，尽快压制捻军的叛乱。

叛军再次出现时，已经失去了坚实的组织来迎接敌人的挑战。表面上，由于采用太平天国的历法、文具锻造、功名和荣誉，太平军和捻军新的联盟似乎已经加强。罗尔纲是太平天国的专家，他甚至称该联盟为太平天国的新军，忽略了在太平天国运动开始之前，捻军的50年的运动历史[3]。在现实中，罗尔纲的新想法没有被中国学者所接受。捻军还是被分开，东捻由赖文光领导，活跃在山东；西捻由张宗禹领导，在山西发展。太平军和捻军是可以区分的，不管是什么样的战略理由让他们分开行动，清朝政府还是攻击这个联盟。清朝政府经验丰富的领导人，如曾

---

① 详见《张乐行之死》，《光明日报》1962年10月10日；蒋廷《历史研究》1963年第3期。

② 详见《赖文光之死》，《太平天国》第2卷，第863页。

③ 罗尔纲：《太平天国新军运动战》，(上海，1955)，第1—7页。

国藩、李鸿章、左宗棠等全部参与镇压活动。此外，西方列强给予他们的援助，也加快了他们歼灭敌人的步伐。在完颜崇厚（1826—1893）的监督下，这支由英国训练的中国洋枪队驻扎在天津，那时完颜崇厚在天津、烟台北部港口等地当贸易总监，参加镇压战斗。三门炮舰，承载200人的英国和法国的海军陆战队，非常活跃。这些外国势力协助加强天津和烟台的防御工事，防止太平军和捻军的到来①。因此，东捻在1868年1月被镇压；在这一年的8月，西捻却遍布在中国北部和中部的8个省份②。

捻军和太平军联盟结束，东捻仍然给西方人留下一个很好的印象。据美国领事馆报道，来自桑德伍德领事（Edwin T. Sandfood）急件摘要内容为："六月十二日（1867年）：大量的捻军进入该省……这个领事跟随叛军，在他的后方大约30里处。当叛军停止，他也停止；当叛军行进，他也行进。他们（叛军）并没有被杀死或伤害他的意图，除非他们遇到了妨碍行动的措施。"

另一份来自美国领事馆的急件说道："美国军队提供的军事援助，加大了美国参与的筹码。""在必要的情况下，一些海军陆战队会在烟台登陆。领事推测，这些叛乱分子应该是正规的太平军，……他们有正规的太平公章。一个叛军首领的随从被捕。据他陈述，叛军在严格的纪律管理下进行，……在行进中他们即不烧毁村庄，也不毁坏庄稼。在进入一个村庄时，粮食以按照人头定量供应。"

该领事强调："叛军只有在严格的纪律管理下，才允许全部人员待在这里。"由叛军首领赖文光发行的一个公告，写在黄纸上，加盖太平公章及日期，太平天国，第十一年，第三月：

> 满族鞑靼人靠武力占有中国领土……太平天王委托天堂已任命赖文光发动战争来消灭鞑靼人。他呼吁全部汉族人加入进来，这样做的结果是给这片土地带来和平和祝福。③

---

① 陈庆华：《从中国档案中看英法侵略者军事干涉太平军和捻军》，《光明日报》1955年9月。

② 参见邓嗣禹：《捻军及其游击战，1851—1868》，第152—169页；江地：《论太平天国和捻军关系》，《历史研究》1963年第3期。

③ 1867年，从烟台发给美国领事馆的急件，第30号，6月6日；第33号，8月24日。

那个急件来自自负的桑德伍德领事，他所关注的问题，是在南北战争时期，捻军运动对美国商业利益的阻碍，有一定的道理。而在赖文光行刑前的书面自述中，显示了他的英雄气节和爱国精神。我们可以说，赖文光能给太平军带来荣耀，是由于这场运动有完美的结局。

太平天国对清朝政府的影响已是众所周知。叛军改变了中国的政治形势，削弱了中央政府权威性，它似乎遵循中国战时历史主义的离心拉模式。而向心力推动向和平统一方向发展。关于太平天国的附带影响，也许最重要的是对军事和政治力量转移的控制，从中央到地方政府——从皇帝手中到那些总督和巡抚职位。太平天国运动需要一个现代化的军事系统：一半私人的民兵部队更换八旗和建立以绿营为标准的军队。在民兵组织的成立之前，士兵们一直处于中央政府的直接控制之下。该总督和巡抚主要处理民政。但在太平天国的民兵将领招募男性和支持他们从当地筹集的资金。因此士兵属于将军，而非国家。总督和巡抚作为省级领导不是只有处理民政的权力，他们有更高的处理军事和金融的权力，他们可以直接使用地方税收而不上交朝廷。民兵组织的增强，打破了作为巨头的军事和金融力量的集中管理体制，破坏了中央和地方政府之间的权力平衡。地方政府的离心行为已经威胁着国家民族和清朝政权。

在太平天国的历史中，关于权力转移的问题是由罗尔纲首先发现的。罗说：湘军取代了中国地方军队。湘军将领自行招聘和支持他们军队士兵的行为，取代了士兵在军部控制下的正常管理方式，增加了军队人员和新的税收，包括像地方运输税和贸易税从千分之一个点算起，打破了传统上中央政府军事和金融权力的集中。这种军事制度的改变，士兵们只能忠于他们的直接上司，因为士兵想要得到他们的口粮。军事和国家之间原有关系的错乱，致使国家基础被动摇①。弗兰兹·迈克尔（Franz Michael）就“十九世纪中国地域”清朝总督和巡抚的军事和经济力量增长等问题，发表过一篇清晰和令人留下深刻印象的陈述②。

但是，我们的论点是，没有捻军起义和对太平军的影响，太平天国

---

① 罗尔纲：《湘军新志》第2册，经济出版社，1938年，第193—198、222—232页。

② 这篇文章，后被用于斯佩克特·斯坦利出版的《李鸿章和准军》一书的引言。

运动就不能继续。很大程度上，清朝统治者几乎不可能重新获得他的政治、军事和金融权力。

许多的尝试都向这个目标努力。1864年7月19日，南京政府重新恢复后，曾国藩解散了2.5万人的湘军（8月14日）[①]。在之后的几个月里，曾国藩又将他的12万人士兵中大部分遣送回家。他们之中大多数人不具备战斗能力或战斗能力退化，不能再让他们参加战斗。此外，在1864年中，太平天国的部队是分散的。而且事实上，直到1866年为止，他们并没有被消灭在中国南部。曾国藩仍然不得不让自己的军队再次去打仗，主要是因为来自朝廷的政治压力。御史陈廷敬代表皇上，命令曾国藩的军队转移，填补国家军队编制的空缺。这个行动会将军队转移和重组，接而不断有越来越多个人的军队，被编入这支传统的民族军队。朝廷向曾国藩请教，他礼貌地拒绝了，说他的人来自农民，他应该看到他们回到自己的田地[②]。因此，他宁愿解散、重组这支队伍。

很快，另一御史贾铎给曾国藩更大的压力，在1864年8月16日，他反映曾国藩带走太平天国在南京积累的所有金银物品，连同其他的财物一起带回到他湖南的老家。朝廷命令曾国藩列出所有从太平军得来的珠宝，并把它们收入在北京的国库。贾御史说，曾国藩应该严厉警告他的部下，包括他的弟弟。曾国藩提交了一份奏章，乞求解聘他在夺取南京时就任的关键位置[③]。这可能主要是因为，他要重新回老家，恢复其身体健康。这份奏章的内容是由曾国藩谨慎措辞和修改的。他的弟弟非常担忧御史批评他，曾国藩只好安慰他很长时间[④]。10月30日，曾国藩和他大部分退伍的湘军士兵刚离开南京，就在安徽和湖北的边境撞上捻军。他们日夜奋战超过40多天，在这之前他们本可以打开去湖南的路[⑤]。

曾国藩很快命令修复南京旗人居住的军营，他要求先检查建筑物，

---

① 慈禧太后和恭亲王奕䜣一直用曾国藩和其他将士，换掉了无能的满族人，打败太平天国军队。在镇压敌人之后，曾国藩不得不放弃他的军事力量。

② 王闿运：《湘军志》，5：23（1909印刷）和王定安：《求阙齐弟子记》，9：26。

③ 详见《清实录》，109：6b。

④ 详见曾国藩：《曾国藩日记》第五卷，1864年9月26日、10月7日。

⑤ 详见《求阙齐弟子记》，10：1。

然后让1600名学生接受审查后，再去接受任务。除此之外，他试图重新安排苏浙边界线。曾国藩管辖范围是有限的，只在长江以南地区。所有这些压力，迫使曾国藩在1864年解散他的湘军，并上报说，他的健康已经恶化，暗示他准备退休①。因此，在1865年1月，曾国藩打破了他的湘军组织结构，朝廷赞扬他解散湘军是高尚的行为，是为了给国家省钱②。然而，曾国藩却支持创建淮军③。

不管发生了什么，另一个御史朱镇则认为，曾国藩做的是不够的。他找到了两个关键问题，解散湘军和取消集中管理，中央政府可能会再次拥有全面的军事和经济权力④。朱御史批评南京方面对军队的管理无序、混乱，政府供养他们是浪费金钱。许多人以集中控制机构为借口，来阻止正常贸易活动的开展。因此，这个集中管理的方式应该取消⑤。

清廷的管理者很快发现，原有的这部分税收将不能上交。原因是士兵要求必须在收到拖欠他们的工资，并发放给他们回家的旅费，他们才答应离开军队。否则，他们要么叛变，要么他们就游荡于难民营之中。由于中央政府财政不能满足这样一个基本要求，即使曾国藩和个别人要求停止税收，税收也不得不继续进行，直到很多年之后才废除⑥。

尽管已经对曾国藩了开展了全面、大量的公开审查工作，清朝统治者和他们的同伙仍不满意。1840年，清朝记者蔡寿棋和秦石则充当了政府发言人。他们根据御史朱镇对曾国藩的批评，对相关问题进行了进一步的研究，如国家主权的恢复和对野心勃勃省级官员的权力制约。他们特别指出说，关于洪秀全儿子在江西被捕后死亡事件，曾国藩所提交的是虚假报告；同时也指出他弟弟曾国荃的贪婪行为，将指挥官满族将军（多隆阿）的军事贡献，说成是他自己的功劳。他们还指出了其他方面的一些弊端，包括由省级政府学术权威部门高官朋友的建议和夸张的报告文件。蔡寿祺还批评恭亲王在朝廷上保护曾国藩，这样多的指责和控告

---

① 《求阙齐弟子记》，9：28—29。

② 详见《清实录》，126：18b；《求阙齐弟子记》，10：3。

③ 详见他的信件、书札。

④ 楚勇或者楚的勇士队员，包括湖南、湖北、江西民兵战士和部分四川勇士，比湖南勇士范围更广。

⑤ 详见《清实录》，132：24。

⑥ 详见《清实录》，111：40b—45和113：22b。

强烈表明，在太平军失败后，清朝统治者为恢复他们的权力进行了许多努力①。

很快，曾国藩无可奈何地解散他领导12万人的湘军（根据罗尔纲提供的材料），除了这些，他的军事指挥权力也因此被革除②。虽然他保留了在南京两江总督的位置，但是他的弟弟曾国荃，于1864年从浙江省总督位置上退休。由于疾病蔓延，有远见的太子匡在1865年4月下台，有人指控他的亲戚偏袒在北京的曾国藩和李鸿章党羽③。9月，另一位将军刘蓉，也被革除他作为陕西总督的职位④。由于湘军的首领们一个接一个地被革除，曾经强大的湘军迅速消失。

清朝统治者的计划是用满族将领去镇压反叛。与此同时，几千人的淮军也被解散。清朝政府并没有命令淮军与捻军交战，直到一年以后，太平军已经被镇压了。在过去的5年里，僧格林沁接受清朝政府委托，担负起镇压捻军的重任。后来僧格林沁成功了，清朝政府不得不命令淮军到北方去征战。而僧格林沁是如此的骄傲和傲慢，他甚至在湖北鞭打两省首席指挥官⑤。出于合理的推断，清朝将强迫李鸿章解散安徽淮军，因为曾国藩解散了他的湘军。例如在1865年1月4日，曾国藩推荐淮军著名将领刘铭传，去镇压河南捻军的起义部队。但是他的建议被朝廷驳回，因为僧格林沁在征战河北捻军中获胜，不需要刘铭传去支援⑥。

1865年，由于僧格林沁不幸被捻军反叛者杀害，当时没有其他满族或蒙古族将军愿意顶替僧格林沁的职位，接受这项严峻的任务。朝廷不得不命令曾国藩直接与在直隶、山东、河南的捻军作战⑦。曾国藩曾拒绝这个命令，因为他只有3000名士兵驻防在南京。朝廷强烈敦促曾国藩接受这项新的任务，命令淮军将领刘铭传去河南征战捻军。因为没有别的

---

① 详见《清实录》，136：18和137：12。

② 罗尔纲：《湘军兵志》，第207页。

③ 详见《清实录》，132：23b；吴相湘：《晚清宫廷实记》，北京：中国大百科全书出版社，2009年，第99—101页。

④ 关于刘蓉，参见《湘军兵志》，49：47b—52。

⑤ 详见《曾国藩书札》，24：26。

⑥ 详见《清实录》，126：18b—19。

⑦ 在僧格林沁死后，曾国藩和其他将军们每天都要被督促回宫，这里有大议员的记录，李棠阶（1798—1865）以及《李文清公日记》。

军队能够解决这场叛乱。曾国藩最终接受这个任命，与江苏总督李鸿章一起到前线去，李鸿章代理南京总督，曾国藩代理湖北总督①。

经过短期的认可之后，诡计多端的清朝政府试图限制曾国藩和李鸿章联手上前线，他们在南京和其他地方的政治和经济职位，被传递给其他人。1865年10月25日，朝廷宣布任命法令，李鸿章受命指挥湖南军队，他代理南京总督职位由吴堂担任。两个其他的人被任命为江苏总督和直隶粮食运输总督②。根据这一命令，这些重要的职位都从曾国藩和李鸿章手中剥夺。

19世纪60年代，软弱的清朝政府在制定政策和职位上做出最后任命时③，他们不得不和省级高级政府官员商量。在宣布吴堂的职位，以及其他来自曾国藩和李鸿章之手的官位计划时，曾李两人最后都很吃惊，表示强烈反对。最后，软弱的清朝政府在尝试核查曾国藩和李鸿章的军事力量上失败，省级政府的权力高于中央政府，因为捻军力量太强大，所以这种平衡不能倒转。两个家族的力量联手合作起来，朝廷也需要曾国藩和李鸿章支持。然而朝廷在军事和政治任职方面不顾他们的反对，最后付出了昂贵的代价④。

同时，曾国藩慢慢地动员他的力量上前线。虽然朝廷需要他担任总司令之职，但是这场战争很糟糕。通过商讨，他责令控制直隶、山东和湖南三个省，其中绿营的所有的民事和军事官员都在他的管辖内，朝廷禁止他推卸自己的责任。然而在7月14日，他将两江总督的官印交给李鸿章。因此，曾国藩开始重新认识他的权力，这种影响从长江蔓延到黄河⑤。难怪当时谣传曾国藩认为两江总督这个官职太小。

李鸿章将他的军事力量覆盖了天津和北京地域。1865年7月7日，他请愿将淮军的10个营在潘鼎新领导下配备了重型火炮和其他西方武器；这些现代化的军队将从上海运到天津，用来抵御捻军对北京威胁⑥。

---

① 详见《曾文成的西捻军》，10：6-5。

② 吴相湘：《晚清宫廷实纪》，新北：正中书局，1952年，第181—184页。

③ 详见《现代历史期刊》XXII（2）（1950年6月）。

④ 关于“曾和李的家族”的一些说法，或者关于北京以外的政治和军事力量使用情况，在信件中可以看到。详见《曾国潘书札》，24：5-18和26：5-6。

⑤ 详见《捻谱》，10：9b—11。

⑥ 详见《平捻方略》，235：3b-4。

清朝政府和曾、李在区域力量方面的制衡，对捻军的活动是有利的。捻军试图利用两者之间的矛盾，来维持他们现有的实力。捻军当时被认为是中国人心目中最可怕的敌人，清朝政府临时提供给曾国藩和李鸿章的高位，促使他们努力地对捻军作战。但是，他们没有被任命为北方的三省总督，清朝政府不希望地区领导人掌握的权力太多，他们害怕地方权力超过中央权威。御史也经常对曾国藩吹毛求疵，好像是打心理战，使他感到紧张①。因此，曾国藩被迫辞去指挥官职务去抗击捻军，他让李鸿章接替他的位置，他回到南京时继续担任他以前的两江总督。由于曾国藩的影响，李鸿章的淮军不断扩大，当时他的总部在南京。此外，曾国藩和左宗棠据说公开争执过，而他们却暗中合作，为了迷惑满族统治者，试图实施分而治之之策。不管这种说法是真的还是假的，左宗棠也被传唤参加在北方捻军进攻和委托镇压西北回民起义，进一步加强了湖南人的军事和政治力量②。

在围剿捻军行动即将结束时，朝廷尝试削弱1/3的省级武装实力，用满族人来代替汉族高级指挥官。直隶总督刘长佑（1818—1887），湖南人，由于未能遏制该省盐犯走私活动，1867年11月被撤职。刘长佑的关键位置由于靠近北京，所以给一个多年来曾在武昌任总督的满族官僚官文（1798—1871）③。1868年2月，清王朝任命康亲王（Prince Kung）为总指挥，聚集全国所有的力量来围剿捻军，但他在这个职位上仅有很短时期。在一个月最大限度地清理了捻军之后，朝廷撤销了左宗棠和李鸿章的军衔。在同一天（6月14日），奉天满族的军事总督涂行太歼灭了捻军④。这个新的任命是在全部战役胜利前几个星期前下来的，但涂行太并不是左宗棠和李鸿章的竞争对手，最后的胜利是由所有中国将领和士兵们共同赢得的⑤。

这些内部的行为，不应该被解释为清廷与汉族军队领导人之间的种

① 详见曾国藩当月日记及书札，25：32；《晚清宫廷实纪》，第183—185页。

② 详见李少陵：《左宗棠》，高雄：高雄大业书店，1955年，第24—25页。

③ 在恒慕义主编的《清代名人传略》第515—516页中，可以看到刘长佑的传记。

④ 《清实录》224，第15—16、21—22、25—26、232页。

⑤ 《捻军》第1册，第74—75页；《清实录》232，第25—27页。

族战争，而是中央政府的权力集中发展的必然趋势。中国皇帝在此之前也有凝聚力的驱使动因。由于首都附近有捻军的威胁，加上蒙古族和满族将领精力有限，这些因素都需要有汉族士兵们的帮助。作为战争取胜的成果，他们不仅保持了在1864年前的实力，而且还将这种实力延伸到中国北方。

清朝政府原来希望在围剿太平军起义之后，能够恢复在地方的势力和威信，但是捻军运动使清朝政府的这种希望归于破灭。这就不能避免地要给汉族地方将军们在权力方面的高额回报，因此让他们将省级政府的权力更深地介入进去。

通过以上分析，我们已经清楚地了解到，捻军和太平军是一个类似的兄弟武装部队。而捻军起义价值已经超过太平军起义。在捻军的配合下，太平天国斗争重要成果是发展的和不断壮大的。如果没有捻军，在1864年或1865年间，曾国藩和李鸿章的地区实力将会很快被清朝政府削弱。因此，捻军起义挫败了清朝政府企图恢复它在太平起义后失去权力的幻想，并可以帮助清朝中央政府向地方政府的政治和军事力量的传输。

满族的势力，是一种不能被遗忘，但已经开始衰退的势力，这种衰退的现象，不是在太平军和捻军起义期间，而是在鸦片战争之后就已发生。满族，一个少数民族，曾经统治中国的时间有200多年。由于这些年来相对和平和稳定的环境，导致他们开始退化。由于只是简单的生活，满族的精英人才和教育已经流失或被忽视。所以从1840年以来，他们中有能力的男人几乎已经消失。

在1839年至1842年的鸦片战争期间，英国揭示清朝政权像“纸老虎”一样。满族勇士反复证明他们自己无法对抗太平天国和捻军的叛乱。为了掩盖他们的弱点和力量不足，在1840年之后，满族统治者任命很多汉族人为高级官员。也就是在1842年后，由政府检查和总督说明情况后，汉族人担任省级官员的数量远远超过了满族人。从1662年到1795年，满族人任总督的总人数是507人，汉族人为305人；满族人与汉族人总督数之比为5∶3。在嘉庆时期（1796—1820），满族督抚将军仍然比汉族督抚将军多四分之一。在1851年和1911年之间，满族统治者一般总数为 155，而汉族人为 480；满族与汉族的总督人数比率为 1∶3[①]。

腐朽的清朝中央政府由于被两大轴心军队——太平军和捻军成功地削弱，因此他们允许权力从集中到分散的改变。这种新的现象是以省级官位被军人夺取为标志。在和平时期，军事人员和政治人员只能担任相应低级军事和政治职位。政府的高级职位通常是授予那些通过科举考试，已经获得最高学位（进士）的人。在太平军和捻军反叛起义期间，许多指挥官可以不通过文化考试，仅凭所取得的军事业绩，就能成为著名将领。例如，左宗棠通过考试，仅凭举人身份，被任命为陕甘总督。而他的下属，拥有三级进士身份，却担任山西副总督。李鸿章和申宝臣两人得到了破格提升，从淘汰晋升到省级官员；刘荣从执业医生到地方官员。同样，曾国藩和李瀚章（李鸿章的哥哥）、刘坤一等也是这样，被提到的还仅是少数人。他们甚至都没有第二级（举人）身份，就获得了高级政府职位[②]。

太平天国与捻军叛乱，迫使政府出售规模迄今都意想不到的官位。其结果导致地方官员的能力退化。如此多的岗位依靠贡献、军功保举的方式推荐和被购买。在 1840 年，在 2000 名地方官员中，66％的人是通过科举考试合格进入政府中的，而在 1871 年，只有 44％的人是正规学位的持有者[③]。政府减少了对官场文人的重视，也动摇了他们的社会地位和安全感。根据王夫之（1619—1692）观点[④]，官职买卖是一个王朝覆灭的标

① 通过一些省级职位的初步调查，在此基础上设立一个清史表。满族人境包括满族和投降的中国人，他们成为盟友。从他们名字上看，很难确定他们是中国人不是满族人，他们没有传记。我们确定了下面图表：

关键年份省长图表

年	满族人	汉人	年	满族人	汉人
1840	7	8	1864	0	15
1841	5	10	1865	0	15
1842	3	12	1866	0	15
1843	1	14	1867	0	14
1844	2	13	1868	1	14
1845	2	13	1869	1	14

② 参见陈登元：《近世文武争衡考》，《人文》1937 年 2 月 VIII（1）。

③ 参见何炳棣《帝制中国成功的阶梯》一书的统计图表，第 48—49 页。

④ 参见《读通鉴论》，8：7b-8，《船山全集》（复制品），艺文书局，1965 年。

志。但是，这并不意味着立即覆灭。甚至在1868年以后，清朝仍拥有一定数量的军队，以及政治和财政权力，由于慈禧太后的低级管理方式，造成了腐败蔓延。

这种结果，导致在19世纪中期的中国，军人的地位变得非常强大。他们征收和支持他们自己士兵，训练他们的成员和推荐他们到高位就职，培养忠诚和具有团队精神的下级。在国家内部，他们建立了独立的军队，干涉地方行政。他们对重大国家政策方面发表意见，经常排除干扰与外国直接交易，而不是去通过中央政府适当的渠道①。在国家的财政、军事、政府管理方面，这些超越文官的军人霸权行为，是众所周知导致中国在20世纪军阀混战的直接原因。在早期的军阀混战中，最伟大的人物是袁世凯，袁甲三（1806—1863）、袁保恒（1826—1878）的侄子。1880年，袁世凯开始在吴长庆的部队从军。吴在淮军任职时，曾指挥部队镇压过捻军。

捻军起义不仅使现代中国产生了军阀，而且间接地对反种族战争起到很大帮助。地方代言人反复指出，人民对清朝政府的仇恨，已经被广泛蔓延。甚至使用头巾的土匪，也要把前面的头发露出，也显示“反满”情绪。曾国藩组织湘军作战，据说不是为了清朝政府打仗，主要是为了维护儒家伦理，来反对洪秀全的伪基督教。当曾国藩和李鸿章联合起来，为清朝政府抗击捻军起义的同时，这些绅士领导也确定了自己的势力。如果没有围剿捻军起义，曾国藩没有别理由，召回几个退休将领和现役军官，去构建他的军事力量。从拯救清朝政权生命，到扩大他对中国政治和军事力量的掌控，曾国藩的双重目标由此完成②。

捻军运动对于清朝政府的覆灭做出了一定贡献，许多被解散的湘军

---

① 在1861—1890年间，中国政府任命的34名官员中，有20个已上升为重要的军事指挥官，大约四分之一的官员没有进士和举人学位。参见弗兰兹·迈克尔：《太平天国时期中国的军事组织和权力结构》，《太平洋历史重现》1949年第8卷第4期；迈克尔：《十九世纪的中国的国家与社会》，《世界政治》1955年第7卷第4期。

② 在曾国藩日记里，记录了战争的混乱局面。他说：“无论他们是政府士兵、民兵、太平军、捻军，他们总是首先叛乱，然后归顺政府。这些政府官员想利用捻军去歼灭另一方。这场战争很难说谁是对的，谁是错的，谁是忠诚的，谁是反判。”曾国藩的这种理论记载在《晚清宫廷实纪》第165—168、189页。

士兵成为秘密社团，如高老会、哥老会的成员。他们之中的许多人继续在左宗棠的部队里服役，其余的人也参加秘密社团的其他兄弟组织。我们都清楚，秘密社团成员对于1911年辛亥革命的贡献，是不容置疑的事实。孙中山先生作为秘密社团的领导，对太平天国运动也曾表示敬佩。他认为洪秀全的贡献排名第二，对他的革命活动也曾产生了很大影响[①]。

捻军运动与1900年的义和团运动也有着一些联系，这是由江地得出的研究结论，让我们共享这个历史学家的观点。许多捻军残余部队逃过了1868年这场大屠杀[②]，恢复了他们原有秘密组织。他们的这些活动由江地记载到1900年[③]。大刀会、长枪会和其他一些民兵组织（团练）等，尤其还有类似于非正统的宗教组织，如白莲教教派，他们在同一政治、经济、社会和宗教背景影响下结成联盟，许多以前的民兵组织成员，他们经常在一起练习拳击和其他军事技能。在1868年他们被解雇后也变成了叛军。因而，义和团和捻军来自相同的源头，在同一块土地上生活。按照泰孙秦（Tai hsuan-chih）所著的《义和团起义研究》一书中指出的那样，在咸丰（1851—1861）时期，山东和湖南为了防御土匪，民兵组织发挥了维护正义与和谐社会的作用，而捻军也成为其中一支重要的力量[④]。因而，义和团再次成为与捻军相连的组织。

在义和团暴动期间，总督刘坤一（1830—1902）和张之洞（1837—1909）一直保持着相对独立的策略，并在中国东南部形成了互相保护的平台。这就意味着，扬子江中下游区域将不遵照北京政府抗击外国势力的指令——他们公开蔑视慈禧太后的命令。这种不寻常的行动，只有在太平军、捻军起义之后，地区领导人有了足够的实力，才能这样去做。

---

① 详见邓嗣禹：《孙中山先生和中国的秘密社会》，《亚洲研究》1963年。

② 江地：《初期捻军史论集》，第237—238页；《论太平天国和捻军关系》，《历史研究》1963年第3期。

③ 管晏等人编：《山东军与纪略》，传14—16，投降组，传22，团匪，民兵土匪武装以及《山东清代史资料》，济南：山东人民出版社，1957年，第219—248、269—280页。

④ 泰孙秦：《义和团起义研究》，台北：学生书局，1963年，第5—17、73—89页。这些优秀的研究课题，需要有更多的证据来支持所提出的新观点。

义和团暴动之后，清王朝真正崩溃，但是直到1912年[①]，其法定意义才被人们所承认。

清王朝灭亡的原因当然还有其他方面的因素，包括外国势力的入侵。但捻军起义的贡献一直被人们所忽略，在这篇论文中，我还是尝试用清晰、合适的语言来阐述捻军运动。

（译者彭丽：黑龙江省农垦总局，关工委副秘书长；
校者彭靖：北京大学EMBA总裁班特聘教授、传记作家、文史学者；
译校者均为原作者邓嗣禹的后人）

① 参见《清代通史》第3卷，1963年，第316—327页。波多野善大：《太平国革命和辛亥革命》，《历史教育》1954年第2卷第12期。

现代中国问题

家庭在中国法制中的作用

一

中国屡经盛衰泛沉——国内的叛乱和革命，外国的入侵和征服——有时没有中央政府，有时则有两三个自封的国家政府并存。但中国没有中断自己的历史，而是作为最古老的民族，走过于漫长的历史道路，幸存下来了。究竟是什么决定着中国的稳定性呢？

中国之所以历久不衰，一个最重要的因素是它的法律和政治制度。一位日本学者把世界上的法律划分为七大体系：中华法系，印度法系，穆斯林法系，罗马法系、德国法系，斯拉夫法系和英国法系①。在这些法系之中，中华法系被称为最早和影响最大的法系之一②。而法律自然要由政府来实施，赖德烈（K. S. Latourette）认为，中国政府已成为“世界所有民族中最成功的政府，它控制的地域和人口，经历的时间和在促进帝国统一与维持社会秩序及确保公正上所创下的记录，都表明中国的政府组织……是无与伦比的”③。

然而，中国的统治者同占人口百分之九十的农村人口几乎没有什么联系。那么他们又是怎样维持安定和秩序的呢？

其秘密主要在于根深蒂固的宗法统治，它补充或代替了政府统治④。本文试图论述在法律上得以认可的支配本宗族成员的中国宗法统治的重要性，包括对与西方国家类似的情况作些比较研究。并简要回顾一下中国家庭制度从古到今的历史进程和对未来的中国家庭制度的命运作些预测。在中国，社会秩序的最好时期好像是最不需要管理的时期，在农村

---

① *Congress of Arts and Sciences*，波士顿，1906年第2卷，第378页。

② 程树德：《九朝律考》，1966年，第1页；徐道邻：《中国法制史论略》，1967年，第3—4页。

③ *The Chinese：Their History and Culture*，纽约，1964年，第450页。

④ 参考《社会学刊》1956年第3期，第179—189页。

尤其如此。为了解开这个似乎很神秘的中国之谜，即便在资料比较丰富的笔记中，也不可能深入研究细节问题，而只能采取高度概括和精选的方式。

定义和演变

限于篇幅，这里就不根据考古学和人类学资料对新石器时代和传说时代的家庭寻根究底了。我们也不可能详述图腾制度。中国人的姓氏可能就起源于图腾制。有共同图腾的氏族，后代实行母权制、母系制、从妇居。古希腊爱琴母系社会同古代中国的母系社会非常相似。

有文字可考的中国历史始于公元前 16 世纪。这种文字刻在甲骨上。在甲骨文中，“家”这个字像是一头猪或一只狗位于屋顶下的图形①，使人联想到商朝（前 1526 年—前 1126 年）许多人仍生活在从游猎到农业的过渡时期②。在公元一世纪的中国词源学字典《说文》里，“家”这个字像一头猪或一只狗被关在屋里③。可以想象到它可能表示一农户在屋内或屋旁饲养了一头猪，为家庭提供食肉。

在农业社会，家庭由配偶及其子女组成，并为安全起见在屋内养猪，这可称为小型家庭或婚姻家庭；当家庭发展到由父母、未婚子女、一个已婚儿子及其配偶和子女组成时，称之为中型或扩大型的婚姻家庭；家庭若由父母、未婚子女、两个或两个以上已婚儿子及其配偶和子女组成，有时四代或五代住在一起，就是一个大型的直系家庭了。

“族”，相当于亲族或氏族，包括许多同姓家庭，他们住在同一村子或邻近的村子。

中国的家庭建立在父系、从父姓、家长制和从夫居的基础。宗法制经过精心设计，以便能保持家庭的这些特征。宗法，字面上的意思就是“祖宗之法”，有的译为“中国亲族制”“祖先直系制”或氏族组织法④。宗法始于商朝，但在公元前 1100 年至公元前 400 年中国封建制盛行时才发展完备。周王室崇拜其祖先图腾，并将家庭和贵族世袭融为一体。只

---

① 董作宾：《殷墟文字甲编》，第 2307、2779 页；《乙编》，第 1047、4293 页。

② 郭沫若：《中国古代社会研究》，1960 年，第 231—235 页。

③ 《中文大字典》第 3 卷（1962—1968），第 69 页。

④ Chinese Culture，第 1 卷第 3 期，第 15—34 页。

有长子才能继承王位，不像在此之前次子也可继承王位。其他王子也可以通过长子继承制成为封建诸侯。诸侯子弟成为高级官员（大夫）、军官（士），或拥有大量土地的地主。这种父系继承制加上族外婚千百年来一直不断地加强和延续了中国的家庭。

在世袭制鼎盛时期，到处都是王室家庭成员及其血亲组织的分支，使国家成了扩大的家庭，家庭则是国家的缩影，于是“国家”就成了个复合词。正如孟子所说“天下之本在国，国之本在家”[①]。

家长拥有很大的权力，享受很多特权，除了管理财产，指导各种活动外，还能杀死其子女或把子女卖为奴隶。这种情况同古希腊相似。在古希腊人们一起住在家族中，正如伯里（J. B. Bury）描述的那样：“他们的村子由一族组成……所有的成员源自一个共同的祖先，由血缘纽带把他们联结起来。最初，家长对所有属于他的家庭成员有生杀予夺大权，跟古希腊和古罗马首领拥有的权力一样。”[②]

商鞅（卒于公元前 338 年）在秦国掌权之前，大家族普遍存在。但商鞅一掌权就对家族制度发起了攻击。谁有两个儿子，并且这两个儿子又与他住在一起，就得加倍课赋。商鞅实行编户制。五户或十户各为一个单位，以便相互监督和共同承担义务。如果家中有人犯罪，该家庭其他成员不予告发，则全家受刑。他鼓励压制贵族，因为他们关心自己的大家族甚于关心国家。作为法家的先驱者和严厉的执法者的商鞅给大家族制以沉重的打击。在法家的影响下，尤其在法家发展鼎盛时期的秦朝（公元前 221 年—公元前 207 年），大家族就很难恢复了。在公元前二世纪最后二十五年中，逐渐废除了长子继承制，于是形成了这种做法，家长死后，其家庭财产由所有的儿子分割，这给大家族制以进一步的打击。

然而，前汉一些皇帝开始让人们扩大家庭以增殖人口和保持社会安定。公元前一世纪，独尊儒术，《孝经》成为一本流行普遍的启蒙读物。在某种程度上，大家族制在后汉（25—220）时又恢复了。雷海宗说，从那以后，在长达两千年的时间里，大家族一直是中国社会的基础[③]。

外国总认为中国的家庭几代同堂，但许多学者的研究一致表明，中

---

① James Legge 译 *The Works of Mencius*，第四编第 5 章。

② A History of Greece，近代图书馆，第 45 页。

③ 《社会科学》第 2 卷第 4 期，1937 年清华大学出版，第 645 页。

国的家庭大小一般是五六人。几十人甚至几百人的家庭是罕见的。

台湾大学人类学家芮逸夫将中国家庭的演变概括为两个时期，即家族组织占主要地位的封建时期（公元前1100年—公元前250年）和家庭组织占主要地位的帝国时期（公元前250年—公元1900年）。

儒法之争

“礼”是稳定帝国的最重要的工具之一，它被认为比法律更行之有效。“礼”可以有很多译法——礼仪、礼节、礼貌、行为规则或公共事务的法典——但没有一个概括全面的定义。礼指的是为圣贤们公认和遵行的行为规范。

李约瑟（Joseph Needham）把礼解释为基于伦理道德和古代戒律的社会习俗，包括各种礼仪、祭祀仪式。他将礼与自然法等同起来，“礼是社会习俗的总概括，其道德约束是通过自觉行动来实现的”[①]。胡适将礼的发展划分为三个阶段：（1）宗教仪式阶段；（2）习惯和风俗承认的规则的阶段；（3）与道德的正义感一致的行为准则的阶段。礼可以一次又一次地修改。据我的看法，礼指的是修养良好的、自我约束的、有教养的、谦恭的行为准则，是在各种场合有礼貌地待人接物，尤其是对长者和上司，不管是活着的，还是去世的。

杨连升在他的文章里认为，礼尚往来，得恩当报也是礼的一部分。“‘报’的概念是中国社会关系的一个基础。”[②] 总之，正派的举止、道德规则、礼仪、礼貌（理雅各〔Legge〕接连使用这些词）都可用来解释礼这个字。

贵族家庭中，礼教从儿童时代就开始了。一位君子或真正的绅士可能从幼年时期就受到严父或教师的教育，他得学会言谈礼貌、衣着整洁、遵守和参加祭祀仪式，背诵经典、尊重和服从长者，培养成几乎是天生的良好习惯和举止。他被教育说：“非礼勿视，非礼勿听，非礼勿言，非礼勿动。”[③]

---

① *Science and Civilization in China*，第2卷，坎布里奇，1956年，第519—520页。

② *Excursions in Sinology*，坎布里奇，1969年，第3—23页。

③ Legg译：*Confucian Classics*，第1卷，1960年，第250页。

中国古代许多关心时局的哲学家试图找到维持社会安定的基础。儒家企图以提倡礼义来维系每况愈下的封建制。他们承认这样一个事实：有些人生来就优越于别人，有些人生来就普普通通，而有些人则生性愚蠢。但人们生来就具有本能和欲望。因此，如果一个人的欲望没有得到满足，他就会寻满足自己的某种方法，如果对他满足欲望的追求不加以任何限制，他就会不可避免地跟别人发生争论，这就会导致社会秩序的混乱和贫困的出现。所以礼是用来抑制人们不正当的欲望和无休止的竞争。儒家的倡导者荀子认为要允许每个人在一定范围内享有其应得的权益，让国君享有比他下属更多的权益。礼引导人们尊重显贵，尊重老人和长者。

这些义务看来使得儒家成为一门顺从的哲学。但我们不可忽略相互关系的重要性。孟子在对五种人际关系的规定中就对这种相互关系作了概括：

父子有亲，君臣有义，夫妇有别，长幼有序，朋友有信。

君主正直，大臣就会学他的样；父亲仁爱，儿子就会尽孝心；兄爱其弟，弟就会尊重兄。孟子说，如果君主有失体统，其臣民可以出走，不忠、叛乱，甚至诛戮暴君来进行报复。

一次，一位诸侯对孔子说："吾党有直躬者，其父攘羊而子征之。"子曰："吾党之直者异于是：父为子隐，子为父隐，直在其中矣。"①

有一首动听的歌描绘了那种不受政府干预和干扰的古老家庭的图景："妻子好合，如鼓瑟琴；兄弟既翕，和乐且耽。宜尔室家，乐而妻孥。"②

这样不求助于法律也能保持社会的和谐。孔子说，礼在实际中占居最优先的地位，是政府管理的基础。"道之以政，齐之以刑，民免而无耻。道之以德，齐之以礼，有耻且格。"③ 孟子认为："人人亲其亲，长其长，而天下平。"④ 所以芮逸夫总结说："是儒家的礼教使得中国比其他任

---

① *Confucian Analects*，第13卷，第18章。

② *The Doctrine of Mean*，《中庸》，第15章，Chinese Classics 第1卷，第396—397页。

③ *Confucian Analects*，第1卷，第146页。

④ *Confucian Analects*，第2卷，第302页。

何社会更为稳定，这种稳定主要是建立在法律所不能提供的基础之上。”①

然而，商鞅和韩非子等一些政治家和政治理论家对儒家思想提出了强烈的质疑。这些人被称为法家。他们宣称法律才是人类行为的唯一准则。他们要用一个规定明确的法律来代替可任意解释的礼，使所有人都遵守它，这样，一个强大的国家才能有力地消除普遍的混乱现象。法家的理想较为接近犹太—希腊—罗马的思想。

法家与儒家在许多方面恰好相反。法家注重于国家，而儒家侧重于家庭。前者强调法律的刑罚；后者着重于道德和教育；一派求助于强制力量，一派则依靠道义说教。孟子和其他人不承认智力和社会地位的平等。而法家反对这种差别对待的规则，坚持在法律面前的平等。法家希望通过制定和实施统一的法律，实行奖惩结合来维护政治秩序。法律至上，人人都得遵守②。

但是，《礼记》则明确规定：“礼不下庶人，刑不上大夫。”儒家不能否定他们的阶级偏见。

儒法两家争鸣非常激烈。他们遇到了一个阿里斯多特尔（Aristotle）称之为“是由最好的法律还是由最好的人来统治的伤脑筋的问题”。当然法家不相信人治原则。他们声称贤明的君主依靠的是法律而不是智慧。他们进一步辨解：“法虽不善，犹愈于无法。”③ 锐利之眼和灵巧之手总没有粗糙的规矩来得可靠，而且法即使不好，也能统一人们的思想，因此总比一点法律也没有为好。

法家否认慈善、仁爱和正义在政治中的作用。商鞅断言：“故以刑治，则民威。民威则无奸；无奸则民安其所安。”④

儒家反驳说，法律和刑罚不能引导人民为善，也不能有效地阻止社会的蜕化。法律既不能防患于前，也不能惩治于后。而礼却能培养人民行为正派，防止罪恶的发生。一部好的法律可以通过忠于职守的官吏执

---

① 《中国民族自治文化论考》第 2 卷，1972，第 677 页。

② Cliu Tung-tsu，即瞿同祖：Li and Law，见 *Chinese Cacture* 1960 年第 2 卷第 4 期，第 1—16 页。

③ 《慎子》，《四部备要》，第 2 页。

④ J. J. L. Dayvendak，The Book of Lorol Shany，1928 年，第 229—230 页。

行，也可以被聪明人任意解释和滥用，因此儒家主张，贤明的君主胜过法律。

公元前221年，中国第一个人帝国秦王朝建立，法家取得了胜利。由于严酷的统治，秦朝仅维持了十五年，但其确定的帝国制度一直延续到1912年。

公元前一世纪时，儒家逐渐恢复了受欢迎的地位。在没有职业法官和律师阶层的情况下，担任高级官员的儒家学者有时受皇帝之命，修订法典，并把儒家思想结合到法律中去。这些士大夫受到了申不害和韩非子等马基雅维里主义（Machiave llian）政治家的影响，而发明了公共管理的新方法：使用策略或计谋，这称之为“术”，依靠灵活运用“刑名”，用以控制下属各级官员。尽管儒法两家历来是对立的，在前汉和后汉时代，他们在思想上合二为一，这种合流在唐代达到了顶点。他们的意见终于渐趋一致，认为礼和法的结合是维护社会秩序的工具。

同时，《孝经》作为中国社会的造型力量成为礼的强有力补充。如果把中国比作飞行物，那么礼和孝就是它的两个发动机。《孝经》出现于公元前一世纪，当时孝道有着重大影响，很多孝子被当地人选出接受政府授予的荣誉和职位。

《孝经》是一部很受欢迎的书，但其作者不详（这部书有四种英译本）。从汉朝到清代，许多皇帝研究过这部书，它培养出对一家之长和一国之君同样忠诚的思想。唐朝著名皇帝玄宗在公元722年特为《孝经》作序，并令属下有学问的官员撰写注疏，并将原文和注疏同刻在石板上，以便印制成书，大量散发到政府的学校和私人家庭。桑塞姆（G. B. Sansom）说过：“直到八世纪末《孝经》一直是每所学校的课程之一，每个读过它的小孩都对其中的圣训倒背如流。”

孝道的宗旨涉及生活的各方面——伦理的、政治的、社会的：尊敬长者、诚实、善良、羞耻之心、关心他人。最重要的是热爱父母和忠诚皇上。因此孝道被认为所有道德的基础，在各种良好品行中居于首位。

触犯孝道，则是犯了弥天大罪。孔子说：“五刑之属三千，而罪莫大于不孝。”[1]

唐律中的儒法合流

儒法之争大致上经过立论、反论、合论的形式，最后在唐律中达到合论这个阶段。表面看来，儒家学说在汉朝战胜了它的对手，占了主导地位。但法家思想和法总是作为潜流在起作用，渗入士大夫阶层。法国法学家埃斯卡拉（Jean Escarra）评论说：“尽管法家不遗余力，但还是儒家思想支配了）整个古代中国的立法。”[2] 不管怎样，经过旷日持久的辩论和争夺，两个对立的思想体系相互影响是很正常的。

唐律是由长孙无忌为首的一批富有经验的士大夫编订的，在公元653年完成。它集历代法律之精华，而且具有定义明确、注释简明等优点，体现人道主义，具有时代特点，因而成为东亚和唐以后直到二十世纪中国历朝仿效的典范。

唐律被认为是“中国历史上所有成文法典中标准化的法典”[3]。它强调保护国家、家庭和士大夫的利益。唐律分为十二篇，共五百零一条。唐律主要是根据礼制定的，尤其重视对孝道方面的规定。例如孔子不主张儿子举证控告其父的盗羊行为，唐律中就有有关的规定，对父母罪过控诉的儿子要受到严厉的惩处。一位官员，如果其父母中有一位去世，就得告假二十七个月。在这段时间里，儿女不得成婚，也不能生子。如果被判死刑的罪犯是年老父母的唯一供养人，可减为另一刑罚，以便能照顾其父母。

灭亲、不孝、内乱被列入唐律中最严重的犯罪。同姓通婚自周朝到近代都是禁忌的，对谋叛罪要共同负刑事责任，隐瞒罪行就意味着全体家庭成员的死刑或终生流放。

包括罗马、英格兰、法兰西在内的很多古代社会都承认血亲复仇权。孟子说：“杀人之父，人亦杀其父。”这是孝悌思想在起作用。公元前一世纪，血亲复仇是非法的，要由法律惩处。唐律中没有制裁血亲复仇的

---

① 《孝经》第11章。

② Escarra，“Chinese Law”，第251页。

③ 徐道邻：《唐律通论》，1947年，第8—20页。

特别条文。与一般杀人案比起来，为父母而杀人，判罪从轻。根据元律，血亲复仇根本不受处罚。

在《仪礼》中提到的七条休弃妻子的理由在唐律中也有规定。这七条理由是无子、淫佚、不事舅姑、口舌、盗窃、妒忌和恶疾。没有其中一条而被迫离婚的妇女则受到法律的保护。唐律对传统的家庭结构、婚姻制度和父权制予以法律上的正式承义，但接着也作了些限制。著名法学家陈顾远由此概括了中国法律制度的一些特点。中国的法律制度是建立在礼的基础上，以君臣、父子、夫妻、兄弟、朋友等五种关系的结合为中心，通过教育采取预防犯罪的措施。法学家制定了法律，儒家则根据经典中的人道主义使法律具有灵活性。

二

家庭的过渡时代从公元初到一九三〇年代。组成社会的基本单位是家庭而不是个人。整个国家就是家庭的总合。虽然并非中国才如此，但中国人自中世纪到现在一直更多地注意家庭，因而特具重要性。

一个家庭就是一个组合体，只有家长才能参与公共事务，拥有私人财产和从事交易。家庭其他成员都得依附于他。家庭是自给自足的单位，以维持它自己的生存和永远保持其特点。

从七至二十世纪，户部一直在中国政府六部中列于第二位。它掌管家庭、财产、人口和税收。由于财产是同家庭而不是个人相联系，户部既负责实施婚姻法，又负责实施继承法、土地所有权和土地占有条件的继承的法律。总之，户部是在西方法制意义上管理人的社会生活。直到二十世纪，中国一直没有民法典而以礼代之。而且，迄今为止，在中国法律制度中还是刑法占主导地位。

过渡时代的家庭中，父亲或长辈男性仍对他们的儿子、孙子、妻子的及仆人具有支配权。他可以对不服从他的家庭成员施以肉刑，赶出家门，甚至判处死刑。处死一个纨绔子弟，在汉朝是非法的，在唐朝和宋朝要处以监禁，但在元朝则不认为是犯罪。

在清朝，如果儿子是惯窃或谋反的共党，父亲有权要求官府予以放逐或处决。政府则任家长的代理人，总会满足其要求。在教育子女方面，父母有同等权利。严父使子女敬畏，而慈母则使子女仁爱。父母都不愿诉诸刑罚，除非子女已无可救药。根据儒家道德，为人之子应当顺从，绝不能有不满的表示。

但是，家长有义务为其家庭成员提供吃、住、教育。对他们的政治和社会行为负责，为他们向国家纳税。如果儿子谋反犯罪，家长因没有管教好儿子而同其子一起受罚。父母也为子女安排好婚姻大事，而不必双方当事人同意。婚姻的缔结是从双方家庭来考虑的（如老交情、政治目的、社会地位或经济收入等），而不是以年轻人双方的爱情为基础。因此中国的家长制与罗马的家长制极其相似。

中国过渡时代的妇女地位没有罗马妇女地位高。虽然她在教养子女、管理家务方面很有权力，但她年轻时得服从父亲、婚后得服从其丈夫、守寡时得服从其长子。除了一份嫁妆外，妇女没有任何财权。如果丈夫有足够的收入纳妾，妻子也无权进行阻止。

族由许多同姓家庭组成，有一个共同的祖庙，这是本族成员的社会、政治、宗教活动中心。受过良好教育，年纪最大的家长组成长老会，管理族务。十一世纪，著名大臣范仲淹捐赠了第一批族产，为其他家庭树立了榜样。与欧洲的中世纪相同，共同族产的现象在中国是普遍的。长老会中的长者从族中积聚财物，用以支付祭祀祖先、修订族谱、教育和其他慈善事业的费用。

此外，这个长老会具有司法权。它可以召集所有有影响的家族成员听取和决定解决族内争端的办法。通过讨论、调解而达成的协议具有公众舆论的约束力。争论双方一般都服从决定。为维护宗族的声誉，处罚形式有斥责、驱除出族。有时判处死刑，但这种情况极为罕见。

中国血亲家族成员分为三部分：父系亲属、母系亲属、妻子的亲属。父系亲属包括九代直系亲属和五代旁系亲属。由于有如此之多的亲属，存在着七十九个亲属称谓。在生日、婚礼、葬礼这样的场合，服丧期的长短和礼品的多寡依与礼品接受者血缘关系的远近而定。奥尔格·兰（Olga Lang）指出，在中国亲属之间和家族成员之间的相互帮助的情况胜过中世纪或近代欧洲。

职能

中国的家庭和宗族制度具有许多职能：经济的、教育的、宗教的、社会的和文化的。另外还有社会保障和治安的职能。

在经济上，农村中每个传统家庭组成一个生产和消费单位。也是一个劳力、资本和土地的单位。家庭在性质上是共产的，因为谁也不得拥有私人收入。男子在土地上努力耕作，生产食物；妇女为家庭饲养猪、鸡等牲畜和纺纱织布及缝制衣服。

家长去世后，财产由男性家庭成员平均分配。寡妇由其儿子赡养，女儿则由其丈夫供养。这种情况不仅在农业部门如此，在手工业和小型商业部门也是这样。城镇的商店和手工业店铺多数是家庭商业组织，其中的学徒都是亲属。亲属系统是最主要的从业系统。这些经济职能能使家庭和宗族成了集体的提供保障的组织。

教育是家庭的另一职能。家庭总是有如下四个目称：（1）重视教育，提高家庭的社会地位；（2）厉行节俭，以提高家庭的经济地位；（3）和睦相处，以维持良好的家庭生括秩序；（4）坚持道德教育，以防止家庭蜕变。

由于公共学校很少，家庭学校和乡村学校就取而代之了。中国的孩童诵读儒家启蒙读物外，还得学习礼貌和各种礼仪。一开始老师就教学生怎样在孔子牌位前叩头，怎样尊敬老师、父母和兄长。

颜子推和其他著名学者在有关中国家庭或家族教育方面留下了大量文献。颜氏写了一部学术著作，用以教导他的儿子和后代的言谈举止要恰当、谦逊、谨慎。他说："吾今所以复为此者，非敢轨物范世也，业以整齐门内，提携子孙。"

中国的家庭主义是一种社会制度。《颜氏家训》出版后，几乎每个家庭都制定了自己的家规，成文的或口头的。除了家庭教育外，还有很多族规管教年轻人。这些族规涉及很多不道德的行为和犯罪行为。可分四种类型：个人的放纵行为、自我堕落、行为不轨以及刑事犯罪。这些规则主要涉及行为不端，包括对具体的态度和行为的劝导，比如：匆使父母担忧，父母遭遇不幸时要亲切照料；即使遭受灾祸，也不能给父母带来不快；为父母捍供物质生活条件；即使父母不仁爱，也要对他们保持尊敬；料理好父母后事，为他们死后的灵魂的安息，还得履行祭祀义务；通过做官，给父母带来社会荣誉；有礼貌地劝说父母，不得与父母顶嘴；尊重父母遗愿；慎重择友。

家庭和家族第三方面的职能是宗教方面的职能。长者体现经验和智慧，由此引起人们的尊敬。他健在时，年轻人向他请教；去世后，仍按所说的去做。

讲故事、下棋和其他娱乐活动、体育锻炼以及共享美味佳肴成为一个中国家庭的天伦之乐。晚饭后，一家人坐在庭院里，冬天时就围坐在火炉旁聊聊天、开开玩笑。

从孩提到成年，父母对子女的抚养和关照是没有时间限制的。一男子或妇女一旦丧失工作后，他或她总是可以回家同父母住在一起，需要呆多久就呆多久，除非父母特别贫穷。反之，当父母或祖父母年迈无靠时，子女或孙子女就有责任照顾、赡养他们。他们去世后，还要以合适的仪式安葬他们，否则不孝子孙就会被其所在的社会排斥，受到族人的严惩。

中国的家庭体系可称为“文明之树”，就像帕克（Robert Ezra Park）曾清楚地解释的那样：“中国和东方文明总的来说基于他们的家庭。在那里，他们有了文化之源，从这个源头，他们引出了那些规范观念，由此构成生活的哲学——这些观念使各种各样，但密不可分的文化结合起来。”①

确实，中国人几乎把一切归于他们的家庭——行为模范、基本观点、哲学世界观。他们在木工、医药、酿造、油漆等行业中通过父子关系受到训练。许多学者也是由他们的父亲或祖父培养出来的。举几个例子，杭州的养蚕业、湖南的刺绣业、景德镇的制瓷业都是在本族和同一社区中流传下来的。师傅只会把特长传授给儿子或亲属。

因此，经久弥坚的中国家庭制度作为传授技艺和促进文化、社会、经济进步的制度起着作用，同时发挥着保持种族和道德传统的职能作用。总之，家庭是维系中央政府和农民之间平衡的稳定力量。

家族制度最后也是最重要的特点是管理和治安职能。那么小的国家机器管理这么大的一个帝国，许多学者对中国政府的这种效能感到不可思议。中国政府究竟是怎样统治人民的呢？

似乎存在一种非正式、不成文的管理分工，政府统治城市、家庭和

---

① Race and Culture，伊利诺斯，格来苛，1950 年，第 13—14 页。

家族管理乡村。受过良好教育的家族首领和有声望的家长构成所谓的绅士，他们在统治者和被统治者之间起调停作用。

政府的统治是通过团体或集体承担责任来实现的。人们互相监督、自我管理，而家长或族长则履行维持当地治安的职能。父亲对其子女所犯的重罪有义务作出解释，因为他没有采取预防措施。有时，一人犯了重罪，无罪的父母、妻子、儿女、兄弟、姐妹都要同受审讯，被处以极刑。

另一方面，只要人民不起来造反，中央政府就允许家族和家庭在“礼”与“孝”的儒家原则下享有自治权。这与罗马相同，“官员几乎不干预宗族的决定①。由于政府给予家庭和宗族道德教育和管教其成员的权力，民法一直是不发达。家族管辖的范围非常大，但商业纠纷由商业行会解决。因此，在安定和繁荣时期，中国政府以儒家礼教和道家“无为”理论作指导，而在动乱时期，则诉诸严刑峻法的法家方法。

总的来说，中国的统治秩序是良好的，犯罪学家严景耀认为，家族是村里的中心组织，在维护社会安定上起着重要作用。“很难发现有罪犯同人民生活在一起，而要使罪犯不被发现或不受惩罚就更难了。”在中国城市中，青少年犯罪并不成问题。两千年来儒家思想对形成一个内部和谐协调的中国起了重大作用。即使在美国，根据各种报道，美籍华人中青少年犯罪并不多见。然而，今日唐人街的状况正日趋恶化。

优势和弱点

前述的特点和职能被认为是中国家庭制度的优势。总之，家庭是社会的支柱，是保证社会协调、历史延续和个人安全的因素。

但是，追求家族利益就会忽视国家利益。这种以家庭为中心的思想在官场中产生了裙带关系和贿赂腐化现象。据报道，旧中国的裙带关系是世界上其他地方所不能相比的。在一个庞大的家族中，其成员依靠其中富裕的族长帮助。此人就会被迫贪污和挤占公共资金，以维持其家庭。

家长控制了家庭财产，加上从外面挣来的收入，增长了他的独裁主义，使他能够命令其家庭成员对他绝对服从。反过来，家庭成员享受父

---

① Royal Asiatic society of Great Britain and Ireland，新编第 27 期，第 171 页。

亲不加限制的供养，于是造成了中国人在本性上是最驯服的民族和服从者。

在中国，家庭中长期形成的奴性，产生了寄生习惯。一个富家子弟往往会变得懒惰、奢侈，对他的穷朋友则很势利，不想学会经营，逐渐失去了独立生活和发展创造才能的愿望，也没有组织能力。

更糟的是，一个由姐夫、妹夫、嫂子、弟媳生活在一起的大家庭很难避免经常性的口角争吵。为了保持面子，平心静气地加以掩饰，但个性往往受到损害。

同样，由父母包办的并不令人满意的婚姻使人难以忍受。在这样一个不幸的家庭里，夫妇双方谁也不敢提出离婚。丈夫有妾的妻子既无办法，又没有勇气要求分居。用著名作家鲁迅的话来说，礼教支配了大多数中国人，扼杀了他们的个性。

三

西方冲击沉重打击了中国家庭。基督教传教士批评敬孔祭祖。中国妇女的地位低下、包办婚姻和纳妾制。太平天国起义领袖洪秀全将孔子提交“天国”进行公开审判。在那里，上帝猛烈地鞭笞了孔子，因为他的书对人民遗害无穷。曾在伦敦住过十七年的无政府主义者、国民党领袖吴稚晖曾号召人们将凡是中国的线装书统统销毁。从国外回来的男女留学生极力推荐婚姻家庭，反对家长统治。

由于 1902 年开始的法制改革，西方对中国法律的影响，学者们对旧传统的长期批判，1931 年颁布了一部民法，这部民法吸收了一些西方社会和法律制度方面的新思想。在这部法典中，家庭被认为纯粹是世俗的，毫不涉及祭祖问题。该法典维护男女平等，妇女可以合法地选择配偶，要求离婚和再婚以及继承遗产，禁止童婚和买卖婚姻。尽管家长的权力已经减弱，但家庭仍然实行父系制、从夫居、从父姓和家长制。

新法典尽管用了激进的概念和在规定上有革命性的变革，但实际上对家庭体制影响甚微。在很大程度上，该法律仍只是一纸空文。

农村中的群众仍遵循传统的家庭制度。例如已婚嫁的女儿在其父亲死后，在法律上有平等继承父亲遗产的权利，但在实际上，她的兄弟总不给她应得的份额。而且，女儿总不愿为了取得合法权益而卷入诉讼。

随着 1949 年 10 月 1 日中华人民共和国的成立，1950 年 5 月 1 日颁布了第一部中华人民共和国婚姻法。这部婚姻法分为七章、二十五条和两项附则。整部法律的基本精神体现在第一、二条里：废除包办、强迫、男尊女卑、漠视子女利益的封建主义婚姻制度，实行婚姻自由、一夫一妻、男女权利平等、保护妇女和子女合法权益的新民主主义婚姻制度。禁止重婚、纳妾；禁止童养媳；禁止干涉寡妇婚姻自由；禁止任何人借婚姻关系索取财礼。

婚姻是年满二十岁的男子和年满十八岁的女子通过自由选择而缔结。不需要什么仪式或馈赠，但男女双方必须亲自到所在地人民政府登记，以确定是否符合法律规定。

合法婚姻后，夫妻为共同生活的伴侣，在家庭中地位平等（第七条）。夫妻双方均有选择职业、参加工作和参加社会活动的自由（第九条）。夫妻有互敬互爱、互相帮助、互相扶养、和睦团结、劳动生产、抚育子女、为家庭幸福和新社会建设而共同奋斗的义务（第八条）。夫妇有权使用各自原来家庭的姓。父母对子女有抚养教育义务；子女对父母有赡养扶助的义务；双方均不得虐待或遗弃。溺婴或其他类似的犯罪行为，严加禁止（第十三条）。

有九条是关于离婚的规定，包括离婚后扶养和教育子女以及财产分割问题。

中国政府努力使 1950 年婚姻法得以贯彻。不幸的是，五十年代初，传统的思想和习惯仍十分强大，使成千上万的人，多数是妇女，因为根据法律提出离婚而往往被她们的丈夫或婆婆殴打致死或被迫自杀。根据官方统计材料，1951 年 9 月起一年内在中南地区有一万名自杀者和杀人犯。到 1952 年底华东地区已超过一万一千五百人。随着自杀浪潮，有一百万例离婚成功。

北京政府对这巨大的悲剧大为震惊，在 1953 年 3 月作了很大努力，用一个月的时间学习和宣传婚姻法。下令动员在全国范围内的三百万干部组成学习小组，学习婚姻法。其中很多人以前误解和攻击婚姻法。周恩来和其他政府高级官员对婚姻法作出解释并回答了各种有关问题。

直至成立人民公社。土地、工业和商业实行国有化，取消了用以维系其成员生活在一起的宗族的祖庙和共同财产。于是，宗族制在中国消失了，祭祖的牺牲也不复存在。

传统和破坏

天津一家报纸的一篇社论向读者保证说，推翻家长制不会也不可能导致家庭的“毁灭或消失”，家庭“我们可以肯定地说永远不会被消灭”①。

这篇文章的作者的意思是，形成一个传统不容易，要消除根深蒂固的习惯也需要很长的时间。中国的家庭制度已有了两千年的历史，影响着人们生活的各个方面。仅仅数十年的时间是不能完全根除家庭制度的。

在共产主义革命的巨大影响下，尤其是通过激烈的经济变革，家庭主义的坏影响——裙带关系、寄生习惯、家长制——实际上已不存在了。中国家庭制度好的方面——尊敬父母和长者、幸福的家庭生活——大部分仍被保存下来。

---

① 《封建家长制的崩溃》，《河北日报》1959 年 4 月 8 日。

近五十年中国历史编纂学

邓嗣禹著　刘艳艳译　胡志宏校①

中国史学有着灿烂的历史。在质量和数量方面，只有现代欧洲史学可以相提并论，而其他的古老国家，如印度就差远了。其他国家的人或许会夸耀自己的哲学、科学和艺术，但是在史学方面，没有一个国家敢夸口自己有中国般漫长辉煌的历史②。

引　言

中国史学的发展可以分为四个阶段：

第一阶段：从远古时代到公元 2 世纪，纪传体和编年体体例形成阶段；

第二阶段：从公元 2 世纪到 13 世纪，中国史学的繁荣期，尤其是南宋（1127—1279）时期；

第三阶段：从 1280 年到 1900 年，衰落阶段；

但是第四阶段，从 1900 年至今，似乎又是上扬阶段。

近两千年来中国史学不断变化，从基督纪元以前的简单叙述《春秋》

① 本文原载《远东季刊》（The Far Eastern Quarterly）（Volume 8，Issue 2，Feb. 1949：131-156）。原文于作者下注云："邓嗣禹，芝加哥大学历史与语言所助理教授，著有《张喜和南京条约，1842》（芝加哥，1944 年），与毕乃德（Biggerstaff）博士（公爵）合著《燕京大学图书馆目录初稿》（北京，1936 年），以及众多的论文。最近他正在筹备一篇关于司马迁和班固对决希罗多德和修昔底德的论文。"本文翻译得到美国亚洲协会的同意。刘艳艳，华东师范大学历史系研究生；胡志宏，中国社会科学院历史所研究员，华东师范大学海外中国学研究中心特邀研究员。——编者注

② 赖德烈博士说："在公元 8 世纪左右，整个中华帝国可能拥有比全世界其他地方总和都要多的印刷书籍。"《中国人——文化与历史》（第三次修订本，纽约，1946 年，第 213 页），拿《二十五史》来说，如果翻译成适当的本子，那将会是"每卷 500 页，共 450 卷"（德效骞：《中国历史的可靠性》，《远东季刊》6，1946 年 11 月，第 23—25 页）。

发展到公元前1世纪司马迁结构复杂的《史记》①。

在《史记》包罗万象的一百三十卷中，作者以人为主要元素，把全书分为五部分：(1) 纪或者称为本纪，帝王的基本事件；(2) 世袭家族的传记；(3) 表；(4) 礼仪、音乐、天文、经济体系等的沿革；(5) 各阶层的人物传记。《史记》横跨了从远古到公元前1世纪2600年的历史，其结构得以囊括范围广泛、形式多样的历史材料。这本书被视为独一无二的历史著作，成为正史的典范。它的体例被称为“纪传体”。堪与希罗多德的著作相提并论。

班固（32—92），继司马迁之后，写了更为详细的《汉书》，开创了断代史的先河。此书地位相当于西方世界修昔底德的历史著作。为了能更容易阅读，一位皇帝下令荀悦（148—209）把资料按年代顺序重新排列。荀悦创立了一种按年代编写历史的形式——编年体《汉纪》。到司马光（1019—1086）编《资治通鉴》（目标是政府的一面镜子）时，编年体达到了顶峰。《资治通鉴》横跨公元前403年到公元959年的历史，是中国最优秀的编年体史书。为能方便使用这本浩瀚的著作，袁枢（1131—1205）把其分为二百三十九个专题，著《通鉴纪事本末》由此创立了新的体例“纪事本末体”，是“事件从头到尾的叙述”。

除了“纪传体”“编年体”和“纪事本末体”之外，还有百科全书式的著作如“十通”，是关于社会政治制度、地方史、编年、传记等的汇集。简言之，有种类繁多浩瀚如海的历史著作出现。即使如此，这些历史著作还是写给统治者而不是大多数人看的。

从公元8世纪开始，大部分断代史都由政府赞助的编纂委员会编写。这也是中国史学近几个世纪衰落的原因之一，因为没有一个专门的人全权负责著作的连贯性，并且其限制了个人能力和创造性的发挥②。

19世纪中国史学的发展趋势

19世纪中国史学呈下滑趋势，没有一部高质量的历史著作出现。学

① 共130篇，沙畹（Emmanuel-Édouard，1865-1918）翻译了其中的47篇，命名为《历史备忘录》，5卷，巴黎，1895—1905。

② 对于那些想更多地了解中国历史的人来说，嘉德纳的《中国传统史学》(1938年)，尽管有些许不足，但还是很值得一看的。

者们只做复述经典历史作品、整理和增补断简残篇章节的工作。史学停滞的原因是清朝统治者不允许言论自由的文化高压政策①。因此学者们被迫研究儒家经典或是考证文本。他们追寻着黄宗羲（1610—1695）的足迹。黄宗羲开创了研究具体历史课题来纠正空谈以及依据王阳明哲学的直觉观念进行学习的风气。在其众多的追随者中，大部分历史学家都经过训练，建立起一种研究琐碎的历史的传统。历史编写方式在以下几个方向得到了发展：

第一方面：对当时流通的历史档案的编辑，如《东华录》，清代编年体史书，便是依据更详细的政府资料《清实录》和其他著作编撰。

第二方面：增补搜集材料、注释，提高标准或校订。其中著名的有，姚振宗（1842—1906）的《隋书经籍志考证》、王先谦的《汉书补注》、吴卓信的《汉书地理志补注》和翟云升的《校正古今人表》。姚振宗是权威的目录学专家；吴卓信的著作很有价值；翟云升的著作是一部古今人物辞典。很多已经散佚的书因古代百科全书的引用得以重新整理。

第三方面：19 世纪时，族谱、纪传和方志的编辑规模增大。章学诚（1738—1801）是中国顶尖的历史著述家之一，对方志的基本布局和编辑起了很大影响。阮元（1764—1849）的《浙江通志》、林则徐（1785—1850）的《湖广通志》、郭嵩焘（1818—1891）的《湖南志》、王树枏（1859—1936）的《新疆通志》都是很好的代表作。在古代地理方面，历史地理和西北地理也有很大的发展，实际上出现很多新的研究领域。

第四方面：蒙古史和外国历史的研究取得进步。很多关于波斯、阿拉伯地区和西方的材料被翻译成汉语，中国史学家更关注外国尤其是邻近国家的历史、地理和风俗。

第五方面：金石碑铭得到 19 世纪学者的详细研究，其中吴大澂（1835—1902）和孙诒让（1848—1908）应该是最出色和贡献最大的两位。他们对可信的文书档案做了辛苦的解读，促进了语源学的发展，并且促进了 20 世纪初甲骨文的辨认。

---

① 在此方面有很好论述的是富路特（L. C. Goodrich）的《乾隆时期的文字狱》（巴尔的摩，1935 年）。

最后，对于经典著作和历史文本的考证，今文经学派[1]开创了怀疑经典可信度和很多看似确定无疑的重要事件的新领域。先前的学者敢怀疑哲学的、历史的、个人著述的权威性，但是没有人敢大胆怀疑儒家经典的权威性。

第一个人是阎若璩（1636—1704），他试图证明《春秋》不是孔子编的。19 世纪末，康有为（1858—1927，属于今文经学派），提出了彻底、系统的挑战，说刘向和他儿子刘歆为了迎合王莽（公元前 45—公元 23）的政治需要而伪造了很多经典。康有为为了传播他的改革思想把孔子描绘成为改革家[2]。这种大胆批判精神极大地激励了下一代人。

虽然 19 世纪没有出现具有重大价值的著作，但还是有很多增补性的和琐碎的研究，开拓了甲骨文、金文、蒙古大西北地理历史研究的新领域，最后出现了考据中国文化的新趋向。19 世纪中国史学多产却不精彩，一方面处于历史著述的衰落期，另一方面又是 20 世纪大进步的准备阶段。

20 世纪的变化

20 世纪是中国政治、社会、经济和文化的变革期。尽管中国文明的很多方面停滞甚至是退化，历史研究还是取得了客观上的进步。

历史哲学在近五十年几经变化。一些学者受到古文经学派很大的影响。像张尔田的《史微》和陈汉章的《史学通论》，资料丰富，知识全面，但没有新观点。那些受今文经学派影响的学者更有批判性，通常还是原创。

今文经学派的代表人物是崔适、夏曾佑（1924 年去世）和梁启超（1873—1929）。他们三人在中国开启新的历史运动恰如詹姆士·罗宾逊

---

① 今文经学派区别于古文经学派。秦始皇公元前 213 年焚书后，据说一些老儒用当时的文字口授相传儒家经典，因此就有“今文经学”这个名字。之后，又有说法是在其他地方和孔子故宅壁间发现了古文经籍，所以就有“古文经学”。每个派别都认为自己是正统而贬斥对方的可信度。今古文之争旷日持久，长达两千余年。

② 周予同，今古文经典争辩问题的专家，在此问题上论述很多。见他的文章《五十年来中国之新史学》，《学林》1941 年第 4 期，第 1—36 页。或见恒慕义（Hummel），翻译注释的《〈古史辨〉自序》（荷兰，1931 年）的引言和第 41 页。

在美国。崔适最重要的著作是《史记探源》，它挑战了司马迁的权威，指出《史记》中的很多章节是刘向和其他人插入或伪造的。他革命性的观点一直是研究《史记》的好引导。

夏曾佑编写了高校教材《中国历史教科书》。他只写了前三册，时间从古代社会到公元 617 年，1904 年出版。尽管该著作未完成，但鉴于其里程碑式的地位，1933 年还是以《中国古代史》为名作了大学教科书。夏曾佑在绪言里尽力使用西方理论去梳理中国历史，比如达尔文的“物种起源说”，斯宾塞的“社会进化论”及其他。他特别重视宗教与哲学的相互关系及其发展，以及中国人与外国人的冲突，其他的文化元素得到了应有的关注，中国文明和中国社会取得的进步也得到广泛关注。他关于中国宗教、哲学、人和社会进化的观点依然流行。夏曾佑最大的贡献是开创了现代历史教科书的编写体例，改变了传统的著述方式。在这一点上，他受日本编写中国史书的影响。

梁启超是康有为的学生。他是一位写作热情，文字流畅，富有感染力的作家。他不仅熟悉中国原始资料而且也熟悉日文和部分英文书籍。他广泛游历于中国、日本、美国、欧洲，在政治和学术领域经验丰富。1902 年梁启超发表了《新史学》①，指出传统中国历史学家有四大弊端：(1) 只重朝廷忽视国家；(2) 只有个人没有群体；(3) 只知有陈述而不知有今务；(4) 只知有事实而不知有理想。进而他提出新史学要密切重视进化理论——把人类和社会的进化作为一个整体来看。

1922 年，梁启超把他在清华大学的讲义编成一本书即《中国历史研究法》。在其死后，他的学生根据听课笔记做了增刊。从中可看出，梁启超想摒弃中国历史编纂法，使用西方编纂法编撰专著，编写中国整体的文化史。他有很多新观点和伟大计划。可惜，梁启超对西方编纂学了解得有限，他对这门学科的理解有点肤浅，导致没有多少人接受他的建议。

另一个对西方历史和历史方法有全面了解的是胡适，他自称“业余历史学家”，提倡用科学方法进行研究。胡适把赫胥黎的“不可知论”和杜威的“实用主义”结合起来理解变化，寻找因果，对历史事件进行判断②。

---

① 梁启超：《饮冰室合集》，上海：中华书局，1936 年，第 4 册，第 1—11 页。

② 参看：胡适《中国哲学史大纲》的引言（第 15 次印刷，商务印书馆，1936 年），第 3—5 页。

他写的关于历史研究、文学评论及其他问题的论文①，是年轻学生学习的榜样。1919 年的新文化运动后白话文写作方式被接受，胡适的论文和写作以及处理问题的路子对年轻一代学者影响极大。

崔适、梁启超和胡适属于“疑古派”。和胡适同时代的何炳松，胡适的学生顾颉刚也属这个派别。何炳松是专业历史学家，他发起了社会史或新史学运动。

顾颉刚不仅怀疑中国古代史的传统场景，而且还把它撕成了碎片。他认为尧舜都是传说中的人物，禹和夏朝完全不存在。顾教授及其反对者的意见都收集在《古史辨》中，共七册，第一册 1927 年出版，最后一册 1946 年出版。

历史研究的另一个派别是“考古派”，即只接受被考古证据支持的远古历史。这一派中最有代表性的人物是王国维（1877—1927），他最大的贡献是在远古中国历史和中世纪戏曲研究方面。他严谨的治学态度和深厚的学识使他堪称中国 20 世纪最优秀的学者。

王国维死后，“疑古派”又红了一段时间。尽管顾颉刚的一些极端观点没有被古文经学家和保守的学者接受，但他的研究方法还是很流行。他的一些追随者有时没有很多证据就随便怀疑任何一本古代著作，导致了他们的论文常常没有多少价值，好像是谁能简短化中国历史或是把历史上一本著名著作的写作时间延后就能出名似的。研究细微的或者是怪异的题目比较流行。

1919 年到 1937 年间，革命理念在中国历史领域成为主流；1931 年到 1937 年间，稳定的学术形成了。再也不可能有人只是因用些尚未确立的具有批判精神的新观点就与它们一起成名了。一篇论文或一本著作如没有实际价值就会被漠视或遭到直率的批评。批判的和考古的学术并为一体，很多大学者关于中国历史和文学的学术论文好得像西方国家的博士论文一样。

抗日战争（1937—1945）对于中国学术活动是个严重的打击。图书馆的破坏，学者和学生的流失，设备和精神活动必需品的缺乏，使学术活动倒退了十年甚至十五年。

---

① 《胡适文存》（第 18 次印刷，上海，1938 年）中的《清朝学者的研究方法》，第 539—579 页；《水浒传的批判研究》，第 807—870 页。

近十年有两个历史编纂学派：激进派和保守派。一派通过运用马克思的理论和黑格尔的辩证唯物主义解释中国历史。共产主义理论虽然在1920年代引入中国，但是直到十年后才被应用于中国历史。这方面的第一本书是郭沫若的《中国古代社会研究》，1932年出版。郭沫若是个很有才华的人，在日本接受了科学训练，接受了马克思主义，开始是写小故事、诗和文学评论。他善于提出新观点也常犯错误。随后，郭沫若在日本期间，集中精力研究了甲骨文和金文，为理解古代社会的性质确立了基础理论和学术方法。

有了郭沫若的榜样，很多欠缺准备的激进派学者都在尝试用辩证唯物主义重新书写中国历史。他们虔诚地摒弃按朝代书写中国历史的老路，贡献了很多新观点和新解释。这些著作还不成熟且有偏见，但是对这些新作品下结论实属尚早。读这些书可以感觉到所谓的马克思主义学者的观点和公式多于事实，他们的作品很像苏联1923年左右出版的著作。如果在大学里教历史，会发现年轻学生们有时候有太多先验的思想和公式，并没有多大的怀疑精神。

另一方面是保守派的历史解释。这一派有很多国民党学者，他们把任何东西都退回到过去，忽略了顾颉刚和其他人的贡献。甚至，中国的神话历史被夸张为科学，并能被人类学术语证实配套，好似谁怀疑中国古老的传统谁就不爱国。

两个派别很多方面都不一样但又共享一种倾向：重新相信中国古代历史并用考古发现和科学术语来粉饰神话历史。完全不同、处于两极的马克思主义和保守派，是当时中国的也是世界的社会经济现状的反映。20世纪的中国处在十字路口上：它带着旧日黄金时代的影响回顾过去，又接受美国、苏联和日本的影响期待未来。

历史范围的扩展及有关著述

最近几年中国历史的范围扩展了很多，主要是因为考古和档案材料的大发现。19世纪的历史知识和研究成果继续应用在这些新证据上。

1899年在河南古代殷朝（通常是公元前1766—前1123年）的首都所在地发现了甲骨文。尽管是碎片，但是甲骨上的文字还是提供了古代中国简明的断代历史，吸引了全世界的学者搜集并研究甲骨文，由此变成中国历史中一门特殊的学问。

第一位尝试解读这些古文字的人是孙诒让。稍后，罗振玉和王国维精细地收集与严密地考证工作给古代中国历史和社会研究带来更大的光明。罗振玉最大的贡献是《殷墟书契前编》，随后是《后编》《续编》《精华》。这些作品汇聚了多方面搜集到的原始材料，并做了精确的摹本和严密的编纂。

1928—1937 年间，在董作宾及其同事的主持下，中央研究院对殷墟进行了七次挖掘，出土了两千多片甲骨。董作宾是甲骨专家，精细的学者，他依据第一手材料做研究。他的《甲骨文断代研究例》是划时代的论文①，可以指导学者们断定甲骨文的年代并做出解释。

郭沫若是另一位甲骨专家。虽然广泛地用马克思主义解释历史容易出错，但他出版了一本很有用的书《卜辞通纂考释》，是入门的教科书。

伴随甲骨文出土的还有青铜器及其铭文，1920—1930 年发现于湖南、陕西、山西、河南小屯。这些器皿主要是周代（公元前 1122—前 256）的。甲骨、铜器上的一段文字往往比儒家经典的一个篇章重要得多，因为它们保存着原始面貌，而书籍经过传抄流传发生了很多变化。容庚的《商周彝器通考》汇集了铜器铭文的原文。

另一个大发现是 1929 年在北京西南周口店发现的北京人和上新世、更新世的堆积物。尽管北京人头骨在大战中丢失了②，但中国人类学的新时代开始了，德日进和桑德华在陕西等地的发现证实了中国旧石器时代的存在③。

安特生和北京地质调查所在河南仰韶和山西夏县发掘了几百片新石器时代的石器和精美的彩陶。1930—1931 年间，中央研究院在山东城子崖和北方其他几个地方发掘出了黑陶。一个重要现象是不同类型的陶器

---

① 参见：《庆祝蔡元培先生六十五岁论文集》，北平：中央研究院，1933 年，第 323—424 页。

② 裴文中博士在洞穴里捡到了一些北京人骨化石。他告诉笔者说，日本兵把那些化石装在箱子里运走了。当美国军舰炮击日本船只的时候，日本人把所有东西倒在了天津水域，北京人化石就再也找不到了。

③ 看德日进（Pierre teilhard de chardin）和马塞林·布列（Marcellin Boule）的《中国旧石器时代》（巴黎，1928 年）。

分别位于不同土层。一般白陶在最上层，黑陶在中间，彩陶在最底层，似乎暗示最先使用的是彩陶，依次才是黑陶、白陶。

1905年日俄战争后，日本宣布首先在辽东半岛进行考古考察。在貔子窝（1905—1928）、牧羊城（1928年）、南山里（1929年）和其他几个地点陆续进行发掘工作，出土了陶器、石器、甲骨、青铜和铁器、瓷器、绘画以及其他类型的文物。每一次挖掘都伴有准备充足的报告，使中国文明的进化更明朗了。

另一个显著的发现是在中国的大西北，出土了秦汉时期（公元前206—公元420）的简牍，隋唐时期的佛教经卷和其他方面的书卷。

斯坦因爵士是印度政府的英国官员，对中国西北进行了四次探险，在被他描述为"隐藏在沙子里的和阗废墟"发现了很多木简和佛教文献。但是，他最有价值的发现是1907年甘肃敦煌的秘密藏经洞。数以千计的各种卷子安全地保存了十个世纪后，被附近一个庙里的道士王圆箓于1901年5月25日偶然发现。斯坦因听到这些，赶到了那，贿赂这个道士，带回印度二十四箱写本和五箱壁画。1914年，他第三次探险，穿过帕米尔高原，经新疆然后到达敦煌，又从道士手里买走包括六百个卷子的五大箱写本，带到大英博物馆。1930年第四次探险，斯坦因试图带走更多东西，但这次被中国政府制止了。

1908年，法国汉学家兼语言学家马伯乐来到敦煌，凭借他深厚的语言学知识挑选了很多有价值的材料——超过一千五百卷——带走了。在回巴黎的路上，他在北京展示了他的发现，引起了中国政府的关注。政府派官员到敦煌把斯坦因和马伯乐挑剩下的东西——八千六百七十九卷带回北京。这些写本包含很多佛教和其他宗教信息，使敦煌处于国际交流主航道上以后的中西交流状况更加清晰。尽管在伦敦和巴黎的资料没有很好地进行编目整理，也不能完全得到学者的使用，但它们毋庸置疑的重要性使一个概念——敦煌学，诞生了。

另一些考古学家勒柯克（A. von Le Coq）、柯茨洛夫（P. K. Kozloff），斯文赫定和徐炳昶发现了一万片汉简（公元前206—公元220），确定了新疆楼兰古城和宁夏黑水城的位置。他们发掘了高昌古城坟墓，出土了旧砖陶器；在库车还发现了壁画和佛教手抄本。

所有新资料都扩展了中国从公元前206年到公元1100年的历史，同样有利于研究艺术史、中外文化交流史以及中国社会政治对于边疆地区如新疆、蒙古、西藏的影响。

保存在内阁、军机处和清皇宫里的档案第一次向公众开放近世中国历史的原始材料。

悲剧发生在 1911 年，一个政府机构把八千麻袋资料，总共十八万磅，以 4000 美金的价格卖给了造纸厂。当时政府既没钱也没地方保存这些极有价值的档案，所以就当废纸卖掉了。所幸，随后罗振玉把大部分档案以两倍的价格买了回来。他挑选最干净和最有价值的部分编成一本书，即《史料丛刊初编》，其他的卖给了中央研究院，部分现存国立北京大学。

近二十年，故宫博物院专家编印了一系列文献资料。其中，最有用的可能就是《清代筹办夷务始末》① 了。这是中国 19 世纪外交史的原始资料。除此之外关于所谓的“太平天国运动”（1851—1864）的资料也频频出版。

伴随着这几大发现：甲骨文、青铜器、石刻文字、旧石器和新石器时代的北京人及其他物品、西北的秦汉简牍文书、敦煌藏经洞、明清档案，中国历史不论在范围上还是内涵上都扩展了。

史前史和古代史研究

在中国文献里，“史前”是一个新术语。尽管如此，还是有一些考古学家写成论文和小册子，如发现了北京人头盖骨的裴文中，同样重要的发掘工作者杨钟健，以及古代史教授陆懋德。

在中国古史领域，对甲骨文、青铜器、金石文进行了广泛研究的有罗振玉、王国维、董作宾、郭沫若、容庚、唐兰、商承祚、徐中舒、孙海波、胡厚宣等。他们的著作非凡。除了前面提到的，还有几本著作值得列为此领域的佳作。

王国维的《古史新证》，对此领域的学生而言是优秀的引导之作。郭沫若的《两周金文辞大系考释》代表他在金文上的造诣。这两本著作，

---

① 图片—石版，北京，1856 年；1867 年出版了 1851—1861 年间的 80 卷；1880 年出版了 1862—1874 年间的 100 卷。

除了一些解释上的错误，堪称甲骨文、金文的教科书。董作宾的《殷历谱》是渊博、精细的殷代历法研究。唐兰的贡献在于对青铜器铭文的解释和分类。用他的方法，很多铭文都能认清楚。他出版了《古文字导论》和《殷虚文字记》。容庚的《金文编》和《殷商容器考》都是精细之作，后者展现了深邃敏锐的分析力。

顾颉刚和他的学生们的论著对中国古史系统的传统概念进行了颠覆和改革。七卷本的《古史辨》需要有人进行系统归纳，如同索麦维尔对汤因比《历史研究》做的节录一样。幸运的是，一部分摘要工作由顾颉刚在其近作《当代中国史学》中完成了①。顾教授认为，今文学派确定的《书经》二十四章的写作年代可以基本肯定②。《左传》不是鲁国人写的。《左传》和《国语》是两本互相独立的作品，不是从一本书中抽取出来的，也不是由一个人写的，而且也不是春秋时期的作品。所以《左传》的问题还是没有完全解决。至于《易经》，成书于西周（公元前1122—前770）初年，附录（《易传》）不是孔子所作。评论必以短语"象曰"开头，是秦汉之际的用法。系辞及以"文言曰"开头的评语，显然为公元前1世纪成书。郭沫若在《青铜时代》里认为《易》成书于战国时代（公元前481—前221），《易传》成书于秦代（公元前221—前206）。

关于老子，有三种不同观点：（1）梁启超、钱穆、冯友兰、顾颉刚和其他一些人认为，不管是老子本人还是其书《老子》或《道德经》，都要晚于孔子。孙次舟则怀疑老子的存在。（2）胡适和马叙伦倾向于坚持关于老子其人其书年代的传统看法。（3）唐兰综合上述两种观点，认为老子和孔子是同时代人，但是《老子》这本书则由墨翟和孟子时代的老子门徒根据师生间的对话编辑而成。

按照顾颉刚和其他人的观点，我们可知《周礼》是战国时代的作品，《礼记》则成书于东汉（25—220）。

关于古代中国种族和血缘的问题，殷（商）周有不同的祖先。古代

---

① 1947年，南京胜利出版公司（第142页）对19世纪中国史学做了一番全面的回顾。

② 1947年，南京胜利出版公司，第127—129页。

中国有两个族群，东方的殷人和西方的周人①。杨宽的《中国上古史导论》② 认为殷、华夷、荆、楚、秦、赵是东系部落，周、羌、荆、蜀是西系部落。尽管当时没有东西部的鲜明划分，但中国人有东西两个分支，还是确定的事实。

杨宽也认为夏朝不存在，而杨向奎坚持确实有夏朝，而且起源于东方③。

关于中国人是来自中亚还是中东，上一代人讨论不断，不过还没有形成定论。自从发现北京人和其他旧石器时代遗物，大部分意见倾向于本土论。

在众多关于中古的著作中，以下几本值得一提：蒙文通的《古史甄微》，探讨不同地区神话的相似与不同；吕思勉的《秦汉史》涵盖很多论题，以专题形式论述政治、社会制度；童书业《春秋史》第一章的脚注非常精彩；还有杨宽的《战国史》，齐思和教授关于此时段的论文也相当优秀。

为传统观点辩护的著作也应该列出来：黎东方的《先秦史》，徐炳昶的《古史的传说时代》。两人皆在法国接受过史学训练。

通史的编纂

如此长的时间段和如此多的不一致观点，导致写一部通史不是简单的事。近十五年来，相对而言，以下几本著作还是比较优秀的：

吕思勉的《白话本国史》，是用现代白话写的通行本，对大部分史实进行了诠释，只是有些观点比较旧，内容也有少许错误。

邓之诚的《中华二千年史》，原本打算涵盖汉代到鸦片战争的历史，不过作者没有足够的时间来完成。此书的价值在于广泛地从正史和野史中搜集资料，并标明出处，很少掺杂个人的解释，可以说是本资料书。

缪凤林的《中国通史纲要》，勤奋学者的资料收集，同样较少掺杂个人感情。

---

① 傅斯年：《夷夏东西说》，《庆祝蔡元培先生六十五岁论文集》下编，第1093—1135页。

② 收于《古史辨》中，第7册，上编，第65—404页。

③ 《夏朝源于东方》，《禹贡》7，第6—7页。

张荫麟的《中国史纲》，文字优美，引文较少，对历史的解释和全书的结构良好。不幸的是，写到公元2世纪，张先生就去世了。

钱穆的《国史大纲》，行文流畅，贯穿古今，尤其古代史写得比别的书都要好。钱教授因为书中太多的民族主义而受到批评，但是他写此书时，正值抗战时用历史激发爱国主义的大背景。

左翼人士的历史作品也应提及。范文澜的《中国通史简编》，共七百六十六页，涵盖从古代到19世纪中期的历史。此书由中国共产党于1941年编辑出版。主编范文澜是中国共产党党内学者的顶尖人物，他因受过太多的传统训练而不过于极端。关于古代社会，范文澜比顾颉刚要保守得多。这本书简洁明了，可读性强，对普通百姓阶层给予了很多关注。范先生利用科学发掘来证明中国传说。他相信，中国历史是从黄帝开始的，新石器时代的河南仰韶文化是黄帝时期的文化。范先生的观点只是新瓶装旧酒。

接下来是周谷城的《中国通史》，共两册，一千二百二十九页，1939年第一次印刷，1947年第九次印刷。此书持社会学观点，被上海和广州的大学引为教科书。作者视角独特，剔除了朝代史的框框，但引用了太多的引文和新术语，很多重要观点没有充足的史料依据，忽略了一些重要史实，如义和团运动，仅有一点观点而已。

翦伯赞的《中国史纲要》是另一个富有激情的大胆尝试，只出版了两册：第一册，史前社会、殷周史；第二册，秦汉史。翦伯赞貌似看不起他以前的通史作者，不过他的书的结构确实很好，也有新观点，其价值评价还要等到全部编写工作结束才行。

社会史与经济史研究

这是一个伴随着20世纪革命运动发展起来的新领域。杰出的作者是郭沫若、李玄伯、陶希圣。前者受马克思影响，后二者受摩尔根影响。

郭沫若的《中国古代社会研究》，1932年出版，带有很多革命思想和很有价值的观点，只是有些明显的错误。更扎实详细的古代社会史著作是李玄伯的《中国古代社会新研初稿》，1914年出版。李教授把库朗热（Fustel de Coulange）的方法应用于古代社会研究，取得了新发现。相较于郭先生的谬误，李先生更像严格根据史料下判决的科学家。尽管李先生谦虚地称此书只是初稿，但它会是学习古代中国历史的学生书架上的必读书。

陶希圣研究中国的政治、社会制度。当郭先生的贡献总是倾向于打破传统的古史体系时，陶先生的成就是揭示古代社会整体的真实情况。他重要的著作有《中国社会的分析》和《南北朝经济史》。

吕振羽的《殷周时代的中国社会》和《史前期中国社会》同样价值连城。前者引用了很多新概念，后者是考古资料的简要归纳。

半月刊杂志《食货》中，陶希圣、全汉昇、杨联陞写了很多好文章。全先生的《中国行会制度史》和《唐宋帝国与运河》，是二战期间的优秀作品。后一本书中，全先生认为运河运输在唐宋时期的重要性相当于一个人的静脉血管。当运输便利时，帝国强盛，反之则积贫积弱。

除此以外，还有马乘风的《中国经济史》（两册），涵盖古代到汉代的经济史。他搜集了相当客观的资料，按照唯物史观编排。中国经济史的探索还在起步阶段，仍然有很多工作有待去做。

文化史和专门史

柳诒徵的《中国文化史》是该领域的优秀作品。柳诒徵是南京中央大学教授，他搜集的资料广泛而又自成体系，学术观点稍嫌保守。

1936 年，商务印书馆计划出一系列中国文化丛书，到目前为止，出版了四十多本著作。值得一提的是白寿彝的《中国交通史》、冯承钧的《中国南洋交通史》和李俨的《中国算学史》。

在中国哲学史上，胡适与冯友兰无疑是两位杰出的学者。冯友兰的哲学贡献据说超越了他的老师胡适。在政治哲学方面，由梁启超翻译成英语并于 1936 年出版的《先秦政治思想史》，是此领域的先驱之作，至今还有价值。萧公权的《中国政治思想史》是业内相当权威的著作。萧公权接受过系统的西方政治思想史的训练，并执教此门课程多年。这部近著代表了他长期研究和执教的成果。曾资生的《中国政治制度史》是此专题的详细著作。

关于中国中世纪佛教，汤用彤和吕澂可能是最权威的了。清朝学术史方面，尽管掌握材料的范围和方法如此不同，但是梁启超和钱穆的著作都必不可少。应该先读梁启超的书，因为钱穆的书简要整理了别人讨论过的问题。

元史、蒙古史以及中外关系史研究成果

20 世纪元史的研究取得了很大的进步。屠寄的《蒙兀儿史记》，使用了蒙古语材料，很有价值。柯劭忞的《新元史》尽管被批评未注明材料来源，但可能是自 19 世纪中期继《明史》之后规模最大、最优秀的史书了。柯劭忞花了多年时间修正他的研究并用可读性强的传统方式写成。陈垣教授同样对元史和蒙古史进行了深入的研究。他的著作和文章非常精确，资料的收集也几乎毫无遗漏。方豪教授关于外国宗教史尤其是中国天主教的著作同样值得我们关注。

中外关系史上，向达和岑仲勉教授做了很多研究。向达的《中西关系简史》，简洁又知识渊博。上文提到了《南洋交通史》的作者冯承钧和张星烺，都执教此专业多年，并翻译了很多西方资料。

断代史专家

王先谦的《汉书补注》1900 年出版，远近闻名。汉史专家中，杨树达是一位中国经典、历史、语法方面的老学者，是个杰出的榜样。他的《汉书补注补正》受到王先谦的赞赏。年轻一代的学者中，劳干在中央研究院待了二十年，是秦汉史专家，充分利用了西北还未公布的资料。他发表在《中央研究院历史语言所集刊》上的文章和专题论文都很有价值。吕思勉的《秦汉史》也是部好作品。

魏晋南北朝阶段（221—589）中，陈寅恪和周一良是专家，特别擅长隋唐时期（589—906）的研究。两人都懂梵文，周教授还是日本专家。陈寅恪可能是中国最好的历史学家，他大部分文章发表在《中央研究院历史语言研究所集刊》。他的《隋唐制度渊源略论稿》和《唐代政治史述论稿》两本小书，不是给大学生而是给熟悉政治事件和原始材料的教授们看的。

仅次于陈寅恪的唐史专家是岑仲勉，他花了大量时间解读唐史著作和详细搜集的专题原始资料。他的专题论文常出现在《中央研究院历史语言研究所集刊》上。

宋史方面，北京大学的邓广铭和《哈佛—燕京学社汉学引得丛刊》主编、燕京大学教授聂崇岐都是专家。

辽金阶段（907—1234），陈述、傅乐焕、冯家昇都研究多年，并有优秀作品问世。元史方面，除了前面提到的，还有燕京大学的翁独建教授和清华大学的邵循正，都大有前途。两人大半生都贡献于研究和执教元史，都掌握蒙古语、阿拉伯语、波斯语和几种欧洲语言。

明史专家是吴晗、王崇武和黎光明。晚明史方面是朱希祖和谢国桢教授，他们都搜集了很多有价值的资料。

清史领域里，孟森和萧一山的贡献最大。很多中国学者都自称太平天国研究专家。简又文和罗尔纲发表的论著最多。罗尔纲的《太平天国史纲》是这段令人兴奋的历史的最简练、最全面的版本。萧一山和谢兴尧同样有很多太平天国著作问世。谢先生花了二十多年的时间扎根此领域。郭廷以的《太平天国史事日志》可作为通用的参考书。在第 2 册的末尾，作者把涉及起义的中英文资料列了清单。相关专家和数目太多，以至于有一篇专门的文章正在酝酿中，以求归纳总结近十年来该领域的新资料和新发现。

尽管很多学者投身于近世史的研究行列，但是除了蒋廷黼以外没有人堪称高水平。蒋廷黼研究近世外交史。可惜，他不再投身于学术而加入了政界。

近世史的著作中，郑鹤声的《中国近世史》不错，解释清楚，叙述流畅，囊括了最近三四个世纪的历史，但只出版了两册，写到 19 世纪末。

蒋廷黼的近世史小册子，从鸦片战争开始，到甲午中日战争（1894—1895）结束，对 19 世纪做了简单又权威的叙述，概括了 19 世纪的基本发展。郭廷以的近世史同样以鸦片战争为开端，很好，但只出版了两册。陈恭禄的《中国近代史》多年来一直是教科书，信息量极大，但是从教学实践来看，学生们并不喜欢，面太广，观点过于西化，尤其是 H. B. 莫尔斯的观点，而陈教授自己的观点又太保守。广受学生欢迎的是李鼎声的《中国近代史》，起初就是专门为高校学生编辑的。它提供了交织着马克思主义观点解释的基本史实的轮廓。另外一本由商务印书馆出版的，李剑农的《中国近百年政治史》，详细介绍了中国的政治事件。

最后，王芸生的《六十年来中国与日本》，共七册，是一位报业人士搜集的鲜为人知的档案汇编，主要是关于中日关系的，少量涉及别国。日本占领期间，此书被列为禁书，现在北京已很难见到。尽管第6册中有关“廿一条”的某些档案有被“卖国贼”们拿来以洗刷自己的骂名，但如此巨大的资料汇编还是很有价值的。

关于民国时期的历史著作，不仅有专史还有整体史的著作都已出版。

大众文学与艺术史研究

大众文学或流行文学，诸如短篇和长篇小说及戏剧的研究著作，由胡适、王国维、郑振铎等人陆续出版。他们的勤奋提供了被传统正史忽略的平常老百姓的社会生活方面的有关知识，扩大了历史研究的领域，增加了一个研究的侧面。

王国维的《宋元戏曲史》具有里程碑的意义。卢前的《明清戏曲史》同样既简练又重要。冯沅君强调戏剧的结构、服装和表演。钱南扬同样对中国戏曲史做了深刻研究。他们都在1936年第二十期《燕京学报》上发表了优秀的文章。

中国艺术史研究依然处于开拓阶段。值得一提的系统性和解释性的著作只有几本。相对于口头文学而言，绘画和建筑史的研究取得了可观的进步。但是，书法作为一门艺术通常被忽略了。自从钢笔代替了毛笔后，就更没有多少书法家和学书法的学生了。

引得和其他参考书

旧式的中国学者用心学习任何事，因此浩瀚的中国典籍都没做索引。做索引不被视为学术工作，但是为篇幅巨大又没标点的中文原著做索引必须由专家担任。自从索引成为提高研究速度的工具后，《哈佛—燕京汉学引得丛刊》的重要性就体现出来了。这个丛刊是由洪煨莲发起的，由聂崇岐等人编纂。这是中国史学编纂在新领域取得的成绩。

上一代人只有很少几本专业工具书。但在过去的二十年里，很多字典、百科全书、大事年表、地图、图表等得以出版，帮助学者们确定引文的出处，以及人名、地名和书名。这是中国史学的另一成就。将此领域中如此多的优秀著作全收集在一处，由邓嗣禹和毕乃德合编的《中国文献选编题解》（北平，1936 年）的修订本很快就要出版了。

毫无疑问，接下来的中国历史编纂学取得了巨大的进步。随着历史研究范围的扩大，很多分支都取得了进步，各个断代史和课题的专家都得到了训练。原因在于：(1) 历史研究科学方法的应用，尤其是 1919 年五四运动（中国新文化运动）以后，以及考古、甲骨文、金文的应用；(2) 西方历史解释学的运用，把重点从帝国的政治事件转移到社会经济方面；(3) 新史料的发现；(4) 欧洲、美国、日本的汉学，尤其是蒙古史和中西方交流史发展的刺激所致；(5) 白话文的兴起和短篇、长篇小说，戏剧和其他民间文化如民歌、民谣等非正式史料的地位提高，酝酿出社会史和经济史。

以上所列原因推动了中国史研究从盲目崇古到疑古，从消极怀疑到主动调查的有利转变。历史书写从破坏性转变为建设性，从一般性的调查转变为确定性的专门史。现在又出现一种倾向，综合性著作的范围扩大了。

中国史研究的展望

在近五十年里，中国历史编纂学从保守走向思想开放，质疑名著的权威性，对古人古物开展专门的研究，先是受日本，然后英国、美国、法国，最后是苏联等影响。抗日期间，为了激起爱国主义和民族主义对抗入侵，一些中国历史学家试图美化过去，各种各样的动机和影响或许某天会产生一种更好的历史编纂法，就像 12、13 世纪新儒家的诞生一样。

近十年的中国历史学家分为两派：一派研究琐碎问题和专题。诸如一个人的死亡日期、一个地点的确切位置、一个概念的解释，特别是词的解释。题目越新奇越好。为了写篇论文，作者常常花大量精力搜罗资料证明一个极小的观点，以此证明他专业知识的渊博。这类学者不幸受伯希和的影响，对任何调查都做很详细的解答，结果导致只有很少几本解释性的优秀作品出现。他们经常倚老卖老，有时候重复谈论自己著作以外的事。很多中国学者，尤其是对北京有丰富图书资源感到满足的学者们，试图研究更小更精细的题目。这些专家不能称为历史学家，而是古物考证家①。1930 年后，社会历史学家流行起来。但是这些历史学家不像“北京学者”那样博学和依赖材料。他们了解马克思主义唯物史观，并接受了新术语如“图腾”“奴隶”“封建或半封建社会”“阶级斗争”等等。他们的新思想多于扎实的史料和事实。

两派互相诋毁对方。古物考证家学的多，思考少；而社会历史学家思考多，学习少，只是用一些公式，认为就能解释所有历史问题。两派应该合作，思想与事实应该结合起来，孕育出信史。

新的中国历史编纂法不仅要求中国两派史学家合作，还要求他们与西方学者合作。中国史学家要了解西方历史，西方历史学家也该像汉学家一样了解中国历史。简言之，历史研究应该跨越东西方。专题研究和社会史研究应该合并，取得均衡发展。中国历史的断代史研究工作应该更好地分配，不能带有古代、近代的偏见。

寻找一个美国史博士论文的题目很难，因为美国历史太短，但是很容易就能在中国历史的任何一个时期找到一本或十几本著作的题目。近五十年，当中国学术研究走向停滞或者衰退时，历史编纂开辟了新的领域，取得了进步。中国历史领域就如同待开发的金矿富矿，有无穷无尽的史料。

---

① 齐思和：《现代中国史学评论》，《大中》第 1 册，1946 年，第 33—38 页。

馆藏类书目录叙录

类书之作，肇于《皇览》，由来远矣。自书契以来，典籍日繁，人生有涯，事难尽稽；虽毕岁月于披寻，穷心目于探究，而周知不易，记诵尤难。于是类事类文之书，应运而起。或以供人君之乙览，或以备一时之偶忘；而其体例，则大抵以类相从，如钱就贯；或依韵编次，左右逢源。使俭腹者资以馈贫，秃笔者赖以利润。为学者持以检寻，从政者得以浏览。省时节力，用至广也。顾类书编纂者虽多为硕学鸿儒；而用之者类皆浅尝之士，故有高头短书之诮，兔园册子之讥。或珍为枕中之秘，而耻于示人；或疵其割裂剿袭，而戒其子弟。其后时世推移，文献雕丧，以类书多存古籍，乃为辑佚之资粮；又以多言典制，遂为掌故之佽助。乾嘉辑佚学者，每广事搜集，孱录成编；虽未尽复原书面目，而尝鼎一脔，可以知味。近世西方专精汉学者，亦多所取材焉。盖书籍之亡，历代皆有；史志所著录者，往往有目无书；然一鳞半爪，存于书类者。犹百之一二焉。唐宋鸿篇巨制，固无论矣；即明清以下之作，披沙拣金，亦往往出人耳目之外者。故言体制，则崇卑优异；资利用，则取舍无殊。或有片言只句，颇异原文，则不难复按原书，借资途径，目为工具，谁曰不宜。况今日学校科目繁多，汗牛充栋之书，何从尽识原委；又况学风东渐，竞向博瞻；一事之征，贯穿群籍，不有类书，难免罣漏。而类书种类既繁，披检为劳；苟非学有渊源，要难洞悉堂奥。燕大图书馆主任田洪都先生，有见及此，发起编纂类书提要，立志达人，意至善也。至其考证源流，指示义例，多赖吾师洪煨莲先生；分撰提要者，则馆中任事诸君子也。初稿既成，田先生属嗣禹为之校订。窃以此编，取材繁富，规模牰具；特撰自众手，义例尚未划一。乃复遍发群书，重加探讨，出入取舍之际，疏秘得失之间，斟酌损益，稿经数易。用述例略如后，以为览者之一助。若夫类书为用，只备参考；其中征引诸书，凡有刻本流传，自当复按原书，以资互证；不能尽依类书为捷径，直接剌取。此则尽人皆知，无庸赘述者也。

一是编提要各书共二百七十余种，外加附录三十七种，皆限于现在燕大图书馆所藏者。

一是编提要各书，大致以《四库全书》与《八千卷楼》所著录者为准绳。盖类书尚无定义，区分至难。若强为之，可谓介乎杂家小说与总集之间，捋扯群书，囊括众体，或分门别类，或以韵编排，或以数目为纲，或以无类可归者，皆列入类书；以备一己之遗忘，供他人之参阅，作典章制度之资材也。惟其如是，故类书之分，尚无定则。史志著录所归之类，或杂家类书小说总集，与四库所著录者，往往参差出入。以四库分类方法，为学人所习用；丁氏书目，搜集颇备，故多仍之。其不同者，则十分之八九，于史志所有据依，非敢标新立异，妄事取舍也。

一是编提要，首写书名卷数，次写著者姓名，不书里居别号，尚简约也。次书版本，次书册数函数，次书架号，以验书之多寡，版本之优劣，便索阅也。次书前后序跋，并及作序年代，略师朱竹垞《经义考》之意也。次提要，最后附门类卷目；其以韵编排，或有细目而无总门类以及不分类者，则概付阙如。

一是编提要，重述作者之意，及其纂书体例，内容概况，阐明大要，论其指归，备览其录而知旨。观其目而知用，以为学者博识之资。故凡原序述明此旨者，则酌录序文；《四库提要》述明此旨者，则略采提要之语，不重主观之见，及评骘考证之言。

一是编类书，共近三百种，若不再分门类，不便寻检。今按本馆十进分类法，将类事之书，亦分为十门：每门之下，复按书之多寡，内容体例之同异，另分系属。十门者：一曰类事，中分“残阙类书”，凡《皇览》《修文殿御览》《永乐大典》等编属焉。又分“一般类书”，凡《北堂书钞》《太平御览》《古今图书集成》等编属焉。二曰典故，中分“文篇”，凡《事类赋》《翰苑新书》《群书备考》《策学渊萃》等编属焉。又分文句，凡《汉隽》《左国腴词》《四书五经类典集成》《佩文韵府》《小学绀珠》等编属焉。三曰博物，中分“广记”，凡《广博物志》《事物纪原》等编属焉。又分“专记”，凡《岁华纪丽》《野服考》《玉谱类编》等书属焉。四曰典制，中分“政典”，凡《九通》《会要》等编属焉。五曰姓名，中分“同姓名”，凡《古今同姓名录》《九史同姓名略》等编属焉。又分“小名别号”，凡《侍儿小名录》《自号录》《文苑异称》等编属焉。又分“氏族考证”，凡《元和姓纂》《古今姓氏书辨证》等编属焉。又分

“史姓人名”，凡《尚友录》《史姓韵编》等书属焉。六曰稗编，凡《太平广记》《宋稗类钞》等编属焉。七曰同异，凡《鸡肋同书》等编属焉。八曰鉴戒，凡《谷玉类编》《人镜类纂》等书属焉。九曰蒙求，凡《蒙求集注》《六经蒙求》等书属焉。十曰常识，凡《万宝全书》《蠹存》等书属焉。末附现代辞书录略，则《日用百科全书》《新文化辞书》《教育大辞书》及《家庭常识》之类也。此类书籍，介乎类书与辞典之间，故略附录于此，以备参考。他如《太平御览》之下，附录《太平御览引得》者，用意并同。

一是编提要各书，有互见者。如《群书典故》之属，互见史钞。盖如《汉隽》一书，《宋志》入类事，又入史钞。《两汉隽言》《左国腴词》等编，仍悉《汉隽》之体。而《四库》俱入史钞，窃有未妥。故仍《宋志》，二者互见。又如博物门时序之属，其中如《岁华纪丽》《唐宋志》入农家，《四库》入类书；《古今类传》，《四库》入时令，《八千卷楼》入类书，此编亦于时令或农家类互见。又如典制门政典之属，中如《通典》《唐宋志》入类书，《郡斋读书志》同。《通志》《宋志》入别史，《通考》《元志》入类书。《四库》以《通典》《通考》俱入政书，《通志》入别史，《续三通》并同；《皇朝三通》，则皆入政书。而《文献通考》《节贯》，又著入类书。今依《通典》《通考》最初史志所著录者为准，将九通等书，著录于此。至于会要，《唐会要》与《五代会要》等编，《郡斋》暨《宋志》，皆著于类书，而《四库》入政书。夷考其实，著入类书或别史，似较入政书为佳。今将会要各编，著录于此，而于政书别史互见焉。盖类书为用至广，而分别部居，罕有定则；兹编欲展其用途，而不愿重违《四库》分类之法，故用互见，以便稽寻。他如姓名门之互见谱牒，稗编门之互见小说，均本此旨，无庸详述。

一是编类书，既按其性质分门别属；而每门排列之法，亦按其性质及其成书时代以定先后。凡书之性质相同，名称相似者，则依成书先后，胪列一处。否则概以时代为序，俾阅者触类旁通，同条共贯。略师刘向父子，部次条别，辨章学术，考镜源流之意也。

一是编分门既细，若不知某书入于何门，仍恐难以检查。今按笔画法，将本编题要各书，列一通检表于后。凡欲寻检某书，按笔画法以求之，则可知其提要在某叶矣。

一是编末附类书门类引得，凡类书分有总门类者，皆引入之，共一百三十五种。不分总门类及以韵分者，则概从略。如欲寻类某类，则其在某书何卷，皆可一览而得。惟斯编引得，以其书过多，不能详细。如选举门，有列入政治之内者，寻检之时，不妨按其大类，以求小目；或检相关门类，以求旁征。又因未引得之书尚多，如欲广搜材料，则须从已引得之书，按门系以求其未编引得者。又《古今图书集成》，共分六千十九部，今择其要者，引入一千三百余部，以书无通卷，而册数又无定，故引得之时，则如给谏，见《钦定古今图书集成明伦汇编官常典》三九一至四〇四。若不能在书套上看出《官常典》在何处，再从引得中查《官常典》，则知其在六一至七六函，然后查书套上卷数，即可一书而得矣。至于引得排比，系用庋撷方法，另附例略于后，兹不赘述。凡未习用此法者，可用罗马字拼音法或笔画检字法。

一是编提要分类，难免错误欠妥之处，甚愿阅者教正之。

民国二十四年二月一日邓嗣禹谨识

谁说中国人没有自由？

中国恐怕是世界上最自由的国家。无论什么地方，我们有吐痰的自由，有小便的自由，有吃东西的自由，有评长论短的自由。在穿衣方面，有穿中服西服，中西合璧，不中不西，或不穿衣服而满街乱跑的自由。在吃饭方面，有中餐西餐，茶食消夜，大嚼大嚷，或站着吃，坐着吃，或一面走一面吃，甚至终日不吃而有在大街上饱餐凉风的自由。在住的方面，有住洋房土房，大声谈笑，各人不扫门前雪，随便倒粪水秽土，甚至以天地为室何以庐为的自由。在行的方面，有坐船坐轿，靠左靠右，或在大街上横冲直撞，随便乱走，不管红灯绿灯，不顾警察指挥，也没有站排等候，鱼贯而入的束缚；而可有争先恐后，随便钻进汽车火车的自由。在大街上问路，要以随便回答或不理，甚至故意告诉人家走错方向，而认为这是聪明与言论自由。如此等等，可见我们是无往而不自由。

中国恐怕也是世界上最平等最民主化的国家。如上述种种的自由，各阶级的人都可以享受。办公共卫生的人说，等到人民的知识程度提高了，公共卫生就可有长足的进步了，如伦敦的人不敢在大街上吐痰，就是一个好例子。说这句话的人是不达中国的时务的。就拿吐痰来说吧，洋车夫老妈子可以随便吐痰，大学生在教室里，大学教授在饭馆里，大外交家李鸿章在德国的皇家跳舞厅里，又何尝不吐痰。大人物不拘小节，咳咳嗽，清清嗓子，吐吐痰，正可以表示绅士们的身份，那怕什么的。至于衣食住行那些自由，不管贫富老少，受教育与未受教育，谁不可以享受？“老爷爱怎样就怎样，你管得着么？”

除此以外，中国人比英美人享受更多的自由。英美人在开会讨论的时候，与会的人皆在发表言论的权利与义务，而中国人在戏院与音乐会中爱谈话，到了正式讨论的时候，有噤若寒蝉、“为政不在多言”的自由。议案通过以后，英美人不管以前是否反对，事后绝对服从多数，有执行议决案的义务；而中国人有事后反对，暗中阻挠的自由。英美下级官员见上司，通常多半是说“是的，先生”，马上坐下，按照上司的吩咐，立刻去作的习惯；而中国人对于上级官吏，当面是谄媚逢迎，叩头送礼，对分派工作，是再三问难，托故推延；而在上司背后，却有目中无人，目无法纪，唯我独尊的自由。假如中国只有四万万人，该有四万万大总统，或四万万主席，然后才能满足“各不相下”的情形，然后才算是真正的平等与民主。英美上级官长不能干涉下级官员的职务，如某大图书馆长偶然不慎对出纳处的人说：“他是我的好朋友，他借书过期，请不要罚钱。”出纳处的人很惊讶的说：“什么，先生。我们图书馆的规章并未说明谁借书过期不该挨罚。”馆长只好面红耳赤道歉。不像我们的上司，可以下“手条”，可以朝令夕改，可以优待皇亲国戚，可以援引故旧，可以“朕即法律，朕即国家”的自由。英美人用宪法为天经地义的东西，中国宪法也有保障人民生命财产、言论、出版等自由；地方长官有突然深夜逮捕人民的自由。英美首相与总统的薪俸，远不若电影明星，下野后，不闻以之致富，或在外国银行有一大笔存款的事情；而中国官吏，可有不受薪俸枵腹从公的美德，可有提倡国营事业，开办银行，稳定经融与鼓励出口货物的德政。可是政府鼓励桐油出口，小民有砍伐桐油树的自由；台湾白糖公卖，而台民有不种甘蔗的自由。在上者有与民争地的自由，在下者有“更有甚焉”的自由；在“上下交征利”的政治情况之下，小民为兵役钱粮所逼，求死不得、求死不能，从而信仰“民死”主义，安心承受，听天由命，茹辛如甘的自由。而达官显宦，可有不当兵不纳税的自由。少数军人在城市中，有殴打电车售票员，捣毁戏院妓院的自由；在乡下及边区，有为所欲为的自由。“出门遇着兵，有理讲不清”，有不受时间限制的真理。新疆西康及台湾一带的民众，也有反抗政府的自由。英美商人的度量衡，有一定的规定，绝无欺巧；而中国商人对于有规定的度量衡，多一层随便伸缩的自由。

至于学生在学校，更是天之骄子。学生领导教授，考试要求免除，请人注册，托人替考，走进教室，把工友安排整齐的讲桌，马上拉得乱七八糟，男男女女，挤着坐在一团，好像中国混乱社会的缩影。英美学生对于教授的指导是鞠躬维谨，中国教授叫学生看参考书，要大讲价钱，大打折扣。学生有缺课、罢课、罢考的自由；越是受欢迎的教授们，学生对之也就越有随随便便爱怎样就怎样的自由。英美男学生绝对不能入女生宿舍，甚至哈佛大学不准女生入图书馆，以免扰乱男人的心思；而中国最高学府，男生可以随便入女生宿舍的房间，有吃喝玩笑的自由。

所以我们不能说中国不进化，不平等，不民主化与不自由。

根据上述简单的事实，我们可以得一个结论，即中国是世界上最平等，最自由，最民主化的国家。不但德国、俄国及意大利人没有我们这么自由，连英美人也是望尘莫及啊！像这样自由平等，奉公守法的人民，若有人说，中国民族实在是衰老了，中国民族会亡，那是岂有此理！

一九四六年五月　北平

什么是中国社会真正的病根

——不在政治制度与主义的问题，而在贪污自私的劣根性

中国社会的病根不是在中西文化异同的问题。中国的社会是病态的，这是公认的事实。它的病根的诊断，一般人以为是中西文化的异同。自从光绪末年张之洞发出“中学为体，西学为用”的呼声，以后四十余年，中国文化思想界上，不断的讨论文化本位的问题：有主张全盘西化，或以西洋文化为本位者；有主张保存国粹，以中国或以东方文化为本位者。讨论这个问题的，多半是鼎鼎大名的人物与脍炙人口的文章，毋庸在此列举。在最近的杂志报章里，尚常常看见讨论这类问题的大作。仿佛文化本位的问题一解决，中国社会政治的病态，就可以治好了。其实，说西化吧，中国可以说是完全西化了。中国的学校教育，汽车火车，飞机大炮，军队制服，纸烟口红，皮鞋高跟鞋，照相机无线电，凡是欧美各国所有的东西，中国皆应有尽有。现在政府的要人与大学的教授，多半是经过西洋文化文明的洗礼的，甚至比欧美人更欧美化，这不是完全西化吗？在另一方面说来，姨太太与小脚，乞丐与小偷，土匪与发横财的，鸦片烟与阿弥陀佛，“等因奉此”与“对我生财”，同乡观念，同学观念，家族主义，送礼政策，吹拍手段，如此等等，不是保存国粹，仍然是中国文化本位吗？有人说，中国西化不彻底，中国只学西洋人的皮毛，这是对的。然而买西洋的东西到中国来应用，请欧美最著名的钢铁专家，或当时工业的总指挥如美国的奈尔逊，到中国来指挥制造，也不是不成。无论什么神通广大经验宏富的西洋人，请到中国来就不大行了。中国少数科学家，在外国工厂或大学里有地位，一回到中国来也不过尔尔。以受西洋教授最高深或西洋最有本领的人，而不能在中国大有作为，而中国的病态依然如故。那我们恐难说是非彻底西洋化之过吧。那么，也有人说，西洋文明在中国不收大效果不容易推动，是中国缺乏政治组织，政治机会或主义的问题。这引起本文另一点，即是：中国社会的病根不是在政治制度与主义的问题。

中国行了两千多年的君主专制，到了清朝末年，百弊发生，有些人以为改行君主立宪就好了。又有些人以为君主立宪不彻底，改行民主政治就好了。民国成立以来，世界上各种政治主义，如无政府主义，社会主义，国家主义，法西斯主义，共产主义，国社党等等，皆有人正式或非正式的提倡过，并且差不多皆已局部的，短时期的，无形的，或非正式的试验过。所以中国史上的政治经验，算是很丰富的。不幸得很，无论什么政体，什么主义，在外国很好，一般到中国来就不行了。民主政体或共和政体，在外国是优良的，一到中国来，行了三十多年的民主国，比从前的专制时代是不是更专制？人民是不是更没有自由？在限制人民自由方面的进步，是不是已超越往古？这是个人按实际情形可以作答的。法西斯及国社党虽然失败了，他们后来虽然也有一点腐化，然而他们没如我们腐化之甚，他们未失败以前的建设工作，是取得一般人的敬仰与同情的。共产党在俄国执政三十年，把一个民穷财尽的大帝国，造成真正的一等强国。他们执政者，不闻在国外有房产地产或在国外银行有大量的存款，也未闻有很多非常腐化，骄奢淫佚，从无产流氓阶级起家，执政以后，一跃而为大资产阶级的事实。反观我国，在北伐时代大喊打倒北洋军阀。打倒土豪劣绅，取消苛捐杂税，实行民治、民有、民享的人们，曾几何时，言犹在耳，作了大官以后，他们的行动如何呢？其他正在奋斗尚未完全成功的政党，为他们将来成败的试金石，也要看他们得到“肥缺”后，是否腐化为转移：因为共患难容易共安乐难。至于说到政治的机构与组织，中国现在的大政党，已有广大普遍全国的组织。中央集权，比历史上任何时代为甚。在理论上说来，中国已具有推动良好政策的机构，不像王莽与王安石等人的变法，只有上面几个人唱独角戏。而缺乏班底了。然而现在中国政治社会的病态仍是这样的利害，可见它的病根不在政治制度与主义问题。

中国社会的病根是在自私。中国社会真正的病根，不在中西文化的异同，也不在政治制度及主义。而是中国人的自私自利。自私自利是人类的天性，各国人皆有之，但以中国人为最甚。为着自私，各种文化制度，在中国皆行不动。同样的飞机，在外国乘坐很舒服，每人还可以带二十五公斤行李，一到中国来，每人只许带十五公斤行李，但以管理或航空人员，为自私而走私，飞机里面堆满了行李，旅行的人爬出爬进，就不舒服了。

外国的手工业与日用品，总是一天一天的改良，一年一年的进步，一点一点的增加灵巧便利，增加人民生活的福利。在中国，为着自私自利，旧的手工业，多半一天一天的退步，“失传”或破产了。为着自私，要偷工减料，什么事情都是层层剥削，草草了事。结果，手工业的出品，贫乏拙陋得可怜。甚至一个挂西服的衣架子，也粗陋的不能用；夹纸张的纸夹子，也因钢丝照外国的减少一二分，结果不很适用了。其他一切药品，化学制造品，甚至一杯冰其凌，皆因自私自利，偷工减料，不遵古法或西洋方法制造，结果总比古制的或西洋制的坏。中国人因不守时刻，造成中国表的名称，将来“中国制”的招牌，要变成“劣品”的同义名词了。

在重工业方面，如发展矿产，制造钢铁，政府皆要“国营”。“国营”本是好制度。但以中国人的自私自利，国营事业，组织扩大，为安插私人的机关，为政府要人谋利的田地，国营事业的利息，皆归到少数政府要人的外国银行里去了，中国的老百姓，享不到一点幸福。私开盐场，私掘煤矿，都是有干禁例的。甚至国防工作，挖战壕，建碉堡，请外国工程师及军事专家计划，支付巨万，宣称铁城铜壁，敌人巨炮，绝难穿破，然因上下贪污自私，成功之后，不堪一击。这种事情，抗战期间，层出不穷，毋庸列举。

总之，中国人为了特别的爱自私，无论什么西方文化，一传到中国来就要变质：为了自私，中国的固有文化也难保存。

在政党方面，民国而后，政党公开，党员多由革命运动，变为官僚生活，不服从党之命令，不遵昔日主张，群趋腐化，失其革命精神。稍有成就，即以元老功臣自居，坐享其成，以文其自私。为自私。乃忘公，忘民，乃只知个人利益，不管民族国家。试问今日如雨后春笋的政党，有谁是真正为一般民众谋利益，而没有争权夺利分赃主义的念头存在胸中。就是民意机关，也多变成御用机关，噤若寒蝉了。自私之念不除，任何政治理论，政治制度在中国是少有成就的。一切的贪污作弊，不讲公德，不顾民族国家利益，都是从自私之念而生。所以我们认定中国政治社会的病根，不在文化制度政治制度，而在自私——自私是中国一切政治毛病的根源。

然则中国人为什么要如此贪污自私？我的朋友在美国教中国文化史，常对美国人解释是由对贫穷，并引《管子》衣食足然后知荣辱等言以作证。有位美国人问，难道像孔宋也是贫穷么？

美日与世界问题

美国研究汉学之现状[①]

伯希和、马伯乐、葛兰言等人去世后，世界上研究汉学的重心，有由法国而转到美国的趋势。因为美国钱多，学校能用重金聘请世界各国有名的汉学家，用英语去讲学，图书馆能以高价收买中国古今的书籍，博物馆与几个老头老寡妇能用闲钱与闲空，去搜购中国的古董玩器、金石甲骨、字画绣花等类的东西。经过二三十年的搜罗，现在除故宫外，美国好几个博物院对于中国文物的庋藏，中国没有第二个地方能够比得上。除北平图书馆外，美国好几个图书馆的中日文书籍，现在我们头等大学的图书馆也赶不上。有些古书在美国看得到，中国反而看不到，甚至于抗战期间出版的图书，他们有十三个图书馆买了，而现在的北平，反而不容易找得到。所以，对于美国汉学研究的现状，值得作一个简略的报告。

美国有十几个大学设了中文系，或东方语文学系。比较著名的还是哈佛、哥伦比亚、芝加哥、普伦斯顿、耶鲁、加里佛尼亚、彭雪维利亚（Pennsylvania）、斯丹福、薄莫纳（Pomona）与西雅图的华盛顿等大学。哈佛多半注重东方文字的学习；芝加哥注重中国上古史的研究；哥伦比亚注重历史上的小考据；耶鲁注重说中国语，注重中国哲学的研究；华盛顿注重现代中国政治、社会、经济的讲授，这是他们比较的注重点，以教授的兴趣为转移，当然也教别的功课。其他几个大学，多半平均发展。以人才论，哪一个大学都有一二位汉学家，他们的知识虽然不如他们自己所想象的好，但总有一门专长，每一个教授都写了几篇好文章或几本好书。

美国还没有汉学界公认的权威，并且都自视不相上下。年龄大一点的如韩慕义（Arthur H. Hummel）、富路特（L. C. Goodrich）、Charles Cardner、Harley F. MacNair、Kenneth S. Latourette 等。他们编著的书颇多，颇受美国一般年轻学者研究中国或远东史的恭维，但是

① 《益世报·史地周刊》1946 年第 18 期。

他们看中国书的本领或许不很高。四十岁上下的学者，如 Derk Bodde、H. G. Creel、J. K. Fairbank、Knight Biggerstaff、George Kennedy、George Taylor、C. Martin Wilbur、Peter Boodbergs 等十余人，能看中文，很有成就，而且年富力强，将来大有发展。三十岁以下的学者，能说话，看书，用中文写笔记，现在埋头苦干作博士论文，这样的学生一个学校也有几个，将来是后生可畏，也许比现在四十岁上下的教授还要好。

以主修中文的学生人数而论，美国东部与中部人数较少，而学术空气浓厚，可与德、法、西班牙文的学生一样的看待；西部的人数较多，而以华盛顿大学研究中文人数为最多，然功课要轻松一点，讲授要注重提高他们的兴趣，不要太专门。换言之，东部已入纯学术性质研究中文的境地，西部还在启发的时期；中部介乎二者之间。

美国学生念中文，凡是未在几个月内流产，而继续学习两三年以上者，总有相当的收获。他们念中文的成绩，比我们念英文的要快要好，主要的原因是他们常识丰富，科学根底好，语言学的多，头脑精细。学生用科学的分析，与比较方法，在一二年内就可以学会中文，可以翻译，可以发现我们古书矛盾的地方，也可以找出辜鸿铭等人翻译的错误。若再加一二年作一篇论文，他们就有好些新发现、新见解，于是乎就目空一切，瞧不起中国一切的学者。

他们学校对于各种专门人才的奖励，也是无微不至。稍有成绩的学生，就可以得奖学金，或派出国外研究。像哈佛燕京学社每资助一个美国学生及其家庭至七八年甚至十年以上者。学成回校教书，头一二年也只每周教二三小时，让他们以充分的时间预备功课，兼作研究工作。近年中国政府给美国大学几十名奖学金，每年美金一千五百元，可续得二年，对于美国汉学的研究更有莫大的鼓励与帮助。

美国人好奇，不像中国学生之急急于事功，只顾虑目前的事情，念中国史的就不想念西洋史，更谈不到美国史，以为偏远无用。美国人以为中国地方广大，历史悠久，所以起初多半为好奇心所驱使，而去选修枯燥无味的中国文史。其后若稍有所得，以奖学金的鼓励，图书设备的方便，便以汉学为主修科了。最近一二年，国内政治不景气，主修汉学的人比较少一点，然而在美国研究汉学的人，恐怕比中国研究美国史的还是要多。我们也希望美国政府给我们奖学金吧。

以图书馆论，国会图书馆、哈佛、芝加哥、哥伦比亚、普伦斯顿都很好，很够普通研究之用。国会图书馆将北平图书馆寄存的善本书都照相了，别的图书馆也可以买一份，有几种宋元古本，国内少见。芝大图书馆买了 Laufer 在宣统年间收买的书籍，有不少的殿版及满蒙文字的东西，经解与金石书籍也很多。哈佛图书馆子均发展，经裘开明先生二十多年的整理，差不多达到完善的境地。哥伦比亚有很多新文学书籍，普伦斯顿以收清代官书见长。其他，薄莫纳与 Beckeley 的加里佛尼亚大学，都有相当好的图书馆，作他们研究的工具。说来很惭愧，在哈佛、哥伦比亚等地看中国书，比在北平还要方便啦！

在华盛顿、纽约、波斯顿、芝加哥等城，有好几个博物院对于中国的文物搜罗很丰富，随时可供人参观。又有玻璃底片随时可写信借用，以作教室讲授时演电影之用。法国 R. Grousset 作一本书，讲中国的文化美术，美国人在《图书评论》上批评说，法国人很可怜，因为他们在欧洲看不见多少中国的东西。

除图书馆与博物院外，《纽约时报》的参考室，凡是中国发生什么事情，马上可以找出背境；出了一个新人物，马上可以找出他的传记与相片。又如美国大使馆对于中国文件的搜罗，司法院对于中国法律书籍的翻译，联合救济总署与美国军事机关对于中国情报的采访，将中国的政治、军势、社会与经济的情形，皆求彻底的了解。我们若不努力。恐怕要有“礼失而求诸野”“吾道西矣”之叹。将来纂修民国史，恐怕还要到外国去找材料呢！

三十五年十一月三十日

美国陆军特训班给予吾人学习西语的教训[①]

一　缘起

在上次大战的时候，美国在十多个大学中，附设陆军特训班，（英文作 Army Specialized Training Program，简称为 ASTP）。训练美国军队，学习各国的语言，兼习各种文字区域的历史地理与社会情形。使受过训练的学生，能派往所学的语言区域去工作，能明了当地的语言与习俗，能与当地人士往来而不致发生隔阂。在各种语言中，中国语言在美国人看来，是最难学习的一种，然而美国军人在一年之内，居然能说相当流利的中国话，且口音比一般南腔北调的中国人好，甚至他们能写中文信，看中文报，能演说，能听中文讲演，能在中国作联络、情报、调查、翻译等工作，超过我们花七八年工夫学得的英文程度。因为我们的大学生，多半念过七八年英文，而现在好些人竟无阅读普通课本的能力。中美两国学习外国语文的速度，真是相差太远了。他们特训班的办法，他山之玉，是值得介绍的。

作者曾以兼差的资格，主持美国芝加哥大学附设的陆军特训班。对于功课的排定，训练的方法，课本的编纂，虽有军部大致上的规定，而主持人颇有伸缩的余地。芝大特训班，创始于一九四二年八月，结束于一九四四年三月，作者始终参与其事，对于全盘计画，知之颇详。大战以后，哈佛与西部华盛顿等大学，尚在将 ASTP 的经验与方法，施之于平时大学语言文史的训练。故不揣浅陋，以记忆所及，将特训班的办法，稍作详细的叙述，以供国内人士西语教学法之参考。傥能使国内学者用一二年工夫学会英文或其他外国文字，省下几年精力去求其他有用的知识，那就是本文最大的贡献了。

---

① 原载《东方杂志》1947 年第 43 卷第 8 号。

二　语言训练

美国陆军特训班，分成两部分：一为语言学习（Language Studies），一为地域研究（Area Studies）。语言学习每周上课十七小时。头一点钟集合四五十个学生在一班，由主任教员讲授中国语言的重要，拼音法与四声等，即教“我你他，我好，你好”等简单句子。这是芝加哥大学的办法。别的学校，有花几个钟或几个礼拜工夫，慢慢地教训威德罗马字拼音法（Wade Romanization System），或他们自己的新拼音法，如赵元任先生的拼音方法，用之于哈佛陆军特训班；金守拙（George Kennedy）的拼音法，用之于耶鲁大学及康乃尔等校，芝加哥及西部各大学，为普遍实用的原故，仍用威德的老方法。

第一班大堂上过后，即分小组训练，大概七八个或至多十二个人为一组，每组在可能的范围内，请一位北平生长的先生，将大班解释过的课文，再加以训练。“你好，我好”，要学生跟着先生念好些次，好像小孩跟母亲学说爸爸妈妈一样的法子。念了几次以后，小组教员又教每一个学生念一二次，口音不对，平上去入不对，又再三改正，改到学生不耐烦时为止。

普通上午大概上两个钟课，另外有一小时历史或地理课程，使学生换换脑筋。下午又在小组再训练一小时，使当天的课文练习纯熟，口音也纯正。学了一天中文，学生就可以说几句简单的话了。然而初学语言的人，是容易忘记的，在班上会说那几句话，过了几小时，他们上体操及别的课，又忘记了。为补救这种毛病，我们将课文作成留声机片子，搁在学生宿舍里，学生可以随时去听，一次不够，又再听一次，反正那种专门训练语言的留声机，是随时可以将针退回去，使某一个字或某一句句子，重念几次，而不致伤害片子的。

现在教语言的新方法，多主张只先学说话而不学认字。以国际拼音或其他拼音方法，学会说某一国文字的普通话，将口唇的部位，训练成一部机械，凡是用肌肉或机械学会的东西，是不易忘记的。如十年前会骑脚踏车，虽然隔了十年不骑，稍加练习，仍然可以骑。因此之故，哈佛及耶鲁等大学，头两三个月，只用罗马拼音法教学生说中国话，注重嘴唇发声的部位，而不教他们认中国字。芝大头一班第一周只教拼音，第二周开始介绍中国字。学生看到奇奇怪怪的标志，哗然反对，以为中国文字难学。第二班开始就教他们认识及书写中国字，学生并不反对头一天晚上自修的时候，他们就要学会写我你他等字了。

第二天上大堂，主任先生介绍第二课，解释文法，如“你好吗?”为什么不说“你是好吗?”以及介绍“我们，你们”等短句，解释“们”字的用法，又在黑板上表演每一个字的写法。第二第三堂，仍是分组训练。每日的功课，在语言学习方面，大致如是安排。大抵每三四课有一次温习，每周有一小考，每月一大考，周内又有不预先告知的小测验。考试的时候，口试与笔试兼重。在班上常有默写，考试时也有默写。看试卷极小心，试卷看完，发还学生。普通的错误，在大班上又详加解释，使不要再犯同样的毛病，分数极严厉，不及格者往往开除，不使降班，因为再念一次，有各种心理反应，难收良好的效果。

在这样的训练方法之下，过了一个月，学生就可以说几分钟的中文，而且很够北平味，也可以认识两三百个字，而且能得心应手，知道那一个字怎么用。半年以后，他们都可以跟中国人谈话，虽不算很流利。然而比我们念五六年英文的学生，见着外国人面红耳赤的样子，就要好多了。到第三学期，他们开始学看中国报，念点短篇小说，会话的材料，也渐渐的变成深奥复杂了。中国的文法，他们差不多都会了。他们能够唱几个中国歌，能讲几个中国故事，也能背诵一两首中国诗。日常应用的话，差不多都会说了。此时我们用南腔北调的先生教他们，因为他们的口音已有好的基础，不致于弄坏；同时可以练习懂中国普通官话，不光是懂北平人所说的话。

到了第四学期，即是受了九个月训练以后，他们算是高年级的学生了。除每天早上念些复杂课文以外，他们每星期念两个钟短篇戏剧，有一个钟练习用中文演说，有两个钟听中国名人讲演，听完以后，还要用中文作一个撮要，与用中文讨论。在这一期，他们学写中文信，学翻译中文报章。前三期每天所练习的翻译，由英翻汉，或汉翻英，多半是单句子，现在将单句连起来，就可以成为一篇文章或一封信了。

一年中文训练的成绩，使金岳霖先生大为诧异。杨振声先生看见我的学生给我写的中文信，使印度的检查者看不出他的双关语句的牢骚，致杨先生说他们的中文有中国初中毕业生的程度。学一年中文，他们能会话，能讲演，能口译，能笔译，能看浅近的书报，能写简单的书信，总算是不错了。回想我们学英文甚至学中文进步的迟慢，真是有天渊之别。

三　地域研究

至于地域研究（Area Studies），在芝加哥大学的特训班，每期有十个钟。第一期学地理，为芝大地理学系各教授所担任，先讲远东地理，然后相当详细的讲中国地理。第二期讲中国历史，由北京人讲起，讲到最近的时事为止。凡是中国文化美术政治哲理，皆须撮要讲述。胡适之先生，也曾被礼聘为他们讲授。第三期讲中国政治社会组织，注重近百年情形，并增加讨论时间。每学期的讲演，常用电灯图画解释，或领他们参观博物馆，或请名人专家讲一次，以免单调。讲演之外，学生尚须看课外参考书，每周约一百页，每月有小考，每期有大考。第四期地域学习，则融合前三期所学者为一，有请人类学家将中国文化作综合研究者，有用中文讲演者，有专讲中国风俗者，有谈时事者，有讲中国旧剧或书画者，故一年以后，受训的学生，俨然成为“中国通”。我们学理科的学生在美国，他们还不愿与之谈中国的文史，因为他们比理科学生知道的更多更确实。此外，一年当中，他们每周有二小时，学习欧洲的史地与政治情形，使他们不光是知道中国，而忽略了世界大势。总观地域研究的布置，也是很合理，很收效果的。

四　经验与教训

我办陆军特训班的时候，是我有生以来最忙碌的时期，因为除此事外，我还管芝大中文系的文史课程与远东图书馆的行政。可是同时也是最有意义最值得回忆的时期。那一二年中，使我得到不少的教学经验。受训的学生，年龄多半是十八到二十八岁，资格是从高中毕业到大学研究院。他们天真灿漫，他们也恶劳好逸；他们也爱批评学校甚至军事设备；他们尤其爱说这个教员不好，那个教员不公平，分数扣得不对，算错了等等，一点小事，找负责人，使负责人成了小学校的校长，成天想法解决小麻烦的问题。有人说，凡是一个人穿上军服，总有三分异样，这话是确实的。教美国大学生，因为他们很客气，很难得到他们对教员好坏的反响；教美国军人，教员的好坏，他马上可以告诉你。我最爱他们的戆直，爱他们的诚实，他们的守纪律。虽然一分不及格，可以降到海外去打仗，然在考试的时候，班上很少人作弊。他们玩的时候玩个痛快，念书的时候，也拼命的用功。他们一般说来都很聪明，很有理性，守纪律。明知考试烦厌，很少人敢说反对考试；明知课外参考书太多使他们忙不过来，也很少人反对看教员所指定参考书。军人中凡是到了上尉的阶级，就文质彬彬很有礼貌了。

至于在行政工作方面，我学会了不少美国人的习气，精神与效力。芝大文学院院长兼总管各种语言军训的麦肯先生（Richard P. McKeon），一人管那麼多事情，总是从容不迫；其秘书两手接电话，礼拜六下午与礼拜天尚须去作事，然仍抽出时期到医院去作义务看护，以便正式看护去海外救护伤兵，而她的薪水不过百二十元一月而已。我是一个中国人，管行政、编讲义、教书、管学生等等，睡眠不够，忙不过来，自不免发生错误，忘记作报告或传达命令等等，而上司从无半语责备，使我从经验与错误中学习，使我得着美国行政工作的实际经验，这是很宝贵的。军训班结束的时候，所有剩余的物资，一概检点，退还公家，私毫不苟，这是他们奉公守法的精神。

五　可供我们借鉴的地方

抗战以后，中国大学生的程度，远比战前为低，而尤以英文程度最低，学生英文口音，多半使人听不懂；可是中文也未学好。外国人对中国的研究，倒是不遗余力；中国若欲在世界上图存，要想知己知彼，若想中国的事情不要外国人越俎代庖；中国的学问，不必让外国人代为研究整理，那我们定要多学外国语言，并研究他们的历史地理，政治社会。若要将外国语言学好，而不要像从前一样的举八九年英文而不能看书说话，学三四年日文，而不能认识日文字母，那我们一定要采取或注意下列各提案：

（一）教授要极端严格，学生要在精不在多。

（二）要请英美人教授英文口音，德法人教授德法文口音。每一个大学的英文系，至少要有一二位英美学者作教授。

（三）英文课本要好好的编制，要常常修改，要将每一课文，请英美语言学家，作成留声机片子，使学生随时静听模仿。

（四）中国初中似不必有英文课程，因为难找好教员，与其将口音教坏，毋宁将此时期多学国文数学。高中二、三年级，每周可有五个钟英文，大学一年级有十个钟英文，可广用 ASTP 的方法训练。希望大学二年级的学生，可随便看英文课本，用英文作工具去求有用的知识，不必再有英文课程了。

（五）中国对日对俄甚至对任何国家，都缺乏青年外交家与专门人才，似宜大量采用 ASTP 的方法，训练年青的干部，担任各种事业。

最后而且最重要的一点，是中国无论何事，若主管人不认真，不尽责任，不严厉，什么事情会作不好。中国学生应当有言论出版种种自由；然若不用功，不听教员的话，不守纪律，只想偷懒作弊，等着拿文凭，那任何语言学不好，任何有天大本领的教员，也不能教好他们！美国陆军特训班所得到的良好的成绩，多半是教员严厉与学生用功得来的。让我们保持固有勤俭的美德吧！

美国房东太太的面孔[①]

1937年夏天，小方把老王从车站上接下来，把人跟行李都领进他自己的车中，就开车去找住处。经过几条小胡同，起始在一个住宅区看见一家窗户上挂着“吉房招租”的小牌子，小方试问“多少钱?”“五块半。”“五块好不好?”“可以。”于是不多思索，就把行李抬放到房里去。不等息汗，小方又把老王带去吃午饭。那正是礼拜天，小方夫妇无事，借此招待××老朋友。带他看美国的国会、养花园以及一部分博物院。又请他在车站旁边的中国饭店吃一顿晚餐，表示欢迎。饭后，还到车站附近五光十色的喷水池旁边溜一溜，主客之间都觉得差不多了，小方又把老王送回寓所，道声再见，告辞而去。

三四天火车生活，老王早就有点昏迷糊涂。这一天，小方夫妇领他各处游玩，在他不但是乡下人进了美国的京城，而且还像是刘姥姥初入大观园，为高楼大厦中人事和机器并动，以及满涂口红跟着无线电音乐而行动的女招待的漂亮客气所迷惑，简直是像在梦里。回到房中，正想解衣就寝，忽然有人敲门。

不等回话，一个五十岁上下戴小眼镜的太太便行进来了。她把眼睛从镜框上看了老王一眼，便带点考试的意思发问：

“你是中国人，还是日本人?”

老王回答说：“我是中国人。”

“你会说英文吗?”

“我会说一点儿。”

“你要在我这儿住，一点儿英文可不成。”

“那么，也许比一点儿多一点。因为我的职务，是来帮助国会图书馆编纂一点东西，如果英文太不行，我就不能担任这项职务。”——老王的回答中也就稍稍见出不客气。

---

① 本文原载于《世纪评论》1947年第14期。在本文中，邓嗣禹先生以第三人称“老王”的身份出现，其叙述的故事，都是他本人在初到美国时所亲身经历——编者注。

房东太太听见老王这样说，把眼睛闪一下，翻开白眼，半信半疑地说：

“喂——啰——，你的英文还马马虎虎可以对付。可是我告诉你，你要是想在我这里长住，这里规矩要遵守：你走路要轻一点，因为你们中国人总是大声阔步在楼上走动。说话要小声一点，因为你们中国人爱大谈大闹。出门要记着关灯、关窗户，因为你们中国人不管在家不在家，总是把窗户敞开，电灯扭开。你的房间总要保持整洁，因为你们中国人的房子总是污脏不堪，乱七八糟。你每晚什么时候睡?”

“差不多十点钟左右就寝。”老王又累又气地说。

“甚至十点钟，我还嫌晚了。我们美国的好人家，总是早睡早起的。”老王听到这样，忽然打了一个呵欠，房东太太似乎也稍稍理会到这个暗示，因为用下面话语结束了考问：“我还有好些事情要告诉你，可惜今天晚了，太费电，我不说了。我简单地告诉你，若是你要在我这里久住，你一定要遵守我的规矩；不然，我欢送你出门比欢迎你来机会要更多。晚安!”好容易门一关，房东太太走了。

睡在床上，本来已是长途跋涉疲乏不堪的身体，受了这一番晴天霹雳无妄之灾的教训与辱骂，老王神经不免有点兴奋，要失眠了。他想在美国的美国人，跟他在教会学校里所认识的美国人，真不大一样，与在电影里面所看到的美国人，就更不同。他又想好些中国人，以为一到美国如登天堂，而他在天堂里面的享受，如第一个房东太太的面孔，就使他够受！他想若是在国内，房东太太对他这个样子，他早就跟她对骂一场，把行李搬走，即住街上过夜也不在意，如今可是要训练训练自己神经的耐性……

睁开眼睛时，天已明亮。记着房东太太早睡早起的教训，虽然未睡够，身体还觉得极端困累，也勉强起来。穿上袜子，不敢穿皮鞋，在房里偷偷摸摸地走来走去，免得房东太太说中国人爱大声阔步地在楼上走。好在地板上有一块破地毯，不会把袜子弄脏。过了一会，又偷偷摸摸地在房外的洗脸间洗了个脸，把大理石作的洗脸盆，洗得干干净净。洗完脸后，就照例整理床铺。床铺宽得像四方形讲演台，来去得绕个大圈，好容易把两三条洗过几百次的棉毯子拉得齐齐清楚了，却始终不能把被单弄好。他记得，昨晚的床，铺得非常整齐，床上的被单，一点皱纹也没有了，在放枕头的地方，还好像美国有些男人烫头发似的，有一个大波纹。他想一切复原，用尽平生的气力与智慧，总不能把被单铺得像昨晚一样。把左边摆整齐清楚，右边乱了，把脚头弄好了，另外一头又弄不好。弄得又气又累，率性坐下，想完全放弃努力，不再管它。等一会儿，怕房东太太骂中国人的房里总是乱七八糟，他又去铺。如此跑来跑去，真跑得筋疲力尽，不知不觉，脚步也重了起来。

忽然有人敲门，这声音可把老王吓坏了。他想准是房东太太又带来一篓空话开始谈判了，这外交真不好办。

他赶急穿鞋整衣，敲门之声却甚急，赶不及拉鞋带，便把门开开；行了一个九十度的鞠躬，预备说十次“对不起”。

那知道敲门的并不是房东太太，而是他的朋友小方，到这来准备带老王去吃早点，然后同他上公事房，和管事方面接接头。小方看见老王慌张狼狈样子，有点莫明其妙。

小方说：“你昨晚作了什么公事，现在八点多钟就上班了，还没穿好衣服?”

老王呆呆地说：“老早起来了，只因铺这鬼床，弄了半天也铺不好，真得重新学习，或者赶快结婚!”

小方听见说铺床，便哈哈大笑起来。老王看见小方大笑，又记起房东太太的约法三章，赶急用手捂住小方的嘴，用嘶哑而急促的声音询问：

“小方，为什么大笑?”

“老王，你为什么要捂住我的嘴?”

“因为早上，规矩不能大笑，房东说的。”

“我发笑，是因为你这个乡下人，要替房东太太铺被；铺被扫地，这是房东太太的事！她用一条长尺，几下便把被单弄清楚：用一个扫地的机器，几下便把地板弄干净了。这不用你劳神的!”

老王说：“我哪知道这些事。那一位，我真有点怕。昨天教训了我好多话!”

于是老王赶急整衣，一面走，一面把房东太太昨晚给他的教训，一一告知小方。在国会图书馆作了一天事以后，老王又告知别的中国同事，说他的房东太太特别的厉害，请他们不要去找他。其实，在美国住久了的中国人，有些人有汽车，一个家，或一两个“甜心”，下班以后，各人照例是自奔前程，寻求乐趣。如果不是老朋友，就是请他们去，他们也不会去登门拜候的。

老王下班以后，吃了饭，闲着没事，就在大街上溜达溜达，抬起头来东张西望的看看高楼大厦。这个独行踽踽凄凄凉凉的怪样子，美国的街车夫一望，立刻知道是一个外来人，猪头三，于是大声在他后面嚷，“看风景吗？五块钱看华盛顿的风景吗?”老王不高兴这种招呼，只快快地走去，拐了几个弯，便把道路迷失了，走不回来。末了是花一毛五分钱，叫辆街车，可是一转弯却到了家。

回到住处，在房里想写一封家信，报告平安。忽然又有人叫门，这次老王不慌不忙，以为定是他的朋友来找他出去玩了。开开门，倒是房东太太。她这次换一身黑衣服，更显出十足的寡妇老婆子气。在感觉上仿佛还拿了个扫帚，不是用来扫地，是用来飞行的。

“密司特，你怎么念你的名字？你为什么不对我说‘早安’就出去了？晚上回来，也不对我说‘晚安’！我们家里只有一个女儿，今年十四岁，上高中。你住在这里，该早晚对我请安，好像一家人一样。”

老王听见这些话，有点受宠若惊的样子，让房东注意到了。这来可并不是给他开心！

“不过”，房东太太于是接着又说，“你今天早上未洗脸盆”。老王现在胆大一点了，提出抗议说，“我洗过了！我用手洗得干干净净的！”房东太太不耐烦地说，“我说洗脸盆，是指洗过脸后，用手巾把面盆擦干净，这是我们的规律。今早你洗过脸后，脸盆台上满都是水，那算洗过了么？以后你要在我这里住，该听我的话，不要狡辩，这不是开辩论会。晚安”，她不耐烦的把门訇的一关，走了。

老王待在房中心想，“你这个老婆子，终有一天骑扫帚飞去，飞到罗马尼亚地方掉下来，把你烧死！”

老王住了两三天，白日上班，晚上回来，筋疲力尽，无书、无朋友，城市街道又不熟悉，不敢出去乱跑。在房里蹑手蹑脚走几步，还怕扰吵了骑扫帚的那一位上楼训话。到后率性关上电灯，在椅子上闷坐，让一颗心摇摇荡荡的飘向祖国，想家，想国内战事，想战事下种种死亡破坏；左想右想，越觉无聊，只好早早上床睡觉，静听窗外秋风刮下来的树叶声，计算未来的星期天。

过了几天，老王着了凉，咳嗽流鼻涕，每天要用半打手巾。放工回来时，多一回洗手巾的工作。

在平常，日作夜思，还可对付。礼拜天，倍觉度日如年。在大街上走走，抬头四望，街上人照例还是追着他叫去看风景，在房里，往窗户外面看，一面是静悄悄的街道，满堆落叶、废纸与汽车。另一面是一个小院子，有一只大狗经常出入，像是有什么心事。有一天，忽然有一位年纪轻轻的女孩，在院中跟狗打着玩，两面似乎都玩得越来越进步。那女孩子一会儿把狗抱着，差不多像要接吻的样子，一会儿又骑在狗身上，似得意，也似失意，无计消愁的样子。老王望着这幅异国情调的小景图画不免出神。小姑娘到后发觉有人在看她，或窥破她的秘密，不好意思地溜了。那只狗先还是在门旁出进，到后也失踪了。

礼拜一早，房东太太在洗脸台上出了一张文告，大意是："洗脸台只为洗脸之用，不准洗衣服。"晚上老王去给她请安时解释说，"一切的衣服，他都送在外面洗。只有手巾，为卫生起见，须自己洗"。房东太太很肯定地说："手巾也不能在洗脸的地方洗。实在要洗，只好到地窖子洗衣间去洗，每礼拜准允你洗一次，这就是礼拜四早上。"老王说："这不成。因重伤风，一天要用好些手巾，隔一天去洗一次如何?"房东说："那不行。""礼拜四早上要办公，晚上去洗如何?"他说。"也不行。"而且说"你们中国人老是爱争论，毫无道理"。老王的要求毫未办到，面上有点发烧。末了那个先是和狗玩后来他又和她玩的房东太太的女儿，却插了嘴，"呵，妈妈!"这句感歉词的意思，好像是表示抗议，觉得她妈妈对这个中国人太刻薄了。

老王忍耐半天，托朋友找房子。不久就搬住国际公寓，虽然离国会图书馆很远，也管不着了。

搬家时，房东太太惊讶地说，"你这个中国人还不坏，住得很好，为什么要搬走?"

"为什么?"这不是开辩论会，他于是笑笑，不说什么，让房东太太猜猜神气，掉过头去。东西搬出后，老王忘记将钥匙退还。第二天同一个朋友去还钥匙时，房东太太不在家，房东小姐紧紧的握住老王的手，"呵，王，你是个好人，怎么不同我们住了?"大有依依不舍之状。老王想起那只大狗一身绒绒的毛，不免有点不舒服。

国际公寓的房东，是从前一个外交家的太太，在欧洲住过好些年，会说德法文，虽是徐娘半老，然笑容满面，令人感觉愉快。可是这个女人虽和那个房东太太大不相同，可是却另有令人够受处。她对人即有几种面孔：对付英法德人，是崇拜亲热的面孔；对南美洲人，是邀好牢笼的面孔；对付日本人，是和乐钦佩的面孔；对付中国与菲律宾人呢，却是假冒慈善，极力敷衍的面孔。怜悯中国人被日本欺压，好像随时都要流泪，使中国人反而觉得难受。一见到日本人，那种恭维钦佩的样子，更使中国人难受。日本大使派御厨到国际公寓来作饭，给公寓的指导者——不叫房东太太——与其他的房客进食；可是中国的大使馆却关着门办外交，凉台上晒了些丝袜。偶开一次茶点会，也从不愿意请国际公寓的指导者去参加，这自然也影响到老王住下来的待遇，尤其是抽象的礼貌。

在华盛顿作了一年事，老王去哈佛大学了。头一周住在一位教授家里，白天替他作研究工作，早上及黄昏，皆去找房子，使他从这个机会上，认识了更多的美国房东太太面孔。

他在大学管宿舍的地方，拿到一张民房招租的单子，知道某处有房招租，到那里后，又看明白房外有招租的牌子，然后去问。即使如此，房东太太还会生气，或装作生气样子说："房子不租中国人，你为什么要打扰我!"问房的时候，不管天气是怎样炎热，衣服一定要穿得整洁，头发要梳得清楚，下巴要刮得光滑，以便给房东太太一个好印象。按电铃后，先要和气低声的说，"对不起"，然后才入正题："您有房子出租吗？我想看看。"

有的房东太太老得快要就木了，走路也走不动，慢慢的开门，气喘喘的说："你要什么？"听说要租房，她明白来意后，对你从头至脚仔细检视一番，然后慢吞吞的说，"没有"。这时你也得说"谢谢"，鞠躬如仪而退。

有的房东太太一开门，看见你是一个黄脸人，就大不高兴，急忙找一个理由来搪塞，说："我们的房子刚才租出去了。"客气的人，加一句"对不起"。不客气的呢？说完这句话，就把门即刻关上了。有的房东太太会说，"我们的房子对你太小了"，她不知道你正在找一个小房间。也有人说，“我的房子对你太大了”，她不知道，你也许正在找一个大房间，跟另外一个人同住。

还有一种太太，迎头即问你是中国人，日本人，还是菲律宾人。你如说是中国人，她说她的房子只租给日本人或菲律宾人，以免混杂。你如说是日本人，她又有其他话说。也有经验的找房者，只说他是东方人，美国的房东太太，有时就会不客气的说：“我们的房子，不租给任何东方人。”劈啪一下把门关上完事。

这种代表美国某种文化的鲁莽房主，老王在剑桥碰见过，在芝加哥也碰见过，留下一堆印象，恰好在办公室得到的完全相反。

也有一种比较老实的女人，看见你是一个受欢迎的中国人，不知如何挡驾，赶急自己打了一个圆圈，手足无所措，哑哑给给的说：“这件事等我先生回来，我同他商量，然后答复你。”总之，老王一九三八年在剑桥足足花了一个礼拜工夫，才找到一间房子。看各种房东太太的答案，好像智力测验。聪明的人回答快一点，漂亮一点，使没有找到房的人不觉得十分难过。愚蠢的人回得慢一点，笨一点，并且使你一生忘不了那一副冷酷的面孔。

但是，有的房东，非常客气，一见中国人，就要把他抱起来的样子。不过为着房子太小、太热、或太远，实在无法承租。也有房东请看房子者进来坐一坐，喝一杯咖啡，甚至吃一顿饭，虽然房子没有租着，使你非常高兴，竟愿意同她作朋友，且仿佛已经作了朋友。

过了三四年，老王在一切问题上，都算是“老美国”了。他在芝加哥找房子，房东对他很客气的，他要问个为什么。其答案多半是十几年前，有个中国人住在他家里，那个中国人非常用功、安静、爱清洁，跟她的儿女都很好，常请她们吃饭等等，所以以后很愿意跟中国人作朋友，租房给中国人住。凡是说“我不租给中国人的”，老王也要问个为什么。理由却多半是二三十年前，当她还是一个少奶奶的时候，有一个中国人住在她家里，爱闹爱跟女人开玩笑，朋友川流不息，白天睡觉，晚上念书打字，不关电门，不关窗户，房子里永远是堆得乱七八糟，收拾不清楚。从此以后，她们家里一看见中国人就害怕，共同发誓，永远不租房间给中国人。

有一个笨房东，对中国人非常不客气，按电铃，她反走上楼去。老王再三按铃叫她出来，她说："我不高兴你们中国人。"老王大生气，说："你受过大学教育没有?"她说："我只是高中毕业。"老王说："难怪你眼光是这样狭窄。"她便说："不是我眼光狭窄，十余年前，有一位中国官员，住在我们家里，白天学生来拜访他的，川流不息，高谈阔论，使我们大人小孩都不安宁。晚上他有两个美国女朋友，差不多轮流来找他，待到早上四五点还不走，房里四五盏电灯，照得满屋辉煌，喝酒唱歌，闹得我们的邻居也不安，终日在我们屋前屋后，评长论短，从此以后，一见中国人找房，我们就要退避三舍。"

从此老王知道，中国人看每一个美国人是百万富翁（以美金计算），美国人看每一个中国人是大使，这一个大使给美国人一个好印象，所有的中国人便都是好人；若是给他们一个坏印象，所有的中国人便都是坏人。这个逻辑公式的发展，不免使他为中美友谊有点忧心。因为驻美大使不能每一位都是可爱可敬的。倘若中美还需要一点友谊，中美双方的理解，似乎都得好好注意，好好认识，比商约、借款、援助，还重要得多。

在战前与战后，美国房子的确短少，房东太太的面孔，又当别论。以前的招租版子不见了，管理房产的地方，有时连"有，没有"二字都不愿意回答，因为问房子的人太多了，不胜其烦。一个中国人要解决住的问题，自然更是件麻烦事。

在这种种困难情形下，中国人机会好的，也可以租到好房。机会不好的，也不致露宿。老王花了三年工夫，找到一个可以住家眷的房子，也有人在几个礼拜内就找到几间的房子，这里变化不大像对中国或中国人已有普遍而深刻的理解，只是中国在和日本作战，与美并肩作战。一定有不少美国房东太太，儿子多远征到远东区域，明白中国在和日本作战，要陷住日本的脚，中国人已作种种努力。中国吃了败仗，可还不曾投降。

找房如找太太或找丈夫，有时踏破铁鞋无处觅，有时得来全不费工夫，不过无论何房子，最好说话的还是房东女儿。一个国家办外交的，能理解这事也和外交有关，出国学生受训时，且能注意到这类切身问题，如此一来，一切情形也许便会不同多多!

中国学生喜欢逗趣，同学爱问你的 LLD 好。LLD 者，非法律博士之谓，乃指房东太太之女儿也。房东太太冷酷的面子，常与 LLD 的热情的面孔相抵销。故留学生回国以后，往往对美国表示特别好感，忘记一切坏印象，要他追忆一下坏印象时，也不大会提到房东太太上面去，LLD 也是维持好感的原因之一吧。但关于这件事，自然也就有的是小小悲剧，好感过多，便把中国人民应当记住的坏印象也常常忘了。

1941 年 7 月太平洋轮上

日本的将来[①]

一

自从日本屈服于美国的原子弹威力而投降之后，中国得了最后的胜利。大家抢着发胜利财，产生许多接收的喜剧，出演在外国的大报纸上。并以慈悲为怀大国民的风度，不究既往，而且也不想将来。好像胜利以后，中日的问题便一劳永逸地解决了。国内的报章杂志，除了最近邀请中国新闻记者赴日，他们回来写了一点游记作过几次公开讲演登在报上以外，关于日本的消息，简直是凤毛麟角。这点一麟半爪的记载，很难使读者对于日本的现状得着一个明确的概念，将来的情形，更无法推想。其实日本虽然是战败了，总的国际地位是在战败之后提高的；中国的国际地位是在胜利之后降低的。日本有计划有纪律的投降兼全国一致的媚美，使人佩服她将来的有为，忘记她过去的凶残。中国失掉战胜复兴的机会，而是不断的内战，官僚资本，自私自利，使人感觉中国老大昏聩，不可救药，国际地位从“四强”或“五强”之一而不知降落几千丈，物价自胜利以后又不知道升高多少倍。在这种情形之下，根据适者生存、弱肉强食的原则，日本会不会东山再起，重侵高丽满蒙及中国，这是值得考虑的问题。为未雨绸缪、防患未然计，战胜国应如何处置日本，使日本和平发展不致变成国际间的危险分子。日本“太上皇”麦帅管理日本的政策，是否洽当？这也是值得检讨的。在日本未战败以前太平洋学会出了一本书，颜曰《日本之将来》，其中意见虽多过时效，而可供参考之处甚多。美国占领日本的报告，也供给我们很多的材料。本人根据这些资料，参加个人平素对于远东史的学习，将日本之将来的诸问题，作一简略的说明，以便抛砖引玉，引起国人对日本问题的注意，与经常不断的警惕。使中国的复兴运动与日本并驾齐驱，不致落伍，而招侵略，

① 原载《现代知识》1947年第1卷第1期，第507—509页。

那就是本文最大的奢望与收获了。

二

日本的将来，有几种可能的趋势：

第一，日本地狭人众，原料短缺，战败的日本国人，定要过长期的凄惨穷困的生活。可是我们要注意，过去日本的侵略，也是以人口过剩，原料缺乏，贸易受限制或排挤作口实，尽量的宣传，去掩饰她想的统治东亚的野心。现在日本的土地减少了，海外的军人商人送回国内去了，国人生活的艰难是显而易见的事情。然而我们要知道日本人的国民性，他们外表现代化，内部封建式，生活卫生而费用简单。国人皆受有普通基本教育，知大义，能团结，富于忠君爱国之观念，惯于以穷困为美德，以短缺为富有，以俭朴与斯巴达式之生活为浪漫，（Romance 之真义）为国家的光荣。三五十年甚至二十年的凄惨穷困，卧薪尝胆的生活，他们是不会介意的。并且穷，是硬穷，不大愿意摇尾乞怜的。看日本乞丐之少，有外国人经过的地方，警察常用脚踢开乞丐，不准他们向外国人要钱，这也是硬穷顾面子的表现。

第二，日本需要长期的休养生息然后能再向海外图发展。这就历史上看，可以得到这样的结论，自有史以来，中日两国已打过五次大仗了。第一次在唐高宗龙朔三年（663 年），中日白村江之战，日本失败。第二次在元世祖至元十一年（1274 年）及十八年（1281 年），蒙元失利。第三次在明神宗万历十四年（1586 年）及二十六年（1598 年），丰臣秀吉侵高丽想由此而霸占东亚，丰臣秀吉死，乃成为虎头蛇尾之收场。第四次在甲午年（1894 年）中国失败，第五次在民国二十六年至三十四年，日本失败。总此五次战争，不管日本或胜或负，而劳民伤财则一。其间皆经过长期间的休养生息，始能重整旗鼓，再作侵略东亚的野心。根据过去的事实，我们可以说日本从此以后，亦须经过相当时期的休息，然后再向海外图发展。而且事实上日本缺乏海空军，缺乏重武器，大规模的海外侵略，在最近的将来，势不可能。不过朝鲜及中国的东北与日本邻近，小规模的货物走私或海盗式的袭击，中韩两国如不自强，在最近的将来就可以实现。

第三，日本屈于威力非一败涂地，利用美苏冲突的机会，有迅速复兴的可能。在战争期中，日本几个大城市虽受了原子弹与飞机、大炮的洗礼，而日本国内的交通工具与农村社会的组织，很少受影响。海陆空军人员，大部分仍是保存着。加以国民有训练，有组织，勇敢服从，刻苦耐劳。一旦美苏发生战争，美国必尽量武装日本，使为美国而战争，替美国人当炮灰。日本的军事力量便马上可以恢复起来。而日本人要报酬，美国人也会尽量的帮忙。钱，军火与粮食，可从美国运来。原料与土地，羊毛出在羊身上，得从亚洲想法。中韩两国若不争气，又要吃亏。

第四，日本可利用美苏冲突的机会而复兴；亦可以因美苏冲突而复亡。日本固善于利用甲乙两方之冲突，混水捉鱼，从中牟利，很快的复兴。将来修订议和条约时，日本许多有能干的外交家出现如达理朗（Talleyrand）在维也纳会议活动一样。何况现在的麦帅，把日本看作年方二八的女孩一样，尽爱护之能事，使她发育得非常健美。故日本趁此时机，奔投麦帅的怀抱中，奉令唯谨。复兴之相，已渐渐实现。其惊人的商业计划，一二年内，可予中韩及其他亚洲各国甚至欧美以很大的打击。不过如果美苏真正冲突，日本可成为美苏的战场，人民可分为左右两大壁垒，天皇派与共产主义派可发生革命的斗争，在现在与将来的战争武器之下，日本从开战起，就要首当其冲。牺牲的惨重，是不堪设想的；日本的命运，也非麦帅所能保护的了。

第五，美苏冲突，如美胜，日本可成东亚的霸主；如苏胜，中苏日印可联合战英日德意。美国现在已是天之骄子，取十九世纪英国之地位而代之。利用“金元”与“原子弹”外交，在全世界设立广博的战壕与防线。如有战争而美占胜利，美国可让日本作亚洲的盟主，或主持亚洲的“行营”，日本的“亚洲人治亚洲”，“共存共荣”等理论，又可以重演一次。而且很奇怪的，日本在中国杀了这么多人，中国的老百姓不恨日本人；因为在平时，日本人的“望之俨然，接之也温”，“鞠躬如也”的态度容易跟亚洲人接近。美国虽然送了人家很多的救济物资，然“救济”与“走私”齐飞，“民生国家”与“帝国主义的军人”一色，挺起胸部，瞧不起中国人。一再侮辱中国的新闻记者。在中国的美军俱乐部，只欢迎中国年轻貌美的女人，不准中国的男人探望，不跟中国人来往，有些吉普车在大街上横冲直撞不守纪律，他们的态度跟从前在香港上海的英国人一样。故一般中国人对于美国兵没有很多的好感。长此以往，一旦亚洲发生战争，美国军人也许要受到亚洲人对于英国人的待遇。而日美比较之下，日本人容易成为东亚的霸主。但是苏联若得胜，那又是日本卧薪尝胆誓复国仇的时期了。日本人虽然能忍耐，然气量狭小，睚眦之怨必报。如三国强迫还辽后，日本和颜承受，不露声色，埋头苦干，结果而有一九〇四年之日俄大战。现在日本虽专心一致，侍奉美国，若美为苏联战败，日本中国及其他亚洲各国，皆有采取共产主义的可能。日本为报国仇必联合中印苏联，以抗英美等国之联合战线。两大政治理想的营垒，若不求调和，长此猜疑防备，循环报复，人类前途，当不堪设想。

三

为避免上述的危险，联合国人对于日本将来的国运，当导入正当的途轨，使日本人安居乐业，有衣有食，睦邻善处变成国际舞台上良善的公民。而不当存利用他们的野心，保持日本人穷兵黩武的劣根性，使他们一有机会，又变成国际间的危险分子。要达到这种目的，在管理日本的政治社会经济文化各方面，有好些的事情要注意。

第一，日本也许需要联合国长期的监视，使她无再向海外侵略的机会。然监视太松，无效；太严，易招反感。元蒙与满清之监视中国，上次欧战后监视德国，其效果如何，可作殷鉴。故联合国之永远监视日本也是很危险的假定。

其次当注意的，是日本虽然领土消灭而实际上政治社会组织未大受改变；战争虽然失败，而在亚洲的恩威与势力未完全消除；现时日本的安宁秩序虽获维持，而日本旧日的统治阶级，如天皇、实业家、银行家，军人政客，仍然是直接间接掌握国政，而未加以根本的民主化的改革，在这种“姑息养奸”的政策之下，日本很容易恢复帝国的野心，重演过去四五十年的历史。

我们注意了这几点，则管理日本的将来，领导日本向国际和平方向发展，可按照下列的途径进行。

（1）在军事方面，日本必须彻底解除武装，不但是海陆空军要消灭，即使是警察、宪兵、军人组织与爱国团体，皆须解散。地下运动，亦须防止。凡是在一八七〇年以后所侵略的土地，必须放弃管辖权。

（2）在政治方面，当采用新宪法，增加民主政治的成分。日本的官僚与军阀政治，必须消灭。凡是战前与战时握重要军政大权之人，不能使之再握朝政；天皇只能利用他签订投降及和平条约，维持目前的治安，而不必永远维持天皇的地位。民主团体当使之握政权，经济政治当大加改革使为全民谋利益，而不能再让从前的财阀与封建余毒，把持日本的经济生命。因为他们又要渐渐的把日本经济组织转到军国主义方面去。

（3）在经济方面，工业资本不能搁在垄断日本的工业家的手里。日本重工业要拆除分开，使她不能制造武器。国外原料的输入，也须加以限制与监视，使她不能制造飞机等件。商船的吨数与大小，当有固定的数目。日本政府及私人在国外的营业与资产一概充公，以作一部分的赔偿。日本的轻工业如小机器、化学药品、家庭用具、农具、电气零件及纺织业，当使其继续制造，以便利通有无。不然关着七千万有知识的饥民在荒岛上，终非长治久安之策。

（4）在社会文化方面，宜使日本与外界往来，交换文化知识。让他们有宗教言论出版及集会的自由。改良日本文字与教育制度，减少神道教与军事教育的势力，提高妇女的地位。

以上是随便举出几点，以验领导日本的方针。最陑要点是在日本军阀思想的铲除，使日本不再祸害人类，予日本人民以平等的待遇，使他们作国际和平良善的份子。

四

麦克阿瑟将军治日，据一九四五年九月六日美国海陆军联合参谋处的命令，给与他至高的权柄，日本的天皇与日本的政府皆在他的管辖之下，那是不用说了。其他的联合国，他可以置之不闻不问。麦将军是一个军人，一切施政，讲效率，一往直前，注意目前或将来的军事发展。严格说来，他的施政的方针，大致与太平洋学会出版的《日本的将来》相差不很多。然在日本新宪法中，保持天皇的地位，而不是暂时的利用。日本工业复兴的标准，廉价物品大批的制售，将使远东各国立即受到日本货物的威胁与打击。使日本人能自由平等安居乐业是对的；为着日本人的安乐而以别人的利益作牺牲品，就不对了！至于麦将军铲除军阀官僚余毒的不彻底，庇护保守势力，压制新兴思想，使日本易于转变作战，而不计及军国主义随时有复兴之可能，那更是单行路的政策了。这种过于骄纵日本的政策，损人也不一定是利己。日本用一九二三年美国给她的救济物资，同一九三七年从美国买来废铁煤油去打美国，总可算是一个好教训吧。

中国人看见日本在美国人保护扶持之下复兴的神速，使我们猜忌与恐怖。然最重要的是自己的长进。若自己的经济膨胀，永远无法制止；社会秩序永远无法维持，那中国的将来，不受日本的回击，必受别国的欺凌。我们为日本的前途发生疑权，为本国的前途发生忧虑。最理想的办法是美苏冲突能得到合理的解决，中日的进步得到协调，日本的工业与中国的原料得到真正平等互助的合作。而亚洲的领导地位，必在中国人身上。中国人无侵略世界的野心，而可以作日本的老大哥，使她倾向和平的发展，而又无利用她当炮灰的野心，所以日本的将来与中国的将来有联带的关系。而中国的和平，就是亚洲与世界的和平。

日本教育一瞥[①]

一

在美军的占领下，日本的政治社会经济文化，都是直接间接受太上皇麦将军的指挥。在麦将军的幕府中，管理教育文化事业的，占了第六楼各公事房，中分高等、初等、幼稚园各级教育。语言、文化、与宗教，也包括在教育部门，成了一个庞大的组织。每一组有几个美国人作首领，雇几位日本专家作助手。美国主要的目的，是想改革日本的教育制度，铲除军国主义，领道日本国民走向民主政治的途径。这种伟大工作的进展，现阶段的收获，及将来的结果，是本文所要报告与讨论的。

日本的教育组织，现已改成六—三—三—三制。即是初小六年，高小三年，中学三年，大学三年。日本国民，皆可受六年强迫义务教育。教科书由美国人监督修改，取消天皇神权的地方，增加民主思想的灌输。在高等教育方面，美国的管事人韩佩翁（A. M. Halpern）君，现正着手组织日本的专门人才，将使各种头等专门学者，属于一个类似英国皇家学会的团体。各种学会组成后，将产生一个总会，与美国的学术团体总会（Council of American Learned Societies）相仿佛。从这些学术团体与专门人才的组织，希望能够控制日本的智囊。

在语言方面，主管人员，也是韩君。此君是一位社会学家与语言学家。他的太太是土生的日本人。他自己非常聪明，学过一年多日文后，便用新科学方法，训练美国军官，学习日文，以作治理日本之用。以这样的资格与新语言学的理论，故美国起初主张日文拉丁化，完全以罗马字，代替日文。共后因日本学者很客气的反对与请求，才采取一种折中的调和办法；即不用拉丁字，而限制用汉字，选出一八五〇个最常用的字，指定日本人使用。另用日本助手，每日分析报章杂志，作出用汉字

① 原载《独立时论》1947 年第 1 集，第 139—141 页。

的数目统计表，看是否超过那个法定的字汇。据主管人员告诉我，成绩很好，超过的字很少。偶遇无办法时，才用一两个汉字，出乎一八五〇字的范围，但这只是偶然而已。

日本教育制度与语言文字的改革，据这位主管人员的自述，是成功与满意的。

问他中小学教师的选择标准如何？课堂授课时，有何监督方法，他的答复是荣誉制度（Honor System），甄别六百个小学教师，无人落第。课堂中实际讲授情形，简直无法监督。吉普车一至日本乡下，尘高三尺，一二里路远，便可知道美国人来了，教师很容易改变讲授方法，所以无法监督，也用不着监督，完全采取日本人自己管理自己的诚实制度或荣誉制度。以上是美国人对于日本教育的改革，与他们自己的看法。

二

日本人的反应是怎样呢？日本的教育情形与学生的生活状况又是如何，这是本节所要报告的。

我以中国驻日代表团苗专员之陪伴，访问东京帝国大学嘉治真三教授。此君前在日本文部省任事多年，六—三—三—三制，据说是他多年的主张而未实行者。这次以美国人的力量推动，使日本人多受义务教育，更减少文盲的成分，这在他看来，是“最好的，必须的”办法。他们领我去看东京帝国大学，现在只称东京大学减少“帝国”两字。房子古香古色，未受炸弹洗礼，仍有庄严气象。首先参观图书馆，馆长抱歉，说因穷，房子未打扫干净。新书也未大增加。他们有七十五万册书，日文书占一半，中文西文的占一半。在楼上楼下参观的时候，正是上午十一时，学校在暑假期中，学生不多，阅览室只有五分之一的座位，被衣服褴褛的学生占据。在小公事房中，有些小职员躺在椅子上睡觉，显出营养不足，极端疲乏的样子。从此引起我的兴趣，要求参观学生食堂。嘉治教授先领我去看东京大学的校长南原先生，此君为日本的反战首领之一，闻脾气古怪，而思想新颖。他告诉我东京大学的学生约一万人，教授约四五百人。教授的薪金，每月约四千日圆，若家庭人口多，可酌增。教授、讲师与助教的薪俸，皆相差不多，教授与工人的收入——工人每月约得三千五百圆——亦相差不多。所以南原君说，从工资与薪水方面看，现在的日本可说是平等了，民主化了。因为各人所得，都是最低的生活费用。战后幸存的高楼大厦，多半被美军征用了，现在各级人住的地方，也差不了很多。学生缴学费每年约六千元，在七月二十九日的官价，合国币十五万元，膳费每月四千五，合国币十一万余元。这可以说是跟北平的生活费用不相上下。我问东京大学学生的情形如何，南原校长答：

“一般的情形还好，只是穷。百分之八十的学生，要在外面兼事，以便赚钱谋生。”

我问：“学生在外面兼事作工，不影响他们的学业吗？”

“不大受影响，因为他们很用功，或许要减少睡眠时间。”

“贵校的考试严不严？考试时，学生要求划范围吗？”

“敝校考试，绝对严格，学生绝无要求划范围之事。”

“贵校学生常闹风潮吗？”

“很少，很少。只是战败不久的时候，学生自动起来要求辞退有军阀思想的教授。此后就努力谋生埋首学问了。”

“贵校的学术标准还是跟从前一样吗？”

“一样。”

“美国人对于贵校的管制，厉害不厉害？”

“东京大学完全独立，享受自由，美国人未加以任何干涉。”

“贵校高深的科学研究，仍跟从前一样，未受战事影响么？”

“大致一样。”

“你们的科学试验室，可以让我去看看吗？”

“当然欢迎，不过设备太简陋了。”

“南原先生，以你自由主义的立场，看日本目前最大的困难问题是什么？”

“据浅见，日本目前最大的困难，是物质的缺乏，一切学校设备皆简陋。其次是精神粮食的缺乏，一切国外的书籍，皆不能寄到日本来。”

“你对日本的教育与文字改革，有何意见？”

“教育改革甚好。文字改革，美方先主张日文拉丁化，我首先反对。因为一国的文字有固定的习惯，日文同音异义字甚多……不能随便改革云。”

临行时，他送我一本英文小册子，题目是“创造新的日本文化”

Creation of New Japanese Civilization 里面开宗明义承认日本的战败与崩溃，怀疑过去日本历史的传统观念，而要求日本来一次文艺复兴与宗教改革，造成一种新文化。但此种伟大的事业，应该由日本人自己创造。若是一切改革，都由盟国接一联二的发出指令来提倡，颇觉遗憾云。末了一两句话，似是这本小书的用意所在。

原田校长送别后，他早已叫来管理食堂的人，领我们去参观学生吃饭的地方，饭厅是仿模美国的自理食堂制度（Cafeteria）无堂役工人。每人按入食堂的先后次序，拿一小茶盘，取饭食一份，然后选一桌子进食。每人有粗面包约半磅，汤一碗菜一碟，中有肉类食物二枚，形似北平的南煎丸子，外附生菜二片。全盘食物可一两口食盐。食堂由学生经营，学校只派一人监督。据管事的学生说，他们吃的东西，是米麦豆杂粮混合品，只好作洋面包吃，每人日吃三次，皆不能饱，故有分作两次吃的。这样的食物，还说是日本学校中最好的。跟食堂的学生谈话，他们说，他们最大的困难，是一方面要在外面兼事，一方面要用功念书，而睡眠不足，营养不够，颇觉为难。我们在食堂参观十余分钟，就餐的学生皆肃静，无喧哗或惊视参观者之状。日本人在美国人的眼光中，的确是成了驯民；在中国人看来，有人说是“天真烂漫”，我看，他们看中国人是不亢不卑，行若无事。

以后参观游泳池，男女合游，据说校外人士，亦可参加。东京大学收女生，但很少女生能够考进去，因为她们的程度不及男生，而学校又不愿意破格录取。

总观东京大学的情形，一九三七年有严肃辉煌之气，一九四七年有森严萧条气象。人民似在醉生梦死的状态中奋斗，在愁云惨淡中彷徨。表面上的笑容，掩不住内心的饥饿与穷苦。

三

从第三者方面的领教，如我国驻日东京代表团中几位深明国情的专家，及自己的观察，知道日本的教育，在学生的质与量两方面，都尽量维持战前的水准。学术空气还浓厚，学生自求学费，自力更生。除在外兼事外，学生兼营黑市买卖。一般的道德堕落，贫苦女生尤甚。日本高等教育，理科设备不良，所以东京大学不愿意我去参观。美国想控制日本的科学研究，驾驭日本的技术人才。东大的名教授皆继续供职，未受更动，而高等教育的科学研究，则大受影响。在中小学教科书方面，尊重天皇的地方取消了。增加公民课，提倡民主思想，将来可有相等的成功。但在历史教科书中，如“九一八事变”“卢沟桥事变”，仍然沿用日本的观点。

日本与美国，同是自高自大，刚愎自用的国家。日本人的自大，直到现在，还认为他们一切是好的，政治制度的改革，是无关宏旨的东西。他们只承认科学不如美国，而科学的落后，不是日人的聪明才智不够，乃是日本政府对于科学的提倡与鼓励不够。其他的改革，日人只是敷衍麦将军的面子，凡是麦将军说要改革，他们马上往前进，要自己去改革，如语言文字，俱愿自动改革，甚至战犯也愿自动逮捕，这些都是日本人顾全面子的聪明办法。

美国人的自负，是目空一切，独断独行。藐视其他联合国成员，更藐视中国。有许多日本人玩的政治把戏，中国人容易看明白，美国人不懂：然绝不愿意请教或接受中国人的启示。日本的历史教科书，关于中国事情，记载很多，美军中没有通晓远东史的人才，而亦不愿中国人审查，致遗留好些传统的说法。

日人管理东北的时候，最大的改变，是强迫东北人说日语，强迫中国小孩对日人行三鞠躬礼，这是一九三七年我在沈阳看见的。在美国管理的东京，最大的改变，是日人不行九十度的鞠躬礼了，而略为点首示敬。日本下女开门时，也不对客人行跪拜礼了，而只鞠躬。这是民主的倾向，与美国管理的收获。

简单说来，日本的国民与日本各级的学生，都在艰难困苦中，沉着气，卧薪尝胆地奋斗。这种有组织富于服从性的国民，左派的人可以领导，右派的人亦可以领导；美国人可以领导，俄国人亦可以领导。美国人对于日本教育上的改革，虽然在表面上微奏肤功，而实际难以动摇日本的国民性。民主思想成功之时，要在二三十年以后，或在受军阀思想甚深的教员死尽以后。而日本的危险性，可随时随领导者之意志而发生。所以美国改革日本的教育与日本的国民思想，不见得是成功；而日本趁机发展国民教育与维持学术水准算是成功。与我国沦陷期间的教育比较，真是不可同日而语了。